"十三五"职业教育部委级规划教

CAIWU KUAIJI SHIWU

财务会计实务

王 婷 柴源源◎主 编

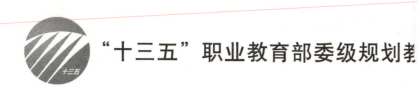

中国纺织出版社

内 容 提 要

财务会计实务是会计类专业的一门核心课程。本书根据我国高职高专教育的特点，以基于工作过程开发课程的设计理念为指导，参照最新《企业会计准则》和《企业会计制度》的规范和要求，按照财务会计理论与实训有机结合的新的教材体系，对传统财务会计进行优化整合，将本课程要求掌握的会计核算业务分解设计成若干个工作项目，以会计工作岗位设置为内容起点，按会计实际岗位业务构建新的财务会计实务的内容体系，体现了以素质教育和职业培养为主线，能够满足预期就业岗位的要求，课程体系结构科学、合理，专业课程体系符合高技能人才目标和专业相关技术领域职业岗位（群）的任职要求。

本书由八个项目构成：出纳岗位核算、往来结算岗位核算、存货岗位核算、资产岗位核算、职工薪酬岗位核算、资金岗位核算、财务成果岗位核算、主管会计岗位核算。每个项目都有岗位业务实训，课程内容既注重会计实务操作技能训练，还把业务操作过程中的新知识、新技术和新方法融入教材，有利于学习者在掌握财务会计理论知识的同时，快速掌握财务会计操作技能，养成良好的职业素养，形成会计综合职业能力。

本书适用于高职院校会计专业和财经类其他专业，也可作为在职会计人员业务学习、岗位培训及自学者参考用书。

图书在版编目（CIP）数据

财务会计实务 / 王婷，柴源源主编． -- 北京：中国纺织

出版社，2016.1

"十三五"职业教育部委级规划教材

ISBN 978-7-5180-2201-4

Ⅰ．①财… Ⅱ．①王… ②柴… Ⅲ．①财务会计—高等

职业教育—教材 Ⅳ．① F234.4

中国版本图书馆 CIP 数据核字（2015）第 283823 号

策划编辑：顾文卓 责任印制：储志伟

中国纺织出版社出版发行

地址：北京市朝阳区百子湾东里 A407 号楼 邮政编码：100124

销售电话：010—67004422 传真：010—87155801

http://www.c-textilep.com

E-mail: faxing@c-textilep.com

中国纺织出版社天猫旗舰店

官方微博 http://weibo.com/2119887771

三河市宏盛印务有限公司印刷 各地新华书店经销

2016 年 1 月第 1 版第 1 次印刷

开本：787×1092 1/16 印张：28

字数：565 千字 定价：58.00 元

凡购本书，如有缺页、倒页、脱页，由本社图书营销中心调换

高等院校"十三五"部委级规划教材经济管理类编委会

王若军：北京经济管理职业学院院长、教授

乌丹星：北京吉利学院健康产业学院院长、教授

吴中元：天津工业大学科研处处长、教授

夏火松：武汉纺织大学管理学院院长、教授、博导

张健东：大连工业大学管理学院院长、教授、硕导

张科静：东华大学旭日工商管理学院副院长、教授、硕导

张芝萍：浙江纺织服装职业技术学院商学院院长、教授

赵开华：北京吉利学院副校长、教授

赵志泉：中原工学院经济管理学院院长、教授、硕导

朱春红：天津工业大学经济学院院长、教授、硕导

前 言

财务会计实务是会计类专业的一门核心课程,是会计专业知识结构中的主体部分,具有较强的理论性和实践操作性。随着社会经济的发展和企业管理需求的提升,客观上要求财务会计在理论和实务上要紧跟时代,从编写理念和知识构架上寻找出一种更贴近实务、更具有岗位指导意义的财务会计教材。

为适应这一要求,本书打破了传统的财务会计以会计六要素为主线的内容体系构架,采用了更具有实践指导意义的以会计实际工作岗位为主线的体系构架,对传统的财务会计教学内容根据岗位需求进行了全新整合,建立与会计岗位相互对应的实务和实践相结合的教学模块,弥补了传统课程重理论、轻实践的缺陷,打破了传统理论教材与实训教材相分离的不足,形成一种理论与实训有机结合的新的教材体系。

本教材以会计岗位职能能力需求为切入点,结合中小型企业经济业务的特点,以常见的经济业务为重点,模拟实际工作中的真实业务,在理论知识够用的基础上,将实训操作融入其中,每个会计岗位业务核算中都安排专项的实训业务,让学生通过实训检验自己会计理论的学习效果和不足,将理论知识与实践训练、专业能力培养与职业素质培养融为一体,达到培养学生会计综合职业能力的目标。

本书由山东轻工职业学院王婷和贵州职业技术学院柴源源担任主编,山西管理职业学院赵瑞婷担任副主编。项目一和项目四由王婷编写,项目二由刘川编写,项目三和项目五由柴源源编写,项目六由赵瑞婷编写,项目七由焦静编写,项目八由薛丽萍编写。主编王婷对全书进行总纂、修改和定稿。

在本书编写过程中,得到了淄博国鑫税务师事务所注册税务师石志才等企业会计实务专家的大力支持,提供了相关的会计资料,参与了本书内容的研讨和审阅,提出了一些中肯的意见和建议,在此表示感谢。

鉴于编者水平有限,书中难免有疏漏和不足之处,恳请专家和读者提出宝贵意见。

编 者

2015.05

目　录

项目 1　出纳岗位核算

 项目导航

出纳员是货币资金内容控制的关键岗位，关系到国家规章制度的落实和企业的利益，更关系到每个员工的切身利益，也显示出财务会计人员的精神文明和职业道德水准。

 岗位素质要求

【知识学习目标】

了解出纳岗位核算任务；

熟悉出纳岗位的核算流程；

掌握库存现金核算、银行存款核算、其他货币资金核算，以及利用票据等支付结算方式办理往来结算的能力。

【岗位培养目标】

能进行收付款单据编制和审核、处理银行收付款业务；

进行库存现金、银行存款和其他货币资金业务处理；

能正确填制往来结算票据、合理选用票据外支付结算方式办理往来结算和填制支付结算凭证。

【职业素质目标】

具备出纳岗位人员的基本知识与素养；

会与人交流与合作；

能利用各种货币资金信息，对相关业务进行职业判断。

 导入案例

王慧与李晓是会计专业即将毕业的学生，在一个企业实习，发现该企业出纳员一人管理着企业的全部财务印章（财务专用章、法人代表印鉴、会计主管印鉴、出纳员印鉴等），并经常到银行领取银行对账单。王慧与李晓对此产生了分歧，李晓认为出纳员管理全部财务印章与领取银行对账单，是违背了内部会计控制规范，这种做法存在巨大隐患。出纳员本身负责货币资金保管和收支，如果再由出纳员来负责领取银行

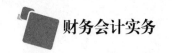

对账单、编制银行存款余额调节表，并且出纳员管理全部财务印章，独自一人即可办完提取现金手续，出纳员就有可能挪用或侵占企业资金，并通过伪造对账单或在余额调节表上做手脚来掩盖自己的舞弊行为。王慧认为企业这样做没有问题，是从工作方便或效率角度考虑。

思考：王慧与李晓的说法似乎都有道理，你认为她俩谁对呢？

任务 1 出纳岗位核算任务与业务流程

"出"即支出，"纳"即收入，可见"出纳"主管着单位的收支工作，出纳工作是企事业单位经济工作和社会核算的前沿阵地，出纳员是单位的管家，在单位的日常工作中发挥着重要的作用。在市场经济条件下，任何单位的经济活动几乎都是以货币为交换手段来实现的，货币资金渗透于社会经济生活的各个领域，每个企事业单位都要进行库存现金和银行存款的收支业务。

1.1.1 出纳的核算任务

出纳岗位的日常工作主要包括货币资金核算、往来结算两个方面的内容。

1. 货币资金核算

货币资金核算的日常工作内容包括以下几个方面：

（1）办理现金收付，审核审批有据

严格按照国家有关库存现金管理制度的规定，根据稽核人员审核签章的收付款凭证进行复核，办理款项收付。对于重大的开支项目，必须经过会计主管人员、总会计师或单位领导审核签章，方可办理。收付款后，要在收付款凭证上签章，并加盖"收讫""付讫"戳记。

（2）办理银行结算，规范使用支票

严格控制签发空白支票。如因特殊情况确需签发不填写金额的转账支票时，必须在支票上写明收款单位名称、款项用途、签发日期，规定限额和报销期限，并由领用支票人在专设登记簿上签章。逾期未用的空白支票应交给签发人。对于填写错误的支票，必须加盖"作废"戳记，与存根一并保存。支票遗失时要立即向银行办理挂失手续。不准将银行账户出租、出借给任何单位或个人办理结算。

（3）认真登记日记账，保证日清月结

出纳员根据审核无误的与库存现金和银行存款有关的原始凭证，编制收付款记账凭证，然后根据编制的收付款记账凭证，按照先后顺序逐日逐笔进行登记库存现金日记账和银行存款日记账，并根据"本日余额＝昨日余额＋本日收入额－本日付出额"的公式，逐日结出余额。其中，每日的库存现金余额都要与库存现金实存数核对，以检查每日现金收付是否有误，库存现金是否真实；银行存款余额要定期与开户银行核对账目，编制出银行存款余额调节表，对于未达账项，要及时查询。要随时掌握银行存款余额，不准签发空头支票。

（4）保管现金和有价证券

对于库存现金和有价证券，要确保其安全和完整无缺。现金不得超过银行核定的限额，超过部分要及时存入银行，不得以"白条"抵充现金，更不得任意挪用现金。如果发现现金有短缺或盈余，应查明原因，根据情况分别处理，不得私下取走或补足。如有短缺，要负赔偿责任。要保管好保险柜的钥匙，不得任意转借他人。

（5）保管有关印章，登记注销支票

出纳员管理的印章必须妥善保管，严格按照规定用途使用。但签发支票的各种印章，不得全部交由出纳一人保管。对于空白收据和空白支票必须严格管理，专设登记簿登记，认真办理领用注销手续，加强安全防范意识和安全防范措施，严格执行安全制度。

（6）复核收入凭证，办理销售结算

认真审查销售业务的有关凭证，严格按照销售合同和银行结算制度，及时办理销售款项的结算，催收销售货款。发生销售纠纷，货款被拒付时，要通知有关部门及时处理。

2. 往来结算

往来结算的日常工作内容包括办理往来结算和建立清算制度。

办理其他往来款项的结算业务。现金结算业务内容主要包括：企业与内部核算单位和职工之间的款项结算；企业与外部单位不能办理转账手续和个人之间的款项结算；低于结算起点的小额款项结算；根据规定可以用于其他方面的结算。对购销业务以外的各种应收、暂付款项，要及时催收结算；应付、暂收款项，要抓紧清偿。对确实无法收回的应收账款和无法支付的应付账款，应查明原因，按照规定报经批准后处理。实行备用金制度的企业，要核定备用金金额，及时办理领用和报销手续，加强管理。对预借的差旅费，要督促及时办理报销手续，收回余额，不得拖欠，不得挪用。

建立其他往来款项清算手续制度。对购销业务以外的暂收、暂付、应收、应付、备用金等债权债务及往来款项，要建立清算手续制度，加强管理，及时清算。

1.1.2 出纳业务流程

1. 收款业务基本流程

（1）库存现金收款业务基本流程

出纳员在办理收款业务时，对于由其他人填开的现金收入凭证，若未经有关人员审核的，首先应对凭证进行认真审核，确定该项业务是否真实、合理，凭证反映的商品数量、单价、金额等是否有误，有无刮擦涂改现象，有无有关领导的签字或盖章等。

出纳员审核现金收款原始凭证无误后，就可以点收交来的现金，收妥现金后，在现金收款原始凭证上加盖"现金收讫"戳章。"现金收讫"戳章通常要刻有单位名

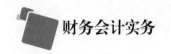
称、出纳员姓名或代号。戳章的年、月、日要用变码日期。

（2）银行存款收款业务基本流程

与库存现金收款业务基本程序相仿，只是在办理完银行收款业务的有关收款凭证上加盖"银行存款收讫"戳章。

2.付款业务基本流程

（1）库存现金付款业务基本流程

一部分业务需要出纳员编制现金支出的原始凭证，出纳员应根据规定的方法真实地填制凭证的各种内容，并由单位负责人、会计主管、经办人签名或盖章。

如员工报销差旅费，员工出差回来后，应如实填写差旅费报销单，并在差旅费报销单后面粘贴上车票、住宿发票等，先交由出差人签名，然后给单位负责人签名，进行实报实销，再经主管会计审核后，由出纳给予报销。

出纳员应对所收原始凭证认真审核，保证原始凭证真实、合法、准确，并以此支付现金，同时编制记账凭证。付款原始凭证的审核中，特别要注重对白条的防范。根据原始凭证支付现金后，应在有关凭证上加盖"现金付讫"戳章，戳章上要有单位的名称、出纳员的姓名或代号，其日期应采用变码日期。

（2）银行存款付款业务基本程序

与库存现金付款业务基本程序相仿，只是在办理完银行付款业务的有关付款凭证上加盖"银行存款付讫"戳章。

【任务1训练题】

一、选择题

1.属于出纳员岗位职责的有（　　）。

A.办理现金收付业务　　　　　　　B.登记现金和银行存款日记账

C.登记现金和银行存款总账　　　　D.保管各种有价证券

2.出纳员可以兼任（　　）工作。

A.稽核　　　　　　　　　　　　　B.收入、支出、费用、债权债务账目的登记

C.会计档案保管　　　　　　　　　D.固定资产明细账的登记

3.某单位由出纳人员监管稽核工作，这种做法违反了（　　）。

A.会计机构内部稽核制度的规定　　B.会计机构内部牵制制度的规定

C.会计岗位责任制的规定　　　　　D.会计监督制度的规定

二、案例分析

兴业公司因业务发展需要，从人才市场招聘了一名具有大专学历的毕业生张青担任出纳。一开始，张青勤恳敬业，公司领导和同事对他的工作都很满意，但受到同事在股市赚钱的影响，张青也开始涉足股市。然而事与愿违，张青进入股市后很快被套牢，想翻本又苦于没有资金，他开始对自己每天经手的现金动了邪念。凭着财务主管对他的信任，张青拿到了财务主管的财务专用章在自己保管的空白现金支票上任意盖

章取款。月底，银行对账单也是其到银行提取且自行核对，因此在很长一段时间未被发现。直至案发，公司已经蒙受了巨大经济损失。

问题：张青的行为属于何种行为？兴业公司在现金管理方面有何漏洞？

任务 2　出纳岗位核算业务

1.2.1　库存现金核算业务

现金又称库存现金，是指存放在企业财会部门、由出纳员保管的货币资金，是流动性最强的货币性资产，它可以随时用以购买所需材料物资，支付日常零星开支，偿还债务等。

现金作为资本的一个组成部分，又是流动性最强、性能最活跃的一种流动资产，在管理和核算上需要有一种极为严密的手续，要有相互监督和制约的手段，从而保证其安全完整和不受损失，这就要求在日常工作中建立和完善现金核算和现金管理制度。

1. 库存现金的管理

现金有狭义和广义之分。狭义的现金指存放于企业的库存现金；而广义的现金除了包括库存现金外，还包括银行存款和其他符合现金定义的票据。本任务所涉及的现金是指狭义的现金，也就是企业的库存现金，包括人民币和外币现金。

为监督现金使用的合理性和合法性，国务院发布了《现金管理暂行条例》规定，主要内容包括以下几个方面。

（1）库存现金支付范围

企业下列款项可以用现金支付：①职工工资、津贴；②个人的劳务报酬；③根据国家规定颁发给个人的科学技术、文化艺术、体育等各种奖金；④各种劳保、福利费用以及国家规定的对个人的其他支出，如退休金、抚恤金、学生助学金、职工生活困难补助等；⑤向个人收购农副产品和其他物资的价款，如金银、工艺品、废旧物资等的价款；⑥出差人员必须随身携带的差旅费；⑦结算起点（1000 元人民币）以下的零星支出；⑧中国人民银行确定需要现金支付的其他支出。

结算起点的调整，由中国人民银行确定，报国务院备案。

请注意：①～⑥是付给个人，⑦、⑧是付给企业。

（2）库存现金收入范围

企业的下列收入可以收取现金：①单位或职工交回差旅费剩余款、赔偿款、备用金退回款；②收取不能转账的单位或个人的销售收入；③不足转账起点的小额收入等。

除现金收付范围以外的其他款项的结算，一律通过银行办理转账结算。

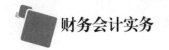

（3）库存现金限额

库存现金限额，是指为了保证企业日常零星开支的需要，允许企业留存库存现金的最高数额，由开户银行根据企业规模的大小、距离银行的远近、现金收付的多少来核定，一班按照单位3～5天日常零星开支的需要量确定。远离银行或交通不便地区企业，可以依据情况适当放宽，可以多于5天，但最长不得超过15天的日常零星开支。正常开支需要量不包括每月发放工资和不定期差旅费等大额现金支出。

📞请注意：库存现金限额一经核定，企业必须严格遵守。对于超过限额部分的现金应于当日营业终了前送存银行；低于库存现金限额时，应及时从银行提取。

（4）不准"坐支"现金

"坐支"现金，是指企业从本企业的现金收入中直接支付现金的行为。按规定，企业收入的现金，应于当日送存银行，当日送存确有困难的，应由开户银行确定送存时间；企业支付现金，可以从企业库存现金限额中支付或从开户银行中提取，不得从本企业的现金收入中直接支付（即"坐支"现金），因特殊情况需要"坐支"现金的，应当事先报经开户银行审查批准，由开户银行核定坐支范围和限额，企业应定期向开户银行报送坐支金额和使用情况。未经银行批准，企业不得擅自"坐支"现金。

❓动脑筋：为什么不允许"坐支"现金？

（5）现金日常收支管理

①企业收入的现金应于当日送存银行。当日送存确有困难的，由开户银行确定送存时间。

②企业在规定范围内从开户银行提取现金，应当如实写明用途，由本单位会计部门负责人签字盖章，开出现金支票，经开户银行审核后，予以支付现金。

③企业因采购地点不确定、交通不便以及其他特殊情况必须使用现金的，应向开户银行提出书面申请，由本单位会计部门负责人签字盖章，经开户银行审核后，予以支付现金。

④企业在组织现金收支工作中，应做到"六不准"，即不准用不符合制度的凭证顶替库存现金（即不得"白条抵库"）；不准谎报用途套取现金；不准用银行账户代其他单位和个人存入或支取现金；不准将单位收入的现金以个人名义进行存储；不准保留账外公款；不准私设"小金库"。

📞请注意："小金库"是指违反法律法规以及其他有关规定，应列入而未列入符合规定的单位账簿的各项资金（含有价证券）及其形成的资产。私设"小金库"属于违反国家财经制度和财经纪律的行为。

（6）库存现金管理的内部控制制度

①钱账分管制度。

②现金支出审批制度。明确企业现金使用范围；明确各种报销凭证，规定各种现金支付业务的报销手续和办法；确定各种现金支出的审批权限。

③库存现金的日清月结制度。

📖知识窗：日清是指出纳员应对当日的库存现金收付业务全部登记库存现金日记

账，结出账面余额，并与库存现金核对相符；月结是指出纳员必须对库存现金日记账按月结账，并定期进行库存现金清查。

④库存现金保管制度。超过库存限额以外的库存现金应在下班前送存银行；除工作时间需要的小量备用金可以存放在出纳员的抽屉里，其余应放在保险柜内，不得随意存放；限额内的库存现金当日核对清楚后，一律放入保险柜内，不得放在办公桌内过夜；单位的库存现金不准以个人名义存入银行；库存的纸币和铸币，应实行分类保管。

2. 库存现金的核算

（1）库存现金的总分类核算

为了总括地反映和监督现金收支、结存情况，应设置"库存现金"账户进行核算。企业内部各部门周转使用的备用金，通过"其他应收款"核算，或者单独设置"备用金"账户进行核算，不在本账户进行核算。有外币现金的企业，应按人民币和外币分户进行核算。

【例1-1】黄河公司2014年5月1日发生如下经济业务：

①签发现金支票一张，从开户银行提取2000元现金备用。

②开出销货发票一张，材料货款500元，增值税额85元。

③通过现金缴款单，将上述销货款送存银行。

④企业管理部门职工李华填制借款单一张，预借差旅费1200元，以现金付讫。

⑤职工刘元上月出差借款1000元，本月出差归来交回差旅费报销单据若干，共计800元，剩余现金200元交回。

⑥行政管理部门从然然超市购买零星办公用品，超市开具发票一张，共计460元，以现金付讫。

上述业务应编制的会计分录如下：

①借：库存现金　2000
　　　贷：银行存款　2000

②借：库存现金　585
　　　贷：其他业务收入　500
　　　　　应交税费——应交增值税（销项税额）　85

③借：银行存款　585
　　　贷：库存现金　585

④借：其他应收款——李华　1200
　　　贷：库存现金　1200

⑤借：库存现金　200
　　　　管理费用　800
　　　　贷：其他应收款——刘元　1000

⑥借：管理费用　460
　　　贷：库存现金　460

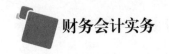

（2）库存现金的序时核算

为了加强对现金的管理，随时掌握现金收付的动态和库存余额，保证现金的安全，企业须设置"库存现金日记账"。库存现金日记账为订本式账簿，由出纳人员根据涉及现金收、付的记账凭证按经济业务发生的顺序逐日逐笔进行登记，每日终了，应计算现金收入合计、现金支出合计及现金结存数，并将结存数与实际库存现金数进行核对，保证账款相符。

【例1-2】根据【例1-1】登记"库存现金日记账"，如表1-1所示。

表1-1　库存现金日记账

库存现金日记账

2014年		凭证编号		摘要	对方科目	借方	贷方	借或贷	余额
月	日	种类	号数						
4	30			本月合计				借	650
5	1	银付	0001	提现	银行存款	2000			
		现收	0001	出售材料	其他业务收入等	585			
		现付	0001	送存银行	银行存款		585		
		现付	0002	支付李华预借款	其他应收款		1200		
		现收	0002	收回刘元多余款	其他应收款	200			
		现付	0003	支付办公用品费	管理费用		460		
5	1			本日合计		2785	2245	借	1190

3. 库存现金的清查

企业应当按规定进行现金的清查，一般采用实地盘点法，对于清查的结果应当编制现金盘点报告单。清查小组清查时，出纳人员必须在场，清查后应编制"库存现金盘点报告单"，如图1-1所示。如有现金短款或长款时，应通过"待处理财产损溢"账户核算。

库存现金盘点报告单

2014年5月10日

实存金额	账存金额	对比结果		备注
		盘盈	盘亏	
2014	2060		46	出纳员责任 领导签字：张亮

盘点人签章：刘伟　　　　　　　　　　　出纳员签章：李明

图1-1　库存现金盘点报告单

（1）库存现金短款

现金实存数小于账存数称为现金短缺。对于现金短缺，应按实际短缺金额，借记"待处理财产损溢——待处理流动资产损溢"账户，贷记"库存现金"账户。待查明原因后，分情况处理：属于应由责任人赔偿的部分，借记"其他应收款——××（个人）"账户；属于应由保险公司赔偿的部分，借记"其他应收款——××保险公司"账户；属于无法查明的其他原因，经批准后记入"管理费用"账户。

【例1-3】黄河公司在2014年5月库存现金清查中发现，库存现金实存数为2014元，账面金额为2060元。经查，上述现金的短缺属于出纳员李明的责任，应由其赔偿。根据"库存现金盘点报告单"进行如下账务处理：

①发现现金短款时：

借：待处理财产损溢——待处理流动资产损溢　46

　　贷：库存现金　46

②经查，应由出纳员李明负责赔偿时：

借：其他应收款——李明　46

　　贷：待处理财产损溢——待处理流动资产损溢　46

（2）库存现金长款

现金实存数大于账存数为现金长款。对于现金长款，应按实际长款金额，借记"库存现金"账户，贷记"待处理财产损溢——待处理流动资产损溢"账户。待查明原因后，应按以下情况处理：属于应支付给有关人员和单位的，应转入"其他应付款——××（个人或单位）"账户；属于无法查明原因的长款，经批准后记入"营业外收入"账户。

【例1-4】黄河公司2014年5月31日，在库存现金清查中发现，库存现金实存数为2800元，账面余额为2600元，经核查，上述库存现金长款原因不明，经批准转作营业外收入处理。根据"库存现金盘点报告单"，进行如下账务处理：

①库存现金清查时，发现长款时：

借：库存现金　200

　　贷：待处理财产损溢——待处理流动资产损溢　200

②经批准转作营业外收入处理时：

借：待处理财产损溢——待处理流动资产损溢　200

　　贷：营业外收入　200

1.2.2　银行存款核算业务

1. 银行存款账户的管理

银行存款是指企业存放于银行或其他金融机构的货币资金，包括人民币存款、外币存款等。

企业在银行开立的人民币银行结算账户，必须严格执行《人民币银行结算账户管理办法》的各项规定。加强对企业银行存款的管理，有利于维护金融秩序的稳定。

《人民币银行结算账户管理办法》规定，企业应在注册地或住所地开立银行结算账户。符合规定的特别情形时，可以在异地（跨省、市、县）开立银行结算账户。银行结算账户分为单位银行结算账户和个人银行结算账户两类。存款人以单位名称开立的银行结算账户为单位银行结算账户，个体工商户凭营业执照以字号或经营者姓名开

立的银行结算账户纳入单位银行结算账户管理。单位银行结算账户按用途分为基本存款账户、一般存款账户、专用存款账户、临时存款账户，详见表1-2。

表1-2　银行存款账户种类对比表

账户种类	定义	用途
基本存款账户	企业因办理日常转账结算和现金收付需要开立的银行结算账户	企业日常经营活动的资金收付及工资、奖金和现金的支取。企业只能选择一家银行的一个营业机构开立一个基本存款账户
一般存款账户	企业因借款或其他结算需要，在基本存款账户开户银行以外的银行营业机构开立的银行结算账户	借款转存、借款归还和其他结算的资金收付以及现金缴存，但不得办理现金支取
专用存款账户	企业按照法律、行政法规和规章，对其特定用途资金进行专项管理和使用而开立的银行结算账户	专项资金的收付，如基本建设资金、社会保障资金、证券交易结算资金等
临时存款账户	企业因临时需要并在规定期限内使用而开立的银行结算账户	办理临时机构、异地临时经营活动、注册验资的资金收付

企业通过银行办理支付结算时，必须严格遵守法律、行政法规，不得利用银行结算账户进行偷逃税款、逃废债务、套取现金及其他违法犯罪活动；不得出租、出借银行结算账户；不得利用银行结算账户套取银行信用；不得将单位款项转入个人银行结算账户。

议一议：出纳员李明的朋友准备借用李明公司的银行账户转存一笔资金，试问这种行为符合银行结算账户的管理规定吗？

2. 银行支付结算方式

企业各项经济业务的款项结算，除了在规定的范围内可以使用现金直接支付外，企业的生产经营过程中发生的一切收支业务，都必须通过银行办理转账结算，根据我国《支付结算办法》的规定，目前企业常用的银行结算办法主要有以下九种方式，即"四票、一证、一卡、三结算"。其中，"四票"指支票、银行汇票、银行本票、商业汇票；"一证"指信用证；"一卡"指信用卡；"三结算"指汇兑、托收承付、委托收款。

（1）支票

支票是由出票人签发的，委托办理支票存款业务的银行在见票时无条件支付确定的金额给收款人或者持票人的票据。

单位和个人在同一票据交换区域的各种款项结算，均可以使用支票。支票按其支付方式不同分为现金支票、转账支票、普通支票三种。支票上印有"现金"字样的为现金支票，现金支票只能用于支取现金；支票上印有"转账"字样的为转账支票，转账支票只能用于转账；支票上未印有"现金"或"转账"字样的为普通支票，普通支票既可以用于支取现金，也可以用于转账；在普通支票左上角划两条平行线的，为划线支票，划线支票只能用于转账，不得支取现金。

　　支票作为流通手段和支付手段，具有清算及时、使用方便、收付双方都有法律保障和结算灵活的特点。单位和个人在同一票据交换区域的各种款项的结算均可使用支票。支票的提示付款期限为自出票日起 10 日内，超过提示付款期限提示付款的，持票人开户银行不予受理，付款人不予付款。现金支票、转账支票如图 1-2、图 1-3 所示。

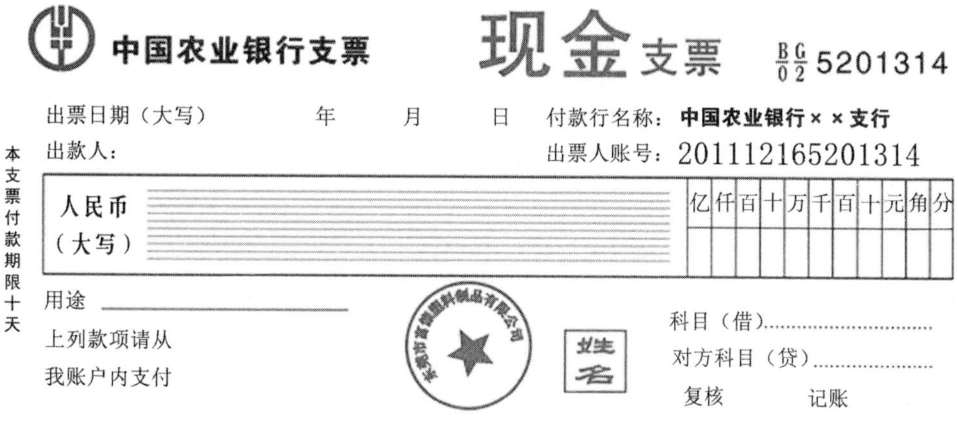

图 1-2　现金支票

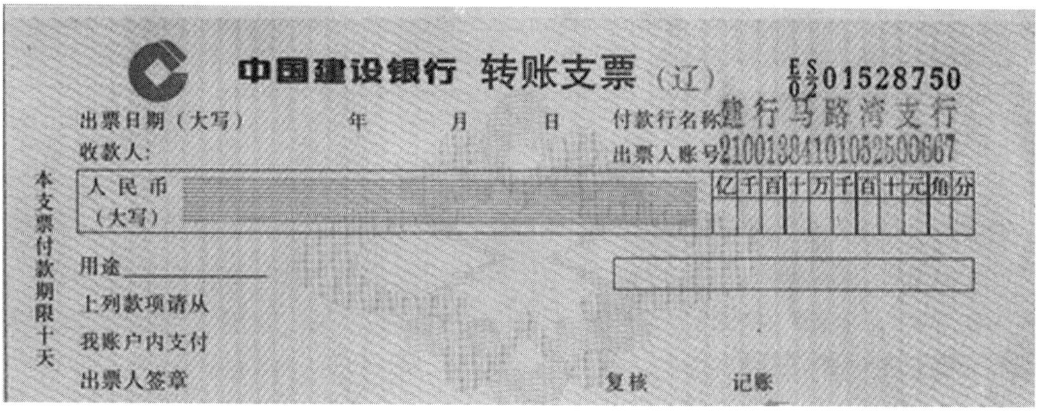

图 1-3　转账支票

　　📖知识窗：支票主要管理规定：

　　（1）支票一律记名，可以背书转让。

　　（2）支票提示付款期限自出票日起 10 天，但中国人民银行另有规定的除外。

　　（3）支票的金额、收款人名称，可以由支票人授权补记，未补记前不得背书转让和提示付款。

　　（4）签发支票必须使用碳素墨水或墨汁，中国人民银行另有规定的除外。

　　（5）签发支票的金额不得超过付款时在付款人处实有的存款余额，禁止签发空头支票。

　　（6）不得签发与其预留银行签章不符的支票；使用支付密码的，不得签发支付

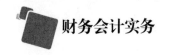

密码错误的支票。

（7）签发空头支票、签章与预留银行签章不符的支票、支付密码错误的支票，银行应予以退票，并按票面金额处以5%但不低于1000元的罚款；持票人有权要求出票人赔偿支票金额2%的赔偿金。

（8）存款人领购支票，必须填写"票据和结算凭证领用单"并签章，签章应与预留银行的签章相符。存款账户结清时，必须将全部剩余空白支票交回银行注销。

单位和个人在同一票据交换区域的各种款项结算，均可以使用支票。签发现金支票和用于支取现金的普通支票，必须符合国家现金管理的规定。支票结算的程序如图1-4所示。

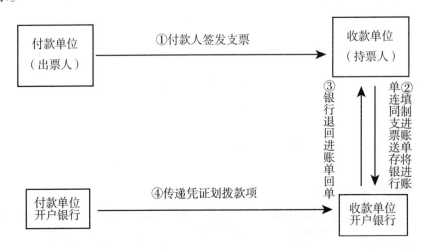

图1-4 支票结算程序

支票结算的账务处理：

付款单位：签发支票，根据支票存根，借记有关账户，贷记"银行存款"账户。

收款单位：收到支票并填写"进账单"到银行办理收款手续后，借记"银行存款"账户，贷记有关账户。

（2）银行汇票

银行汇票是由出票银行签发的，由其在见票时按照实际结算金额无条件支付给收款人或者持票人的票据。适用于同城或异地单位和个人各种款项的结算。银行汇票票样如图1-5所示。

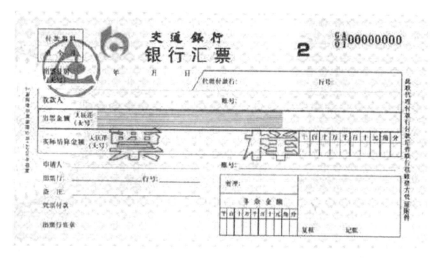

图 1-5 银行汇票票样

知识窗：银行汇票主要管理规定：

（1）银行汇票一律记名，允许背书转让（填明"现金"字样的除外），背书转让是指在票据上所做的以转让票据权利为目的的书面行为。

（2）银行汇票的付款期限为 1 个月，逾期的汇票兑付银行不予受理。

（3）汇票申请人办理银行汇票，应向签发银行填写"银行汇票委托书"，填明收款人名称、汇票金额、申请人名称、申请日期等事项并签章，签发银行受理并收妥款项后，签发银行汇票交给汇款人。

（4）汇票申请人持银行汇票向填明的收款人办理结算时，应将银行汇票和解讫通知一并交给收款人。

（5）收款人受理申请人交付的银行汇票时，应在出票金额内，根据实际需要的款项办理结算，并将实际结算金额和多余金额填入银行汇票和解讫通知的有关栏内。

（6）持票人向开户银行提示付款时，应在汇票背面"持票人向银行提示付款签章"处签章，并将银行汇票和解讫通知、进账单送交开户银行。银行审查无误后办理转账。

汇款单位（即申请人）填写"银行汇票申请书"（一式三联），送交开户银行（出票银行）；银行受理，签发"银行汇票"（一式四联），并将第二联汇票联和第三联解讫通知交给汇款单位，同时银行将"银行汇票申请书"回单联退回给汇款单位；汇款单位持银行汇票第二联汇票联和第三联解讫通知办理结算；收款单位（或被背书人）收受银行汇票核对无误，根据实际结算金额填写"进账单"，连同银行汇票及解讫通知一并送交开户银行办理进账，收款单位也可以按规定背书转让给被背书人，但背书转让以不超过出票金额的实际结算金额为准；收款单位开户银行受理后，退回"进账单"回单联；收款单位和汇款单位开户银行之间办理清算；汇款单位开户银行将"多余款收账通知"转交汇款单位，通知多余款项收妥入账。银行汇票结算程序如图 1-6 所示。

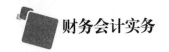

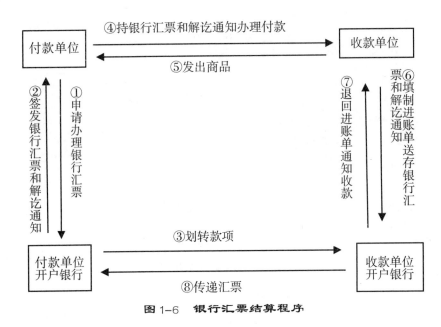

图 1-6 **银行汇票结算程序**

银行汇票结算的账务处理：

付款单位（即汇款单位）：

①填写"银行汇票申请书"并将款项交存银行时，根据"银行汇票申请书"回单联：

借：其他货币资金——银行汇票
　　贷：银行存款

②企业持银行汇票购货、收到有关发票账单时：

借：材料采购（原材料或库存商品）
　　应交税费——应交增值税（进项税额）
　　贷：其他货币资金——银行汇票

③采购完毕收回剩余款项，根据银行汇票多余款项收账通知：

借：银行存款
　　贷：其他货币资金——银行汇票

收款单位：

收到银行汇票、填写"进账单"送交开户银行办理款项入账手续时，根据进账单及销货发票等：

借：银行存款
　　贷：主营业务收入
　　　　应交税费——应交增值税（销项税额）

（3）银行本票

银行本票，是指银行签发的，承诺自己在见票时无条件支付确定的金额给收款人或持票人的票据。银行本票分为不定额本票和定额本票。定额本票面额为 1000 元、

5000 元、10000 元、50000 元。单位和个人在同一票据交换区域内的所有款项结算均可使用。银行本票可以用于转账，注明"现金"字样的银行本票可以用于支取现金。申请人或收款人为单位的，不得申请签发现金银行本票。定额银行本票、不定额银行本票如图 1-7、图 1-8 所示。

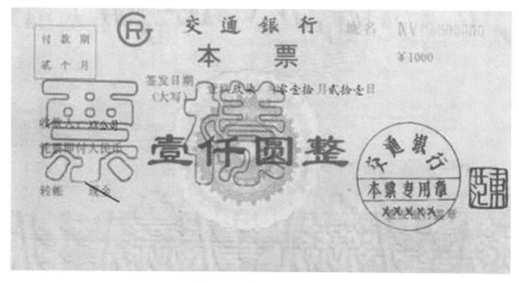

图 1-7　定额银行本票

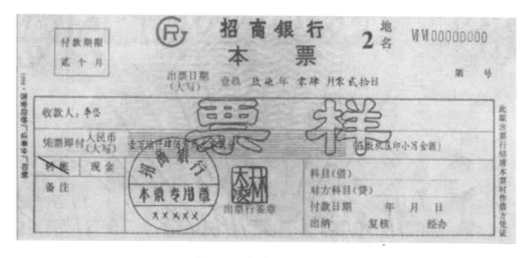

图 1-8　不定额银行本票

知识窗：银行本票主要管理规定：

（1）银行本票一律记名，允许背书转让。

（2）银行本票的提示付款期限自出票日起最长不超过 2 个月。

（3）申请人办理银行本票，应向银行填写"银行本票申请书"，填明收款人名称、申请人名称、支付金额、申请日期等事项并签章，申请人或收款人为单位的，银行不得为其签发现金银行本票。

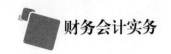

（4）持票人超过提示付款期限不获付款的，在票据权利时效期内向出票银行作出说明，并提供单位证明，可持银行本票向出票银行请求付款。

（5）申请人因银行本票超过提示付款期限或其他原因要求退款时，应将银行本票提交到出票银行并出具单位证明。

（6）银行本票丢失，失票人可以凭人民法院出具的其享有票据权利的证明，向出票银行请求付款或退款。

付款单位（申请人）使用银行本票，应向银行填写"银行本票申请书"，送交开户银行；银行受理，签发"银行本票"，同时银行将"银行本票申请书"回单联退回给付款单位，凭以记账；付款单位持银行本票办理结算，将银行本票交收款单位；收款单位（或被背书人）收到银行本票，填写"进账单"（一式三联），连同银行本票一并送交开户银行办理进账，收款单位也可以按规定背书转让；收款单位开户银行受理后，退回"进账单"回单联，凭以记账；收款单位和付款单位开户银行之间办理清算。银行本票的结算程序如图1-9所示。

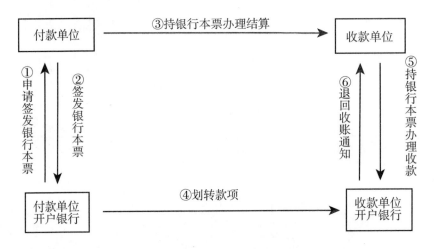

图 1-9　银行本票结算程序

银行本票的结算账务处理：

汇款单位（即付款单位）：

①填写"银行本票申请书"并将款项交存银行时，根据"银行本票申请书"回单联：

借：其他货币资金——银行本票
　　贷：银行存款

②企业持银行本票购货、收到有关发票账单时：

借：材料采购（原材料或库存商品）
　　　应交税费——应交增值税（进项税额）
　　贷：其他货币资金——银行本票

收款单位：

收到银行本票、填写"进账单"送交开户银行办理款项入账手续时，根据进账单及销货发票：

借：银行存款

贷：主营业务收入

应交税费——应交增值税（销项税额）

（4）商业汇票

商业汇票是出票人签发的，委托付款人在指定日期无条件支付确定的金额给收款人或者持票人的票据。

商业汇票根据承兑人的不同，分为商业承兑汇票和银行承兑汇票。商业承兑汇票是指由收款人签发，经付款人承兑，或由付款人签发并承兑的票据；银行承兑汇票是指收款人或承兑申请人签发，并由承兑申请人向开户银行申请，经银行审查同意承兑的票据。

商业汇票作为一种商业信用，具有信誉度高和结算灵活的特点。在银行开立存款账户的法人以及其他组织，相互之间具有真实的交易关系或债权债务关系，均可使用商业汇票。

银行承兑汇票、商业承兑汇票如图 1-10、图 1-11 所示。

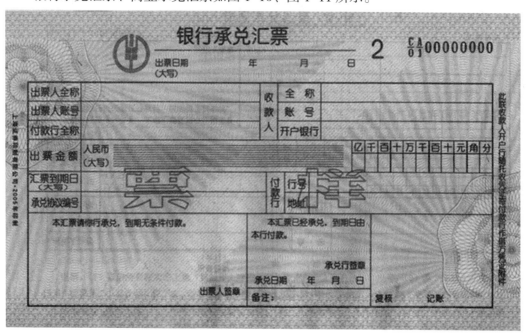

图 1-10 银行承兑汇票

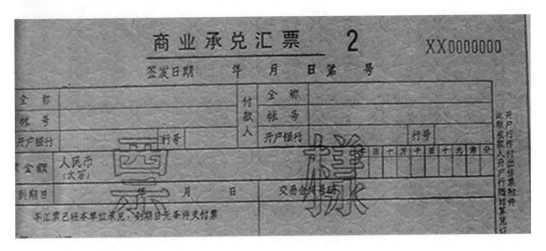

图 1-11　商业承兑汇票

知识窗：商业汇票主要管理规定：

（1）付款人承兑商业汇票，应当在汇票正面记载"承兑"字样和承兑日期并签章；

（2）付款人承兑商业汇票，不得附有条件；

（3）商业汇票一律记名，允许背书转让；

（4）银行承兑汇票的承兑银行，应按票面金额向出票人收取万分之五的手续费；

（5）商业汇票的付款期限，最长不超过6个月；

（6）商业汇票的提示付款期限，自汇票到期日起10日；

（7）符合条件的商业汇票的持票人可持未到期的商业汇票连同贴现凭证向银行申请贴现。

银行承兑汇票和商业承兑汇票的结算程序如图1-12、图1-13所示。

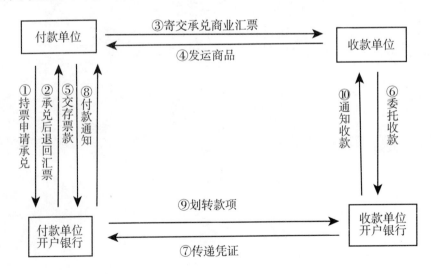

图 1-12　银行承兑汇票结算程序

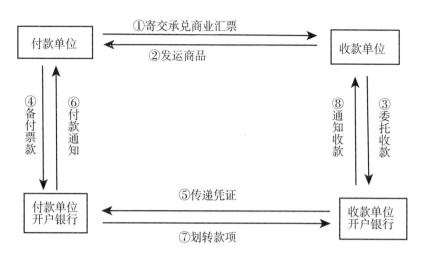

图 1-13 商业承兑汇票结算程序

商业汇票结算的账务处理：

付款单位：

①将承兑后的商业汇票交给销货单位后：

借：材料采购

    应交税费——应交增值税（进项税额）

    贷：应付票据

②票据到期支付票款后：

借：应付票据

    贷：银行存款

收款单位：

①收到付款人交付的"商业汇票"并发运商品后：

借：应收票据

    贷：主营业务收入

        应交税费——应交增值税（销项税额）

②汇票到期收回票款：

借：银行存款

    贷：应收票据

采用银行承兑汇票结算，承兑申请人按规定向银行支付承兑手续费后，根据有关原始凭证借记"财务费用——手续费"账户，贷记"银行存款"账户。

（5）信用证

信用证是指开证银行依据申请人的申请开出的，凭符合信用证条款的单据支付的付款承诺。

信用证结算方式是国际结算主要采用的方式。经中国人民银行批准经营结算业务的商业银行总行以及商业银行总行批准开办信用证结算业务的分支机构，可以办理国

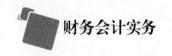

内企业之间商品交易的信用证结算业务。

信用证为不可撤销、不可转让的跟单信用证，信用证只限于转账结算、不得支取现金。

（6）信用卡

信用卡是指商业银行向单位和个人发行的，可以向特约单位购物、消费和向银行存取库存现金、且具有消费信用的特制载体卡片。

信用卡按使用对象分为单位卡和个人卡，按信誉等级分为金卡和普通卡。适用于同城和异地的特约单位购物、消费。

知识窗：信用卡主要管理规定：

（1）单位申领信用卡，应按规定填制申请表，连同有关资料一并送交发卡银行。符合条件并按一定要求交存一定金额的备用金后，银行为申请人开立信用卡存款户，并发给信用卡。

（2）单位卡账户的资金一律从其基本存款账户转账存入，不得交存库存现金，不得将销货收入的款项存入其账户。

（3）信用卡仅限于合法持卡人本人使用，持卡人本人不得出租或转借信用卡。

（4）持卡人可持信用卡在特约单位购物、消费。单位卡不得用于10万元以上的商品交易、劳务供应款项的结算。

（5）持卡人凭卡购物、消费时，需将信用卡和本人身份证一并交特约单位。

（6）特约单位审查信用卡无误的，在签购单上压（刷）卡，填写实际结算金额、用途、持卡人身份证件号码、特约单位名称和编号。

（7）特约单位不得通过压卡、签单和退货方式支付持卡人库存现金。

（8）特约单位在每日营业终了，应将当日受理的信用卡签购单汇总，计算手续费和净计金额，并填写汇（总）计单和进账单，连同签购单一并送交收单银行办理进账。

（9）持卡人要求退货的，特约单位应使用退货单办理压（刷）卡，并将退货单金额从当日签单累计金额中抵减，退货单随签购单一并送交收单银行。

（10）单位卡一律不得支取库存现金。信用卡透支额依据其分类的不同而不同：金卡最高不得超过10000元，普通卡最高不超过5000元。透支期限最长为60天。

信用卡的结算程序如图1-14所示。

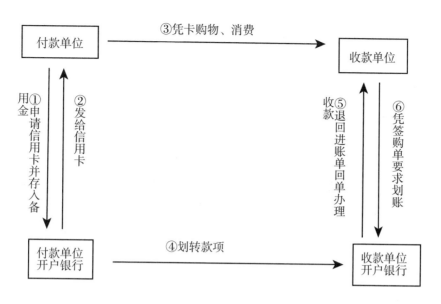

图 1-14 信用卡结算程序

信用卡结算的账务处理：

付款单位：

①企业办理信用卡、存入备用金及支付手续费时：

借：其他货币资金——信用卡存款（×持卡人）

财务费用

贷：银行存款

②持卡人持发票来报销凭卡购物、消费的开支时：

借：材料采购

应交税费——应交增值税（进项税额）

贷：其他货币资金——信用卡存款（×持卡人）

收款单位：

根据汇总签单、进账单回单等原始凭证：

借：银行存款

贷：主营业务收入

应交税费——应交增值税（销项税额）

（7）汇兑

汇兑是指汇款人委托银行将其款项支付给收款人的结算方式。汇兑结算方式具有适用范围大，服务面广，手续简便，划款迅速，灵活易用的特点。单位和个人各种款项的结算，均可使用汇兑结算方式。汇兑分为信汇、电汇两种，由汇款人选择使用。

📖知识窗：汇兑主要管理规定：

（1）汇款人委托银行办理汇兑时，应填写信汇或电汇凭证，详细填明汇入地点、汇入银行名称、收款人姓名或收款单位名称、汇款用途等项内容。

（2）汇入银行对开立存款账户的收款人，应将汇给其的款项直接转入收款人账户，并向其发出收账通知。

（3）未在银行开立存款账户的收款人，凭信汇、电汇的取款通知或"留行待取"的，向汇入银行支取款项，必须交验本人的身份证件，在信、电汇凭证上注明证件名称、号码及发证机关，并在"收款人签盖章"处签章；信汇凭签章支取的，收款人的签章必须与预留信汇凭证上的签章相符。

支取现金的，信、电汇凭证上必须有按规定填明的"现金"字样才能办理。未填明"现金"字样，需要支取现金的，由汇入银行按国家现金管理规定审查支付。

转账支付的，应由原收款人向银行填制支款凭证，并由本人交验其身份证办理支付款项。该账户的款项只能转入单位或个体工商户的存款账户，严禁转入储蓄和信用卡账户。

汇兑的结算程序如图1-15所示。

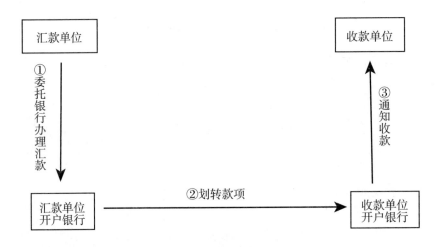

图1-15 汇兑结算程序

汇兑结算的账务处理：

汇款单位的账务处理分两种情况：

①汇款是为了进行各种款项的结算，根据汇兑结算凭证的回单联：

借：应付账款

贷：银行存款

②汇款是到外地进行临时或零星采购，汇款开立临时存款户，根据汇兑结算凭证的回单联：

借：其他货币资金——外埠存款

贷：银行存款

收款单位：

收到款项时，根据银行转来的汇兑结算凭证收账通知：

借：银行存款

贷：应收账款（主营业务收入，应交税费等）

（8）托收承付

托收承付是根据购销合同由收款人发货后委托银行向异地付款人收取款项，由付款人向银行承认付款的一种结算方式。使用托收承付结算方式的收款单位和付款单位必须是经营管理水平较高，并经开户银行审查同意的企业。

办理托收承付的款项，必须是商品交易，以及因商品交易而产生的劳务供应的款项。代销、寄销、赊销商品的款项，不得办理托收承付结算。

托收承付结算款项的划回办法，分邮寄和电报两种，由收款人选用。

知识窗：托收承付主要管理规定：

（1）收付双方使用托收承付结算必须签有合法的购销合同，并在合同上订明使用托收承付结算方式。

（2）收款人办理托收，必须具有商品确已发运的证件。

（3）托收承付结算每笔的金额起点为 10000 元，新华书店系统每笔的金额起点为 1000 元。

（4）托收承付结算方式分为托收和承付两个阶段。

①托收。销货单位按合同发运商品，办妥发货手续后，根据发货票、代垫运杂费单据等填制"托收承付结算凭证"，连同发货票、运单一并送交开户银行办理托收。开户银行接到托收凭证及其附件后，应认真进行审查。对审查无误，同意办理的，应将托收凭证的回单联盖章后退回销货单位。

②承付。购货单位收到银行转来的托收承付结算凭证及所附单证后，应在规定的承付期内审查核对，安排资金。承付货款分为验单付款和验货付款两种，由收付双方商量选用，并在合同中明确规定。

托收承付的结算程序如图 1-16 所示。

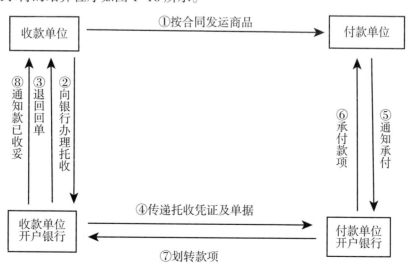

图 1-16　托收承付结算程序

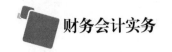

托收承付结算的账务处理：

付款单位：

付出款项后，根据银行转来的托收承付结算凭证付款通知等有关凭证，承付款项时：

借：材料采购

　　应交税费——应交增值税（进项税额）

　贷：银行存款

收款单位：

①办妥委托银行收款手续，根据托收承付结算凭证回单联等有关凭证：

借：应收账款

　贷：主营业务收入

　　　应交税费——应交增值税（销项税额）

②收到款项时，根据银行转来的托收承付结算凭证收款通知等有关凭证：

借：银行存款

　贷：应收账款

（9）委托收款

委托收款是由收款人向其开户银行提供收款依据，委托银行向付款人收取款项的一种结算方式。单位和个人凭已承兑商业汇票、债券、存单等付款人债务证明办理款项结算，均可以使用委托收款结算方式。同城、异地均可以使用。委托收款结算款项的划回方式，分邮寄和电报两种，由收款人选用，不受金额起点的限制。

📖知识窗：委托收款主要管理规定：

（1）委托收款结算方式分为"委托"和"付款"两个阶段。

①委托。收款人办理委托收款应向银行提交委托收款凭证和有关的债务证明，收款人开户银行审查同意后，将"委托收款凭证"的回单退给收款单位，表示已办妥委托收款手续。

②付款。付款人开户银行接到寄来的委托收款凭证及债务证明，审查无误后，应及时通知付款人。付款人接到通知后，应在规定付款期限内付款，付款期为3天，从付款人开户银行发出付款通知的次日算起。付款人未在接到通知日的次日起3日内通知银行付款的，视同付款人同意付款，并于付款人接到通知日的次日起第4日上午开始营业时，将款项划给收款人。

（2）付款人在付款期满而存款账户不足支付的，应将其债务证明连同未付款项通知书邮至收款人开户银行，转交收款人。

（3）付款人审查有关债务证明后，对收款人委托收取的款项需要拒绝付款的，应在付款期内出具拒绝付款理由书，持有债务证明的，应将其送交开户银行。银行将拒绝付款理由书、债务证明和有关凭证一并寄给被委托银行，转交收款人。

委托收款的结算程序如图1-17所示。

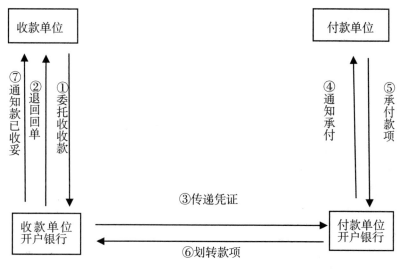

图 1-17 委托收款结算程序

委托收款结算的账务处理:

付款单位:

付出款项后,根据银行转来的付款通知、审查债务凭证后付出款项时:

借:有关账户

　　贷:银行存款

收款单位:

①办妥委托收款手续后,根据委托银行收款结算凭证回单联等有关凭证:

借:应收账款

　　贷:有关账户

②款项收回时,根据银行转来的委托收款结算凭证收款通知等有关凭证:

借:银行存款

　　贷:应收账款

3.银行存款的核算

(1)银行存款的总分类核算

为了总括地反映和监督银行存款的收入、支出和结存情况,企业应设置"银行存款"账户进行核算。企业收入款项时,借记"银行存款"账户,贷记有关账户;付出款项时,借记有关账户,贷记"银行存款"账户。

【例1-5】黄河公司 2014 年 5 月 31 日发生如下经济业务:

①销售给本市阳光超市商品一批,价款 20000 元,增值税 3400 元,收到转账支票一张,填写进账单,送存银行,取得进账单回单联。

②将超过库存现金限额的 2000 元现金送存银行,取得"现金交款单"回单联。

③以银行存款支付行政管理部门电话费 5000 元,取得电信局付费单据。

④以银行存款购买原材料一批,货款 3000 元,增值税 510 元,开出转账支票

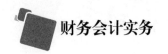

一张。

⑤开出汇兑凭证，汇出款项35100元支付前欠兴隆公司货款，取得信（电）汇凭证回单和有关单据。

上述业务应编制的会计分录如下：

①借：银行存款　23400

　　贷：主营业务收入　20000

　　　　应交税费——应交增值税（销项税额）　3400

②借：银行存款　2000

　　贷：库存现金　2000

③借：管理费用——电话费　5000

　　贷：银行存款　5000

④借：材料采购　3000

　　　应交税费——应交增值税（进项税额）　510

　　贷：银行存款　3510

⑤借：应付账款——兴隆公司　35100

　　贷：银行存款　35100

（2）银行存款的序时分类账

为了及时核算银行存款的收付和结存情况，加强对银行存款的管理，企业除进行银行存款总分类核算外，还要设置"银行存款日记账"，进行核算。银行存款日记账采用订本式账簿，由出纳员根据记账凭证和银行收付款结算凭证，按经济业务发生的先后顺序逐日逐笔进行登记，每日终了应结出余额，定期与银行核对，保证账实相符。有外币业务的企业应分别按人民币和外币设置银行存款日记账进行序时核算。

【例1-6】根据【例1-5】登记"银行存款日记账"，见表1-3。

表1-3　银行存款日记账

银行存款日记账

2014年		凭证编号		摘要	对方科目	借方	贷方	借或贷	余额
月	日	种类	号数						
4	30			本月合计				借	23486
5	31	银收	0001	销售产品	主营业务收入等	23400			
		银收	0002	存现	库存现金	2000			
		银付	0001	支付电话费	管理费用		5000		
		银付	0002	购买原材料	材料采购等		3510		
		银付	0003	付前欠货款	应付账款		35100		
				本日合计		25400	43610	借	5276

4.银行存款的清查

银行存款的清查，是指将企业银行存款日记账与银行对账单进行的核对。企业在进行银行存款的清查之前，首先应检查是否将本单位所发生的与银行存款有关的所有业务记入了银行存款日记账，确保账簿记录完整和准确，然后，与银行转来的"对账单"逐笔核对，以确定账实相符。

在实际工作中，企业的"银行存款日记账"的余额与开户银行转来的"对账单"的余额往往不一致。不一致的原因有两类：一是出现未达账项，二是记账错误。

未达账项是指企业与银行之间对同一项经济业务，由于凭证传递和双方入账时间不一致，而发生的一方已经登记入账，而另一方由于凭证未达，尚未入账的款项。具体有以下四种情况：

①企业已收，银行未收的款项。如企业存入银行的款项，企业已登记入账，增加了银行存款，但银行未收到通知，尚未入账的款项。

②企业已付，银行未付的款项。如企业开出支票或其他付款凭证，企业已经登记入账，减少了银行存款，但银行未收到通知，尚未入账的款项。

③银行已收，企业未收的款项。如银行代企业收进的款项，银行已登记入账，作为企业款项的增加，但企业由于尚未收到结算凭证而未入账。

④银行已付，企业未付的款项。如银行代企业支付的款项，银行已登记入账，作为银行存款的减少，但企业由于尚未收到结算凭证而未入账。

企业与银行之间存在的未达账项，并非错账，必须通过一定的方法进行调节，一般通过编制"银行存款余额调节表"进行调节。

调节后的余额相等，一般可以说明双方记账无误。如调节后的余额不相等，这说明可能未达账项未全部查出，也可能双方记账有误，需要进一步查对。

请注意：银行存款余额调节表只是为了核对账目，不能作为记账的原始凭证。

【例1-7】黄河公司2014年5月31日银行存款日记账（表1-3）的余额为5276元，银行转来对账单的余额为12286元。经逐笔核对，发现如下未达账项：

①企业送存转账支票2340元，已登记银行存款的增加，但银行尚未记账。

②企业开出转账支票5850元，持票单位尚未到银行办理转账，银行尚未记账。

③企业委托银行代收喜乐公司购货款9500元，银行已收妥并登记入账，但企业尚未收到收款通知，尚未入账。

④银行从企业存款户中扣取借款利息6000元，银行已登记企业银行存款的减少，但企业尚未收到银行付款通知，尚未记账。

根据上述材料编制"银行存款余额调节表"，如表1-4所示。

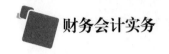

表1-4　银行存款余额调节表

项目	金额	项目	金额
企业银行存款日记账余额	5276	银行对账单余额	12286
加：银行已收，企业未收	9500	加：企业已收，银行未收	2340
减：银行已付，企业未付	6000	减：企业已付，银行未付	5850
调节后余额	8776	调节后余额	8776

1.2.3　其他货币资金核算业务

1.其他货币资金的内容

其他货币资金是指企业除库存现金和银行存款以外的各种货币资金。包括企业的外埠存款、银行本票存款、银行汇票存款、信用卡存款、信用证保证金存款、存出投资款等。

为了反映和监督其他货币资金的增减变化和结存情况，应设置"其他货币资金"总分类账户。该账户属资产类账户，借方登记其他货币资金的增加额，贷方登记其他货币资金的减少额，余额在借方，表示其他货币资金的结存额。该账户可按"外埠存款""银行本票""银行汇票""信用卡""信用证保证金存款"和"存出投资款"等设明细账，进行明细分类核算。

①外埠存款，是指企业到外地进行临时或零星采购时，汇往采购地银行开设临时采购专户的款项。

采购专户只付不收，付完清户。除了采购人员可以从中提取少量现金外，一律采用转账结算。外埠存款的核算程序可分为三个步骤：①汇出资金并开户；②采购付款；③余额转回。

②银行本票存款，是企业为取得银行本票按规定存入银行的款项。

③银行汇票存款，是企业为取得银行汇票按规定存入银行的款项。

④信用卡存款，是企业为了取得信用卡按规定存入银行的款项。

银行本票存款、银行汇票存款、信用卡存款的核算均可分为三个环节：取得汇票、本票或信用卡；用票卡付款；余额转回。

⑤信用证保证金存款，是指采用信用证结算方式的企业，为开具信用证而存入银行信用证保证金专户的款项。

⑥存出投资款，是指企业已存入证券公司但尚未进行短期投资的资金。

2.其他货币资金核算举例

【例1-8】2014年5月黄河公司发生如下经济业务：

①5日，公司填写汇款委托书，委托银行将款项20000元汇往外地采购地开立专户，取得汇出款项凭证。

② 8 日，收到采购人员转来供应单位发票账单等报销凭证，注明采购材料价款 16000 元，增值税 2720 元。

③ 15 日，采购完毕收回剩余款项 1280 元，取得银行收账通知。

黄河公司账务处理如下：

① 借：其他货币资金——外埠存款　20000

　　贷：银行存款　20000

② 借：材料采购　16000

　　　应交税费——应交增值税（进项税额）　2720

　　贷：其他货币资金——外埠存款　18720

③ 借：银行存款　1280

　　贷：其他货币资金——外埠存款　1280

【例 1-9】2014 年 5 月黄河公司发生如下经济业务：

① 9 日，公司委托银行办理 20000 元银行汇票，填写"银行汇票申请书"，将款项交存银行，取得银行汇票和银行盖章退回的银行汇票申请书存根联。

② 14 日，采购员张丽持银行汇票采购材料，根据增值税专用发票，材料价款 10000 元，增值税 1700 元。

③ 19 日，采购完毕后剩余的款项 8300 元转回当地银行。

黄河公司的账务处理如下：

① 借：其他货币资金——银行汇票存款　20000

　　贷：银行存款　20000

② 借：材料采购　10000

　　　应交税费——应交增值税（进项税额）　1700

　　贷：其他货币资金——银行汇票存款　11700

③ 借：银行存款　8300

　　贷：其他货币资金——银行汇票存款　8300

【例 1-10】2014 年 5 月 1 日，黄河公司进行短期证券投资，从基本存款账户上划出 15000000 元转入其在某证券公司开设的账户中。5 月 10 日，黄河公司委托该证券公司从上海证券交易所购入某上市公司股票 1000000 股，金额为 13000000 元，并将其划分为交易性金融资产。黄河公司做如下账务处理：

2014 年 5 月 1 日：

借：其他货币资金——存出投资款　15000000

　贷：银行存款　15000000

2014 年 5 月 10 日：

借：交易性金融资产　13000000

　贷：其他货币资金——存出投资款　13000000

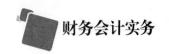

【任务 2 训练题】

一、选择题

1. 根据《现金管理暂行规定》的要求，结算起点为（　　）。

A. 1000 元以下　　　　　　B. 1000 元　　　　　　　C. 1000 元以上

2. 企业在现金清查中发现库存现金短缺，在未经批准处理之前，应贷记"库存现金"账户，借记（　　）账户。

A. 营业外收入　　　B. 待处理财产损溢　　　C. 其他应付款　　　D. 其他业务收入

3. 下列经济业务中，不能用现金支付的是（　　）。

A. 支付职工奖金 5000 元　　　　　　　B. 支付零星办公用品购置费 800 元

C. 支付物资采购货款 1200 元　　　　　D. 支付职工差旅费 2000 元

4. 企业将款项汇往外地开立采购专用账户时，应借记的会计科目是（　　）。

A. 材料采购　　　B. 其他货币资金　　　C. 预付账款　　　D. 在途物资

5. 其他货币资金核算的内容包括（　　）。

A. 银行汇票存款　　B. 外埠存款　　　　C. 外币存款　　　D. 外币现金

E. 存出投资款

6. 下列符合现金保管制度规定的有（　　）。

A. 向个人收购农副产品支付的价款　　　B. 向企业购买大宗材料支付的价款

C. 支付给职工个人的劳务报酬　　　　　D. 出差人员随身携带的差旅费

E. 根据国家规定颁发给个人的科学技术、文化艺术、体育等各种奖金

7. 票据包括（　　）。

A. 银行汇票　　　B. 商业汇票　　　　C. 银行本票　　　D. 支票

8. 商业汇票根据承兑人的不同，分为（　　）。

A. 商业承兑汇票　B. 银行承兑汇票　　　C. 支票　　　　　D. 本票

9. 银行本票的提示付款期限自出票日起最长不超过（　　）。

A. 1 个月　　　　B. 2 个月　　　　　C. 10 天　　　　　D. 20 天

10. 票据之外的银行结算方式有（　　）。

A. 汇兑　　　　　B. 支票　　　　　　C. 信用卡　　　　D. 委托收款

11. 信用卡透支额依据其分类的不同而不同，金卡最高不得超过（　　）元。

A. 3000　　　　　B. 5000　　　　　　C. 10000　　　　　D. 15000

二、技能训练

1. 目的：练习库存现金和银行存款的核算。

资料：东方公司 2013 年 9 月发生如下业务：

（1）1 日，开出现金支票提取现金 3000 元备用。

（2）3 日，职工李明预借差旅费 1500 元，以现金支付。

（3）7 日，财产清查发现现金短缺 188 元，原因待查。

（4）9 日，现金短缺原因已经查明，系出纳员张林责任。

（5）13 日，收到南方公司转账支票 40000 元，用以归还原欠款。

（6）17 日，开出转账支票 62000 元，归还丙公司的欠款。

（7）22 日，购进甲材料一批，价款 8000 元，增值税款 1360 元，用转账支票付讫。

（8）27 日，将本日销货款 11700 元（其中含增值税 1700 元）填制进账单送存银行。

2. 目的：练习其他货币资金的核算。

资料：2013 年 12 月，A 公司和光明公司发生以下货币资金收付会计业务：

（1）4 日，业务员杨林到郑州采购材料，开立临时采购账户，委托银行将 30000 元汇往采购地郑州工商银行。

（2）9 日，业务员杨林回公司，采购发票上列明购进材料价款 16000 元，增值税 2720 元，共 18720 元，材料验收入库。

（3）10 日，将在郑州工商银行的外埠存款清户，收到银行到账通知，外埠存款余额 11280 元收妥入账。

（4）15 日，企业申请办理银行汇票，将银行存款 66000 元转为银行汇票存款。

（5）17 日，采用银行汇票结算方式购进材料，价款 45000 元，增值税 7650 元，材料验收入库。

（6）20 日，银行将多余款项 13350 元退回，收妥入账。

（7）27 日，企业将银行存款 50000 元存入信用卡。

（8）28 日，用信用卡支付业务招待费 5000 元。

任务 3　出纳岗位业务实训

实训目的

通过现金、银行存款收支业务的模拟实训，使学生能够识别与现金、银行存款收支业务有关的原始凭证，能够准确填制记账凭证；掌握现金与银行存款的序时与总分类核算，能够根据经审核无误的会计凭证逐日逐笔地登记"现金日记账"与"银行存款日记账"，做到日清日结或日清月结。

实训要求

1. 办理库存现金收付和结算业务，准确填制记账凭证。

2. 模拟银行办理存、付款业务填制记账凭证。

3. 登记"库存现金日记账"与"银行存款日记账"。

4. 保管库存现金和各种有价证券，保管有关印章、空白收据和空白支票。

5. 备用金的借支与报销。

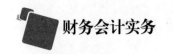

实训资料

河南惠开有限公司（增值税一般纳税人，纳税人登记号：301178812568；开户行：工商银行红旗路办事处，账号：08966980；会计人员：李亮；出纳员：张平；会计主管：李刚）。

河南惠开有限公司，2006年12月库存现金期初余额为160000元，银行存款期初余额为560000元。

供货方：河南利源有限公司（增值税一般纳税人，纳税人登记号：1301178812567；开户行：工商银行梅花路办事处，账号：07288970；会计人员：王梅；出纳员：张凯；会计主管：吴亮）

购货方：山东凯利有限公司（增值税一般纳税人，纳税人登记号：1301178812566；开户行：工商银行凯利路办事处，账号：06255290；会计人员：于海；出纳员：张芳；会计主管：吴林）

请处理企业发生的以下业务。

（1）12月1日，签发现金支票一张，从银行提取库存现金300元备用。

（2）12月3日，以银行存款支付本月电话费3000元，填制银行转账支票。

郑州市电信局专用收据

2006年12月30日　　　　　　　　　第033972

电话号码	89237591	付款单位	河南惠开有限公司
	电话费		
实收金额（人民币）大写：叁仟元整		￥3000	

（3）12月6日，接银行通知，收到山东凯利有限公司前欠货款。

托收承付凭证（收款通知） **4** 托收号码：

委托日期 2006 年 12 月 6 日

		承付期限
	到期	年 月 日

（邮）

收款人	全称	山东凯利有限公司	付款人	全称	河南惠开有限公司										
	账号或地址	06255290		账号	08966980										
	开户银行	工行凯利路办事处		开户银行	工行红旗路办事处	行号									
委托收款金额	人民币（大写）					千	百	十	万	千	百	十	元	角	分
附件		商品发运情况			合同名称号码										
附寄单证张数或册数															

备注：	本托收款项已由付款人开户行全额划回并收入你账户 模拟商业银行（教学模拟）转讫章（1） 收款人开户银行盖章 月 日	科目 _____ 对方科目 _____ 转账 年 月 日 单位主管 会计 复核 记账

此联是收款人银行在款项收妥后给收款人的收账通知

单位主管　　会计　　复核　　记账 张皓

（4）12 月 13 日，用银行汇票支付购买车间用材料。（填制银行汇票申请书，对方单位开户行：开封市商业银行自有路支行，账号：1023258）

河南省商品销售统一发票

购货单位：河南惠开有限责任公司　2006 年 12 月 13 日填制

品名	规格	单位	数量	单价	金额							备注
					万	千	百	十	元	角	分	
涤棉卡呢		米	500	50	2	5	0	0	0	0	0	
纯棉纶布		米	500	60	3	0	0	0	0	0	0	
合计					5	5	0	0	0	0	0	
合计金额（大写）伍万伍仟零佰零拾零元零角零分												

第二联 发票联

开票：刘天　　　　　收款：王丽　　　　　单位名称（盖章）

国统一发票监制 河南省 国家税务局监制

河南利华有限责任公司 2402198822568 发票专用章

中国工商银行银行汇票申请书（存根）　　1　　第　号

申请日期　年　月　日

申请人		收款人	
账号或住址		账号或住址	
用途		代理付款行	

汇票金额	人民币（大写）		千	百	十	万	千	百	十	元	角	分

以上款项请从我账户内支付	科目（借）_____
	对方科目（贷）_____
申请人盖章	财务主管　　　复核　　　经办

（5）12月18日，向山东凯利有限公司购买大衣呢并入库，以银行承兑汇票结算，请填制材料入库单和银行承兑汇票。

银行承兑汇票　　**2**　　XX0000

出票日期（大写）　年　月　日　　　　　第　号

出票人全称		收款人	全称									
出票人账号			账号									
付款行全称		行号		开户行						行号		
出票金额	人民币（大写）			千	百	十	万	千	百	十	元	角	分
汇票到期日			承兑协议号									

凭证寄付款行作借方凭证附件

此联是收款人开户银行随委托收款

本汇票请你行以承兑于到期无条件付款 出票人签章 年　月　日	本汇票已经承兑，到期日由本行付款 承兑行签章 承兑日期　年　月　日	科目（借）_____ 对方科目（贷）_____ 转账　年　月　日 复核　　记账

材料入库单

供应单位：　　　　　　　年　月　日

发票号：　　　　　　　　　　　字第　号

材料类别	材料名称	规格材质	计量单位	应收数量	实收数量	单价	金额							
							十	万	千	百	十	元	角	分
检验结果　检验员签章：				运杂费										
				合计										
备注														

第四联　记账联

仓库保管　　　　　会计　　　　　收料员　　　　　制单

（6）12月19日，委托开户银行向山东凯利有限公司收取前欠货款。

托收承付凭证（回单）　　　**1**　　　托收号码

电

委托日期　2006 年 2 月 10 日

付款人	全称	山东凯利有限公司	收款人	全称	河南惠开有限公司										
	账号或地址	06255290		账号	08966980										
	开户银行	工行凯办		开户银行	工行红办		行号								
托收金额	人民币（大写）					千	百	十	万	千	百	十	元	角	分
附件		商品发运情况		合同名称号码											
附寄单证张数或册数															
备注：电划		款项收妥日期 2006 年 12 月 15 日		收款人开户银行盖章 月　日											

模拟商业银行（教学模拟）转讫章（1）

单位主管　　　　　会计　张皓　　　　　复核

（7）12月20日用信汇方式向光明公司（账号或住址 303102536，开户银行：工行古办，行号0598）预付货款金额500000元。

中国工商银行信汇凭证（回单）　　　**1**

委托日期　　年　　月　　日　　　　第　　号

汇款人	全称		收款人	全称										
	账号或地址			账号或地址										
	汇出地点	汇出行名称		汇入地址	汇入行名称									
金额	人民币（大写）				千	百	十	万	千	百	十	元	角	分
汇款用途：			汇出行盖章											
单位主管　　会计　　复核　　记账			年　　月　　日											

项目2　往来结算岗位核算

项目导航

往来结算岗位是企业处理往来业务的必备岗位，反映企业收入、支出的具体情况，关系到企业资金的的运作以及企业的发展问题，是财务会计中必不可少的岗位之一。

岗位素质要求

【知识学习目标】

了解往来结算岗位的职责和核算任务；

熟悉应收票据、应付票据、应收账款、应付账款、预收账款、预付账款、其他应收款、其他应付款等的核算方法；

掌握坏账损失的确认与核算的方法。

【岗位培养目标】

能正确处理企业的应收票据、应付票据、应收账款、应付账款、预收账款、预付账款、其他应收款、其他应付款等经济业务；

能根据有关资料登记往来明细账簿。

【职业素质目标】

会与人交流与合作；

培养严谨细致的工作作风与清正廉洁、依法办事、坚持原则、客观公正、保守秘密等良好的职业道德修养。

导入案例

琪琪与茂祝是会计专业即将毕业的学生，在黄河公司实习，发现该企业会计人员做的账只有应收应付类总账科目，无应收应付明细账科目。琪琪与茂祝对此产生了分歧，琪琪认为会计人员对应收应付类科目的设置只登总账不登明细账，是违背了会计法的会计核算记账规则（登账规则），这种做法存在巨大隐患。会计人员应随时间的递进根据业务往来的原始凭证（发票、收据等）逐笔登记记账凭证，根据记账凭证逐笔登记相关业务的明细账，再根据相关业务的明细账汇总登记总账，如果直接登总账不登明细账，会分不清往来业务的类别，眉毛胡子一把抓，造成坏账准备提取额度不切实际，最终得出的企业利润无从说起。茂祝认为企业这样做没有问题，是从工作方便或效率角度考虑。

思考：琪琪与茂祝的说法似乎都有道理，你认为他俩谁对呢？

任务 1　往来结算岗位核算任务与流程

往来结算岗位由往来会计担任，不专设往来会计岗位的可由企业会计兼任。往来会计是由经济信用产生的，是反映企业与其内部和外部不同经济主体间的往来业务核算岗位的专项会计。往来会计的主要职责有：建立往来款项结算手续制度；办理往来款项的结算业务；负责往来款项结算的明细核算。

2.1.1　往来结算岗位的核算任务

往来结算岗位的日常工作内容包括以下几个方面：

①负责与购买单位、供货单位和其他单位、个人的购销业务的结算和明细核算。

严格按照国家对企业有关票据管理和税收制度的规定，企业发生购销业务需拥有合法的凭证（发票、收据）作为由企业会计登记记账凭证，由企业审核人员审核记账凭证后才能根据记账凭证登记明细账。

②对购销业务以外的应收、应付、暂收、暂付、备用金、保证金、押金等债权债务及往来款项，要加强管理，严格清算手续，及时清算。

严格企业内部控制制度，加强对企业应收应付款项的管理，根据应收应付相关经济业务的发生做好备查记录，定期查看，相关凭证按日期排列顺序保管，对即将到期收款或付款的业务要做好相关收付款准备，按时清算，避免到期企业资金链出现短截，不利于企业发展。

③及时清查往来款项，减少坏账损失。

严格针对往来业务做好备查记录，实行定期检查制度，对即将到期的债权要及时做好催要准备，并根据实际情况提取坏账准备，对先前作为坏账损失现阶段又收回货款的行为要及时冲账。

④完成领导交办的其他与往来结算有关的管理工作。

2.1.2　往来结算岗位核算业务流程

往来结算岗位核算业务流程如图 2-1 所示。

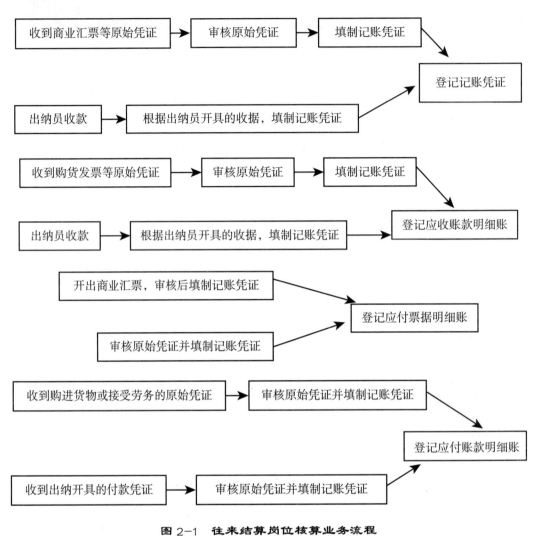

图 2-1　往来结算岗位核算业务流程

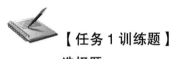

【任务 1 训练题】

一、选择题

1. 属于往来结算岗位职责的有（　　）。

A. 登记应收应付款总账　　　　　　　　B. 登记应收应付款明细账

C. 登记现金和银行存款总账　　　　　　D. 审核应收应付款记账凭证

2. 往来会计可以兼任（　　）工作。

A. 出纳　　　　　　　　　　　　　　　B. 往来账登记

C. 会计档案保管　　　　　　　　　　　D. 固定资产明细账的登记

3. 往来结算岗位的主要职责是（　　）。

A. 建立往来款项结算手续制度　　　　　B. 负责往来款项结算的明细核算

C. 建立往来内部控制制度　　　　　　　D. 办理往来款项的结算业务

二、案例分析

黄河公司因业务发展需要，董事会一致决议添加一名往来会计，随后公司在人才市场上招聘了一名大学应届毕业生小华。小华来到公司后踏实肯干，受到客户及公司同事的一致好评。在一次与客户的往来业务中，小华为留住客户，私自伙同财务科的同事把该客户先前欠的一部分开具收据的货款从账上抹去，以留住客户所赚取的利润来弥补抹去的损失，事后客户因经济困难没能偿还货款，给公司造成了损失。

问题：小华的行为属于何种行为？黄河公司财务科的同事是否应承担损失责任？

任务2 应收票据与应付票据的核算

2.2.1 应收票据核算业务

1. 应收票据的概念

应收票据是指企业持有的、尚未到期兑现的商业票据。我国会计核算上的应收票据仅指商业汇票。商业汇票按承兑人不同分为商业承兑汇票和银行承兑汇票，按是否计息分为带息票据和不带息票据。

2. 应收票据的计价

在我国，应收票据一般按其面值计价。但对于带息的应收票据，应于期末，按应收票据的票面价值和确定的利率计提利息，计提的利息应增加应收票据的账面金额。一般来讲，我国的商业汇票都是不带息汇票。

3. 应收票据核算

（1）应收票据核算流程（图2-2）

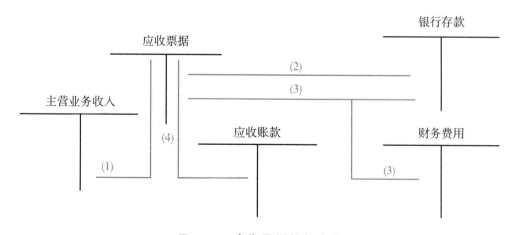

图2-2 应收票据核算流程

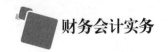

①由商业汇票结算

②到期承兑商业汇票

③票据贴现

④商业汇票到期，付款人无力支付转入应收票据

（2）应收票据的核算

①不带息应收票据的核算。

请注意：不带息应收票据的到期值等于其面值。

【例2-1】黄河公司销售M产品一批给A公司，增值税专用发票上注明的产品销售收入为10000元，增值税额为1700元，于当日收到一张期限为3个月、面值为11700元的不带息商业承兑汇票，A公司的账务处理如下：

收到票据时：

借：应收票据　11700

　　贷：主营业务收入　10000

　　　　应交税金——应交增值税（销项税额）　1700

票据到期收到款项时：

借：银行存款　11700

　　贷：应收票据　11700

若票据到期A公司无力承付：

借：应收账款——A公司　11700

　　贷：应收票据　11700

②带息应收票据的核算。

票面利息的计算式为：

应收票据利息＝票面金额 × 票面利率 × 期限

【例2-2】黄河公司2014年10月1日销售一批产品给A公司，货已发出，专用发票上注明的销售收入为100000元，增值税税额为17000元，收到A公司交来的商业承兑汇票一张，期限为6个月，票面利率为5%。

收到票据时：

借：应收票据　117000

　　贷：主营业务收入　100000

　　　　应交税费——应交增值税（销项税额）　17000

议一议：商业承兑汇票到期的利息是多少？商业承兑汇票没到期可以提前取现吗？如何取现？

（3）应收票据的转让

企业可以将自己持有的商业汇票背书转让。背书转让的，背书人应当承担票据连带责任。

【例2-3】承【例2-2】，黄河公司于2015年1月1日将上述应收票据背书转让，以取得生产经营所需的原材料。该材料金额为150000元，适用增值税税率为

17%，其余款项用银行存款支付。

借：原材料　150000

应交税费——应交增值税（进项税额）　25500

贷：应收票据　117000

银行存款　58500

（4）应收票据的贴现

知识窗：应收票据贴现是指持票人因急需资金，将未到期的商业汇票背书后转让给银行，银行受理后，扣除按银行的贴现率计算确定的贴现息后，将余额付给贴现企业的一种融资活动。

应收票据的贴现要计算到期值、贴现息、贴现净额，公式如下：

到期值 = 票据面值 + 票面利息

贴现息 = 票据到期值 × 贴现率 × 贴现期

贴现净额 = 票据到期值 – 贴现息

请注意：贴现期是指从贴现日起至到期日止的实际天数，即票据提前支取的天数，也是采用"算头不算尾"或"算尾不算头"的计算方法。

【例 2-4】承【例 2-2】，如果 2014 年 11 月 1 日，黄河公司因急需资金周转，将收到的 A 公司的商业承兑汇票向银行申请贴现，年贴现率为 10.8%（一年按 360 天，月按 30 天计算）。

到期值 = 票据面值 + 票据利息 =117000+117000 × 5% ÷ 12 × 6=119925（元）

日贴现率 = 年利率 ÷ 360=10.8% ÷ 360=0.03%

贴现息 = 票据到期值 × 日贴现率 × 贴现期 =119925 × 0.03% × 150=5396.625（元）

贴现净额 = 票据到期值 – 贴现息 =119925–5396.625=114528.375（元）

2.2.2　应付票据的核算业务

1. 应付票据的概念

应付票据是指企业开出并承诺一定时期后支付一定款额给持票人的一种书面证明，包括商业承兑汇票和银行承兑汇票。

知识窗：企业因购买材料、商品和接受劳务供应等开出承兑汇票时，按票面金额记入本科目的贷方；期末对带息票据计息时，按照利息金额记入本科目的贷方。企业承付、支付票款及利息时，按照支付金额记入本科目的借方。本科目余额在贷方，表示企业尚未到期支付的票据的面值和利息。

2. 应付票据的核算

（1）签发应付票据抵付货款、应付账款

借：物资采购

库存材料

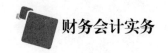

　　　　库存商品
　　　　应付账款
　　　贷：应付票据
　　（2）支付银行承兑汇票的手续费
　　根据《企业会计准则》的规定，银行等金融机构收取的手续费应作为财务费用处理：
　　　借：财务费用
　　　贷：银行存款
　　（3）带息票据利息的处理
　　带息票据在票面上往往标明一定的利率，该利率用来计算票据所含的利息。票据到期时，企业除了需要偿还票面金额外，还需要支付按规定计算的利息。
　　利息 = 面值 × 利率 × 票据期限
　　带息票据的利息一般是在到期时一次性支付；如果利息金额较大，则应于中期期末或年度终了时计算应付利息费用。利息费用应当记入"财务费用"科目。
　　　借：财务费用
　　　贷：应付票据
　　如果利息金额不大，是否预提对会计报表不会产生重大影响，则可在票据到期归还本金和支付利息时，一次性计入财务费用。
　　（4）票据到期支付本金和利息
　　　借：应付票据
　　　　　财务费用
　　　贷：银行存款
　　（5）到期无款支付时的会计处理
　　如果企业到期无法支付的票据是银行承兑汇票，则银行将票款支付给持票人，企业就产生了一笔短期借款负债。企业应将应付票据负债转为短期借款负债，并将罚款支出作为营业外支出处理。
　　　借：应付票据
　　　贷：短期借款
　　　借：营业外支出
　　　贷：银行存款
　　如果企业到期无法支付的票据是商业承兑汇票，则企业应将应付票据的本息转为应付账款，罚息同样作为营业外支出处理。
　　　借：应付票据
　　　　　财务费用
　　　贷：应付账款
　　　借：营业外支出
　　　贷：银行存款

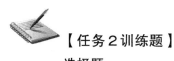

【任务 2 训练题】

一、选择题

1. 下列关于应收票据的说法，不正确的有（　　）。

A. 商业汇票属于应收票据　　　　　　B. 应收票据分为带息票据和不带息票据

C. 带息应收票据的到期值等于面值　　D. 应收票据可以背书转让

2. 企业因销售商品而收到的不应在"应收票据"账户核算的票据有（　　）。

A. 商业承兑汇票　　B. 银行汇票　　　C. 银行本票　　D. 转账支票　　E. 银行承兑汇票

3. 下列各项中，关于应付票据的利息核算，说法正确的是（　　）。

A. 通过"应付利息"科目核算　　　　B. 通过"应付票据"科目核算

C. 通过"应付账款"科目核算　　　　D. 通过"其他应付款"科目核算

4. 某公司 2013 年 10 月 1 日开出了商业承兑汇票，该商业汇票的面值为 10000 元，年利率为 8%，期限为 5 个月。12 月 31 日该公司应付票据的账面价值为（　　）元。

A. 10000　　　　　　B. 10200　　　　　　C. 12400　　　　　　D. 10333.33

5. 应付商业承兑汇票到期，如企业无力支付票据，按应付票据的账面余额借记"应付票据"账户，贷记（　　）账户。

A. 应付账款　　　　B. 短期借款　　　　C. 其他应付款　　　　D. 资本公积

6. （多选）应付票据是指企业购买材料、商品和接受劳务等而开出、承兑的商业汇票，包括（　　）。

A. 银行本票　　　　B. 银行汇票　　　　C. 商业承兑汇票　　　　D. 银行承兑汇票

7. 期末，应付票据按其面值和票面利率计提利息时，应做的会计分录是（　　）。

A. 借记"财务费用"科目，贷记"应付利息"科目

B. 借记"管理费用"科目，贷记"应付利息"科目

C. 借记"财务费用"科目，贷记"应付票据"科目

D. 借记"管理费用"科目，贷记"应付票据"科目

二、技能训练

1. 2011 年 8 月 2 日，A 企业持有 B 公司 6 月 7 日签发的、期限 4 个月、面值 200000 元的不带息商业承兑汇票一张到银行贴现，假设 A 企业与 B 公司在同一票据交换区域内，银行年贴现率为 12%。计算 A 企业贴现票据的贴现息和贴现净额，并做出 A 企业收到票据时的会计分录。

2. 承接第 1 题，2011 年 10 月 7 日所贴现的票据到期，承兑人 B 公司无力付款，A 企业接到贴现银行通知，已经从 A 企业账户划转。如何进行账务处理？

3. 承接第 1 题，2011 年 10 月 7 日，所贴现的票据到期，承兑人 B 公司无力付款，A 企业也无力付款，则银行将此款作为逾期贷款处理。如何进行账务处理？

4. 齐鲁公司于 2 月 28 日销售给乙公司一批产品，价款 20000 元，增值税 3400 元，商品已发出，收到乙公司承兑的一张面值为 23400 元，年利率为 6%、期限为 5

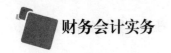

个月的带息商业汇票。请于以下时间做出相应的账务处理。

（1）2月28日，销售实现时；（2）6月30日，计提利息时；

（3）7月31日，到期收回货款时；（4）若7月31日乙公司无力偿付货款；

5. E公司于2013年11月1日从D企业购入原材料一批，其价款为600000元，增值税102000元，该公司同时出具一张期限为5个月的带息票据，年利率为12%。请问在（1）（2）（3）（4）所示时间点，E公司如何进行账务处理？

（1）2013年11月1日购入材料时。

（2）2013年12月31日年底时。

（3）2013年4月1日到期付款时。

（4）如果E公司开出的商业承兑汇票，2013年4月1日票据到期，E公司无力付款，收到银行退回的票据，D企业无法收到款项时。

6. 2013年4月1日，光明公司从黄河公司购入材料一批，价款10000元，增值税1700元，开出不带息商业汇票一张，期限6个月。在以下时间点，黄河公司如何进行账务处理？

（1）4月1日购入材料时。

（2）9月1日票据到期，支付票款时。

任务3　应收账款与应付账款的核算

2.3.1　应收账款核算业务

1. 应收账款的概念

应收账款是指企业因销售商品、提供劳务等业务应向客户收取的款项。包括应收取的货款、应收取的增值税销项税额、代购货单位垫付的运杂费等。

2. 应收账款的特点

①应收账款是基于商业信用而产生的；

②应收账款是由于企业与外单位之间因销售商品或提供劳务等经营业务而产生的；

③企业应收账款的产生一般都有表明商品销售和劳务提供过程已经完成、债权债务关系已经成立的书面文件；

④应收账款的回收期比较短。

3. 应收账款的确认与计价

对于应收账款的处理，需要解决两个方面的问题，入账时间和入账金额。前者称为应收账款的确认，后者称为应收账款的计价。

（1）商业折扣

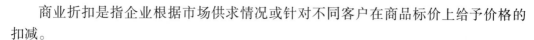

　　商业折扣是指企业根据市场供求情况或针对不同客户在商品标价上给予价格的扣减。

　　（2）现金折扣

　　现金折扣是指债权人为鼓励债务人在规定的期限内付款，而向债务人提供的债务折扣。

　　现金折扣一般用符号"折扣率／付款期限"表示，例如，2/10，1/20，n/30。

4. 应收账款的核算

　　（1）应收账款的发生

　　知识窗：企业发生的应收账款，在没有商业折扣的情况下，按应收的全部金额入账；在有商业折扣的情况下，应按扣除商业折扣后的金额入账；在有现金折扣的情况下，采用总价法入账，发生的现金折扣在收款时，作为理财费用记入"财务费用"账户。

　　【例 2-5】2014 年 10 月黄河公司向 A 公司销售产品一批，售价 50000 元，增值税专用发票上注明的税款为 8500 元，并代垫运费 1200 元，用银行存款支付，产品已发出，并向银行办妥托收手续。

　　借：应收账款——A 公司　59700
　　　　贷：主营业务收入　50000
　　　　　　应交税费——应交增值税（销项税额）　8500
　　　　　　银行存款　1200

　　【例 2-6】黄河公司于 11 月份收到上述销货款及代垫的运杂费。

　　借：银行存款　59700
　　　　贷：应收账款——A 公司　59700

　　【例 2-7】2014 年 10 月 10 日，黄河公司销售给丙公司 B 产品一批，货款 220000 元，用银行存款代垫运杂费 6000 元。由于批量销售，黄河公司为丙公司提供了 20000 元的商业折扣。

　　借：应收账款——丙公司　240000
　　　　贷：主营业务收入　200000
　　　　　　应交税费——应交增值税（销项税额）　34000
　　　　　　银行存款　6000

　　【例 2-8】2014 年 10 月 15 日，黄河公司销售产品一批给 S 公司，售价为 6000 元，现金折扣条件为"2/10，n/30"（双方约定按售价计算现金折扣，不包括增值税），增值税额为 1020 元，商品已交付，并办妥托收手续。

　　借：应收账款——S 公司　7020
　　　　贷：主营业务收入　6000
　　　　　　应交税费——应交增值税（销项税额）　1020

　　（2）应收账款的收回

　　【例 2-9】承【例 2-7】，2014 年 10 月 17 日，黄河公司收到丙公司偿还前欠

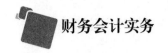

货款。

借：银行存款 240000

 贷：应收账款——丙公司 240000

【例2-10】承【例2-8】2014年10月20日，黄河公司收到S公司付款，按售价享受的现金折扣为120元。根据银行有关的凭证，编制会计分录如下：

借：银行存款 6900

 财务费用 120

  贷：应收账款——S公司 7020

【例2-11】承【例2-8】若黄河公司2014年10月28日收到S公司付款。由于超过折扣期限，S公司不再享受现金折扣。

借：银行存款 7020

  贷：应收账款——S公司 7020

 议一议：如现金折扣是应收账款全额如何核算？

2.3.2 应付账款核算业务

1. 应付账款的概念

应付账款是指企业因购买材料、商品和接受劳务供应等而应付给供应单位的款项。

2. 应付账款的确认与计量

应付账款入账时间的确定：以所购货物的所有权转移或接受劳务已发生为标志，有下列几种情况：

（1）货、票同时到达

验收入库后，立即付款——不通过"应付账款"

验收入库后，未付款——通过"应付账款"

（2）货到，票未到

月末：暂估入账，下月初做相反分录冲回

月中：暂不处理，等票到后再处理

3. 应付账款的核算

特设账户：应付账款——按债权人（供应商）设明细账

（1）发生应付账款和偿还应付账款

【例2-12】黄河公司向A公司购入材料一批，价款50000元，增值税税率17%，付款条件为2/10，n/30。假设现金折扣考虑增值税，材料已验收入库。则根据不同的付款时间，黄河公司的会计处理如下：

①款项暂欠：

50000×17%=8500（元） 58500×2%=1170（元）

借：原材料 50000

应交税费——应交增值税（进项税额）　8500

　　贷：应付账款——A 公司　58500

②10 天内付款：

借：应付账款——A 公司　58500

　　贷：银行存款　57330

　　　　财务费用　1170

③11~30 天内付款：

借：应付账款——A 公司　58500

　　贷：银行存款　58500

【例 2-13】根据供电部门通知，黄河公司本月支付电费 68000 元。其中，生产车间电费 36000 元，企业行政管理部门电费 32000 元，款项尚未支付。

借：制造费用　36000

　　管理费用　32000

　　贷：应付账款——电力公司　68000

（2）转销应付账款

【例 2-14】2014 年 5 月，乙企业确定一笔应付账款 8000 元为无法支付的款项，应予以转销。

借：营业外收入　8000

　　贷：应付账款　8000

【任务 3 训练题】

一、选择题

1. 某企业 2014 年 5 月 10 日销售产品一批，销售收入为 20000 元，规定的现金折扣条件为 2/10，10/20，n/30，适用的增值税税率为 17%。企业 5 月 26 日收到该笔款项时，应给予客户的现金折扣为（　　）元。

A. 0　　　　　　　B. 200　　　　　　C. 468　　　　　　D. 234

2. 下列项目中，销售企业应当作为财务费用处理的是（　　）。

A. 购货方放弃的现金折扣　　　　　　B. 购货方获得的销售折让

C. 购货方获得的现金折扣　　　　　　D. 购货方获得的商业折扣

3.（多选）提高应收账款周转率有助于（　　）。

A. 加快资金周转　　　　B. 提高生产能力　　　　　C. 减少坏账损失

D. 增强短期偿债能力　　　　　E. 增加销售收入

4. 应收账款是由（　　）而产生的。

A. 现销业务　　　B. 赊销业务　　　C. 产品的销售业务　　　D. 其他销售业务

二、技能训练

1. 光明公司销售产品一批，价值 40000 元，适用的增值税税率为 17%，代购货单

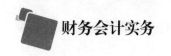

位垫付运杂费1000元，已办妥委托银行收款手续。光明公司如何进行账务处理？

2. G公司销售一批产品，按价目表标明的价格计算，金额为1000000元，由于是成批销售，销货方给购货方10%的商业折扣，适用增值税税率为17%。

要求：做出以下不同情况的会计处理。

（1）销售商品时。

（2）收到货款时。

3. E公司销售一批产品给A公司，价值500000元，由于是成批销售，E公司给A公司20%的商业折扣；为及时收回货款，现金折扣条件为2/10，1/20，n/30，适用的增值税税率为17%，产品交付并办妥托收手续。

要求：做出以下不同情况的会计处理。

（1）销售产品时。

（2）如果上述货款在10天内收到。

（3）如果上述货款在20天内收到。

（4）如果超过了现金折扣的最后期限，收到货款。

4. 2014年6月1日，东风公司由中为有限公司购入材料一批，价款100000元，增值税17000元，材料已到达入库，货款暂欠，付款条件为2/10，1/30，n/60，在以下情况下，东风公司如何进行账务处理？

（1）6月1日材料入库时。

（2）6月9日支付货款时。

（3）企业于8月25日付款时。

5. 顺义公司为一般纳税人，增值税税率为17%，2011年12月发生如下业务：

（1）企业购入材料50000元，进项税额为8500元，材料已验收入库，发票账单已收到，货款尚未支付。根据账单、入库单等原始凭证，如何进行账务处理？

（2）开出支票，偿付上笔应付账款。

（3）若上述材料的发票账单至月末尚未到达，根据计划成本暂估成本（假设该材料计划价60000元）入账。

（4）本月应付水电费5500元，其中生产产品用水电费3500元，车间用水电费1000元，办公用电500元，办公用水500元。

（5）企业开出承兑汇票一张，票面金额25000元，期限2个月，抵付前欠的应付账款。

请替顺义公司做出相应的账务处理。

任务 4　预收账款与预付账款的核算

2.4.1　预收账款核算业务

1. 预收账款的概念

预收账款是指企业按照合同规定向购货单位预收的款项。

2. 预收账款的核算

预收账款核算的基本要求是：正确反映预收账款的情况，及时用有关的产品或劳务清偿债务，按期结清预收账款。

（1）核算方法

对预收账款的核算应视具体情况而定。按现行会计制度规定，可以采用两种核算方法：一种是企业预收款项比较多的，可单独设置"预收账款"科目核算，待用商品或劳务偿付了此项负债后，再进行结算。这种方法能完整地反映这项负债的发生及偿付情况，并且便于填列会计报表；另一种是企业预收款项不多，可以不设"预收账款"科目，将企业预收的货款直接作为应收账款的减项，反映在"应收账款"科目的贷方，待发出商品或提供劳务后而发生的应收账款，再在"应收账款"科目进行结算。这种方法在"应收账款"科目中能够完整地反映与购货方结算的情况，但在填列会计报表时需要根据"应收账款"科目的明细科目余额进行分析填列。

（2）核算使用的主要科目

需单独设置"预收账款"科目的企业，设置的"预收账款"科目属于负债类，其贷方登记已预收的货款和购货单位已补付的货款；其借方登记产品销售实现时应收的货税款和已退回购货单位多付的货款；期末余额一般在贷方，反映尚未结清的预收货款数；如果出现借方余额，则反映应收的货款数。该科目应按购货单位开设明细账进行明细分类核算。不单独设置"预收账款"科目核算的企业，在"应收账款"科目核算。

（3）发生与归还的主要账务处理

单独设置"预收账款"科目的企业，按合同规定向购货单位预收款项时，按所收金额借记"银行存款"科目，贷记"预收账款"科目。

产品发出或劳务提供后，销售实现时，按实现的收入和应交的增值税销项税额等应收款项，借记"预收账款"科目，按实现的营业收入，贷记"主营业务收入"科目，按专用发票注明的增值税税额，贷记"应交税费——应交增值税（销项税额）"等科目。

收到购货单位补付的款项时，按收到金额数借记"银行存款"科目，贷记"预收账款"科目；若为退回购货单位多付的款项，则做相反的会计处理。

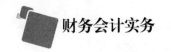

（4）单独设置"预收账款"科目对预收账款的账务处理方法

【例 2-15】黄河公司接受 A 公司的一批订货合同，按合同规定，货款金额总计为 400000 元（不包括增值税），预计 6 个月完成。订货方 A 公司预付货款 50%，另 50% 待产品完工发出后再支付。增值税税率为 17%。根据上述经济业务，应做如下账务处理：

①收到预付 50% 的货款 200000 元：

借：银行存款　200000

　　贷：预收账款——A 公司　200000

②6 个月后，产品完工并按合同发给了 A 公司：

借：预收账款——A 公司　468000

　　贷：主营业务收入　400000

　　　　应交税金——应交增值税（销项税额）　68000

③收到 A 公司补付的货税款 268000 元，已存入开户银行：

借：银行存款　268000

　　贷：预收账款——A 公司　268000

不单独设置"预收账款"科目核算的企业，按合同规定向购货单位预收款项时，借记"银行存款"科目，贷记"应收账款"科目；产品销售实现时，按应收的款项，借记"应收账款"科目，按实现的营业收入及专用发票上注明的增值税税额，贷记"主营业务收入""应交税金——应交增值税（销项税额）"等科目。收到购货单位补付的货款，借记"银行存款"科目，贷记"应收账款"科目；退回购货单位多付的货款，则借记"应收账款"科目，贷记"银行存款"科目。

请注意：预收账款期末列示在资产负债表的流动负债部分，列示项目为"预收账款"，列示金额为"预收账款"科目的贷方余额或者"应收账款"科目下"预收账款"明细科目的贷方余额之和。

2.4.2　预付账款核算业务

1. 预付账款的概念

预付账款是指企业按照购货合同规定预付给供应单位的款项。

请注意：对于预付款项不多的企业，可以不设"预付账款"科目，而直接在"应付账款"科目核算。但在编制资产负债表时，应当将"应付账款"项目的借方明细账余额填入"预付账款"项目。

2. 预付账款的核算

预付账款的核算包括预付款项和收回货物两个方面。

【例 2-16】黄河公司向 A 公司采购材料 1000 千克，单价 20 元 / 千克，所需支付的款项总额为 20000 元。按照合同规定向 A 公司预付货款的 30%，验收货物后补付其余款项。

①预付 30%的货款：

借：预付账款——A 公司　6000

　贷：银行存款　6000

②收到 A 公司发来的 1000 千克材料，经验收无误，有关发票记载的货款为 20000 元，增值税税额为 3400 元。据此以银行存款补付不足款项 17400 元。

借：原材料　20000

　　应交税费——应交增值税（进项税额）　3400

　贷：预付账款　23400

借：预付账款　17400

　贷：银行存款　17400

 【任务 4 训练题】

一、技能训练

1. 黄河公司 2015 年 5 月 31 日有关账户明细账的余额如下：

应收账款——甲　3000 元（借方）　　应付账款——A　30000 元（贷方）

应收账款——乙　12000 元（贷方）　　应付账款——B　11000 元（借方）

预收账款——丙　13000 元（借方）　　预付账款——C　18000 元（贷方）

预收账款——丁　20000 元（贷方）　　预付账款——D　10000 元（借方）

要求：计算在资产负债表上，以下科目列示的金额是多少。

（1）"应收账款"科目。

（2）"应付账款"科目。

（3）"预收账款"科目。

（4）"预付账款"科目。

请注意：应收账款的借方等同于预收账款借方，应收账款贷方等同于预收账款贷方；应付账款贷方等同于预付账款贷方，应付账款借方等同于预付账款借方。

2. 黄河公司采用预付款项的方式采购材料：

（1）8 月 1 日，向甲企业采购材料，开出转账支票一张，预付材料款 100000 元。

（2）8 月 18 日，收到甲企业的材料及有关结算单据，材料价款为 100000 元，增值税为 17000 元，材料已验收入库，同时开出转账支票一张，补付材料款 17000 元。

要求：根据上述经济业务编制会计分录。

二、案例分析

某市木工机械有限公司 2013 年分别于 3 月、7 月、9 月与新美集团公司订立三份销货合同，2013 年 7~9 月，该木工机械公司实际发出货物总价格 775.62 万元，新美集团公司当时已确认收到。

2013 年 4~9 月，收到新美集团公司货款 621.7 万元；2014 年 2 月收到 10 万元；税务机关实施检查后又收到 15.1 万元，截至 2014 年 10 月，共收到新美集团公司货款

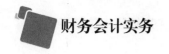

646.8 万元。

木工机械有限公司将 3 份合同收到的货款都记入"预收账款"，2014 年 1 月开具一份普通发票转作收入 542980 元，并提取申报销项税额 78894.53 元。

2014 年 9 月，木工机械有限公司又开具 3 份增值税专用发票，结转收入 1315200 元，申报销项税额 191097.44 元。其余部分均未开票转作收入处理，也未申报销项税。

市国税局认定木工机械有限公司上述业务属于采取预收货款的方式销售货物，其纳税义务发生时间应为货物发出的当天。

要求：根据上述案例分析木工机械公司是否存在偷税漏税情况。

任务 5　其他应收款与其他应付款的核算

2.5.1　其他应收款核算业务

1. 其他应收款的概念

其他应收款是指除应收票据、应收账款、预付账款以外的其他各种应收、暂付款项。

2. 其他应收款的核算

企业应设置"其他应收款"科目对其他应收款进行核算。

【例 2-17】黄河公司为职工李霞垫付应由其个人负担的住院医药费 5000 元，拟从其工资中扣回。

垫支时：

借：其他应收款——李霞　5000

　贷：银行存款　5000

扣款时：

借：应付职工薪酬——工资　5000

　贷：其他应收款——李霞　5000

【例 2-18】黄河公司租入包装物一批，以银行存款 1000 元支付押金。

支付时：

借：其他应收款——押金　1000

　贷：银行存款　1000

收到出租方退还的押金时：

借：银行存款　1000

　贷：其他应收款——押金　1000

【例 2-19】2015 年 5 月 5 日，销售科职工黄鸿雁借差旅费 8000 元，以现金支付。

借：其他应收款——黄鸿雁　8000

　　贷：库存现金　8000

5 月 25 日，黄鸿雁出差归来，报销差旅费 5300 元，余款交回。

借：销售费用　5300

　　库存现金　2700

　　贷：其他应收款——黄鸿雁　8000

2.5.2　其他应付款核算业务

1. 其他应付款的概念

其他应付款是指除应付票据、应付账款、预收账款、应付职工薪酬、应付利息、应付股利、应交税费、长期应付款等以外的其他各项应付、暂收的款项。

2. 其他应付款的核算

（1）企业发生各种应付、暂收款项

借：银行存款

　　管理费用等

　　贷：其他应付款

【例 2-20】黄河公司 2015 年 1 月 1 日收到甲公司租用包装物押金 8000 元。

借：银行存款　8000

　　贷：其他应付款——单位往来——甲公司　8000

【例 2-21】黄河公司 2015 年 3 月 1 日因生产临时需要，从长江公司租入一台吊车使用，协议租金 20000 元尚未支付。

借：制造费用　20000

　　贷：其他应付款——单位往来——长江公司　20000

（2）支付的应付或暂收款项

借：其他应付款

　　贷：库存现金

　　　　银行存款

【例 2-22】黄河公司 2015 年 4 月 10 日将某职工上月未领工资 3400 元付给该职工。

借：其他应付款——个人往来——某职工　3400

　　贷：库存现金　3400

【例 2-23】黄河公司 2015 年 4 月 16 日收到长江公司退回的包装物，将其存入的押金 9000 元退回。

借：其他应付款——单位往来——长江公司　9000

　　贷：银行存款　9000

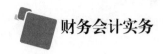

【任务5训练题】

一、选择题

1. 下列项目中，属于"其他应付款"核算范围的有（　　）。

A. 企业未按期领取的工资　　　　B. 应付经营租入固定资产的租金

C. 存出投资款　　　　　　　　　D. 应付、暂收所属单位、个人的款项

E. 出租包装物的押金

2. 下列项目中，通过"其他应收款"账户核算的是（　　）。

A. 应收保险公司的赔款　　　　　B. 应收出租包装物的租金

C. 应向职工收取的各种垫付款项　D. 应向购货方收取的代垫运杂费

E. 存出投资款

3. 下列属于其他应付款核算范围的是（　　）。

A. 职工未按期领取的工资　　　　B. 应付经营租入固定资产租金

C. 存入保证金　　　　　　　　　D. 应付、暂收所属单位、个人的款项

二、技能训练

1. 黄河公司"其他应收款"初期余额在借方5800元，本期支付的存出保证金为2000元，支付预借差旅费2000元，采用定额制备用金的一车间前来报销办公费用2500元，出差人员退回多余预支款300元（原预支900元）。

要求：计算黄河公司"其他应收款"的期末余额。

2. 黄河公司2015年1月5日以经营租赁方式从蓝天公司租入管理用办公设备一批，每月租金800元，按季支付。

在以下情况下，黄河公司如何进行账务处理：

（1）1月底计提应付租金。

（2）3月底支付本季度租金。

3. 黄河公司以经营性租赁方式租入厂房一幢，按租赁合同规定，每月租金于次月底支付，本月计提应付租金2500元，次月通过银行转账支付应付租金。

要求：根据上述资料进行账务处理。

任务6　坏账损失的核算

2.6.1　坏账损失的确定

企业的应收票据、应收账款、预付账款、其他应收款等应收款项可能会因债务人破产、死亡、拒付等原因而无法收回。这类无法收回的应收款项就是坏账。由于发生坏账而造成的损失称为坏账损失。

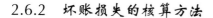

2.6.2 坏账损失的核算方法

坏账损失的核算方法有两种：直接转销法和备抵法。我国《企业会计制度》规定，企业只能采用备抵法核算坏账损失。

企业采用备抵法进行坏账损失的核算时，首先应按期估计坏账损失。估计坏账损失的方法有应收款项余额百分比法、账龄分析法、销货百分比法和个别认定法等。根据我国《企业会计制度》的规定，坏账准备的计提方法和计提比例由企业根据实际情况自行决定。

（1）应收款项余额百分比法

这是根据应收账款余额的一定比例对坏账进行估计。

（2）账龄分析法

账龄分析法是根据应收款项账龄的长短来估计坏账的方法。

（3）销货百分比法

销货百分比法，是以赊销金额的一定百分比作为估计坏账的方法。企业可以根据过去的经验和有关资料，估计坏账损失与赊销金额之间的百分比。采用这种方法估计坏账损失，不需要考虑坏账准备的余额。

2.6.3 坏账损失的核算

1. 应收款项余额百分比法核算

采用应收款项余额百分比法，坏账准备的计算式分别为：

当期应计提的坏账准备金额＝当期按应收款项计算的应计提的坏账准备金额－坏账准备账户的贷方余额＋坏账准备账户的借方余额

当期按应收款项计算的应计提的坏账准备金额＝期末应收款项余额 × 坏账准备的计提比例

请注意：应用年末余额百分比法时，坏账准备的计提（即坏账损失的估计）分首次计提和以后年度计提两种情况。首次计提时，坏账准备提取数＝应收账款年末余额 × 计提比例。

【例 2-24】黄河公司 2012 年首次计提坏账准备，当年年末的应收账款余额为 100000 元，坏账准备的计提比例为 5‰。则：

坏账准备提取数＝100000 × 5‰＝500（元）

借：管理费用　500

　　贷：坏账准备　500

以后年度计提坏账准备时，可进一步分以下四种情况来掌握：

第一种：应收账款年末余额 × 计提比例。

"坏账准备"年末余额（指坏账准备计提前的余额，不同），按差额补提坏账准备。

【例 2-25】承【例 2-24】2012 年 10 月黄河公司实际发生坏账损失 400 元；当年

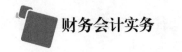

年末应收账款余额为120000元。会计处理过程如下：

① 2012年10月：

借：坏账准备　400

　　贷：应收账款　400

年末计提前"坏账准备"账户余额 = 500–400 = 100（元）

②坏账准备提取数 = 120000 × 5‰ –100 = 500（元）

2012年12月：

借：管理费用　500

　　贷：坏账准备　500

年末补提500元坏账准备后，"坏账准备"账户的余额为600元。

第二种：应收账款年末余额 × 计提比例 < "坏账准备"年末余额，按差额冲减坏账准备。

【例2-26】承【例2-25】2013年6月，黄河公司上年确认的坏账损失又收回；当年年末应收账款余额为150000元。会计处理过程如下：

①以前年度核销的坏账又收回，同样需要做两笔分录：

2013年6月：

借：应收账款　400

　　贷：坏账准备　400

借：银行存款　400

　　贷：应收账款　400

年末计提前"坏账准备"账户余额 = 600 + 400 = 1000（元）

②坏账准备提取数 = 150000 × 5‰ –1000 = –250（元）

2013年12月：

借：坏账准备　250

　　贷：管理费用　250

年末冲减250元坏账准备后，"坏账准备"账户的余额为750元。

第三种：应收账款年末余额 × 计提比例 = "坏账准备"年末余额，不补提亦不冲减坏账准备，即不做会计处理。

【例2-27】承【例2-26】，2014年10月黄河公司实际发生坏账损失350元；当年年末应收账款余额为80000元。会计处理过程如下：

① 2014年10月：

借：坏账准备　350

　　贷：应收账款　350

年末计提前"坏账准备"账户余额 = 750–350 = 400（元）

②坏账准备提取数 = 80000 × 5‰ –400 = 0（元），无须做任何会计处理。

第四种：年末计提前"坏账准备"出现借方余额，应按其借方余额与"应收账款年末余额 × 计提比例"之和计提坏账准备。

【例 2-28】承【例 2-27】，2015 年 6 月黄河公司实际发生坏账损失 1000 元；当年年末应收账款余额为 200000 元。会计处理过程如下：

① 2015 年 6 月：

借：坏账准备   1000

  贷：应收账款   1000

年末计提前"坏账准备"账户为借方余额 600（1000-400）元。

②坏账准备提取数 = 200000 × 5‰ + 600 = 1600（元）

2015 年 12 月：

借：管理费用   1600

  贷：坏账准备   1600

年末计提 1600 元坏账准备后，"坏账准备"账户为贷方余额 1000 元。

总之，在采用年末余额百分比法的情况下，始终要掌握这样一个原则，即当年坏账准备计提后，一定要保持"坏账准备贷方余额 ÷ 应收账款年末余额 = 计提比例"这一等式成立。

2. 账龄分析法核算

账龄分析法是根据应收款项账龄的长短来估计坏账的方法。

【例 2-29】2014 年末黄河公司的应收账款账龄及估计坏账损失如表 2-1 所示。

表 2-1 2014 年末黄河公司坏账情况表

单位：元

应收账款账龄	应收账款金额	估计损失（%）	估计损失金额
未到期	20000	1%	200
过期 6 个月以下	10000	3%	300
过期 6 个月以上	6000	5%	300
合计	36000	—	800

黄河公司 2014 年初坏账准备账户余额为贷方 100 元，计算出 2014 年黄河公司应计提的坏账准备以及 2014 年末坏账准备科目余额。

分析：2014 年末坏账准备账户余额应为 800 元，2014 年年初有坏账准备贷方余额 100 元，因此在本年中应计提坏账准备 800-100 = 700 元。

借：资产减值损失   700

  贷：坏账准备   700

2014 年末坏账准备科目余额为：100 + 700 = 800 元，即根据应收账款入账时间的长短来估计坏账损失。

3. 销货百分比法核算

销货百分比法，是以赊销金额的一定百分比作为估计坏账的方法。企业可以根据过去的经验和有关资料，估计坏账损失与赊销金额之间的百分比。采用这种方法估计

坏账损失，不需要考虑坏账准备的余额。

【例2-30】黄河公司2014年销售收入为20000万元，2014年12月31日的资产负债表（简表）如表2-2所示。

表2-2 黄河公司2014年资产负债表

资产负债表（简表）

2014年12月31日 单位：万元

资产	期末余额	负债及所有者权益	期末余额
货币资金	1000	应付账款	1000
应收账款	3000	应付票据	2000
存货	6000	长期借款	9000
固定资产	7000	实收资本	4000
无形资产	1000	留存收益	2000
资产总计	18000	负债与所有者权益合计	18000

该公司2015年计划销售收入比上年增长20%，为实现这一目标，公司需新增设备一台，需要320万元资金。据历年财务数据分析，公司流动资产与流动负债随销售额同比率增减。假定该公司2015年的销售净利率可达到10%，净利润的60%分配给投资者。

①计算2015年流动资产增加额：

流动资产增长率为20%

2014年末的流动资产 = 1000 + 3000 + 6000 = 10000（万元）

2015年流动资产增加额 = 10000 × 20% = 2000（万元）

②计算2015年流动负债增加额：

流动负债增长率为20%

2014年末的流动负债 = 1000 + 2000 = 3000（万元）

2015年流动负债增加额 = 3000 × 20% = 600（万元）

③计算2015年公司需增加的营运资金：

2015年公司需增加的营运资金 = 流动资产增加额 - 流动负债增加额 = 2000 - 600 = 1400（万元）

④计算2015年的留存收益：

2015年的销售收入 = 20000 × （1 + 20%）= 24000（万元）

2015年的净利润 = 24000 × 10% = 2400（万元）

2015年的留存收益 = 2400 × （1 - 60%）= 960（万元）

⑤预测2015年需要对外筹集的资金量：

2015年需要对外筹集的资金量 = （1400 + 320）- 960 = 760（万元）

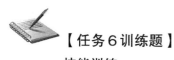

【任务 6 训练题】

一、技能训练

1. 黄河公司提取坏账准备的比例为 0.5%。

（1）该企业从 2012 年开始计提坏账准备，这一年年末应收账款余额为 50 万元。

（2）2013 年和 2014 年年末应收账款的余额分别为 125 万元和 110 万元，这两年均未发生坏账损失。

（3）2015 年 7 月，确认一笔坏账，金额为 9000 元。

（4）2015 年 12 月，上述已核销的坏账又收回 2500 元。

（5）2015 年末已收账款余额为 100 万元。

根据上面的材料编制相应的会计分录。

2. 黄河公司为一般纳税企业，增值税税率为 17%，该公司历年采用应收账款余额的 0.5% 计提坏账准备。有关资料如下：

（1）2013 年期初应收账款余额 4000 万元，坏账准备贷方余额 20 万元；2013 年 8 月销售商品一批，含税增值税价款 3510 万元，尚未收到货款，2013 年 12 月实际发生坏账损失 30 万元。

（2）2014 年 4 月收回以前年度的应收账款 2000 万元存入银行，2014 年 6 月销售商品一批，含税增值税价款 2340 万元尚未收到货款，2014 年 12 月实际发生坏账损失 30 万元。

（3）2015 年 3 月收回以前年度的应收账款 5000 万元存入银行，2015 年 7 月销售商品一批，含税增值税价款 7020 万元尚未收到货款，2015 年 9 月收回已确认的坏账损失 25 万元。

要求：计算并编制各年有关计提坏账准备的相关会计分录。

3. 甲公司应收款项按其年末余额 2% 计提坏账准备。2015 年 1 月 1 日，"应收账款"科目的余额为 3200000 元，"其他应收款"科目的余额为 800000 元，"坏账准备"科目的余额为 80000 元。甲公司 2015 年发生有关业务如下：

（1）一张面值为 1200000 元的不带息商业承兑票据到期不能收回。

（2）因供货单位破产，已预付的 400000 元货款无望收回。

（3）经公司董事会批准，当年核销坏账 100000 元。

要求：

（1）根据上述业务编制甲公司的相关会计分录。

（2）计算甲公司 2015 年计提的坏账准备。

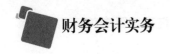

任务 7 债务重组的核算

2.7.1 债务重组的核算

1.债务重组的概念

债务重组指债权人按照其与债务人达成的协议或法院的裁决同意债务人修改债务条件的事项。

2.债务重组的方式

①以低于债务账面价值的现金偿债。

②以非现金资产偿债。

③债务转为股资本。

④修改其他偿债条件。

3.债务人账务处理

（1）以低于债务账面价值的现金偿债

债务人应将重组债务的账面价值与支付的现金之间的差额确认为资本公积。

借：应付账款

　　贷：银行存款

　　　　资本公积

（2）以非现金资产偿债

债务人应将重组债务的账面价值与转让的非现金资产账面价值和相关税费之和的差额确认为资本公积或当期损失。

重组债务的账面价值＞转让的非现金资产账面价值和相关税费：记入"资本公积"。

重组债务的账面价值＜转让的非现金资产账面价值和相关税费：记入"营业外支出"。

【例 2-31】黄河公司应付 A 公司购货款 700000 元。因黄河公司财务困难，无法偿付。经双方协商同意，由黄河公司以一批产品抵偿该笔债务。该批产品售价 500000 元，成本 400000 元，增值税税率 17%。

存货视同售价应交增值税 = 500000 × 17% = 85000（元）

资本公积 = 700000-（400000＋85000）= 215000（元）

借：应付账款——A 公司　　700000

　　贷：库存商品　　400000

　　　　应交税金——应交增值税（销项税额）　　85000

　　　　资本公积——其他资本公积　　215000

【例 2-32】黄河公司应付 A 公司购货款 700000 元，黄河公司偿债存货的账面价值为 650000 元，售价为 550000 元，对该存货已提跌价准备 40000 元。

存货视同售价应交增值税 = 550000 × 17% = 93500（元）

营业外支出 = 700000 -（650000 - 40000 + 93500）= 3500（元）

借：应付账款—— A 公司　700000

　　存货跌价准备　40000

　　营业外支出　3500

　　贷：库存商品　650000

　　　　应交税金——应交增值税（销项税额）　93500

（3）以债务转为资本清偿某项债务

债务人应将重组债务的账面价值与债权人因放弃债权而享有股权的账面价值之间的差额确认为资本公积。

①债务人为股份有限公司：按债权人放弃债权而享有股份的面值总额作为股本，按重组债务账面余额与转作股本的金额的差额作为资本公积；

②债务人为其他企业的：按债权人放弃债权而享有的股权份额作为实收资本，按重组债务账面余额与转作实收资本的金额的差额作为资本公积。

经双方协商同意，黄河公司以 50000 股普通股抵偿所欠 A 公司的应付账款 700000 元。黄河公司普通股每股面值 1 元，每股市价 12 元。

黄河公司进行债务重组发生资本公积 = 700000 - 50000 × 1 = 650000

借：应付账款—— A 公司　700000

　　贷：股本——普通股　50000

　　　　资本公积——股本溢价　650000

（4）以修改其他债务条件进行债务重组

①如果重组债务的账面价值大于将来应付金额，债务人应将重组债务的账面价值减记至将来应付金额，减记的金额确认为资本公积；

②如果重组债务的账面价值等于或小于将来应付金额，债务人不做账务处理。

4. 债权人账务处理

（1）以低于债务账面价值的现金清偿某项债务

债权人应将重组债权的账面价值与收到的现金之间的差额确认为当期损失。

借：银行存款

　　营业外支出

　　贷：应收账款

（2）以非现金资产清偿某项债务

债权人应按重组债权的账面价值作为受让的非现金资产的入账价值。

【例 2-33】黄河公司对 A 公司的应收账款为 254000 元，假定由于 A 公司财务困难，无法偿付债务，双方签署了债务重组协议，黄河公司同意 A 公司以其普通股 80000 股抵偿债务，普通股的面值为 1 元，股票市价为 4.50 元。

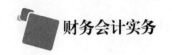

借：长期股权投资 249000（账面价值 254000– 提取的坏账准备 5000）（不用公允价值 80000×4.5）

坏账准备 5000

贷：应收账款——A 公司 254000

【任务 7 训练题】

技能训练

1.黄河公司近因发生财务困难，致使 6 个月前欠甲公司 90000 元货款无法按期偿还，后经双方协商，甲公司同意减免黄河公司 5000 元债务，其余部分即以银行存款支付。而甲公司则已对该项应收账款计提了 1000 元的坏账准备。

要求：根据上述资料，分别作黄河公司公司和甲公司的会计分录。

2.黄河公司近因发生财务困难，致使 7 个月前欠长江公司 70000 元货款无法按期偿还，后经双方协商，长江公司同意黄河公司以其短期持有的 S 公司股票进行清偿。黄河公司短期持有 S 公司股票的账面余额为 70000 元，已提跌价准备 4000 元。而长江公司则已对该项应收账款计提了 1000 元的坏账准备。假定黄河公司和长江公司均为此以银行存款支付相关税费 70 元。

要求：根据上述资料，分别做黄河公司和长江公司的会计分录。

黄河公司近因发生财务困难，致使 2015 年 7 月到期支付的前欠长江公司 260000 元货款无法按期偿还，后经双方协商，长江公司同意黄河公司支付现金 20000 元，同时转让其 B 设备，剩余部分转为长江公司向黄河公司的投资。根据长江公司 2015 年 7 月 31 日的相关资料：当日资产负债表上的所有者权益总额为 1400 万元；B 设备账面原值为 100000 元，已计提折旧 10000 元。现已知：欠长江公司货款转为资本占黄河公司 2015 年 7 月 31 日所有者权益总额的 1%，债务转为资本的有关手续双方于 2015 年 8 月 31 日办妥；B 设备的公允价值为 90000 元；B 设备在清理过程中以银行存款支付清理费用 1000 元。而长江公司则已对该项应收账款计提了 40000 元的坏账准备。

要求：根据上述资料，对黄河公司和长江公司进行账务处理。

任务 8 岗位业务实训

> **实训目的**

1.熟悉往来会计岗位的基本职责与业务核算流程。

2.掌握往来结算岗位的基本账务处理操作技能。

> **实训要求**

1.开设往来结算相关明细账，登记期初余额。

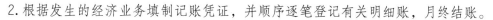

2.根据发生的经济业务填制记账凭证，并顺序逐笔登记有关明细账，月终结账。

实训资料

企业名称：云南华连金属公司

公司账号：876800

开户银行：工商银行沿江分理处

该公司为工业企业，是增值税一般纳税人。

往来结算岗位期初余额表

序号	总账科目	明细科目	借或贷	金额
1	坏账准备	应收款项余额百分比法	贷	60000.00
		账龄分析法	借	60000.00
		销货百分比法	贷	60000.00
		债务重组	贷	2000.00
2	库存现金		借	12000.00
3	其他应付款		贷	500.00
4	其他应收款	吴兵兵	借	1000.00
5	应付票据	大宏有限公司	贷	3000.00
		曙光工厂	贷	941000.00
6	应付账款	大宏有限公司	贷	50000.00
		光明工厂	贷	235000.00
		红阳农机销售公司	贷	300000.00
7	应收票据	大众机械有限公司	借	760032.00
		东方金属冶炼公司	借	100000.00
8	应收账款	东方钢铁有限公司	借	1170800.00
		南方金属机械公司	借	350000.00
		新兴公司	借	150000.00
		阳春五金商店	借	5000.00
9	预收账款	长江水利设备有限公司	贷	3000.00
10	原材料	甲材料	借	20000.00
		丙材料	借	20000.00
		钢材	借	400000.00
		铜制品	借	4000.00

请处理企业发生的如下业务。

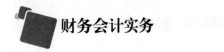

（1）销售货物，取得商业承兑汇票。

凭1-1

云南省增值税专用发票

开票日期：2014 年 7 月 10 日 　　　　　　No 07576444

<table>
<tr><td rowspan="2">购货单位</td><td colspan="4">名　　称：大众机械有限公司
纳税人识别号：6245870089232100
地址、电话：前进路 88 号
开户行及账号：无锡市建行</td><td rowspan="2">密
码
区</td><td colspan="10" rowspan="2">（略）</td><td rowspan="7">第四联：记账联</td></tr>
<tr></tr>
<tr><td rowspan="2">货物或应税
劳务名称</td><td rowspan="2">规格型号</td><td rowspan="2">计量
单位</td><td rowspan="2">数量</td><td rowspan="2">单价</td><td colspan="8">金　　额</td><td rowspan="2">税率</td><td colspan="7">税额</td></tr>
<tr><td>十万</td><td>千</td><td>百</td><td>十</td><td>元</td><td>角</td><td>分</td><td></td><td>万</td><td>千</td><td>百</td><td>十</td><td>元</td><td>角</td><td>分</td></tr>
<tr><td>A 产品</td><td></td><td>千克</td><td>10000</td><td>32</td><td>3</td><td>2</td><td>0</td><td>0</td><td>0</td><td>0</td><td>0</td><td>0</td><td rowspan="2">17%</td><td></td><td>5</td><td>4</td><td>4</td><td>0</td><td>0</td><td>0</td></tr>
<tr><td>合　计</td><td></td><td></td><td></td><td></td><td></td><td></td><td></td><td></td><td></td><td></td><td></td><td></td><td></td><td></td><td></td><td></td><td></td><td></td><td></td></tr>
<tr><td>价税合计</td><td colspan="6">（大写）人民币叁拾柒万肆仟肆佰元整</td><td colspan="10">￥374400.00</td></tr>
<tr><td rowspan="2">销货单位</td><td colspan="6">名　　称：云南华连金属公司
纳税人识别号：6542137800235600
地址、电话：沿江路 26 号
开户行及账号：工商银行沿江分理处</td><td>备</td><td colspan="9"></td></tr>
<tr><td colspan="6"></td><td>注</td><td colspan="9"></td></tr>
</table>

收款人：×××　　　　复核：×××　　　　开票人：×××　　　　销货单位（章）

凭1-2

商业承兑汇票（通知）　　　　　3

签发日期贰零壹肆年柒月拾日　　　　汇票号码　第 5638 号

<table>
<tr><td rowspan="3">收款单位</td><td>全　　称</td><td>云南华连金属公司</td><td rowspan="3">承兑申请人</td><td>全称</td><td>大众机械有限公司</td></tr>
<tr><td>账　　号</td><td>876800</td><td>账号</td><td>372826</td></tr>
<tr><td>开户银行</td><td>工商银行沿江分理处</td><td>开户银行</td><td>无锡市建行</td></tr>
<tr><td colspan="3">汇票金额人民币（大写）叁拾柒万肆仟肆佰元整</td><td>（小写）</td><td>￥374400.00</td></tr>
<tr><td colspan="5">汇票到期日 2015 年 1 月 10 日</td></tr>
<tr><td colspan="2">收款人开户银行盖章</td><td colspan="2">承兑协议编号 632541</td><td>交易合同编号9876</td></tr>
<tr><td colspan="2" rowspan="2">复核　　　会计</td><td colspan="3" rowspan="2">汇票签发人盖章
负责人
经办人</td></tr>
<tr></tr>
<tr><td colspan="2">备注：</td><td colspan="3"></td></tr>
</table>

（2）第 1 笔销售业务取得的商业承兑汇票贴现。请填写贴现息和贴现金额。

凭2-1

贴现凭证（代申请书）

1

填写日期贰零壹肆年玖月拾日

申请人	全　称	云南华连金属公司	贴现汇票	种类	商业承兑汇票	号码	352
	账　号	876800		出票日	2014 年 7 月 10 日		
	开户银行	工商银行沿江分理处		到期日	2015 年 1 月 10 日		

汇票承兑人（或银行）	名称	大众机械有限公司	账号	356113	开户银行	无锡市建行

汇票金额（贴现金额）	人民币（大写）	叁拾柒万肆仟肆佰元整	千 百 十 万 千 百 十 元 角 分

年贴现率	12%	贴现息	千 百 十 万 千 百 十 元 角 分	贴现金额	千 百 十 万 千 百 十 元 角 分

自根据《银行结算办法》的规定，附送承兑汇票申请贴现，请审核。 　　此致 贴现银行 　　　　　　申请人盖章	银行审核	贴现款已存入你单位账户。 负责人　　信贷员 2014 年 9 月 10 日	科目（付） 对方科目（收） 复核　　　　记账

（3）购进货物一批，将以前取得的商业承兑汇票转让。

凭3-1

云南省增值税专用发票

开票日期：2014 年 6 月 2 日　　　　　　　　No 07574321

购货单位	名称：云南华连金属公司 纳税人识别号：6542137800235600 地址、电话：沿江路 26 号 开户行及账号：工商银行沿江分理处	密码区	（略）																			
货物或应税劳务名称	规格型号	计量单位	数量	单价	金　额									税率	税额							
					百	十	万	千	百	十	元	角	分		十	万	千	百	十	元	角	分
甲材料		千克	10000	10	￥	1	0	0	0	0	0	0	0	17%	￥	1	7	0	0	0	0	0
合　计																						
价税合计	（大写）人民币壹拾壹万柒仟元整				￥117000.00																	
销货单位	名称：实力矿业公司 纳税人识别号：5142568912458600 地址、电话：前进路 35 号 开户行及账号：农业银行前进分理处	备注																				

收款人：×××　　　　　复核：×××　　　　　开票人：×××　　　　　销货单位（章）

第四联：记账联

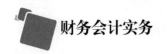

凭 3-2

商业承兑汇票（通知）　3

签发日期贰零壹肆年零壹月肆日　　　　　　　　汇票号码 第 5238 号

收款单位	全　称	云南华连金属公司	承兑申请人	全 称	东方金属冶炼公司
	账　号	876800		账 号	542312
	开户银行	工商银行沿江分理处		开户银行	农业银行大桥分理处

汇票金额人民币（大写）壹拾万元整 （小写）　　　￥100 000.00

汇票到期日 2015 年 6 月 4 日

收款人开户银行盖章 复核　　　　　会计	承兑协议编号 632541	交易合同编号 9876
	汇票签发人盖章 负责人 经办人	
备注：将持有的银行承兑汇票背书转让给实力矿业公司，应行承兑汇票背面略。		

凭 3-3

中国建设银行

转账支票存根

Ⅻ　10005460

科　　　目

对方科目

出票日期 2014 年 6 月 2 日

收款人：实力矿业公司
金　额：￥117000.00
用　途：付购货款

单位主管：

会计：

凭 3-4

收料单

第 102 号

供货单位：实力矿业公司　　　　　　2014 年 6 月 2 日　　　　　　收料仓库：3 号仓库

货号	品名	单位	数量	单价	金额	备注
	甲材料	千克	10000	10	¥100000.00	

记账：×××　　　　　　收料：×××　　　　　　制单：×××

三会计记账联

（4）第 1 笔业务取得的商业承兑汇票到期，办理托收。

凭 4-1

委托收款凭证（回单）

1

委收号码第 24 号

委托日期 2014 年 1 月 5 日　　　　　　付款期限 2014.1.10

收款单位	全称	云南华连金属公司		付款单位	全称	大众机械有限公司
	账号	876800			账号	372826
	开户银行	工商银行沿江分理处	行号 18		开户银行	无锡市建行
委收金额	人民币：（大写）	叁拾柒万肆仟肆佰元整（小写）			¥374400.00	
款项内容	运费等	委托收款凭据名称	商业承兑汇票	附寄单证张数		
备注：			付款单位注意：			

备注的商业承兑汇票到期，办理托收。

付款单位注意：
1. 付款结算办法，上列委托收款，如在付款气息内未拒付时，即视同全部同意付款，以此联代支款通知。
2. 如需提前付款或多付款时，应另写书面通知送银行办理。
3. 如系群被或部分拒付，应在付款期限内另填拒绝付款理由书送银行办理。

单位主管　　　　会计　　　　复核　　　　记账　　　　付款单位开户行（盖章）

此联是付款单位开户银行通知付款单位按期付款的通知

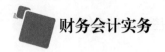

（5）票据到期，收回票款。

凭 5-1

中国工商银行进账单 ［回 单 或 / 收账通知］

2014 年 1 月 10 日　　　　　　　　第 245 号

付款人	全称	大众机械有限公司	收款人	全称	云南华连金属公司
	账号	372826		账号	876800
	开户银行	无锡市建行		开户银行	工商银行沿江分理处

人民币（大写）	叁拾柒万肆仟肆佰元整	千	百	十	万	千	百	十	元	角	分
				¥	3	7	4	4	0	0	0	0

票据种类	商业承兑汇票	票据张数		收款人开户行盖章
票据号码				
复核		记账		

单位主管　　　　　　会计　　　　　　复核　　　　　　记账

此联是收款人开户行交给收款人的收账通知

（6）销售货物，收到带息银行承兑汇票。

凭 6-1

云南省增值税专用发票

开票日期：2014 年 7 月 10 日　　　　　　No 07576445

购货单位	名称：大众机械有限公司 纳税人识别号：6245870089232100 地址、电话：前进路 88 号 开户行及账号：无锡市建行						密码区												

货物或应税劳务名称	规格型号	计量单位	数量	单价	十万	千	百	十	元	角	分	税率	万	千	百	十	元	角	分
A 产品		千克	10000	32	3	2	0	0	0	0	0	17%		5	4	4	0	0	0	0
合　计																			

价税合计	（大写）人民币叁拾柒万肆仟肆佰元整　　　　¥374400.00

销货单位	名称：云南华连金属公司 纳税人识别号：6542137800235600 地址、电话：沿江路 26 号 开户行及账号：工商银行沿江分理处	备注

收款人：×××　　　　复核：×××　　　　开票人：×××　　　　销货单位（章）

第四联：记账联

凭 6-2

银行承兑汇票（通知）　　3

签发日期贰零壹肆年柒月拾日　　　　　　　汇票号码 第 5238 号

收款单位	全　称	云南华连金属公司	承兑申请人	全称	大众机械有限公司
	账　号	876800		账号	372826
	开户银行	工商银行沿江分理处		开户银行	无锡市建行

汇票金额人民币（大写）叁拾柒万肆仟肆佰元整（小写）　　　　￥374400.00

期限为 120 天（票面利率 9%）

收款人开户银行盖章	承兑协议编号 632541	交易合同编号 9876
复核　　　　会计	汇票签发人盖章 负责人 经办人	
备注：		

（7）季末，第 6 笔业务收到带息票据计息。请填写利息金额。

凭 7-1

内部利息计算单

企业名称：云南华连金属公司　　　　　　　　　　2014 年 9 月 30 日

种类	金额	计息时间	利率	利息金额							
				十	万	千	百	十	元	角	分
银行承兑汇票											
合计											

主管：×××　　　　　审核：×××　　　　　制单：×××

（8）将第 6 笔业务取得的带息票据贴现。请填写贴现息和贴现金额。

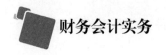

凭 8-1

贴现凭证（代申请书）

1

填写日期贰零壹肆年玖月贰拾伍日

申请人	全 称	云南华连金属公司	贴现汇票	种类	商业承兑汇票						号码		258		
	账 号	876800		出票日	2014 年 7 月 10 日										
	开户银行	工商银行沿江分理处		期限	120 天										
汇票承兑人（或银行）	名称	A 银行	账号	356113	开户银行			江山办事处							

汇票金额（贴现金额）	人民币（大写）	叁拾柒万肆仟肆佰元整（票面利率9%）	千	百	十	万	千	百	十	元	角	分
			￥	3	7	4	4	0	0	0	0	0

年贴现率	12%	贴现息	千	百	十	万	千	百	十	元	角	分	贴现金额	千	百	十	万	千	百	十	元	角	分

自根据《银行结算办法》的规定，附送承兑汇票申请贴现，请审核。 　　　　　此致 贴现银行 　　　　　申请人盖章	银行审核	贴现款已存入你单位账户。 　负责人　　　信贷员 　　2014 年 9 月 25 日	科目（付） 对方科目（收） 复核　　　　　记账

（9）第6笔业务取得的银行承兑汇票到期，办理托收。

凭 9-1

委托收款凭证（回单）

1

委收号码第 25 号

委托日期 2014 年 11 月 3 日　　　　　付款期限 2014.11.7

收款单位	全称	云南华连金属公司			付款单位	全称	大众机械有限公司	此联是付款单位开户银行通知付款单位按期付款的通知
	账号	876800				账号	372826	
	开户银行	工商银行沿江分理处	行号	18		开户银行	无锡市建行	
委收金额	人民币：（大写）	叁拾捌万伍仟陆佰叁拾贰元整					（小写）￥385632.00	
款项内容	运费等	委托收款凭据名称	商业承兑汇票			附寄单证张数		
备注：			付款单位注意： 1. 付款结算办法，上列委托收款，如在付款气息内未拒付时，即视同全部同意付款，以此联代支款通知。 2. 如需提前付款或多付款时，应另写书面通知送银行办理。 3. 如系群被或部分拒付，应在付款期限内另填拒绝付款理由书送银行办理。					
	商业承兑汇票到期，办理托收。							

单位主管　　　会计　　　复核　　　记账　　　付款单位开户行（盖章）

（10）第 9 笔业务办理托收后，收回款项。

凭 10-1

中国工商银行进账单 〔回 单 或 收账通知〕

2014 年 11 月 7 日　　　　　　　　第 246 号

付款人	全称	大众机械有限公司	收款人	全称	云南华连金属公司
	账号	372826		账号	876800
	开户银行	无锡市建行		开户银行	工商银行沿江分理处

人民币（大写）	叁拾捌万伍仟陆佰叁拾贰元整	千 百 十 万 千 百 十 元 角 分
		￥ 3 8 5 6 3 2 0 0

票据种类	商业承兑汇票	票据张数	
票据号码		收款人开户行盖章	
复核		记账	

此联是收款人开户行交给收款人的收账通知

单位主管　　　　　会计　　　　　复核　　　　　记账

（11）销售货物一批，现金折扣条件为 2/10，1/20，n/30。

凭 11-1

云南省增值税专用发票

开票日期：2014 年 9 月 8 日　　　　No 07576456

购货单位	名称：东方钢铁有限公司 纳税人识别号：5412372004220046 地址、电话：威武路 25 号 开户行及账号：威武路建行分理处	密码区	（略）

货物或应税劳务名称	规格型号	计量单位	数量	单价	金　额 百 十 万 千 百 十 元 角 分	税率	税额 十 万 千 百 十 元 角 分
B 产品		千克	10000	100	1 0 0 0 0 0 0 0 0	17%	1 7 0 0 0 0 0 0
合　计							
价税合计	（大写）人民币壹佰壹拾柒万元整			￥1170000.00			

第四联：记账联

销货单位	名称：云南华连金属公司 纳税人识别号：6542137800235600 地址、电话：沿江路 26 号 开户行及账号：工商银行沿江分理处	备注

收款人：×××　　　　复核：×××　　　　开票人：×××　　　销货单位（章）

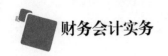

凭 11-2

委托收款凭证（回单）

1

委收号码　第 26 号

委托日期 2014 年 9 月 8 日

付款期限 2014.9.18

收款单位	全称	云南华连金属公司		付款单位	全称	东方钢铁有限公司
	账号	876800			账号	321040
	开户银行	工商银行沿江分理处	行号 18		开户银行	威武路建行分理处
委收金额	人民币：（大写）	壹佰壹拾柒万元整				（小写）￥1170000.00
款项内容	运费等	委托收款凭据名称			附寄单证张数	
备注：				付款单位注意：		
		销售货物，办理托收。		1. 付款结算办法，上列委托收款，如在付款气息内未拒付时，即视同全部同意付款，以此联代支款通知。 2. 如需提前付款或多付款时，应另写书面通知送银行办理。 3. 如系群被或部分拒付，应在付款期限内另填拒绝付款理由书送银行办理。		

此联是付款单位开户银行通知付款单位按期付款的通知

单位主管　　　会计　　　　复核　　　　记账　　　付款单位开户行（盖章）

凭 11-3

汽车运费结算单

2014 年 9 月 8 日

发货单位：云南华连金属公司	备注：代东方钢铁有限公司垫付		
收货单位：东方钢铁有限公司			
承运单位：顺风汽车运输队	车号：2258	吨位：5 吨	里程：180 公里
货物件数：5 件	运费：800 元	人民币大写：捌佰元整	

交委托单位

（有关人员盖章）

凭 11-4

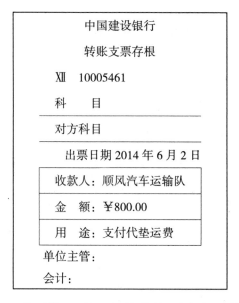

（12）假设 9 月 18 日收到第 11 笔业务的货款，同时收到折扣发票。

凭 12-1

中国工商银行进账单（回单）

2014 年 9 月 18 日   第 246 号

付款人	全称	东方钢铁有限公司	收款人	全称	云南华连金属公司										此联是收款人开户行交给收款人的收账通知
	账号	321040		账号	876800										
	开户银行	威武路建行分理处		开户银行	工商银行沿江分理处										
人民币（大写）		壹佰壹拾伍万零捌佰元整				千	百	十	万	千	百	十	元	角	分
						¥	1	1	5	0	8	0	0	0	0
票据种类	商业承兑汇票		票据张数		收款人开户行盖章										
票据号码															
复核			记账												

单位主管   会计   复核   记账

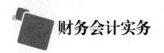

凭 12-2

云南省增值税专用发票

开票日期：2014 年 9 月 18 日　　　　　　　　　　No 07576478

购货单位	名称：东方钢铁有限公司 纳税人识别号：5412372004220046 地址、电话：威武路 25 号 开户行及账号：威武路建行分理处		密码区			（略）															
货物或应税劳务名称	规格型号	计量单位	数量	单价	金　额									税率	税额						
					百	十	万	千	百	十	元	角	分		十	万	千	百	十	元	角	分
B 产品	销售折扣					¥	2	0	0	0	0	0	0	17%					0	0	0
合　计																					
价税合计	（大写）人民币贰万元整							¥20000.00													
销货单位	名称：云南华连金属公司 纳税人识别号：6542137800235600 地址、电话：沿江路 26 号 开户行及账号：工商银行沿江分理处		备注																		

第四联：记账联

收款人：×××　　　　复核：×××　　　　开票人：×××　　　　销货单位（章）

（13）假设第 11 笔业务的货款于 22 天后收到。

凭 13-1

中国工商银行进账单（回单）

2014 年 9 月 30 日　　　　　　　　　　　　第 249 号

付款人	全称	东方钢铁有限公司	收款人	全称	云南华连金属公司									
	账号	321040		账号	876800									
	开户银行	威武路建行分理处		开户银行	工商银行沿江分理处									
人民币（大写）	壹佰壹拾柒万零捌佰元整				千	百	十	万	千	百	十	元	角	分
						¥	1	1	7	0	8	0	0	0
票据种类	商业承兑汇票	票据张数		收款人开户行盖章										
票据号码														
复核		记账												

此联是收款人开户行交给收款人的收账通知

单位主管　　　　会计　　　　复核　　　　记账

（14）销售一批货物，商业折扣的条件是货款按原价的 80% 结算。

凭 14-1

云南省增值税专用发票

开票日期：2014 年 9 月 8 日 　　　　No 07578915

购货单位	名称：东方钢铁有限公司 纳税人识别号：5412372004220046 地址、电话：威武路 25 号 开户行及账号：威武路建行分理处	密码区	（略）

货物或应税劳务名称	规格型号	计量单位	数量	单价	金额 百十万千百十元角分	税率	税额 十万千百十元角分
B 产品		千克	10000	100	1 0 0 0 0 0 0 0 0	17%	1 7 0 0 0 0 0 0
	商业折扣				2 0 0 0 0 0 0		3 4 0 0 0 0
合　计							
价税合计	人民币（大写）玖拾叁万陆仟元整			￥936000.00			

销货单位	名称：云南华连金属公司 纳税人识别号：6542137800235600 地址、电话：沿江路 26 号 开户行及账号：工商银行沿江分理处	备注	

收款人：×××　　　复核：×××　　　开票人：×××　　　销货单位（章）

第四联：记账联

凭 14-2

中国工商银行进账单（回单）

2014 年 9 月 8 日 　　　　第 234 号

付款人	全称	东方钢铁有限公司	收款人	全称	云南华连金属公司
	账号	321040		账号	876800
	开户银行	威武路建行分理处		开户银行	工商银行沿江分理处

人民币（大写）	玖拾叁万陆仟元整	千百十万千百十元角分 ￥9 3 6 0 0 0 0 0

票据种类	商业承兑汇票	票据张数		收款人开户行盖章
票据号码				
复核		记账		

单位主管　　　会计　　　复核　　　记账

此联是收款人开户行交给收款人的收账通知

（15）假设云南华连金属公司坏账准备的计提方法是应收款项余额百分比法，2014 年初坏账准备账户余额为贷方 6 万元，应收账款坏账准备的计提比例为 5%。请根据以下资料计算年末该企业应计提的坏账准备。

凭 15-1

内部转账单

2014 年 8 月 17 日

户名	摘要	金额	备注
新兴公司	该公司的账款确实无法收回，经批准作为坏账损失处理	¥100000.00	

审核：　　　　　　　　　　　　批准：　　　　　　　　　　　　制表：

凭 15-2

内部转账单

2014 年 10 月 24 日

户名	摘要	金额	备注
阳春五金商店	已核销的坏账收回	¥80000.00	

制表：

凭 15-3

坏账准备提取表

2014 年 12 月 31 日

项目	应收账款	坏账准备
年初结存金额	100 万元	6 万元
年末结存金额及提取额	180 万元	9 万元
本年应提取坏账准备金额		5 万元

制表：

（16）假设该企业采用账龄分析法计提坏账准备，2014 年初坏账准备的借方余额为 6 万元，请根据以下资料计算企业当年应计提的坏账准备。

凭 16-1

内部转账单

2014 年 8 月 17 日

户名	摘要	金额	备注
新兴公司	该公司的账款确实无法收回，经批准作为坏账损失处理	¥50000.00	

审核：　　　　　　　　　　　　批准：　　　　　　　　　　　　制表：

凭 16–2

内部转账单

2014 年 10 月 24 日

户名	摘要	金额	备注
阳春五金商店	已核销的坏账收回	￥20000.00	

制表：

凭 16–3

账龄分析及坏账损失计算表

应收款项账龄	应收款项金额	估计损失（%）	估计损失金额
未到期	60 万元	1%	0.6 万元
过期 1 个月	40 万元	2%	0.8 万元
过期 2 个月	50 万元	4%	2 万元
过期 3 个月	20 万元	6%	1.2 万元
过期 3 个月以上	10 万元	10%	1 万元
合计	180 万元		5.6 万元

（17）假设该采用销货百分比法计提坏账准备，请计算该企业应计提的坏账准备。

凭 17–1

坏账损失计算表

月份	当月销货金额	计提比例	估计坏账损失
1 月末	100 万元	5%	5 万元
2 月末	150 万元	5%	7.5 万元
3 月末	180 万元	5%	9 万元
4 月末	90 万元	5%	4.5 万元
5 月末	120 万元	5%	6 万元
6 月	200 万元	5%	10 万元
略			
合计	（销货百分比法计算坏账）		42 万元

制表：

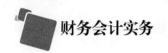

（18）购进货物一批，折扣条件为 2/10，1/20，n/30。

凭 18-1

云南省增值税专用发票

开票日期：2014 年 8 月 24 日　　　　　　　　　　No 07576542

购货单位	名称：云南华连金属公司 纳税人识别号：6542137800235600 地址、电话：沿江路 26 号 开户行及账号：工商银行沿江分理处	密码区	（略）

货物或应税劳务名称	规格型号	计量单位	数量	单价	金额 百 十 万 千 百 十 元 角 分	税率	税额 十 万 千 百 十 元 角 分
丙材料		千克	10000	20	¥ 2 0 0 0 0 0 0 0	17%	¥ 3 4 0 0 0 0 0
合　计							

价税合计	人民币（大写）贰拾叁万肆仟元整	¥234000.00

销货单位	名称：光明工厂 纳税人识别号：6987210056003200 地址、电话：中山路 35 号 开户行及账号：建设银行中山路分理处	备注

收款人：×××　　　　复核：×××　　　　开票人：×××　　　　销货单位（章）

第四联：记账联

凭 18-2

收料单

第 103 号

供货单位：光明工厂　　　　　2014 年 8 月 24 日　　　　　收料仓库：4 号仓库

货号	品名	单位	数量	单价	金额	备注
	丙材料	千克	10000	20	¥200000.00	

记账：×××　　　　　　　收料：×××　　　　　　　制单：×××

三　会计记账联

凭 18-3

汽车运费结算单

2014 年 8 月 24 日

发货单位：光明工厂	备注：代云南华连金属公司垫付		
收货单位：云南华连金属公司			
承运单位：东风汽车运输队	车号：2272	吨位：3 吨	里程：250 公里
货物件数：4 件	运杂费：1000 元	人民币大写：壹仟元整	

（有关人员盖章）

（19）假设第 18 笔业务于 20 天内支付货款。

凭 19-1

云南省增值税专用发票

开票日期：2014 年 9 月 8 日　　　　No 07576479

购货单位	名称：云南华连金属公司 纳税人识别号：6542137800235600 地址、电话：沿江路 26 号 开户行及账号：工商银行沿江分理处					密码区										（略）									第四联：记账联

货物或应税劳务名称	规格型号	计量单位	数量	单价	金　额									税率	税额								第四联：记账联
					百	十	万	千	百	十	元	角	分		十	万	千	百	十	元	角	分	
B 产品		销售折扣			¥	2	0	0	0	0	0	0		17%						0	0	0	
合　计																							
价税合计	（大写）人民币贰万元整								¥20000.00														

销货单位	名称：光明工厂 纳税人识别号：6987210056003200 地址、电话：中山路 35 号 开户行及账号：建设银行中山路分理处	备注	

收款人：×××　　　　复核：×××　　　　开票人：×××　　　销货单位（章）

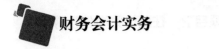

凭 19-2

中国建设银行

转账支票存根

XII　10005462

科　　目

对方科目

出票日期 2014 年 9 月 13 日

收款人：光明工厂
金　额：￥215000.00
用　途：付购货款

单位主管：

会计：

（20）假设第 18 笔业务于 30 天之内还款。

凭 20-1

中国建设银行

转账支票存根

XII　10005463

科　　目

对方科目

出票日期 2014 年 9 月 20 日

收款人：光明工厂
金　额：￥235000.00
用　途：付购货款

单位主管：

会计：

（21）购进固定资产。

凭 21-1

固定资产验收单

2014 年 6 月 25 日   编号：

名称	规格型号	来源	数量	购（造）价	使用年限	预计残值
切割车厂		外购	1 台	585000 元	10	2000 元
安装费	月折旧率	建造单位		交工日期	附件	
20000 元				2014 年 6 月 25 日		
验收部门		验收人员		管理部门	管理人员	
备注						

凭 21-2

云南省增值税专用发票

开票日期：2014 年 6 月 25 日   No 07585412

购货单位	名称：云南华连金属公司 纳税人识别号：6542137800235600 地址、电话：沿江路 26 号 开户行及账号：工商银行沿江分理处	密码区	（略）

货物或应税劳务名称	规格型号	计量单位	数量	单价	金额										税率	税额							
					百	十	万	千	百	十	元	角	分		十万	千	百	十	元	角	分
切割机		台	1		¥	5	0	0	0	0	0	0	0	17%	¥	8	5	0	0	0	0
合 计																					
价税合计	人民币（大写）伍拾捌万伍仟元整								¥585000.00												

销货单位	名称：蓝天大型机械厂 纳税人识别号：3546010012301000 地址、电话：陇海路 35 号 开户行及账号：建设银行陇海路分理处	备注	

收款人：×××   复核：×××   开票人：×××   销货单位（章）

（22）第 21 笔业务款项于 8 月 29 日支付。

凭 22-1

中国工商银行进账单（回单）

1

委托日期 2014 年 8 月 29 日

<table>
<tr><td rowspan="3">收款人</td><td>全称</td><td>蓝天大型机械厂</td><td rowspan="3">汇款人</td><td>全称</td><td colspan="5">云南华连金属公司</td><td rowspan="8">此联是收款人开户行交给收款人的收账通知</td></tr>
<tr><td>账号或住址</td><td>陇海路 35 号</td><td>账号住址</td><td colspan="5">沿江路 26 号</td></tr>
<tr><td>汇入地点</td><td>建行陇海路分理处</td><td>汇入行名称</td><td>汇出地点</td><td colspan="2">沿江市工行</td><td>汇出行名称</td><td></td></tr>
<tr><td colspan="2">金额</td><td>人民币（大写）</td><td colspan="2">陆拾万零伍仟元整</td><td>千 百 十 万 千 百 十 元 角 分</td><td colspan="2"></td><td></td></tr>
<tr><td colspan="5"></td><td>¥ 6 0 5 0 0 0 0 0</td><td colspan="2"></td><td></td></tr>
<tr><td colspan="3">汇款用途：付固定资产款及安装费</td><td colspan="4" rowspan="2">汇出行盖章：盖章</td></tr>
<tr><td colspan="3">上列款项已根据委托办理，如需查询，请持此单前来面洽。</td></tr>
</table>

单位主管　　　　　　会计　　　　　　复核　　　　　　记账

（23）收到电信局开来的电话费专用发票。

凭 23-1

云南省电话费专用发票

发票联

连地 （03082）字

发票号：05443　　　　开票日期 2014 年 9 月 24 日

<table>
<tr><td>编号</td><td colspan="2">54621</td><td>应交月份</td><td>9 月份</td><td colspan="2">收款方式</td><td></td><td rowspan="6">②客户回执</td></tr>
<tr><td>姓名</td><td colspan="4">云南华连金属公司</td><td colspan="2">收款员</td><td></td></tr>
<tr><td>农话费</td><td>1000</td><td>代维费</td><td>200</td><td>市话费</td><td>900</td><td colspan="2">滞纳金 0.00</td></tr>
<tr><td>月租费</td><td>800</td><td>信息费</td><td>100</td><td>寻呼费</td><td></td><td colspan="2">移动长话 0.00</td></tr>
<tr><td>城建费</td><td></td><td>长话费</td><td></td><td>数据费</td><td></td><td colspan="2">移动信息 0.00</td></tr>
<tr><td>附加费</td><td></td><td>电报费</td><td></td><td>其他费</td><td></td><td colspan="2">移动其他 0.00</td></tr>
<tr><td>金额（大写）</td><td colspan="2">叁万元整</td><td colspan="2">¥30000.00</td><td colspan="2">结算方式</td><td>转账</td></tr>
</table>

（24）支付第 23 笔业务电话费。

凭 24-1

中国建设银行

转账支票存根

XⅢ　10005464

科　　目 _____

对方科目 _____

出票日期 2014 年 10 月 8 日

| 收款人：电信局 |
| 金　　额：￥3000.00 |
| 用　　途：付电话费 |

单位主管：

会计：

（25）购进货物，开出银行承兑汇票。

凭 25-1

云南省增值税专用发票

开票日期：2014 年 10 月 24 日　　　　　　No 32107820

| 购货单位 | 名称：云南华连金属公司
纳税人识别号：6542137800235600
地址、电话：沿江路 26 号
开户行及账号：工商银行沿江分理处 | 密码区 | （略） | 第二联：记账联 |

货物或应税 劳务名称	规格型号	计量 单位	数量	单价	金　额									税率	税额							
					百	十	万	千	百	十	元	角	分		十	万	千	百	十	元	角	分
钢材		吨	100	8000		8	0	0	0	0	0	0	0	17%	1	3	6	0	0	0	0	0
合　计																						
价税合计	人民币（大写）玖拾叁万陆仟元整								￥936000.00													

| 销货单位 | 名称：曙光工厂
纳税人识别号：9654231002310200
地址、电话：友谊路 35 号
开户行及账号：农业银行友谊路分理处 | 备注 |

收款人：×××　　　　　复核：×××　　　　　开票人：×××　　　　销货单位（章）

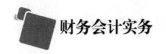

凭 25-2

收料单

第 124 号

供货单位：曙光工厂　　　　　　2014 年 10 月 29 日　　　　　收料仓库：5 号仓库

货号	品名	单位	数量	单价	金额	备注
	钢材	吨	100	8000	¥800000.00	

记账：×××　　　　　　　收料：×××　　　　　　　制单：×××

凭 25-3

汽车运杂费结算单

2014 年 10 月 24 日

发货单位：曙光工厂	备注：代云南华连金属公司垫付		
收货单位：云南华连金属公司			
承运单位：蓝迪汽车运输队	车号：9721	吨位：	里程：780 公里
货物件数：4 件	运杂费：5000 元	人民币大写：伍仟元整	

（有关人员盖章）

凭 25-4

银行承兑汇票（存根）

3

签发日期贰零壹肆年拾月贰拾玖日　　　　汇票号码　第 5638 号

收款单位	全称	蓝天大型机械厂	承兑申请人	全称	云南华连金属公司
	账号	陇海路 35 号		账号	876800
	开户银行	工商银行友谊路分理处		开户银行	工商银行沿江分理处

汇票金额人民币（大写）玖拾肆万壹仟元整	（小写）¥941000.00

汇票到期日贰零壹肆年拾贰月贰拾玖日		

收款人开户银行盖章	承兑协议编号 564210	交易合同编号 5842
	汇票签发人盖章	
复核　　　　　会计	负责人	
备注：	经办人	

单位主管　　　　会计　　　　复核　　　　记账

（26）支付25笔业务汇票承兑手续费。

凭26-1

中国工商银行手续费收费凭证

单位名称：云南华连金属公司　　　　2014年10月29日

凭证名称	数量	单价	手续费
银行承兑汇票	1		470.5
合计人民币（大写）肆佰柒拾元零伍角整			

三 收费计数证明单

记账：××× 　　收料：××× 　　制单：×××

凭26-2

中国建设银行

转账支票存根

Ⅻ 10005465

科　目

对方科目

出票日期2014年10月29日

收款人：工行沿江分理处
金　额：¥470.50
用　途：付承兑手续费

单位主管：

会计：

（27）开出银行承兑汇票用于抵付前欠货款。

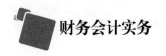
凭 27-1

银行承兑汇票（存根）

3

签发日期贰零壹肆年陆月叁拾日　　　汇票号码　第 1240 号

收款单位	全称	大宏有限公司	承兑申请人	全称	云南华连金属公司	此联出票人存查
	账号	546200		账号	876800	
	开户银行	农业银行互助路分理处		开户银行	工商银行沿江分理处	
汇票金额人民币（大写）伍万元整　　　　（小写）¥50000.00						
汇票到期日贰零壹肆年拾贰月叁拾日（票面利率 10%）						
收款人开户银行盖章 复核　　　　会计			承兑协议编号 234100　　交易合同编号 汇票签发人盖章 负责人			
备注：用于抵付前欠货款			经办人			

（28）对 27 笔业务开出的带息银行承兑汇票计提利息。（请计算填写利息金额）

凭 28-1

应付票据利息计算单

企业名称：云南华连金属公司　　　　　　　　　　　　　2014 年 10 月 30 日

种类	金额	计息时间	利率	利息金额							
				十	万	千	百	十	元	角	分
银行承兑汇票	50000	3 个月	10%			1	2	5	0	0	0
合计						1	2	5	0	0	0

主管：×××　　　　　　　审核：×××　　　　　　　制单：×××

（29）支付 25 笔业务银行承兑汇票款项。

凭 29-1

中国工商银行进账单（回单）

1

委托日期　　2014 年 12 月 29 日

<table>
<tr><td rowspan="3">收款人</td><td>全称</td><td colspan="2">曙光工厂</td><td rowspan="3">汇款人</td><td>全称</td><td colspan="2">云南华连金属公司</td></tr>
<tr><td>账号或住址</td><td colspan="2">364510</td><td>账号或住址</td><td colspan="2">沿江路 26 号 876800</td></tr>
<tr><td>汇入地点</td><td>农业银行友谊路分理处</td><td>汇入行名称</td><td>汇出地点</td><td>工行沿江分理处</td><td>汇出行名称</td></tr>
</table>

金额	人民币（大写）	玖拾肆万壹仟元整	千	百	十	万	千	百	十	元	角	分
					¥	9	4	1	0	0	0	0	0

汇款用途：支付银行承兑汇票款项。

上列款项已根据委托办理，如需查询，请持此单前来面洽。

汇出行盖章：盖章

单位主管　　　　　　会计　　　　　　复核　　　　　　记账

（30）第 25 笔业务开出的银行承兑汇票到期无力偿付。

凭 30-1

中国工商银行借款凭证（回单）

编号：1023　　　　　　日期：2014 年 12 月 29 日　　　　　　银行编号　　12

<table>
<tr><td rowspan="3">收款单位</td><td>名称</td><td>云南华连金属公司</td><td rowspan="3">借款单位</td><td>名称</td><td>中国工商银行</td><td rowspan="9">此联出票人存查</td></tr>
<tr><td>往来户账号</td><td>876800</td><td>放款户账号</td><td>678400</td></tr>
<tr><td>开户银行</td><td>工商银行沿江分理处</td><td>开户银行</td><td>工商银行沿江分理处</td></tr>
<tr><td>借款期限（最后还款日）</td><td>2015 年 3 月 4 日</td><td>利率</td><td colspan="2">10%</td></tr>
<tr><td>借款金额</td><td>玖拾肆万壹仟元整</td><td colspan="3">千 百 十 万 千 百 十 元 角 分
¥ 9 4 1 0 0 0 0 0</td></tr>
<tr><td>借款原因及用途</td><td>银行承兑汇票到期，无力偿付。</td><td>银行核定金额：</td><td colspan="2">千 百 十 万 千 百 十 元 角 分
¥ 9 4 1 0 0 0 0 0</td></tr>
<tr><td rowspan="3">备注：</td><td rowspan="3"></td><td>期限</td><td>还款日</td><td>计划还款金额</td></tr>
<tr><td></td><td></td><td></td></tr>
<tr><td colspan="3">上述借款业已同意贷给并已转入曙光工厂账户，借款到期时应按期归还。
此致
借款单位：（银行盖章）
2014 年 12 月 29 日</td></tr>
</table>

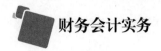

（31）预付货款。

凭 31-1

中国建设银行

转账支票存根

XII 10005466

科　　目

对方科目

出票日期 2014 年 8 月 26 日

收款人：前进工厂
金　　额：￥200000.00
用　　途：预付货款

单位主管：

会计：

凭 31-2

收　据

2014-8-26

今收到云南华连金属公司
人民币（大写）贰拾万元整　　　　　　　　￥200000.00
系付预付货款

第二联交款单位

单位盖章　前进工厂　　　　　会计　　　　出纳　　　　经手人

（32）从前进工厂购进货物一批，款项用第 31 笔业务预付货款抵付。

凭 32-1

收料单　　　　　　　　　　　　　　第 112 号

供货单位：前进工厂　　　　　2014 年 9 月 15 日　　　　收料仓库：6 号仓库

货号	品名	单位	数量	单价	金额	备注
	铜制品	千克	10000	20	200000.00	

三会计记账联

记账：×××　　　　　收料：×××　　　　　制单：×××

凭 32-2

云南省增值税专用发票

开票日期：2014 年 10 月 29 日　　　　　　No 32107820

<table>
<tr><td rowspan="4">购货单位</td><td colspan="5">名称：云南华连金属公司</td><td rowspan="4">密码区</td><td colspan="9">（略）</td><td rowspan="11">第二联：记账联</td></tr>
<tr><td colspan="5">纳税人识别号：6542137800235600</td></tr>
<tr><td colspan="5">地址、电话：沿江路 26 号</td></tr>
<tr><td colspan="5">开户行及账号：工商银行沿江分理处</td></tr>
<tr><td rowspan="2">货物或应税劳务名称</td><td rowspan="2">规格型号</td><td rowspan="2">计量单位</td><td rowspan="2">数量</td><td rowspan="2">单价</td><td colspan="3">金　额</td><td rowspan="2">税率</td><td colspan="2">税额</td></tr>
<tr><td>百十万千百十元角分</td><td></td><td></td><td>十万千百十元角分</td><td></td></tr>
<tr><td>铜制品</td><td></td><td>千克</td><td>10000</td><td>20</td><td>¥ 2 0 0 0 0 0 0 0</td><td></td><td>17%</td><td>¥ 3 4 0 0 0 0 0</td><td></td></tr>
<tr><td>合　计</td><td></td><td></td><td></td><td></td><td></td><td></td><td></td><td></td><td></td></tr>
<tr><td>价税合计</td><td colspan="5">（大写）人民币贰拾叁万肆仟元整</td><td colspan="5">¥234000.00</td></tr>
<tr><td rowspan="4">销货单位</td><td colspan="5">名称：前进工厂</td><td rowspan="2">备</td><td colspan="5"></td></tr>
<tr><td colspan="5">纳税人识别号：98710235645120130</td></tr>
<tr><td colspan="5">地址、电话：胜利路 58 号</td><td rowspan="2">注</td><td colspan="5"></td></tr>
<tr><td colspan="5">开户行及账号：建设银行胜利路分理处</td></tr>
</table>

收款人：×××　　　　复核：×××　　　　开票人：×××　　　　销货单位（章）

凭 32-3

```
            中国建设银行

            转账支票存根

        Ⅻ  10005467

        科　　目

        对方科目

        出票日期 2014 年 9 月 20 日

        ┌─────────────────────┐
        │ 收款人：前进工厂            │
        ├─────────────────────┤
        │ 金　额：¥34000.00        │
        ├─────────────────────┤
        │ 用　途：补付购货款          │
        └─────────────────────┘

        单位主管：

        会计：
```

（33）预收货款。

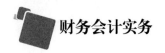

凭33-1

中国工商银行进账单（回单）

2014 年 10 月 8 日　　　　　　　　第 251 号

付款人	全称	长江水利设备有限公司	收款人	全称	云南华连金属公司									
	账号	620418		账号	876800									
	开户银行	工行友爱路分理处		开户银行	工商银行沿江分理处									

人民币（大写）	壹拾万元整	千	百	十	万	千	百	十	元	角	分
			¥	1	0	0	0	0	0	0	0

票据种类	商业承兑汇票	票据张数		收款人开户行盖章
票据号码				
复核：		记账：		

单位主管：　　　　　会计：　　　　　复核：　　　　　记账：

凭33-2

收　据

2014-10-8

今收到长江水利设备有限公司
人民币（大写）壹拾万元整　　　　　　¥100000.00
系收预收货款

单位盖章：云南华连金属公司　　　　会计：　　　　出纳：　　　　经手人：

（34）销售货物一批，上述第 33 笔业务取得的预收货款抵货款，不足部分款项已收取。

凭 34-1

云南省增值税专用发票

开票日期：2014 年 10 月 27 日　　　　　　　　No 87561230

购货单位	名称：长江水利设备有限公司 纳税人识别号：3654120087412010 地址、电话：友爱路 36 号 开户行及账号：工行友爱路分理处	密码区	（略）

货物或应税劳务名称	规格型号	计量单位	数量	单价	金额										税率	税额								
					百	十	万	千	百	十	元	角	分		十	万	千	百	十	元	角	分	
C 产品		台	20	20000	¥	4	0	0	0	0	0	0	0	17%	¥	6	8	0	0	0	0	0	
合　计																							

价税合计	（大写）人民币肆拾陆万捌仟元整　　　　　　　　　　¥468000.00

销货单位	名称：云南华连金属公司 纳税人识别号：6542137800235600 地址、电话：沿江路 26 号 开户行及账号：工商银行沿江分理处	备注	

第二联：记账联

收款人：×××　　　　复核：×××　　　　开票人：×××　　　　销货单位（章）

凭 34-2

中国工商银行进账单（回单）

2014 年 10 月 27 日　　　　　　　　　　　　第 228 号

付款人	全称	长江水利设备有限公司	收款人	全称	云南华连金属公司									
	账号	620418		账号	876800									
	开户银行	工行友爱路分理处		开户银行	工商银行沿江分理处									

人民币 （大写）	叁拾陆万捌仟元整	千	百	十	万	千	百	十	元	角	分
			¥	3	6	8	0	0	0	0	0

票据种类	商业承兑汇票	票据张数		
票据号码			收款人开户行盖章	
复核：	记账：			

单位主管：　　　　会计：　　　　　　复核：　　　　　　记账：

（35）预借差旅费。

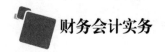

凭 35-1

云南华连金属公司借款单

现金付讫

资金性质：差旅费   2014 年 9 月 20 日   凭证编号：212010

借款单位（人）：吴兵兵	
借款事由：前往广东参加订货会	
借款金额：人民币叁仟元整	
本单位负责人意见：	
领导意见： 会计主管审批	付款记录：2014 年 9 月 20 日以现金支付

二 交 会 计

（36）报销差旅费。

凭 36-1

收　据

现金收讫

2014 年 10 月 12 日

今收到吴兵兵

人民币（大写）伍佰元整　￥500.00

系收交来多借差旅费

单位：　　　　　会计：　　　　　出纳：　　　　　经手人：

凭 36-2

外埠差旅费报销表

2014 年 10 月 12 日

姓名	吴兵兵	出差事由		前往广东参加货物展销会					
出差天数		2014 年 9 月 23 日至 2014 年 9 月 30 日（共计 8 天）							备注
年		起	起迄地点	伙食补助费			车船费		宿费及杂支	
月	日	时	止	（由何处到何地）	天数	定额	金额	单据张数	金额	项目	金额
9	23	7	起	云南到广东	8	30	240	1	180	宿费	640	审核意见：同意报销
			止							会议费	1400
			起	广东到云南						其他	40
9	30	17	止								
			起								
			止								
合计							240		180		2080
实报金额（大写）			贰仟伍佰元整								

主管人：　　　　　　　会计：　　　　　　　领报人：吴兵兵

（37）拨付总务科备用金。

凭 37-1

（38）补付总务科备用金。

凭38-1

云南华连金属公司业务招待费汇总表

2014 年 2 月 12 日

部门	总务科	凭证张数		22 张
事由	业务往来单位洽谈接待就餐补助及接送车费用			
支付金额	人民币（大写）叁仟贰佰元整		￥3200.00	
核销金额	人民币（大写）叁仟贰佰元整		￥3200.00	
备注	接待单位和支付标准均经公司领导同意。（附件略）			

主管：　　　　会计：　　　　审核：　　　　制表：

凭38-2

中国建设银行

转账支票存根

XII　10005469

科　　目 _____

对方科目 _____

出票日期 2014 年 2 月 12 日

收款人：总务科
金　额：￥3200.00
用　途：补付备用金

单位主管：

会计：

（39）年终收回备用金。

凭39-1

现金收讫

收　据

2014 年 12 月 31 日

今收到总务科
人民币（大写）伍仟元整　　　￥5000.00
系收总务科交来备用金

单位：　　　　会计：　　　　出纳：　　　　经手人：

（40）包装物逾期未收回，没收包装物押金。

凭40-1

内部转账单

2014-10-24

户名	摘要	金额	备注
华南金属冶炼有限责任公司	没收包装物押金	800.00	

制表：

（41）债务重组。

凭41-1

甲方：红阳农机销售公司　　债权债务重组协议书（代合同） 乙方：云南华连金属公司 …… 第三条： 由于云南华连金属公司出现财务困难，短期内不能支付红阳农机销售公司货款30万元，经双方于2014年11月28日协商，同意云南华连金属公司以其生产的农机零部件作价偿还债务并提供增值税专用发票。

凭41-2

云南省增值税专用发票

开票日期：2014 年 11 月 28 日　　　　No 56401202

购货单位	名称：红阳农机销售公司 纳税人识别号：4578120364102030 地址、电话：敦睦路 28 号 开户行及账号：建行敦睦路分理处	密码区	（略）

货物或应税劳务名称	规格型号	计量单位	数量	单价	金额 百十万千百十元角分	税率	税额 十万千百十元角分
农机零部件		件	1000	200	￥2 0 0 0 0 0 0 0	17%	￥3 4 0 0 0 0 0
合　计							

价税合计　（大写）人民币贰拾叁万肆仟元整　　　￥234000.00

销货单位	名称：云南华连金属公司 纳税人识别号：6542137800235600 地址、电话：沿江路 26 号 开户行及账号：工商银行沿江分理处	备注	

收款人：×××　　　复核：×××　　　开票人：×××　　　销货单位（章）

第二联：记账联

（42）债务重组。

凭42-1

债权债务重组协议书

甲方：云南华连金属公司

乙方：南方金属机械公司

2003年8月乙方购买甲方产品欠货款35万元，由于乙方企业调整、资金周转困难，货款一直未能支付。现经双方多次协调，达成新的付款协议，乙方以30万元清偿前欠甲方的货款。

本协议自双方签章开始生效。

甲方：云南华连金属公司   乙方：南方金属机械公司

法人代表：张富生   法人代表：王虎

2014年12月18日   2014年12月18日

（注：云南华连金属公司已对该项货款计提坏账准备24000元）

项目3 存货岗位核算

 项目导航

存货是资产负债表中流动资产的一个重要项目，也是损益表中销售收入和销售成本的来源。因此，企业必须认识到存货管理的重要性，有效进行存货管理。作为企业的重要资产，存货管理的好坏，直接关系到企业的资金占用水平以及资产运作。

 岗位素质要求

【知识学习目标】

了解存货岗位核算任务；

掌握存货岗位的核算流程；

掌握存货核算范围和确认标准；掌握存货确认和计量要求，原材料采用实际成本和计划成本核算；掌握发出存货的计价方法；

掌握存货盘盈、盘亏的账务处理；掌握存货期末的计量方法，了解存货在财务报告中的列示方法。

【岗位培养目标】

能依据存货范围的认定标准进行存货业务的核算；

能完成发出存货计价的核算，对存货期末计价做出准确的判断，确定存货在资产负债表中的余额，正确填制存货进出相关原始凭证。

【职业素质目标】

具备存货岗位人员的管理和核算能力。

 导入案例

资料：某公司材料核算采用计划成本法。2013年6月初"原材料"账户余额20000元，"材料成本差异"账户借方余额200元。2013年6月发生以下业务：

（1）6日，基本生产车间生产A产品领用材料一批，计划成本5000元。

（2）10日，购买原材料一批，取得增值税专用发票注明价款30000元，增值税税额5100元，销货方垫付运杂费500元（未取得增值税专用发票）。材料当日验收入库，该公司开具一张35600元的商业承兑汇票支付全部款项。该批原材料计划成本

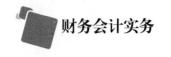

为 31000 元。

思考：如何编制生产领用材料、购入材料及验收入库的会计分录？如何计算材料成本差异率及本月发出材料应分摊的材料成本差异额？

任务 1　存货岗位核算任务与流程

存货是联结产品生产和销售的纽带，在企业的流动资产总额中占有较大的比重。企业为了保证生产经营过程的持续，必须有计划地购入、耗用和销售存货，但存货的存在势必占用大量的流动资金，其管理、利用情况将直接关系到企业的资金占用水平以及资产运作效率。因此，企业应当重视存货管理，在存货成本与存货效益之间作出权衡，达到两者的最佳结合。

3.1.1　存货岗位核算任务

存货岗位的日常工作主要包括存货的确认、存货的购入与发出和存货期末的计价等内容。

1. 存货的确认

存货是企业在日常活动中持有以备出售的产成品或者商品、处在生产过程中的在产品、在生产过程或提供劳务过程中耗用的材料、物料等。存货区别于固定资产等非流动资产的最基本的特征是，企业持有存货的最终目的是为了出售，不论是可供直接出售，如产成品、商品等；还是需经过进一步加工后才能出售，如原材料等。

存货同时满足下列条件，才能予以确认：与该存货有关的经济利益很可能流入企业；该存货的成本能够可靠地计量。

2. 存货的购入和发出

存货的收入与发出，既可以按实际成本计价核算，也可按计划成本计价核算。

按实际成本计价核算时，存货收发的明细核算和总分类核算均按照存货的实际成本进行。实际成本应结合存货的具体取得方式分别确定，作为存货入账的依据。存货的初始计量应以取得存货实际成本为基础，包括采购成本、加工成本和其他成本。企业发出存货时的计价方法包括个别计价法、先进先出法、月末一次加权平均法、移动平均法。

按计划成本核算时，存货收发的明细核算和总分类核算均按计划成本进行，同时设置"材料成本差异"科目核算购入的实际成本与入库的计划成本的差异。期末，还需要借助存货成本差异率，将本期按计划成本发出的存货调整为实际成本，以便在资产负债表上报告期末存货的价值、在利润表上报告当期对外销售存货的实际成本。

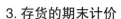

3. 存货的期末计价

期末，必须对存货进行清查，如果发生盘盈或盘亏，应通过"待处理财产损溢"科目处理。

资产负债表日，存货应当按照成本与可变现净值孰低计量。如果存货的可变现净值小于实际成本，应计提存货跌价准备，并计入当期损益。

3.1.2　存货岗位业务流程

①结转上月月末库存原材料生产成本和产成品、在产品生产成本。

②收集仓库开具的成品出库单，与客户签收单核对无误，作为当月成品出库数。

③收集仓库当月开具的原材料入库单及供应商提供的送货单相互核对，核对无误，通知供应商开具增值税发票，发票和入库单作为原始凭证，编制记账凭证。

④收集生产领用的出库单，按制单号编制单款原材料消耗表，作为当月原材料出库数，并计入生产成本。月末，在完工订单与未完工订单间分配，计算在产品和完工产品的原材料成本。

⑤结转产品销售成本。

⑥期末存货成本＝期初存货成本＋本期购入的生产成本－本期发出产品成本。

⑦年末，根据盘点库存商品清单，调整相应的账面库存。

【任务 1 训练题】

一、不定项选择题

1. 下列不属于存货发出计价方法的有（　　）。

A. 全月一次加权平均法　　　　　　　B. 后进后出法

C. 移动平均法　　　　　　　　　　　D. 个别计价法

2. 企业期末存货应按成本与可变现净值孰低计量，其中可变现净值是指（　　）。

A. 存货的售价　　　　　　　　　　　B. 存货的合同价

C. 存货的预计未来净现金流量　　　　D. 存货的公允价值

3. 原材料按实际成本计价核算的情况下，涉及的会计科目有（　　）。

A. 原材料　　　　B. 材料采购　　　　C. 在途物资　　　　D. 材料成本差异

二、案例分析

南钢股份 2014 年净利润只有 1.2 亿元，资产减值损失却超过 4 亿元。

问题：该公司的存货与销售存在什么问题，应如何改善企业的存货策略？

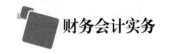

任务2　存货的确认与初始计价

3.2.1　存货的确认

1. 存货的确认

存货是指企业在日常活动中持有的，以备出售的产成品或商品，处在生产过程中的在产品、在生产过程或提供劳务工程中耗用的材料或物料等，包括各类材料、商品、在产品、半成品、产成品以及包装物、低值易耗品、委托代销商品等。

存货应该同时满足下列条件，才能予以确认：

①与该项存货有关的经济利益很可能流入企业；

②该存货的成本能够可靠地计量。

🔔请注意：*存货的确认，一般以是否拥有所有权为基本前提，而不是以存放地点为依据。凡是法定所有权归属企业的存货，无论存放何处，均属于企业的存货，包括库存待售的存货、库存待用的存货、生产经营过程中正在使用的存货、正在加工的存货、已经购入正在运输途中的存货、委托外单位加工的存货、委托外单位代销的存货、出租出借的包装物等。反之，凡是法定所有权不属于企业的存货，即便存放在本企业，也不能作为本企业的存货，如已经开票售出但客户尚未提取的存货、受托加工的存货、受托代销的商品、租入借入的包装物等。*

对于存放在本企业但是不属于本企业的存货，需要在备查簿中登记。

对存货的判断，还需要根据它在企业中的用途来确定。同样的资产在一个企业属于存货，在另一个企业则可能不是。如水泥厂生产的水泥是其存货，而购买水泥的企业就不能把水泥列为存货。即便在同一个企业，同样的资产也可能有的属于存货，有的不属于存货。如汽车厂生产的汽车是其存货，但将汽车用于运输，则不是企业的存货了。

2. 存货的分类

企业的性质不同，存货的分类也不相同。商业企业的经济活动是将商品购进再售出，其存货主要是购进待售的商品；服务性企业既不制造产品，也不销售产品。而工业企业的经济活动包含了供、产、销全过程，存货种类最多，核算也最复杂，因此工业企业存货一般分为八大类。

（1）原材料

原材料指企业在生产过程中经加工改变其形态或性质并构成产品主要实体的各种原料、主要材料、辅助材料、燃料、修理用备件（备品备件）、包装材料、外购半成品（外购件）等。

（2）在产品

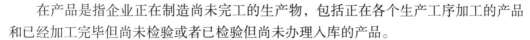

在产品是指企业正在制造尚未完工的生产物，包括正在各个生产工序加工的产品和已经加工完毕但尚未检验或者已检验但尚未办理入库的产品。

（3）半成品

半成品是指经过一定生产过程并已检验合格交付半成品仓库保管，但尚未制造完工成为产成品，仍需进一步加工的中间产品。

（4）产成品

产成品是指工业企业已经完成全部生产过程并已验收入库，可以按照合同规定的条件送交订货单位，或者可以作为商品对外销售的产品。企业接受来料加工制造的代制品和为外单位加工修理的代修品，制造和修理完成验收入库后，应视同企业的产成品。

（5）商品

商品是指商品流通企业外购或委托加工完成验收入库用于销售的各种商品。

（6）包装物

包装物是指为了包装本企业的商品而储备的各种包装容器，如桶、箱、瓶、坛、袋等，其主要作用是盛装、装潢产品或商品。

（7）低值易耗品

低值易耗品是指不能作为固定资产核算的各种用具物品，如工具、管理用具、劳动保护用品、玻璃器皿，以及在经营过程中周转使用的容器等。其特点是单位价值较低，使用期限较短，在使用过程中保持其原有实物形态基本不变。

（8）委托代销商品

委托代销商品是指企业委托其他单位代销的商品。

请注意：在实际工作中，企业应根据自身的情况合理对存货进行分类，以便满足会计核算的需要。

3.2.2 存货的初始计价

存货的取得方式很多，可以自产，可以购进，可以委托外单位加工生产，也可以通过交换取得，那么对于存货取得成本如何计价？虽然方式不同，其计价方法也有所差别，但基本计价原则是按照成本进行初始计量。存货成本包括采购成本、加工成本和其他成本。

动脑筋：存货按照成本初始计量有什么好处呢？

1. 存货的采购成本

存货的采购成本，是指企业在采购过程中所发生的支出，包括购买价款、相关税费、运输费、装卸费、保险费以及其他可归属于存货采购成本的费用。

购买价款，是指企业购入的材料或商品的发票账单上列明的价款，不包括按规定可以抵扣的增值税额。

相关税费，是指企业购买存货发生的进口关税、消费税、资源税和不能抵扣的增

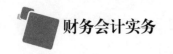

值税进项税额以及相应的教育费附加等应计入存货采购成本的税费。

其他可归属于存货采购成本的费用，是指采购成本中除上述各项以外的可归属于存货采购的费用，如在存货采购过程中发生的仓储费、包装费、运输途中的合理损耗、入库前挑选整理费用等。

在商品流通企业中，运输费、装卸费、保险费如果是在采购商品过程中发生的，应当计入存货采购成本，也可以先归集，期末再根据所购商品的存销情况分摊。对于已售商品的进货费用，计入当期损益；对于未售商品的进货费用，计入期末存货成本。企业采购商品的进货费用金额较小的，可以在发生时直接计入当期损益。

2. 存货的加工成本

存货的加工成本包括自产存货成本和委托外企业加工过程中发生的追加费用。自产存货成本包括：直接材料、直接人工以及所有费用归集起来的制造费用。

委托外企业加工过程中发生的追加费用包括：材料费用、加工费用以及在运输途中发生的所有费用及税金。

直接材料是指企业在生产过程中发生的直接可以形成产品所耗用的材料。

直接人工是指企业在生产产品过程中，直接从事产品生产的工人的工资薪酬。

制造费用是指企业为生产产品和提供劳务而发生的各项间接生产费用。企业应当根据制造费用的性质，合理地选择制造费用分配方法。

3. 存货的其他成本

存货的其他成本是指除生产成本、采购成本、加工成本以外的使存货达到目前场所和状态所发生的其他支出。

存货的来源不同，其成本的构成内容也不同。原材料、商品、低值易耗品等通过购买而取得的存货的成本由采购成本构成；产成品、在产品、半成品等自制或需委托外单位加工完成的存货的成本由采购成本、加工成本以及使存货达到目前场所和状态所发生的其他支出构成。

📖**知识窗**：实务中各种收入存货成本的构成：

购入的存货——买价、运杂费（包括运输费、装卸费、保险费、仓储费等）、运输途中的合理损耗、入库前的挑选整理费用（包括挑选整理中发生的工、费支出和数量损耗，并扣除回收的废料价值）以及按规定应计入成本的税费和其他费用。

自制的存货——直接材料、直接人工和制造费用等的各项实际支出（自制原材料、自制包装物、自制低值易耗品、自制半成品及库存商品等为自制的存货）。

委托外单位加工完成的存货——实际耗用的原材料或者半成品、加工费、装卸费、保险费、委托加工的往返运输费等费用以及按规定应计入成本的税费。

接受投资的存货——按投资合同或协议约定的价值，但合同或协议约定价值不公允的除外。

接受捐赠的存货——接受捐赠的存货的实际成本按以下两种原则确定。捐赠方能提供凭据的，按凭据上标明的金额加上受赠方支付的相关税费为实际成本；捐赠方未提供凭据的，按市价或同类存货的市价估计的金额加上受赠方支付的相关税费为实际成本。

盘盈的存货——按同类存货的市场价格确定。

但是，通常情况下存货发生的相关费用也有例外，以下费用应在其发生时计入当期损益：

①由于自然灾害而发生的直接材料、直接人工和制造费用，由于这些费用的发生无助于使该存货达到目前场所和状态，不应计入存货成本，而应确认为当期损益。

②企业在存货采购入库后发生的仓储费用，应在发生时计入当期损益。但是，在生产过程中为达到下一个生产阶段所必需的仓储费用应计入存货成本。如酒为达到产品质量标准而必须发生的仓储费用。

③不能归属于使存货达到目前场所和状态的其他支出，应在发生时计入当期损益。

【任务 2 训练题】

一、不定项选择题

1. 下列各项中，构成工业企业外购存货入账价值的有（　　）。

A. 买价 　　　　　　　　　B. 运杂费

C. 运输途中的合理损耗 　　D. 入库前的挑选整理费用

2. 企业委托外单位加工的物质，不应计入其实际成本的税金为（　　）。

A. 用于应交增值税项目并取得了增值税专用发票的一般纳税企业的加工物质所应负担的增值税

B. 用于非应纳增值税项目或免征增值税项目，以及未取得增值税专用发票的一般纳税企业的加工物质所应负担的增值税

C. 小规模纳税企业的加工物质所应负担的增值税

D. 收回后直接用于销售的加工物资所应负担消费税

3. 商品流通企业存货的采购成本由（　　）等构成。

A. 采购价格 　　　　　　　B. 进口关税和其他税金

C. 运输费 　　　　　　　　D. 装卸费

4. 下列费用中，不应当包括在存货成本中的是（　　）。

A. 制造企业为生产产品而发生的人工费用

B. 商品流通企业在商品采购过程中发生的包装费

C. 商品流通企业进口商品支付的关税

D. 采购商品发生的差旅费

5. 下列各项中，不属于存货核算范围的是（　　）。

A. 委托代销商品 　　　　　B. 委托加工物资

C. 企业生产车间的半成品 　D. 代管物资

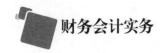

6.下列各项中,应当作为企业存货核算的有(　　)。

A.工程物资 　　　　　　　　　B.委托加工物资

C.正在加工中的在产品 　　　　　D.发出展览的商品

E.存放在门市部准备出售的商品

7.企业采用的领料凭证主要有(　　)。

A.领料单　　　B.限额领料单　　　C.领料登记簿　　　　D.退料单

8.存货岗位的核算任务(　　)。

A.确认存货 　　　　　　　　　B.核算外购存货

C.核算自制存货 　　　　　　　D.核算其他来源存货

9.下列各项资产中,不属于存货范围的是(　　)。

A.货款已支付正在运输途中的外购材料　　　　　　B.产成品

C.低值易耗品　　　　　D.顾客已交款并开出提货单,但尚未提走的货物

10.下列(　　)不属于外购存货成本。

A.购货价格　　　B.购货运费　　　C.采购人员差旅费　　　D.在途保险费

任务3　存货增加的核算

根据原材料的计价方法不同,其日常核算方法有两种,即实际成本计价和计划成本计价。

3.3.1　外购材料按实际成本计价的核算

原材料外购按实际成本计价核算时,材料的收发及结存,均按照实际成本计价。实际成本法通常适用于材料收发业务较少的业务。

1.核算原材料需设置的账户

企业核算原材料时需设置的会计账户有"原材料"和"在途物资"。

(1)"原材料"账户

本账户用于核算库存各种材料的收发与结存情况。在原材料按实际成本核算时,本账户的借方登记入库材料的实际成本,贷方登记发出材料的实际成本,期末余额在借方,反映企业库存材料的实际成本。

(2)"在途物资"账户

本账户用于核算企业采用实际成本(进价)进行材料、商品等物资的核算、货款已付但尚未验收入库的各种物资(即在途物资)的采购成本。本账户应按供应单位和物资品种进行明细核算。本账户的借方登记企业购入的在途物资的实际成本,贷方登记验收入库的在途物资的实际成本,期末余额在借方,反映企业在途物资的采购成本。

2. 材料购入的核算

企业购入未验收入库的材料，由于结算方式和采购地点不同，材料入库时间和付款时间不一定完全同步，相应的会计核算也有所不同。

（1）单货同到

即发票账单到达支付货款与材料验收入库发生在同一日的业务。

【例 3-1】2014 年 3 月 2 日，黄河公司购入甲材料一批，取得增值税专用发票注明价款 500000 元，增值税税额 85000 元，销货方代垫包装费 3000 元。黄河公司开出转账支票支付全部款项，同日材料验收入库。

黄河公司根据发票账单、支票存根联及材料验收入库单：

借：原材料——甲材料　503000

　　应交税费——应交增值税（进项税额）　85000

　　贷：银行存款　588000

（2）单到货未到

即发票账单已到支付或承付货款，而材料未到或者尚未验收入库的业务。

【例 3-2】2014 年 3 月 5 日，黄河公司采用汇兑结算方式购入乙材料一批，取得增值税专用发票注明价款 20000 元，增值税税额 3400 元。该批材料于 3 月 10 日运达企业并验收入库。黄河公司账务处理如下：

① 3 月 5 日，根据发票账单和付款凭证：

借：在途物资——乙材料　20000

　　应交税费——应交增值税（进项税额）　3400

　　贷：银行存款　23400

② 3 月 10 日，根据验收入库单：

借：原材料——乙材料　20000

　　贷：在途物资——乙材料　20000

（3）货到单未到

即材料已验收入库，但发票账单等结算凭证尚未支付的业务。

若该业务发生在月中，可暂不作账务处理，待收到相关凭证结算后再按"货单同到业务"处理。若到月末仍未收到相关结算凭证，为了全面反映存货及负债情况，企业应按合同价格或类似材料的市场价格暂估入账，借记"原材料"账户，贷记"应付账款——暂估账款"账户；下月初用红字做同样的会计分录予以冲回（或做相反会计分录），待收到相关结算凭证时再按货单同到业务处理。

【例 3-3】2014 年 3 月 9 日，黄河公司采用异地托收承付结算方式采购乙材料一批，当日材料验收入库。3 月 18 日收到增值税专用发票注明价款 200000 元、增值税税额 34000 元；销货方垫付运费 3000 元，其中，根据税法规定可抵扣增值税 210 元。该公司于 3 月 20 日支付全部款项。账务处理如下：

① 3 月 9 日乙材料验收入库时，暂不做账务处理。

② 3 月 20 日支付货款时，视同货单同到业务：

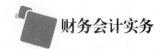

借：原材料——乙材料　202790

　　应交税费——应交增值税（进项税额）　34210

　　贷：银行存款　237000

【例3-4】2014年3月10日，黄河公司采用委托收款结算方式购入甲材料一批，材料已验收入库，月末发票账单仍未收到，按合同该批材料价值为31000元。4月5日收到增值税专用发票注明价款32000元、增值税税额5440元，销货方代垫保险费1000元，当日以银行存款支付全部款项。黄河公司账务处理如下：

①3月10日甲材料验收入库，暂不做账务处理。

②3月31日，按合同价格暂估入账：

借：原材料——甲材料　31000

　　贷：应付账款——暂估账款　31000

③4月1日，予以冲回：

借：应付账款——暂估账款　31000

　　贷：原材料——甲材料　31000

④4月5日，承付货款，做货单同到：

借：原材料——甲材料　33000

　　应交税费——应交增值税（进项税额）　5440

　　贷：银行存款　38440

（4）预付款购入业务

设置"预收账款"科目，收到预付款项时做借方登记，贷方登记收到所购物资时冲销或结转的金额及收回多付款项的金额；期末余额在借方，反映企业实际预付的款项；期末余额在贷方，则反映企业尚未支付的款项。

请注意：预付账款不多的企业，可以不设"预付账款"账户，而将预付款直接通过"应付账款"账户核算，但在编制会计报表时，仍应将"预付账款"账户的金额和"应付账款"账户的金额分开列示。

【例3-5】2014年3月10日，黄河公司向乙公司采购单价为1000元的材料5000吨，合同约定黄河公司在合同签订日预付合同款的50%，货物验收后补付其余款项。黄河公司账务处理如下：

①预付货款时：

借：预付账款　2500000

　　贷：银行存款　2500000

②收到乙公司发来的5000吨材料，增值税专用发票注明价款5000000元、增值税税额850000元，验收无误，黄河公司以银行存款补付余款3350000元：

借：原材料　5000000

　　应交税费——应交增值税（进项税额）　850000

　　贷：预付账款　5850000

借：预付账款　3350000

贷：银行存款　3350000

（5）投资者投入原材料的业务

【例 3-6】黄河公司收到乙公司作为资本投入的原材料，合同约定存货价值为 650000 元，增值税专用发票上增值税税额为 110500 元。投资方确认该金额为乙公司的投入资本，可折换黄河公司每股面值 10 元的普通股股票 50000 股。

借：原材料　650000

应交税费——应交增值税（进项税）　110500

贷：实收资本　500000

资本公积　260500

（6）接受捐赠原材料的业务

【例 3-7】2014 年 3 月 12 日，黄河公司接受天奇公司捐赠的 B 材料一批，增值税专用发票上注明的价款 20000 元，增值税 3400 元。受捐过程中以现金支付运杂费 500 元。黄河公司编制的会计分录如下：

借：原材料——B 材料　20500

应交税费——应交增值税（进项税额）　3400

贷：营业外收入——捐赠利得　23400

库存现金　500

3.3.2　外购材料按计划成本计价的核算

1. 计划成本法的定义

计划成本法是指存货的收入、发出和结存都按企业制订的计划成本计算，同时将实际成本与计划成本之间的差额，单独设置"材料成本差异"会计账户反映，期末将发出存货和期末存货，由计划成本调整为实际成本进行反映的一种核算方法。

2. 计划成本法下原材料核算的账户设置

（1）"材料采购"账户

该账户核算计划成本法下购入材料的采购成本，属于资产类账户，其借方登记外购材料的实际成本和结转外购材料的节约差异；贷方登记验收入库的材料的计划成本和结转外购材料的超支差异；期末余额在借方，反映企业在途材料的采购成本。本账户可按供货单位或材料物资类别进行明细核算。

（2）"原材料"账户

计划成本法下本账户与实际成本计价法下本账户的区别在于其借方、贷方及余额均按原材料的计划成本计价，以反映原材料的计划成本。

（3）"材料成本差异"账户

该账户核算企业已入库的各种材料的实际成本与计划成本的差异，属于资产类账户，也是"原材料"的调整账户。该账户借方登记入库材料收集成本大于计划成本的差异（超支差）；贷方登记入库材料实际成本小于计划成本的差异（节约差）及发出

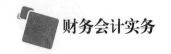

材料应负担的成本差异（超支差用蓝字，节约差用红字）；期末余额在借方，反映企业库存材料超支差异；期末余额在贷方，反映企业库存材料的节约差异。本账户可分别"原材料""周转材料"等存货类别或品种进行明细核算。

材料成本差异＝实际成本 − 计划成本

超支差异：实际成本大于计划成本之差。

节约差异：实际成本小于计划成本之差。

企业在采用计划成本核算材料时，购入材料时按实际成本计入"材料采购"科目：

借：材料采购（实际成本）

  应交税费——应交增值税（进项税额）

 贷：库存现金 / 银行存款 / 应付账款 / 应付票据等

借：原材料（计划成本）

  材料成本差异（超支差异）

 贷：材料采购（实际成本）

  材料成本差异（节约差异）

发出材料，结转发出材料的成本差异时，材料的实际成本可以按照以下公式分析：

材料成本差异率＝（期初结存材料的成本差异＋本期验收入库材料的成本差异）/（期初结存材料的计划成本＋本期验收入库材料的计划成本）×100%

$$材料实际成本＝计划成本＋材料成本差异$$
$$＝计划成本＋超支差异$$
$$＝计划成本 − 节约差异$$

发出材料，结转发出材料的节约成本差异时：

借：生产成本 / 制造费用 / 管理费用（红字）

 贷：材料成本差异（节约差异＝发出材料的计划成本 × 材料成本差异率）（红字）

发出材料，结转发出材料的超支成本差异时：

借：生产成本 / 制造费用 / 管理费用

 贷：材料成本差异（超支差异＝发出材料的计划成本 × 材料成本差异率）

这里和实际成本法来对比一下，商业企业和采用实际成本法核算存货的工业企业，购入但尚未入库的材料时：

借：在途物资（实际成本）

  应交税费——应交增值税（进项税额）

 贷：库存现金 / 银行存款 / 应付账款 / 应付票据等

验收入库时：

借：原材料（实际成本）

 贷：在途物资（实际成本）

由此可以得出，"材料采购"和"在途物资"核算的内容是相同的，都是企业购入材料的实际成本，只是分别在不同的核算方法下使用而已。

3.计划成本法核算

（1）发票账单与材料同时到达的采购业务

企业根据银行结算凭证、发票账单和收料单等凭证记账：

借：材料采购（实际成本）

　　应交税费——应交增值税（进项税额）

　　贷：银行存款（应付票据、其他货币资金等）

企业验收已入库的材料时：

借：原材料（计划成本）

　　贷：材料采购（实际成本）

　　　　材料成本差异（借贷方视情况而定）

注：按计划成本与实际成本的差异额，借记或贷记"材料成本差异"账户（借方表示超支差异，贷方表示节约差异）。

【例3-8】2014年3月5日，黄河公司购进原材料一批，购买价为30000元，支付了5100元的增值税，货款已支付，材料已验收，并以32000元的计划成本计算入库，则黄河公司应做如下账务处理：

①采购材料时：

借：材料采购　　30000

　　应交税费——应交增值税（进项税额）　　5100

　　贷：银行存款　　35100

②材料入库时：

借：原材料　　32000

　　贷：材料采购　　30000

　　　　材料成本差异　　2000

（2）发票账单已到，材料尚未到达或尚未验收入库的采购业务

①材料尚未到达或尚未验收入库时：

借：材料采购（实际成本）

　　应交税费——应交增值税（进项税额）

　　贷：银行存款（其他货币资金、应付账款、应付票据）

②材料到达验收入库时：

借：原材料（计划成本）

　　贷：材料采购（实际成本）

　　　　材料成本差异（借贷方视情况而定）

【例3-9】黄河公司向乙企业采购A材料40000千克。2014年3月4日，银行转来托收凭证，金额为97600元，内附专用发票一张，开列A材料40000千克，单价为2元/千克，货款计80000元；增值税额13600元；运杂费凭证一张，金额4000元。

借：材料采购——A材料　　84000

　　应交税费——增值税（进项税额）　　13600

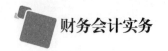

贷：银行存款 97600

3月10日，仓库转来收料单，40000千克A材料已验收入库，其计划单价为2.2元／千克，予以转账。

借：原材料 88000
    贷：材料采购 88000

同时，结转采购A材料成本差异：

借：材料采购 4000
    贷：材料成本差异——A材料 4000

3.3.3 周转材料的核算

1.周转材料的概念及账户设置

周转材料主要包括企业能够多次使用，逐渐转移其价值但仍保持原有形态不确认为固定资产的包装物和低值易耗品等，以及建筑承包企业的钢模板、木模板、脚手架和其他周转使用的材料等。

设置"周转材料"账户；按周转材料的种类，分别"在库""在用""摊销"进行明细核算。对于企业的包装物和低值易耗品，也可以单独设置"包装物"和"低值易耗品"账户进行核算。

📖知识窗：摊销指对除固定资产之外，其他可以长期使用的经营性资产按照其使用年限每年分摊购置成本的会计处理办法，与固定资产折旧类似。

2.外购低值易耗品的核算

低值易耗品是指单位价值较低，使用年限较短，不能作为固定资产的各种用具、设备。

如工具、管理用具、玻璃器皿以及在经营过程中周转使用的包装容器等。

一般工具：指生产上通用的刀具、量具、夹具等生产工具和各种辅助工具。

专用工具：指专用于制造某一特定产品，或在某一特定工序上使用的工具，如专用模具等。

替换设备：指容易磨损或为制造不同产品需要替换使用的各种设备，如轧钢用的钢辊等。

管理用具：指在管理工作中使用的各种家具和办公用具，如桌椅、柜、计算器等。

劳动保护用品：指为了安全生产而发给工人作为劳动保护用的工作服、工作鞋和各种防护用品等。

其他：指不属于上述各类的低值易耗品。

低值易耗品和其他材料一样，可以采用实际成本计价核算，也可以采用计划成本计价核算。采用计划成本计价核算的企业，对低值易耗品实际成本与计划成本之间差异的形成及分摊，应设置"材料成本差异——低值易耗品"账户核算。

（1）按实际成本计价的核算

①根据有关发票账单、收料单一步处理：

借：周转材料——低值易耗品——×× 低值易耗品

　　应交税费——应交增值税（进项税额）

　　贷：银行存款（或其他货币资金或应付票据等）

②根据有关发票账单、收料单分两步处理：

先根据有关发票账单等。

借：在途物资

　　应交税费——应交增值税（进项税额）

　　贷：银行存款（或其他货币资金或应付票据等）

再根据收料单：

借：周转材料——低值易耗品——×× 低值易耗品

　　贷：在途物资

（2）按计划成本计价的核算

按计划成本计价时，无论单、货是否同到，都要分两步处理。根据有关发票账单和收料单等，先做采购处理，再做验收入库的处理。

借：材料采购

　　应交税费——应交增值税（进项税额）

　　贷：银行存款或其他货币资金或应付票据等

借：周转材料——低值易耗品——×× 低值易耗品

　　贷：材料采购

借或贷：材料成本差异

3. 外购包装物的核算

包装物是指为了包装本企业商品而储备的各种包装容器，如桶、箱、瓶、坛、袋等。按其用途分为：

①生产过程中用于包装产品作为产品组成部分的包装物。

②随同产品出售而不单独计价的包装物。

③随同产品出售而单独计价的包装物。

④出租给购买单位使用的包装物。

⑤出借给购买单位使用的包装物。

为反映和监督包装物的增减变化、价值损耗和结存情况，设置"周转材料——包装物"账户进行核算。包装物购入的核算方法与原材料、低值易耗品基本相同，比照原材料、低值易耗品购入的核算方法处理。

3.3.4　自制存货的核算

自制存货包括自制材料、自制半成品和产成品等，是企业通过辅助生产和基本生产活动自行加工制造完成验收入库的存货。

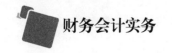

1. 自制存货核算科目设置

为了核算企业自制的各种存货，除"原材料"科目外，还应设置以下科目。

（1）"自制半成品"科目

"自制半成品"科目属于资产类科目，用来核算企业各种自制半成品的增减变动和结存情况。该科目的借方登记验收入库自制半成品的实际成本，贷方登记发出自制半成品的实际成本，期末余额在借方，表示库存自制半成品的实际成本。该科目应按照自制半成品的品种、规格设置"自制半成品明细账"进行明细分类核算。

（2）"库存商品"科目

"库存商品"属于资产类账户，用来核算企业全部的库存商品的增减情况。库存商品包括完企业已经完成全部生产过程并已验收入库的合乎标准规格和技术条件，可以按合同规定的条件送交订货单位，也可以作为商品对外销售的产品。借方登记已经完工并入库的产品成本和购进并验收入库的商品，贷方登记结转已销产品和商品的成本，借方余额表示产成品和商品的结存金额。本账户应按库存商品科类、品名、规格等设置明细账。

2. 自制存货业务核算

企业自制存货完工以后，应由成本核算人员计算其实际成本，填制"成本计算单""产品成本汇总表"，由生产部门填制产品入库单，据以验收入库。

【例 3-10】黄河公司自制加工材料一批，已验收入库，其计划成本 1000 元，实际成本 1030 元。根据成本计算单和收料单：

借：原材料——A 材料　1000

　　材料成本差异　30

　贷：生产成本　1030

3.3.5　委托加工物资的核算

委托加工物资是指企业将物资委托外单位加工成本企业可使用的原材料、包装物、低值易耗品等。

1. 委托加工物资的核算内容

委托加工物资核算的关键在于确定其实际成本。委托加工物资一般要经过发出、加工和回收入库三个过程，其实际成本应包括拨付加工物资的实际成本、支付的往返运费、支付的加工费、支付的往返运费、应负担的有关税费等。

委托加工物资的实际成本计算公式为：

实际成本 = 拨付加工物资实际成本 + 加工费 + 往返运杂费 + 相关税金 + 保险费

其中相关税金是指委托加工物资应负担的增值税、消费税。

📖知识窗：一般纳税人委托外单位加工物资，凡属加工物资用于应交增值税项目并取得了增值税专用发票的，委托加工物资应负担的增值税可作为进项税额，不计入加工物资成本；凡属加工物资用于非应交增值税项目或免征增值税项目，以及小规模纳税人和未取得增值税专用发票的一般纳税人，委托加工物资应负担的增值税应计入加工物资成本。

对于消费税，如果收回的加工物资直接用于销售，应将委托加工物资应负担的消费税计入加工物资成本（由受托方代扣代缴）；如果收回的加工物资用于连续生产应税消费品，应将委托加工物资应负担的消费税先计入"应交税费——应交消费税"科目的借方，用以抵扣加工的消费品销售后所负担的消费税。

2. 委托加工物资核算科目设置

为了监督委托加工合同的执行情况，反映委托加工物资的拨付、回收和加工费用的结算情况，计算委托加工物资的实际成本，应设置"委托加工物资"科目。该科目属于资产类科目，借方登记拨付加工物资的实际成本、支付的加工费用、往返运杂费、保险费和相关税金，贷方登记完工验收入库物资的成本和退回剩余物资的成本，期末余额在借方，表示企业委托外单位加工但尚未加工完成物资的实际成本和发出加工物资的运杂费。该科目按受托加工单位设置明细账进行明细分类核算。

3. 委托加工物资业务核算

【例 3-11】黄河公司拨付 B 材料委托乙公司代为加工成包装箱，B 材料的计划成本为 10000 元，成本差异为节约差异 200 元，另向运输公司支付运费 300 元。

委托加工发出物资实际成本 = 10000-200＋300= 10100（元）

黄河公司账务处理如下：

借：委托加工物资——乙公司　10100
　　材料成本差异——B 材料　200
　　贷：原材料——B 材料　10000
　　　　银行存款　300

包装箱加工完毕，乙公司通知黄河公司提货并支付加工费 2000 元，增值税 340 元，款项用银行存款支付，账务处理如下：

借：委托加工物资——乙公司　2000
　　应交税费——应交增值税（进项税额）　340
　　贷：银行存款　2340
借：周转材料——包装物——包装箱　12100
　　贷：委托加工物资——乙公司　12100

【例 3-12】黄河公司发出 A 材料一批，委托乙企业加工成 B 材料（属于应税消费品）。材料的实际成本为 100000 元，支付的加工费 15000 元，来回运杂费 2000 元，加工增值税税额 2550 元，消费税 10000 元，款项已用银行存款支付。B 材料已加工完毕验收入库，用于继续生产应税消费品。黄河公司账务处理如下：

①发出委托加工材料：

借：委托加工物资——乙企业　100000
　　贷：原材料——A 材料　100000

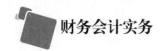

②支付加工费、运杂费和税金：

借：委托加工物资——乙企业　17000

应交税费——应交增值税（进项税额）　2550

——应交消费税　10000

贷：银行存款　29550

③B材料加工完毕验收入库：

借：原材料——B材料　117000

贷：委托加工物资——乙企业　117000

【任务3训练题】

一、不定项选择题

1.外购存货确认的时间为（　　）。

A.取得法定所有权的时间　　　　　　B.支付货款的时间

C.收到货物的时间　　　　　　　　　D.签订购货合同的时间

2.下列项目不应包括在"存货"项目的是（　　）。

A.在途物资　　　　　　　　　　　　B.工程物资

C.委托加工物资　　　　　　　　　　D.包装物

3.下列属于包装物核算范围的有（　　）。

A.生产过程中用于包装产品作为产品组成部分的包装物

B.随同商品出售而不单独计价的包装物

C.随同商品出售而单独计价的包装物

D.出租或出借给购买单位使用的包装物

4."材料成本差异"科目贷方核算的内容有（　　）。

A.入库材料成本超支差异　　　　　B.入库材料成本节约差异

C.结转发出材料应负担的超支差异　D.结转发出材料应负担的节约差异

二、技能训练

1.A公司从东方公司购进甲材料一批，买价为120000元，增值税20400元，款项开出转账支票付讫。另以现金支付运杂费200元，材料已运到并以验收入库。

2.A公司从南方公司购买乙材料一批，买价150000元，增值税25500元，乙材料验收入库，货款暂未支付。

3.A公司收到银行转来的托收承付结算凭证及发票、代垫运费单据等，从黄河工厂购进丙材料一批，货款200000元，增值税34000元，供货单位代垫运费400元（7%可计入进项税）。经审核无误，到期承付。请做账务处理：

（1）根据有关原始凭证，编制会计分录。

（2）收到仓库送来的收料单，丙材料验收入库。

（3）支付材料货款。

4. A 公司从利民工厂购进丁材料一批，材料已验收入库，月终结算凭证等单证尚未收到，按定额成本 18000 暂估入账。

（1）依据"收料单"，编制会计分录。

（2）次月初，红字冲销。

（3）次月，结算凭证、发票账单到达，增值税专用发票列明材料价款 18500 元，增值税 3145 元，供货单位代垫运费 160 元，审核无误，款项以转账支票支付。

请分别就以上三种情况做出账务处理。

5. A 公司从东方钢铁厂购进钢材 100 吨，每吨买价 4000 元，共计 400000 元，增值税 68000 元，供货单位代垫运杂费 400 元，款项未付。材料验收入库时发现短缺 10 吨。

（1）收到东方钢铁厂的增值税发票、代垫运杂费发票时。

（2）发现材料短缺，短缺的材料不分担运杂费。

①供货单位责任；②运输部门责任；③自然灾害造成，保险公司承担。

请分别就以上三种情况做出账务处理。

6. 2011 年 12 月 5 日，B 公司购进材料一批，购买价为 30000 元，增值税 5100 元，货款已支付，材料验收入库，并以 32000 元的计划成本验收入库，如何进行账务处理？

7. 2011 年 12 月 8 日，B 公司自制材料一批，该批材料在制造过程中实际发生生产成本 15000 元。请就以下两种情况做出账务处理。

（1）材料按实际成本入库时。

（2）如果按计划成本入库，假设计划成本 14000 元。

8. 2011 年 8 月 14 日，B 公司委托乙企业加工一批材料，价值 80000 元，加工费用 10000 元。9 月 2 日，乙企业加工完成，B 公司用银行存款支付了加工费用，并将该批材料入库。增值税税率为 17%。

（1）B 公司委托加工材料以实际成本核算时。

（2）B 公司采用计划成本核算，计划成本为 100000 元。

在以上两种情况下，B 公司如何进行账务处理？

任务 4 发出存货的核算

发出存货的核算，主要是对生产经营领用和销售存货的核算，发出时的计价和账务处理。

3.4.1 发出原材料的核算

原材料发出原因：被生产或管理部门领用、被基建工程等部门领用、出售等。企业在生产经营过程中领用原材料，按实际成本借记"生产成本""制造费用""管

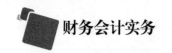

理费用"等科目，贷记"原材料"科目。企业委托外单位加工的原材料，按实际成本，借记"委托加工物资"科目，贷记"原材料"科目。企业基建工程、福利部门领用的原材料，按实际成本加上不予抵扣的增值税额，借记"在建工程""应付职工薪酬"等科目，按实际成本贷记"原材料"科目，按不予抵扣的增值税额贷记"应交税费——应交增值税（进项税额转出）"科目。企业出售的原材料，应在月末结转成本时，借记"其他业务成本"科目，贷记"原材料"科目。但在对原材料做上述核算前，必须对其进行准确的计价。

3.4.2 发出存货的计价方法

现行存货发出的计价方法有实际成本计价法和计划成本计价法两大类，实际成本计价法在实际运用中又有先进先出法、后进先出法、加权平均法等方法，企业可以自行选用合适的方法。以下以原材料为例进行说明。

1. 实际成本法下发出存货的计价方法

企业购进存货的单位成本往往各异，则对发出存货的价值，就需要采用合理的计算方法来予以确定。根据《会计准则》的规定，企业对存货的计价可以选择使用先进先出法、加权平均法、移动加权平均法、个别计价法等。存货计价方法一经确定，企业不得随意变更。

（1）先进先出法

先进先出法是以先入库的材料先发出为假设条件，按照材料入库的先后顺序对发出材料进行计价的一种方法。在这种方法下，每次收入材料时，应在材料明细分类账中按时间的先后顺序逐笔登记每一批材料的数量、单价和金额；每次发出存货时，按照先购入材料的单价计算发出材料的实际成本，逐笔登记发出和结存材料的数量、单价和金额。

【例3-13】假定黄河公司2014年12月原材料的收、发、存数据资料如表3-1所示。

表3-1 黄河公司原材料明细表

单位：元

日期	收入		发出		结存数量
	数量	单价	数量	单价	
12.1	300	2.00			300
12.8	200	2.20			500
12.14			400		100
12.20	300	2.30			400
12.28			200		200
12.31	200	2.50			400

使用先进先出法时，逐笔计算收、发、结存的成本如表3-2所示。

表 3-2　先进先出法核算原材料

单位：元

日期	收入			发出			结存		
	数量	单价	金额	数量	单价	金额	数量	单价	金额
12.1							300	2.00	600
12.8	200	2.20	440				300	2.00	600
							200	2.20	440
12.14				300	2.00	600	100	2.20	220
				100	2.20	220			
12.20	300	2.30	690				100	2.20	220
							300	2.30	690
12.28				100	2.20	220	200	2.30	460
				100	2.30	230			
12.31	200	2.50	500				200	2.30	460
							200	2.50	500

本期发出存货的成本 = 600 + 220 + 220 + 230 = 1270（元）

期末结存存货的成本 = 460 + 500 = 960（元）

采用先进先出法，便于日常计算发出存货及结存存货的成本。将核算工作分散在日常进行，使期末存货成本较接近现行的市场价值，能及时准确反映存货的资金占用情况，企业不能随意挑选存货价格以调整当期利润。但当物价上涨时，用早期较低的成本与现行收入相配比，不能恰当配比，会高估企业当期利润，反之则低估当期利润，影响利润计算的准确性；如果收发存货的业务频繁，其计算工作量很大。这种方法适用于物价基本稳定、存货收发业务频率不高的存货。

👥议一议：在这种方式下，物价上涨时和物价下跌时，存货的估价如何？对利润有何影响？

（2）加权平均法

计算公式如下：

加权平均单位成本 =（期初存货成本 + 本期收入存货成本）÷（期初存货数量 + 本期收入存货数量）

本期销售或耗用存货成本 = 本期销售或耗用存货数量 × 加权平均单位成本

期末结存存货成本 = 期末结存存货数量 × 加权平均单位成本

【例 3-14】根据【例 3-13】黄河公司 2014 年 12 月原材料的收、发、存数据资料采用月末一次加权平均法计算发出材料的成本和期末结存成本。

加权平均成本 =（300 × 2 + 200 × 2.2 + 300 × 2.3 + 200 × 2.5）÷（300 + 200 + 300 + 200）
　　　　　　 = 2.23

本期发出材料成本 =（400 + 200）× 2.23 = 1338（元）

期末结存材料成本 = 400 × 2.23 = 892（元）

（3）移动加权平均法

移动加权平均法是指在每次收到存货以后，以各批收入数量与各批收入前的结存

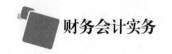

数量为权数，为存货计算出新的加权平均单位成本的一种方法。每次进货后，都要重新计算一次加权平均单位成本。计算公式如下：

移动加权平均单位成本＝（结存存货成本＋本批进货成本）÷（结存存货数量＋本批进货数量）

本次发出存货的成本＝本次发出存货数量 × 本次发货前的存货单位成本

本月月末库存存货成本＝月末库存存货的数量 × 本月月末存货单位成本

【例 3-15】根据【例 3-13】黄河公司 2014 年 12 月原材料的收、发、存数据资料采用移动加权平均法计算发出材料的成本和期末结存成本，见表 3-3。

表3-3　移动加权平均法核算原材料

单位：元

日期	收入			发出			结存		
	数量	单价	金额	数量	单价	金额	数量	单价	金额
12.1							300	2.00	600
12.8	200	2.20	440				500	2.08	1040
12.14				400	2.08	832	100	2.08	208
12.20	300	2.30	690				400	2.245	898
12.28				200	2.245	449	200	2.245	499
12.31	200	2.50	500				400	2.3725	949

第一批购货后的平均单位成本＝（600＋440）÷（300＋200）＝2.08（元）

第二批购货后的平均单位成本＝（208＋690）÷（100＋300）＝2.245（元）

第三批购货后的平均单位成本＝（449＋500）÷（200＋200）＝2.3725（元）

本期发出存货的成本＝832＋449＝1281（元）

期末结存存货的成本＝949（元）

（4）个别计价法

个别计价法又称为分批计价法，是指认定每一件或每一批的实际单价，计算发出该件或该批存货成本的方法。是按照各种材料，逐一辨认各批发出材料和期末结存材料所属的购进批别或生产批别，分别按其购入或生产完工时所确定的单位成本作为计算各批发出材料和期末结存材料成本的方法。

其计算公式如下：

发出存货成本＝发出存货数量 × 该件（批）存货单价

（5）发出存货的核算举例

企业生产经营过程中，原材料领用业务频繁，为简化日常核算工作，平时一般根据发料凭证在原材料明细账上登记发出材料的数量，及时反映各种原材料的购入、发出及结存数量情况，月末再根据"领料单"或"限额领料单"按领料部门及其用途汇总编制"发料凭证汇总表"，据以进行账务处理。

【例 3-16】2014 年 3 月 31 日，黄河公司编制的本月"发料凭证汇总表"见表 3-4。

表3-4 3月发料凭证汇总表

单位：元

会计科目	领用部门及用途	甲材料	乙材料	合计
生产成本——基本生产成本	产品生产耗用	400000	280000	680000
生产成本——辅助生产成本	检修车间耗用	60000	30000	90000
制造费用	车间一般耗用	30000		30000
管理费用	行政部门一般耗用	5000		5000
销售费用	销售部门耗用	4000		4000
合计		499000	310000	809000

黄河公司根据发出材料汇总表编制会计分录：

借：生产成本——基本生产成本——×产品　680000

　　　　　　　——辅助生产成本　90000

　　制造费用　30000

　　管理费用　5000

　　销售费用　4000

　　贷：原材料——甲材料　499000

　　　　　　　——乙材料　310000

📖知识窗：原材料发出与有关成本费用账户的关系，除上例所述情况外还有，在建工程领用的借记"在建工程"账户，对外投资的应借记"长期股权投资"账户，委托加工发出的应借记"委托加工物资"账户，销售原材料结转成本的应借记"其他业务成本"。

2.计划成本法下发出存货的核算

企业发出材料按计划成本核算时，月末应当根据相关资料，按所发出材料的用途，分别借记"生产成本""制造费用""销售费用""管理费用"等科目，贷记"原材料"科目，并根据发出材料应负担的材料成本差异，将发出材料的计划成本调整为实际成本，通过科目进行结转，按照所发出的用途，分别计入相应的会计科目。

材料成本差异率＝（期初结存材料的成本差异＋本期验收入库材料的成本差异）÷（期初结存材料的计划成本＋本期验收入库材料的计划成本）×100%

本期发出材料应负担的成本差异＝发出材料的计划成本×材料成本差异率

本期发出材料的实际成本＝发出材料的计划成本×（1±材料成本差异率）

🔔请注意：①分子的正负号——超支要加，节约要减。②分母的范围——不含暂估入库的材料计划成本。

按计划成本进行原材料发出的总分类核算。为简化日常核算工作，企业平时可不进行结转发出材料计划成本和发出材料应负担成本差异的总分类核算，待到月终时，通过编制"发料凭证汇总表"，汇总进行发出材料的总分类核算。"发料凭证汇总表"应以仓库转来的发料凭证为依据，区分不同用途和材料类别等情况进行汇总，并据以进行账务处理。根据"材料成本差异"明细账计算出本期的材料成本差异率，将

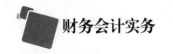

本期发出材料的计划成本调整为实际成本。

【例 3-17】黄河公司 2014 年 3 月初结存材料的计划成本为 5000 元，成本差异为超支差 100 元。本月入库材料的计划成本为 15000 元，成本差异为节约差异 500 元，根据本月发料凭证汇总表该公司当月基本生产车间领用材料 1000 元，辅助生产车间领用材料 500 元，车间管理部门领用原材料 50 元。会计分录如下：

借：生产成本——基本生产成本　1000
　　　　　　——辅助生产成本　500
　　制造费用　50
　贷：原材料　1550

该企业材料成本差异率 =（100-500）/（500+15000）=-2%（节约差异用负数）

结转发出材料的成本差异的会计分录如下：

借：生产成本——基本生产成本　20
　　　　　　——辅助生产成本　10
　　制造费用　1
　贷：材料成本差异　31

请注意：发出存货成本应负担的成本差异必须按月分摊，不得在季末或年末一次分摊。

3.4.3　发出库存商品的核算

制造业的库存商品包括用于对外销售的库存自制半成品和库存产成品。

商业企业的库存商品是指购入用来销售的各种物品。库存商品的发出主要是对外销售发出，另外还有一些被在建工程或福利部门领用及对外投资、捐赠等。

工业企业的产成品一般应按实际成本进行核算。在这种情况下，产成品的收入、发出和销售，平时只记数量不记金额；月度终了，计算入库产成品的实际成本；对发出和销售的产成品，可以采用先进先出法、加权平均法、移动平均法或个别计价法等方法确定其成本。仓库依据商品出库凭证填写实发数量，发出商品并登记库存商品明细账。会计部门据以结转发出商品成本，贷记"库存商品""自制半成品"科目，借方科目根据其销售方式不同分别确定：

对于已实现销售的商品，借记"主营业务成本""存货跌价准备"科目；委托其他单位销售的商品，借记"发出商品（或委托代销商品）"科目；在建工程和职工福利部门领用的商品视同销售，也直接借记"主营业务成本""存货跌价准备"科目。待委托代销商品实现销售时，根据销售发票再借记"主营业务成本"科目，贷记"发出商品"科目。

请注意："发出商品"科目属于资产类科目，用来核算企业未实现销售但已经发出商品的实际成本。该科目的借方登记发出商品的实际成本，贷方登记已实现销售的发出商品成本，期末余额在借方，表示尚未实现销售的发出商品成本。为了简化核算，企业一般在月末确定发出商品的单位成本，根据仓库转来的商品出库凭证编制产品或商品发出和销售汇总表，集中结转商品销售成本。

【例 3-18】黄河公司 2014 年 3 月销售甲产品一批，价款 100000 元，增值税款 17000 元，款项已存入银行，根据先进先出法确定该批产品的实际成本 70000 元。确定实现销售时，做账务处理如下：

借：银行存款　117000
　　贷：主营业务收入　100000
　　　　应交税费——应交增值税（销项税额）　17000
结转已销甲产品的成本：
借：主营业务成本　70000
　　贷：库存商品——甲产品　70000

3.4.4　低值易耗品摊销的核算

低值易耗品属于劳动资料，可以在生产经营过程中周转使用，不改变其物质形态，其价值在使用过程中因损耗而逐渐转移，因此，在会计核算上采取摊销的方式，将其价值逐步计入生产经营成本中。低值易耗品一般分为"在库"和"在用"两个阶段进行核算。

在库低值易耗品的核算是指对验收入库低值易耗品的核算。

在用低值易耗品的核算是指从仓库领出直到报废的核算。

报废前其价值要按磨损情况逐步摊销入生产经营成本，所以，在用低值易耗品的核算实质上是领用、摊销和报废的核算。根据低值易耗品的价值、使用期限及每月领用数额的均衡性，企业可从以下摊销方法中选用其中一种。

1. 一次摊销法

一次摊销法是指低值易耗品在领用时就按领用部门和用途将其账面价值全部计入有关成本、费用的方法。报废时，收回残值冲减有关成本、费用。一次领用的低值易耗品数量不多，金额不大可采用一次摊销法。

【例 3-19】某企业生产车间领用专用工具一批，计划成本 2800 元；厂部管理部门领用办公用品一批，计划成本 1200 元。当月材料成本差异率为 3%。编制会计分录如下。

①结转领用低值易耗品的计划成本：
借：制造费用　2800
　　管理费用　1200
　　贷：低值易耗品　4000
②分摊领用低值易耗品负担的材料成本差异：
借：制造费用　84
　　管理费用　36
　　贷：材料成本差异——低值易耗品　120

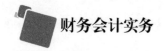

2. 五五摊销法

五五摊销法是指低值易耗品在领用时先摊销其价值的 50%，报废时再摊销其价值的 50%。易耗品的价值分两次摊销，各摊销其价值的一半。这里领用时的低值易耗品是指库存未曾使用过的。采用这种方法，需要在"低值易耗品"科目下设置"在库低值易耗品""在用低值易耗品"和"低值易耗品摊销"三个明细科目。对在用低值易耗品按使用车间、部门进行数量和金额明细核算的企业，可以采用五五摊销法核算。该种方法适用于各月领用和报废比较均衡、各月摊销额相差不大的低值易耗品。

【例 3-20】黄河公司 2014 年 4 月发出低值易耗品一批，价值 60000 元，其中生产车间领用低值易耗品 40000 元，行政管理部门领用低值易耗品 20000 元。该企业采用五五摊销法对该批低值易耗品进行摊销，报废时收回残值作价 6000 元入库。黄河公司应做如下会计分录。

①发出低值易耗品时：

借：低值易耗品——在用低值易耗品　60000

　　贷：低值易耗品——在库低值易耗品　60000

②低值易耗品报废时：

借：制造费用　20000

　　管理费用　10000

　　贷：低值易耗品——低值易耗品摊销　30000

③回收残料价值：

借：原材料　6000

　　贷：制造费用　4000

　　　　管理费用　2000

④转销报废低值易耗品：

借：低值易耗品——低值易耗品摊销　60000

　　贷：低值易耗品——在用低值易耗品　60000

📖知识窗：分期摊销法

分期摊销法是指低值易耗品领用后，根据低值易耗品原值和预计使用期限求得每期平均摊销额，将低值易耗品的价值分期摊入各期成本、费用的方法。

3.4.5 发出包装物的核算

包装物发出的核算与其他存货相同。一次性领用、一次性消耗的包装物，其价值一次全部计入有关成本、费用中；周转使用包装物的核算方法与低值易耗品相同，采用一定方法按用途将其价值分次摊销计入有关成本费用中。按计划成本计价时要在月末结转成本差异。包装物发出的核算按其用途分以下几种情况。

1. 生产领用包装物

生产过程中领用的包装物，构成产品组成部分，因此，应将包装物成本计入产品生产成本。

【例 3-21】2014 年 4 月，黄河公司生产车间生产领用包装物一批，实际成本 2000 元，领用时做会计分录如下：

借：生产成本　2000
　　贷：包装物——在库包装物　2000

2. 随同商品出售包装物

随同商品出售包装物应按其是否单独计价来做不同处理，即分为随同商品出售单独计价的包装物和随同商品出售不单独计价的包装物。

包装物随同商品出售并单独计价，实际上就是出售包装物，其账务处理与出售原材料相同。出售包装物取得的收入记入"其他业务收入"科目，对出售包装物的成本应借记"其他业务成本"科目，贷记"包装物"科目；随同商品出售但不单独计价的包装物，其发出主要是为了确保销售商品的质量或提供较为良好的销售服务，因此，应将这部分包装物的成本作为企业发生的销售费用处理。对随同商品出售不单独计价包装物，在发出时，应按其成本借记"销售费用"科目，贷记"包装物"科目。

【例 3-22】某企业在商品销售过程中领用包装物一批，实际成本 5000 元，该批包装物随同商品出售并单独计算，售价为 6000 元，应收取的增值税税额为 1020 元，款项已收到。

①取得出售包装物收入时：

借：银行存款　7020
　　贷：其他业务收入——材料销售　6000
　　　　应交税费——应交增值税（销项税额）　1020

②结转出售包装物成本时：

借：其他业务成本——材料销售　5000
　　贷：包装物——某包装物　5000

③若上述领用包装物不单独计价，则领用时应做会计分录如下：

借：销售费用　5000
　　贷：包装物——某包装物　5000

3. 出租、出借包装物给购货单位使用

企业对于一些可周转使用的包装物，一般采用出租或出借的方式提供给客户使用，并要求客户用完后归还。出租包装物是企业在销售商品时，将包装物出租给购买方暂时使用的一项业务。出租包装物可以取得租金收入，作为企业的"其他业务收入"，与之对应的出租包装物成本及修理费用，应作为租金收入的减项，作为企业的"其他业务成本"。

出租包装物核算主要包括发出包装物、收取租金和押金、摊销使用成本、发生修理费用、收回包装物等内容。

出借包装物是企业在销售商品时，将包装物出借给购买方使用，用后归还的一项

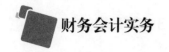

业务。出借包装物核算与出租包装物核算基本相同，不同的是在摊销使用成本时，记入"销售费用"等科目。企业出借包装因不向客户收取费用，没有业务收入，所以，出借包装物的成本及修理费用应作为企业的销售费用处理。企业为了督促客户能按时归还包装物，不论采用出租还是出借方式，一般都收取包装物押金，包装物押金应通过"其他应付款"科目核算。根据有关规定，包装物在周转使用过程中需要采用一定的方法将其价值摊入到有关成本费用中去。包装物摊销方法有两种，即五五摊销法和一次转销法。

【例 3-23】2014 年 4 月，黄河公司出租库存未用包装物 500 件，每件单位实际成本 100 元，共计 50000 元，租期 6 个月，每月每件租金 20 元，收取押金 60000 元。采用五五摊销法进行核算。

①领用时：

借：包装物——在用包装物　50000

　　贷：包装物——在库包装物　50000

②领用时摊销 50% 价值：

借：其他业务成本　25000

　　贷：包装物——包装物摊销　25000

③收到押金时：

借：银行存款　60000

　　贷：其他应付款——包装物押金　60000

④每月收取租金时，由于价外没有收取增值税，应将租金收入作为含税收入，折算为不含税收入，即 $10000 \div (1 + 17\%) = 8547$（元），销项税额为 $8547 \times 17\% = 1453$（元）：

借：银行存款　10000

　　贷：其他业务收入　8547

　　　　应交税费——应交增值税（销项税额）　1453

⑤6 个月后，收回包装物 500 件，退还押金 60000 元：

借：其他应付款——包装物押金　60000

　　贷：银行存款　60000

【例 3-24】假设上述包装物于 2014 年 12 月报废，报废时残料收入 2000 元存入银行，摊销另外 50% 价值：

①报废时摊销 50% 价值：

借：其他业务成本　25000

　　贷：包装物——包装物摊销　25000

②将报废包装物从账上转销：

借：包装物——包装物摊销　50000

　　贷：包装物——在用包装物　50000

③报废包装物的残值收入：

借：银行存款 2000
　　贷：其他业务成本 2000

【任务 4 训练题】

一、不定项选择题

1. 在物价持续下跌的情况下，发出存货采用（　　）方法更能体现谨慎性。

A. 移动加权平均法　　　　　　B. 月末一次加权平均法

C. 个别计价法　　　　　　　　D. 先进先出法

2. 某企业 8 月 1 日库存甲材料 100 件，单价 5 元，8 月 6 日发出甲材料 20 件，8 月 12 日购进甲材料 320 件，单价 3 元；8 月 23 日发出甲材料 100 件。该企业对甲材料采用月末一次加权平均法计价，8 月末甲材料的实际成本为（　　）元。

A. 1112.38　　　B. 1042.66　　　C. 1360　　　D. 1060

3. 企业发出的包装物采用一次摊销法进行核算，可按包装物的不同用途将其成本直接计入（　　）。

A. 生产成本　　　　　　　　　B. 销售费用

C. 其他业务支出　　　　　　　D. 主营业务成本

二、技能训练

1. 长城公司 2013 年 10 月甲材料的入库、发出、结存的有关资料如表 3-5 所示。

表 3-5　甲材料收发料表

2013 年		摘要	入库		发出	结存
月	日		数量/千克	单价/元	数量/千克	数量/千克
10	1	期初结存				4000（单价 1 元）
	7	购入	10000	1.1		
	12	发出			8000	
	15	购入	6000	1.2		
	20	发出			4000	
	26	发出			6000	2000

结合表 3-5，采用先进先出法计算发出存货成本和期末结存存货成本、采用加权平均法计算存货成本。

2. 南海公司 2014 年 11 月初原材料的计划成本为 200000 元，材料成本差异借方余额为 6000 元（超支），本月收入原材料的计划成本为 400000 元，实际成本为 382000 元，本月发出原材料的计划成本为 500000 元，全部用于 A 产品生产。试计算原材料成本差异率及发出原材料应负担的成本差异，并做出相应的会计分录。

3. 2013 年 12 月 1 日，红森公司已经验收入库甲产品 10 件，实际单位成本 1000

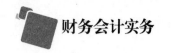
元，共计 10000 元；乙产品 50 件，实际单位成本 800 元，共计 40000 元。红森公司如何进行账务处理？

4. 2013 年 12 月 31 日，红森公司汇总已销售产品，甲产品 60 件，乙产品 200 件；甲产品实际单位成本 1000 元，乙产品实际单位成本 800 元。红森公司结转销售成本时如何进行账务处理？

5. 齐鲁公司基本生产车间领用专用工具一批，实际成本为 100000 元，采用五五摊销法进行核算。请做出相关账务处理。

任务 5　存货的期末计价

3.5.1　存货的期末计价方法

存货的期末计价方法目前采用成本与可变现净值孰低法。资产负债表日，存货应当按照成本与可变现净值孰低计量。当存货成本低于可变现净值时，存货按成本计量。当存货成本高于可变现净值时，存货按可变现净值计量，同时按照成本高于可变现净值的差额计提存货跌价准备，计入当期损益。

1. 成本与可变现净值孰低法的相关概念

"成本与可变现净值孰低法"是指期末存货按照成本与可变现净值两者之中较低者进行计价的一种方法。

"成本"是指存货的历史成本，即对发出存货按先进先出法、个别计价法、加权平均法等计价时计算的期末存货实际成本。如果企业在存货的日常核算中采用计划成本法、售价金额核算法等方法，则成本应为调整后的实际成本。

"可变现净值"是指在日常活动中，以存货的估计售价减去至完工时估计将要发生的成本、估计销售费用及相关税费后的金额。由可变现净值的概念可知可变现净值的计算式为：

可变现净值 = 存货的估计售价 – 至完工时将要发生的成本 – 估计的销售费用 – 估计的相关税费等

（1）可变现净值的基本特征

①确定存货可变现净值的前提是企业在进行日常活动。如果企业不是在进行正常的生产经营活动，比如企业处于清算过程，那么不能按照存货准则的规定确定存货的可变现净值。

②可变现净值为存货的预计未来净现金流量，而不是简单地等于存货的售价或合同价。

③不同存货可变现净值的构成不同。

（2）不同情况下存货可变现净值的确定

①产成品、商品等直接用于出售的商品存货，没有销售合同约定的，其可变现净值为：

可变现净值 = 估计售价 – 估计销售费用和相关税费

【例 3-25】2013 年 12 月 31 日，黄河公司生产的 A 型机器的账面价值（成本）为 2160000 元，数量为 12 台，单位成本为 180000 元。2013 年 12 月 31 日，A 型机器的市场销售价格（不含增值税）为 200000 元 / 台。黄河公司没有签订有关 A 型机器的销售合同。

本例中，由于黄河公司没有就 A 型机器签订销售合同，因此，在这种情况下，计算确定 A 型机器的可变现净值应以其一般销售价格总额 2400000 元（200000 × 12）作为计量基础。

②用于出售的材料等，应当以市场价格减去估计的销售费用和相关税费等后的金额作为其可变现净值。这里的市场价格是指材料等的市场销售价格。

【例 3-26】2013 年，由于产品更新换代，黄河公司决定停止生产 B 型机器。为减少不必要的损失，黄河公司决定将原材料中专门用于生产 B 型机器的外购原材料——钢材全部出售，2013 年 12 月 31 日其账面价值（成本）为 900000 元，数量为 10 吨。根据市场调查，此种钢材的市场销售价格（不含增值税）为 60000 元 / 吨，同时销售这 10 吨钢材可能发生销售费用及税金 50000 元。

本例中，由于黄河公司已决定不再生产 B 型机器，因此，该批钢材的可变现净值不能再以 B 型机器的销售价格作为其计量基础，而应按钢材本身的市场销售价格作为计量基础。因此，该批钢材的可变现净值应为 550000 元。即：

可变现净值 = 市场价格 – 估计销售费用和相关税费 =（60000 × 10–50000）= 550000（元）。

③需要经过加工的材料存货，如原材料、在产品、委托加工材料等，由于持有该材料的目的是用于生产产成品，而不是出售，该材料存货的价值将体现在用其生产的产成品上。因此，在确定需要经过加工的材料存货的可变现净值时，需要以其生产的产成品的可变现净值与该产成品的成本进行比较，如果该产成品的可变现净值高于其成本，则该材料应当按照其成本计量。

【例 3-27】2014 年 12 月 31 日，黄河公司库存原材料 A 材料的账面价值（成本）为 1500000 元，市场销售价格总额（不含增值税）为 1400000 元，假设不发生其他购买费用；用 A 材料生产的产成品——B 型机器的可变现净值高于成本。

本例中，虽然 A 材料在 2014 年 12 月 31 日的账面价值（成本）高于其市场价格，但是由于用其生产的产成品——B 型机器的可变现净值高于其成本，即用该原材料生产的最终产品此时并没有发生价值减损。因而，在这种情况下，A 材料即使其账面价值（成本）已高于市场价格，也不应计提存货跌价准备，仍应按其原账面价值（成本）1500000 元列示在黄河公司 2014 年 12 月 31 日资产负债表的存货项目之中。

④为执行销售合同或者劳务合同而持有的存货，其可变现净值应当以合同价格而不是估计售价，减去估计的销售费用和相关税费等后的金额确定。

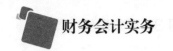

知识窗：企业与购买方签订了销售合同（或劳务合同），并且销售合同订购的数量大于或等于企业持有的存货数量，在这种情况下，与该项销售合同直接相关的存货的可变现净值，应当以合同价格为计量基础。即如果企业就其产成品或商品签订了销售合同，则该批产成品或商品的可变现净值应当以合同价格作为计量基础；如果企业销售合同所规定的标的物尚未生产出来，但持有专门用于该标的物生产的材料，其可变现净值也应当以合同价格作为计量基础。

【例 3-28】2013 年 8 月 10 日，黄河公司与乙公司签订了一份不可撤销的销售合同，双方约定，2014 年 2 月 15 日，黄河公司应按 200000 元 / 台的价格向乙公司提供 A 型机器 10 台。2013 年 12 月 31 日，黄河公司 A 型机器的账面价值（成本）为 1360000 元，数量为 8 台，单位成本为 170000 元。2013 年 12 月 31 日，A 型机器的市场销售价格为 190000 元 / 台。

本例中，根据黄河公司与乙公司签订的销售合同，黄河公司该批 A 型机器的销售价格已由销售合同约定，并且其库存数量小于销售合同订购的数量。在这种情况下，计算库存 A 型机器的可变现净值时，应以销售合同约定的价格 1600000 元（200000 × 8）作为计量基础，即估计售价为 1600000 元。

2. 存货期末计价方法

会计准则规定，企业应当定期或者至少于每年年度终了时，对存货进行全面清查，以确定是否提取存货跌价准备。当存在下列情况之一时，应当计提存货跌价准备（表明存货的可变现净值低于成本）：

①市价持续下跌，并且在可预见的未来无回升的希望。

②企业使用该项原材料生产的产品的成本大于产品的销售价格。

③企业因产品更新换代，原有库存原材料已经不适应新产品的需要，而该原材料的市场价格又低于其账面价值。

④因企业所提供的商品或劳务过时或消费者偏好改变而使市场的需求发生变化，致市场价格逐渐下跌。

⑤其他足以证明该项存货实质上已经发生减值的情形。

当存在以下一项或若干项情况时，应将存货账面价值全部转入当期损益（表明存货的可变现净值为零）：

①已霉烂变质的存货。

②已过期且无转让价值的存货。

③生产中已不再需要，并且已无使用价值和转让价值的存货。

④其他足以证明已无使用价值和转让价值的存货。

如果存货的成本预计高于可变现净值，则该存货应当按可变现净值计量，按其差额计提存货跌价准备。

3.5.2 存货期末计价的账务处理

存货减值的核算在会计上采用备抵法，设置"存货跌价准备"和"资产减值损

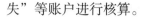

失"等账户进行核算。

（1）"资产减值损失"账户

此账户用来核算企业计提各项减值准备所形成的损失，属于损益类账户。借方登记提取各项准备金而增加的损失，贷方登记冲减或冲销准备金而减少的损失，期末应将该账户余额转入"本年利润"账户，结转后该账户无余额。该账户应按资产减值损失的项目进行明细核算。

（2）"存货跌价准备"账户

此账户用于核算企业提取的存货跌价准备。该账户属于资产类账户，贷方登记存货可变现净值低于成本的差额，借方登记已计提跌价准备的存货价值以后又得以恢复的金额和其他原因冲减已计提跌价准备的金额，该账户贷方余额反映企业已提取的存货跌价准备。

当存货成本高于其可变现净值时，企业应当按照单个存货项目计算存货可变现净值低于成本的差额：

借：资产减值损失

　　贷：存货跌价准备

转回已计提的存货跌价准备金额时，按恢复增加的金额：

借：存货跌价准备

　　贷：资产减值损失

企业结转存货销售成本时，对于已计提的存货跌价准备：

借：存货跌价准备

　　贷：主营业务成本（其他业务成本）

【例 3-29】黄河公司自 2011 年起采用"成本与可变现净值孰低法"对期末某类存货进行计价，并运用分类比较法计提存货跌价准备。假设黄河公司 2011 年至 2014 年末该类存货的账面成本均为 20000 元。

①假设 2011 年末该类存货的预计可变现净值为 18000 元，则应计提的存货跌价准备为 20000 元。根据有关原始凭证，编制如下会计分录：

借：资产减值损失　20000

　　贷：存货跌价准备　20000

②假设 2012 年末该类存货的预计可变现净值为 170000 元，则应补提的存货跌价准备为 10000 元。编制如下会计分录：

借：资产减值损失　10000

　　贷：存货跌价准备　10000

③假设 2013 年末该类存货的可变现净值有所恢复，预计可变现净值为 194000 元，则应冲减已计提的存货跌价准备 30000-6000＝24000 元。根据有关原始凭证，编制如下会计分录：

借：存货跌价准备　24000

　　贷：资产减值损失　24000

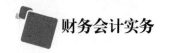

④假设 2014 年末该类存货的可变现净值进一步恢复，预计可变现净值为 205000 元，则应冲减已计提的存货跌价准备 6000 元（以已经计提的跌价准备为限）。根据有关原始凭证，编制如下会计分录：

借：存货跌价准备　6000
　　贷：资产减值损失　6000

【任务 5 训练题】

一、不定项选择题

1. 存货的期末计价采用成本与可变现净值孰低法，符合（　　）原则。

A. 可比性　　　　　B. 一贯性　　　　　C. 重要性　　　　　D. 谨慎性

2. 下列情形中，表明存货的可变现净值为零的有（　　）。

A. 已霉烂变质的存货

B. 已过期但是有转让价值的存货

C. 生产中已不再需要，并且已无使用价值和转让价值的存货

D. 其他足以证明已无使用价值和转让价值的存货

3. 下列有关确定存货可变现净值基础的表述，不正确的有（　　）。

A. 有销售合同的库存商品以该库存商品的合同售价为基础

B. 无销售合同的库存商品以该库存商品的估计售价为基础

C. 用于生产有销售合同产品的材料以该材料的市场价格为基础

D. 用于出售且无销售合同的材料以该材料的市场价格为基础

4. 下列项目中，计算为生产产品而持有的材料的可变现净值时，不会影响其可变现净值的因素有（　　）。

A. 材料的账面成本　　　　　　　　　B. 材料的售价

C. 估计发生的销售产品的费用及相关税费

D. 增值税的税额

二、技能训练

1. 2013 年 12 月 31 日，金森公司有一批 A 产品生产用库存原材料甲材料 3000 千克，账面单价为 8 元 / 千克，因市场价格下滑，该材料市场购买价格降为 7 元 / 千克（假设不发生其他费用）。用该批材料可生产 A 产品 50 台，每台生产成本为 600 元（其中材料仍按账面成本计算），市场销售价格为每台 700 元，估计销售费用 1000 元，相关税费为 2500 元。请分析确定 12 月 31 日该批材料的价值。

2. 2013 年 12 月 31 日，恒大公司有一批 B 产品生产用库存材料乙材料 5000 千克，账面单价为 6 元 / 千克，因市场价格下滑，该材料市场购买价格降为 5 元 / 千克（假设不发生其他购买费用）。由于乙材料价格下降，以乙材料生产的 B 产品的市场销售价格总额由 50000 元下降为 42000 元，但生产成本仍为 43000 元（其中材料按照账面成本计算），将乙材料加工成 B 产品还需投入 13000 元（43000−5000×6），估

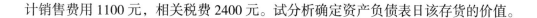

计销售费用 1100 元，相关税费 2400 元。试分析确定资产负债表日该存货的价值。

任务 6　存货清查的核算

存货清查是指通过对存货的实地盘点，确定存货的实有数量，并与账面结存数核对，从而确定存货实存数与账面结存数是否相符的一种专门方法。

存货按照清查的对象和范围不同分为：全面清查和局部清查。

存货清查按清查时间分为：定期清查与不定期清查。

3.6.1　存货的清查方法

存货清查的主要方法是核对存货的账存数和实存数，从而确定存货实存数与账面结存数是否相符；查明盘盈、盘亏存货的品种、规格和数量；查明变质、毁损、积压呆滞存货的品种、规格和数量。有些存货还要通过物理方法或化学方法来检查其质量是否合格、有无变质等。

3.6.2　存货清查的手续和处理程序

对存货应当定期盘点，每年至少盘点一次。在实地盘点之前，应先把有关存货明细账登记齐全，算出账面结存数量和金额，以备核对。盘点后，应根据盘点记录，将实存数与账面数进行核对，当实存数大于账存数时为盘盈，当实存数小于账存数时为盘亏。根据存货清查结果，查明造成盈亏和毁损的原因，分清责任，并据以编制"存货盘点报告表"。存货清查结束，如果存在存货盘盈、盘亏和毁损情况，首先调整账面记录，保证账实相符；然后查明原因，报经有关部门批准后再进行账务处理。

3.6.3　存货清查的账务处理

1. 科目设置

为核算存货清查中出现的盘盈、盘亏、毁损，应设置"待处理财产损溢"科目。该科目的借方反映存货盘亏、毁损数以及经过批准后结转的盘盈数；该科目的贷方反映存货的盘盈数以及经批准转销的盘亏数、毁损数；在期末处理前，借方余额表示尚未处理的各种财产物资的净损失，贷方余额表示尚未处理的各种财产物资的净溢余；在期末处理后，该科目没有余额。该科目下设置"待处理流动资产损溢"和"待处理固定资产损溢"两个明细科目进行明细分类核算。存货的盘盈、盘亏和毁损，通过"待处理流动资产损溢"明细科目核算。

2. 存货盘盈的核算

企业发生存货盘盈时，在报经批准前，应及时办理存货入账手续，调整增加存货账面数，按同类或类似存货的市场价格作为实际成本入账，根据"存货盘点报告表"

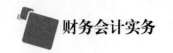

借记"原材料""库存商品"等科目,贷记"待处理财产损溢——待处理流动资产损溢"科目;查明原因后,若是由于收发、计量或核算误差造成的,在报经批准后,借记"待处理财产损溢——待处理流动资产损溢"科目,贷记"管理费用"科目。

【例3-30】某企业在年末进行存货清查,发生盘盈情况并做账务处理如下:

①报经有关部门批准前:

借:原材料——甲材料　1200

　　贷:待处理财产损溢——待处理流动资产损溢　1200

②报经有关部门批准后:

借:待处理财产损溢—待处理流动资产损溢　1200

　　贷:管理费用　1200

3.存货盘亏、毁损的核算

企业发生存货盘亏或毁损时,在报经批准前,应及时办理存货销账手续,调整减少存货账面数,借记"待处理财产损溢——待处理流动资产损溢"科目,贷记"原材料""库存商品"等科目;报经批准后,根据不同情况分别处理如下:对于毁损材料的残值应做价入账,借记"原材料"等科目;属于定额内损耗的,借记"管理费用"等科目;属于一般经营中超定额损耗的,如果是收发、计量或管理不善造成的,扣除残值后,应向过失人索赔,借记"其他应收款"科目,将扣除残值及过失人赔偿后的净损失记入"管理费用"科目;由于自然灾害或意外事故等造成的存货盘亏、毁损,在扣除残值及过失人、保险公司赔偿后,记入"营业外支出"科目。

【例3-31】黄河公司在财产清查中发现盘亏K材料500千克,实际单位成本200元,经查属于一般经营损失。应做如下会计处理:

①批准前,根据有关原始凭证:

借:待处理财产损溢——待处理流动资产损溢　100000

　　贷:原材料——K材料　100000

②批准后,根据有关原始凭证:

借:管理费用——盘亏损失　100000

　　贷:待处理财产损溢——待处理流动资产损溢　100000

【例3-32】黄河公司在财产清查中发现毁损L材料300千克,实际单位成本100元,经查属于材料保管员的过失造成的,按规定由其个人赔偿20000元,残料已办理入库手续,价值2000元。应做如下会计处理:

①批准前,编制会计分录:

借:待处理财产损溢——待处理流动资产损溢　30000

　　贷:原材料——L材料　30000

②批准后,编制会计分录:

由过失人赔款部分:

借:其他应收款——×××　20000

　　贷:待处理财产损溢——待处理流动资产损溢　20000

残料入库：

借：原材料　2000

　　贷：待处理财产损溢——待处理流动资产损溢　2000

材料毁损净损失：

借：管理费用　8000

　　贷：待处理财产损溢——待处理流动资产损溢　8000

【例 3-33】黄河公司因台风造成一批库存材料毁损，实际成本 10000 元，增值税金额 1700 元，根据保险责任范围及保险合同规定，应由保险公司赔偿 5000 元。应做如下会计处理：

①批准前，编制会计分录：

借：待处理财产损溢——待处理流动资产损溢　11700

　　贷：原材料　10000

　　　　应交税费——应交增值税（进项税额转出）　1700

②批准后，编制会计分录：

借：其他应收款——××保险公司　5000

　　营业外支出——非常损失　6700

　　贷：待处理财产损溢——待处理流动资产损溢　11700

【任务6训练题】

一、不定项选择题

1. 企业进行材料清查时，对于盘亏的材料，应先记入"待处理财产损溢"账户，待期末或报批准后，对于应由过失人赔偿的损失计入（　　）科目。

A. 管理费用　　　　B. 其他应收款　　　　C. 营业外支出　　　D. 销售费用

2. 对下列存货盘亏或损毁事项进行处理时，企业不应当计入管理费用的是（　　）。

A. 由于定额内损耗造成的存货盘亏净损失

B. 由于核算差错造成的存货盘亏净损失

C. 由于自然灾害造成的存货毁损净损失

D. 由于收发计量原因造成的存货盘亏净损失

3. 某小规模纳税企业因洪水造成一批库存材料毁损，其实际成本为 100000 元，应由保险公司赔偿 70000 元，残料价值为 1000 元。该批损毁材料应记入"营业外支出"账户的金额是（　　）。

A. 100000　　　　B. 31000　　　　　C. 30000　　　　D. 29000

4. 下列会计处理正确的有（　　）。

A. 为特定客户设计产品发生的可直接确定的设计费用计入相关产品成本

B. 由于管理不善造成的存货净损失计入管理费用

C. 以存货抵偿债务结转的相关存货跌价准备冲减资产减值损失

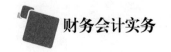

D. 非正常原因造成的存货净损失计入营业外支出

二、技能训练

1. 2012 年 10 月，香林公司在进行清查盘点存货时，发现如下情况：

（1）10 月 5 日，发现账外材料（黑炭）100 千克，经查系计量不准造成，每千克计划单价 10 元。

（2）10 月 6 日，清查中发现产成品盘亏和毁损 10 个，每个实际单位成本 320 元。

（3）10 月 15 日，收到上级批示，将上述盘盈盘亏物资按规定处理。

（4）10 月 18 日，盘点原材料聚醚时，发现材料短缺 300 千克，每千克计划成本 8 元。经查，其中 240 千克系自然灾害造成损失，可向保险公司索取赔偿；60 千克系保管员失职造成损失，应负责赔偿，填制"材料盘点清单"，向上级报批。

（5）10 月 24 日，收到上级批示，对上面盘亏材料区别不同情况进行处理。

2. 2014 年 6 月 30 日，光明公司对 B 材料进行盘点，填写"存货盘点报告表"，发现盘亏 B 材料 300 千克，实际单位成本 36 元，应转出的增值税进项税额为 1836 元。经查，属于当年火灾造成的毁损。其中，保管员王佳一人承担 1000 元的赔偿责任，意外火灾属于保险公司责任范围，应由保险公司赔偿 7581 元，余额 4055 元计入营业外支出。

请做相关账务处理。

任务 7 岗位业务实训

实训目的

明确供销往来业务管理和核算的步骤；熟练掌握存货购进、发出、期末计价等会计核算和业务；熟练掌握与存货相关的凭证、账簿的填制。

实训要求

1. 根据资料开设存货核算业务有关账户。如原材料、库存商品、周转材料（或包装物和低值易耗品）、在途物资等总账和明细账。有关期初余额为：原材料 621000 元，低值易耗品 24000 元，包装物 3000 元；原材料成本差异借方 12420 元，低值易耗品成本差异借方 480 元，包装物成本差异借方 60 元；成本差异率 2%。

2. 按照企业会计准则，对实训资料中的原始凭证进行识别、审核，分析有关经济业务，编制记账凭证，并按会计工作规范整理原始凭证和记账凭证。

3. 依据会计控制制度和会计操作规范，审核记账凭证。

4. 根据记账凭证，按照业务发生的先后顺序逐笔登记有关总账和明细账。

5. 进行月末结账和对账，即结算有关账户的发生额及余额，并将总账和明细账核对相符。

6.分别采用实际成本和计划成本对存货进行核算。

实训资料

（1）12月1日，从山东韦达有限责任公司购入T28窄行针式打印机材料400套，单价648元，计259200元，增值税44064元；购入T53激光打印机材料400套，单价1377元，计550800元，增值税93636元，价税合计947700元。用现金支付运费400元，杂费188元，材料尚未验收入库。开出期限为4个月的商业承兑汇票抵付价税款。

凭1-1

山东省增值税专用发票

开票日期：2014 年 12 月 1 日　　　　　　　　　　　　　　　　NO0087206

<table>
<tr><td rowspan="2">购货单位</td><td>名称</td><td colspan="3">河南惠开有限责任公司</td><td colspan="3">纳税人登记号</td><td colspan="9">230102100120054</td><td rowspan="12">第二联 发票联 购货方记账凭证</td></tr>
<tr><td>地址、电话</td><td colspan="3">中原市友谊路59号</td><td colspan="3">开户银行及账号</td><td colspan="9">工商银行十二办 211040003-91</td></tr>
<tr><td rowspan="2">商品或劳务名称</td><td rowspan="2">计量单位</td><td rowspan="2">数量</td><td rowspan="2">单价</td><td colspan="8">金额</td><td rowspan="2">税率（%）</td><td colspan="8">税额</td></tr>
<tr><td>百</td><td>十</td><td>万</td><td>千</td><td>百</td><td>十</td><td>元</td><td>角</td><td>分</td><td>百</td><td>十</td><td>万</td><td>千</td><td>百</td><td>十</td><td>元</td><td>角</td><td>分</td></tr>
<tr><td>T28窄行针式打印机材料</td><td>套</td><td>400</td><td>648</td><td></td><td>2</td><td>5</td><td>9</td><td>2</td><td>0</td><td>0</td><td>0</td><td>0</td><td>17</td><td></td><td></td><td></td><td>4</td><td>4</td><td>0</td><td>6</td><td>4</td><td>0</td><td>0</td></tr>
<tr><td>T53激光打印机材料</td><td>套</td><td>400</td><td>1377</td><td></td><td>5</td><td>5</td><td>0</td><td>8</td><td>0</td><td>0</td><td>0</td><td>0</td><td>17</td><td></td><td></td><td>9</td><td>3</td><td>6</td><td>3</td><td>6</td><td>0</td><td>0</td></tr>
<tr><td></td><td></td><td></td><td></td><td></td><td></td><td></td><td></td><td></td><td></td><td></td><td></td><td></td><td></td><td></td><td></td><td></td><td></td><td></td><td></td><td></td><td></td><td></td></tr>
<tr><td>合计</td><td></td><td></td><td></td><td></td><td>8</td><td>1</td><td>0</td><td>0</td><td>0</td><td>0</td><td>0</td><td>0</td><td></td><td></td><td>1</td><td>3</td><td>7</td><td>7</td><td>0</td><td>0</td><td>0</td><td>0</td></tr>
<tr><td colspan="4">价税合计（大写）玖拾肆万柒仟柒佰元整</td><td colspan="9"></td><td colspan="9">（小写）￥947700.00</td></tr>
<tr><td rowspan="2">销货单位</td><td>名称</td><td colspan="3">山东韦达有限责任公司</td><td colspan="3">纳税人登记号</td><td colspan="9">2805032000210043</td></tr>
<tr><td>地址、电话</td><td colspan="3">滨江市和平路13号</td><td colspan="3">开户银行及账号</td><td colspan="9">工商行二支行 254030002-82</td></tr>
</table>

收款人：刘荣　　　　复核：李东　　　　开票人：杨文天　　　　销货单位（未盖章无效）

凭1-2

火车货物运费结算单

第 0988 号

<table>
<tr><td>发货单位：山东韦达有限责任公司</td><td>说明：代河南惠开有限责任公司垫付</td></tr>
<tr><td>收货单位：河南惠开有限责任公司</td><td>由收货单位作商品运杂费</td></tr>
<tr><td>承运单位：滨江市运输公司</td><td>里程：××千米</td></tr>
<tr><td>货物件数：800套</td><td>运费：400元，杂费188</td><td>人民币（大写）：伍百捌拾捌元整</td></tr>
</table>

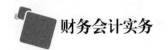

凭 1-3

商业承兑汇票　　**2**　　××0000

出票日期（大写）贰零壹肆年壹拾贰月壹日第　　号　　第　　号

<table>
<tr><td rowspan="3">付款人</td><td>全称</td><td colspan="2">河南惠开有限责任公司</td><td rowspan="3">收款人</td><td>全称</td><td colspan="3">山东韦达有限责任公司</td><td rowspan="7">此联签发人存根</td></tr>
<tr><td>账号</td><td colspan="2">211040003-91</td><td>账号</td><td colspan="3">254030002-82</td></tr>
<tr><td>开户行</td><td>工行十二办</td><td>行号</td><td>开户行</td><td>工行二支行</td><td>行号</td></tr>
<tr><td>出票金额</td><td>人民币（大写）</td><td colspan="3" align="center">玖拾肆万柒仟柒佰元整</td><td colspan="2" align="center">千 百 十 万 千 百 十 元 角 分</td></tr>
<tr><td></td><td></td><td colspan="3"></td><td colspan="2">￥ 9 4 7 7 0 0 0 0</td></tr>
<tr><td>汇票到期日</td><td colspan="2">贰零零叁年肆月壹日</td><td colspan="2">交易合同号码</td><td colspan="2">2003136</td></tr>
<tr><td colspan="3">本汇票已经承兑，到期无条件支付款

承兑人签章

承兑日期贰零零叁年壹拾贰月零壹日</td><td colspan="4">本汇票请予以承兑于到期日付款

出票人签章</td></tr>
</table>

（2）12 月 1 日，上月购入的 500 千克机物料和 1710 个包装物合计金额 21000 元，如数验收入库。

凭 2-1

收料单

供应单位：洛阳实业公司　　　　2014 年 12 月 1 日　　　　编号：收字 001 号

订货合同编号：　　　　　　　　　　　　　　　　　　　材料类别：原材料

发票号码：2526　　　　　　　　　　　　　　　　　　　收料仓库

<table>
<tr><td rowspan="2">材料名称</td><td rowspan="2">计量单位</td><td colspan="2">数量</td><td colspan="4">实际成本</td><td colspan="2">计划成本</td><td rowspan="2">成本差异</td></tr>
<tr><td>应收</td><td>实收</td><td>买价</td><td>运杂费</td><td>合计</td><td>单位成本</td><td>单位成本</td><td>金额</td></tr>
<tr><td>机物料</td><td>千克</td><td>500</td><td>500</td><td>3900</td><td>280</td><td>4180</td><td>8.36</td><td>7.80</td><td>3900</td><td>280</td></tr>
<tr><td>合计</td><td></td><td>500</td><td>500</td><td>3900</td><td>280</td><td>4180</td><td>8.36</td><td>7.80</td><td>3900</td><td>280</td></tr>
</table>

记账：　　　　　　　　仓库保管：　　　　　　　　收料人：赵芳

凭 2-2

收料单

供应单位：洛阳实业公司　　　　2014 年 12 月 1 日　　　　编号：收字 002 号

订货合同编号：　　　　　　　　　　　　　　　　　　　材料类别：包装物

发票号码：2723　　　　　　　　　　　　　　　　　　　收料仓库

<table>
<tr><td rowspan="2">材料名称</td><td rowspan="2">计量单位</td><td colspan="2">数量</td><td colspan="4">实际成本</td><td colspan="2">计划成本</td><td rowspan="2">成本差异</td></tr>
<tr><td>应收</td><td>实收</td><td>买价</td><td>运杂费</td><td>合计</td><td>单位成本</td><td>单位成本</td><td>金额</td></tr>
<tr><td>包装箱</td><td>个</td><td>1710</td><td>1710</td><td>17100</td><td>280</td><td>17380</td><td>10.16</td><td>10.00</td><td>17100</td><td>280</td></tr>
<tr><td>合计</td><td></td><td>1710</td><td>1710</td><td>17100</td><td>280</td><td>17380</td><td>10.16</td><td>10.00</td><td>17100</td><td>280</td></tr>
</table>

记账：　　　　　　　　仓库保管：　　　　　　　　收料人：赵芳

（3）12 月 1 日发料。

凭 3-1

领料单

材料科目：原材料　　　　　　　　　　　　　　　　凭证编号：212101

领料单位：基本生产车间　　　　　　　　　　　　　发料仓库

材料用途：生产 T53 激光打印机　　　　　　　　　2014 年 12 月 1 日

材料编号	材料名称	材料规格	计量单位	数量		计划成本	
				请领	实发	单位成本	金额
102	T53 激光打印机材料		套	200	200	650.00	130000.00
104	T53 激光打印机机壳		个	200	200	60.00	12000.00
备注：						合计	142000.00

记账：　　　　领料单位负责人：　　　　领料人：黎明　　　　发料人：赵芳

凭 3-2

领料单

材料科目：原材料　　　　　　　　　　　　　　　　凭证编号：212102

领料单位：基本生产车间　　　　　　　　　　　　　发料仓库

材料用途：生产 T28 窄行针式打印机　　　　　　　2014 年 12 月 1 日

材料编号	材料名称	材料规格	计量单位	数量		计划成本	
				请领	实发	单位成本	金额
101	T28 窄行针式打印机材料		套	200	200	650.00	130000.00
103	T28 窄行针式打印机机壳		个	200	200	60.00	12000.00
备注：						合计	142000.00

记账：　　　　领料单位负责人：　　　　领料人：黎明　　　　发料人：赵芳

凭 3-3

领料单

材料科目：原材料、包装物　　　　　　　　　　　　凭证编号：212103

领料单位：基本生产车间　　　　　　　　　　　　　发料仓库

材料用途：产品生产　　　　　　　　　　　　　　　2014 年 12 月 1 日

材料编号	材料名称	材料规格	计量单位	数量		计划成本	
				请领	实发	单位成本	金额
105	机物料		千克	170	170	7.80	1326.00
201	包装物		个	480	480	10.00	4800.00
备注：T28 窄行针式打印机用 70 千克，T53 激光打印机用 100 千克 T28 窄行针式打印机和 T53 激光打印机各用包装物 240 个。						合计	6126.00

记账：　　　　领料单位负责人：　　　　领料人：黎明　　　　发料人：赵芳

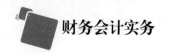

凭 3-4

领料单

材料科目：原材料　　　　　　　　　　　　　　　凭证编号：212104

领料单位：机修车间　　　　　　　　　　　　　　发料仓库

材料用途：机修　　　　　　　　　　　　　　　　2014 年 12 月 1 日

材料编号	材料名称	材料规格	计量单位	数量		计划成本	
				请领	实发	单位成本	金额
105	机物料		千克	100	100	7.80	780.00
备注：						合计	780.00

记账：　　　　领料单位负责人：　　　　领料人：刘强　　　　发料人：赵芳

凭 3-5

领料单

材料科目：原材料　　　　　　　　　　　　　　　凭证编号：212105

领料单位：销售部门　　　　　　　　　　　　　　发料仓库

材料用途：销售服务　　　　　　　　　　　　　　2014 年 12 月 1 日

材料编号	材料名称	材料规格	计量单位	数量		计划成本	
				请领	实发	单位成本	金额
105	机物料		千克	100	100	7.80	780.00
备注：						合计	780.00

记账：　　　　领料单位负责人：　　　　领料人：杨阳　　　　发料人：赵芳

凭 3-6

领料单

材料科目：原材料　　　　　　　　　　　　　　　凭证编号：212106

领料单位：厂部　　　　　　　　　　　　　　　　发料仓库

材料用途：劳动保护　　　　　　　　　　　　　　2014 年 12 月 1 日

材料编号	材料名称	材料规格	计量单位	数量		计划成本	
				请领	实发	单位成本	金额
105	机物料		千克	100	100	7.80	780.00
备注：						合计	780.00

记账：　　　　领料单位负责人：　　　　领料人：李想　　　　发料人：赵芳

凭 3-7

领料单

材料科目：低值易耗品 　　　　　　　　　　　　　　凭证编号：212107

领料单位：基本生产车间 　　　　　　　　　　　　　发料仓库

材料用途：劳动保护 　　　　　　　　　　　　　　　2014 年 12 月 1 日

材料编号	材料名称	材料规格	计量单位	数量		计划成本	
				请领	实发	单位成本	金额
301	工具		把	164	164	50.00	8200.00
备注：一次摊销						合计	8200.00

记账： 　　　　　领料单位负责人： 　　　　领料人：黎明 　　　　发料人：赵芳

凭 3-8

领料单

材料科目：原材料 　　　　　　　　　　　　　　　　凭证编号：212108

领料单位：基本生产车间 　　　　　　　　　　　　　发料仓库

材料用途：劳动保护 　　　　　　　　　　　　　　　2014 年 12 月 1 日

材料编号	材料名称	材料规格	计量单位	数量		计划成本	
				请领	实发	单位成本	金额
301	机物料		千克	100	100	7.800	780.00
备注：						合计	780.00

记账： 　　　　　领料单位负责人： 　　　　领料人：刘欣 　　　　发料人：赵芳

（4）基本生产车间领用工作服 100 套（原库存 150 套，计划单价 100 元，实际单价 108 元）。

凭 4-1

领料单

材料科目：低值易耗品 　　　　　　　　　　　　　　凭证编号：212107

领料单位：基本生产车间 　　　　　　　　　　　　　发料仓库

材料用途：劳动保护 　　　　　　　　　　　　　　　2014 年 12 月 1 日

材料编号	材料名称	材料规格	计量单位	数量		计划成本	
				请领	实发	单位成本	金额
501	工作服		套	100	100	100.00	10000.00
备注：一次摊销						合计	10000.00

记账： 　　　　　领料单位负责人： 　　　　领料人：黎明 　　　　发料人：赵芳

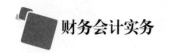
（5）12月3日，从山东腾达有限责任公司购入机物料800千克，单价7.60元/千克，计6080元；购入包装物500个，单价9.80元/个，计4900元，增值税1866.6元，价税款合计12846.6。材料如数验收入库，价税款尚未支付。

凭5-1

6100033141

山东省增值税专用发票

开票日期：2014 年 12 月 3 日 　　　　　　　　　　　　　　　　NO0087206

购货单位	名称	河南惠开有限责任公司		纳税人登记号		230102100120054												
	地址、电话	中原市友谊路 59 号		开户银行及账号		工商银行十二办 211040003-91												

商品或劳务名称	计量单位	数量	单价	金额								税率（%）	税额								
				百	十	万	千	百	十	元	角	分		百	十	万	千	百	十	元	角	分
机物料	千克	800	7.60				6	0	8	0	0	0	17					1	0	3	3	6	0
包装物	个	500	9.80				4	9	0	0	0	0	17						8	3	3	0	0
合计						1	0	9	8	0	0	0					1	8	6	6	6	0

价税合计（大写）壹万贰仟捌佰肆拾陆元陆角整　　　　（小写）￥12846.60

销货单位	名称	山东腾达有限责任公司	纳税人登记号	2805032000225367
	地址、电话	滨江市湖东路 20 号	开户银行及账号	工商行二支行 254030004-65

收款人：李亮　　　复核：周静　　　开票人：杨勇　　　销货单位（未盖章无效）

第二联 发票联 购货方记账凭证

凭5-2

6100033141

山东省增值税专用发票

开票日期：2014 年 12 月 3 日 　　　　　　　　　　　　　　　　NO0087206

购货单位	名称	河南惠开有限责任公司		纳税人登记号		230102100120054												
	地址、电话	中原市友谊路 59 号		开户银行及账号		工商银行十二办 211040003-91												

商品或劳务名称	计量单位	数量	单价	金额								税率（%）	税额								
				百	十	万	千	百	十	元	角	分		百	十	万	千	百	十	元	角	分
机物料	千克	800	7.60				6	0	8	0	0	0	17					1	0	3	3	6	0
包装物	个	500	9.80				4	9	0	0	0	0	17						8	3	3	0	0
合计						1	0	9	8	0	0	0					1	8	6	6	6	0

价税合计（大写）壹万贰仟捌佰肆拾陆元陆角整　　　　（小写）￥12846.60

销货单位	名称	山东腾达有限责任公司	纳税人登记号	2805032000225367
	地址、电话	滨江市湖东路 20 号	开户银行及账号	工商行二支行 254030004-65

收款人：李亮　　　复核：周静　　　开票人：杨勇　　　销货单位（未盖章无效）

第三联 抵扣联 购货方扣税凭证

凭 5-3

收料单

供应单位：山东腾达公司　　　2014 年 12 月 3 日　　　　　编号：收字 001 号

订货合同编号：

发票号码：2526

材料类别：原材料

收料仓库

材料名称	计量单位	数量		实际成本				计划成本			成本差异
		应收	实收	买价	运杂费	合计	单位成本	单位成本	金额		
机物料	千克	800	800	6080		6080	7.60	7.80	6240	-160	
合计		800	800	6080		6080	7.60	7.80	6240	-160	

记账：　　　　　　仓库保管：　　　　　　收料人：赵芳

凭 5-4

收料单

供应单位：山东腾达公司　　　2014 年 12 月 3 日　　　　　编号：收字 004 号

订货合同编号：

发票号码：102304

材料类别：包装物

收料仓库

材料名称	计量单位	数量		实际成本				计划成本		成本差异
		应收	实收	买价	运杂费	其他合计	单位成本	单位成本	金额	
包装箱	个	500	500	4900		4900	9.80	10.00	5000	-100
合计		500	500	4900		4900	9.80	10.00	5000	-100

记账：　　　　　　仓库保管：　　　　　　收料人：赵芳

（6）12 月 3 日，向河南永和公司销售 T28 窄行针式打印机 150 台，单价 1200 元，计 180000 元，增值税 30600 元；销售 T53 激光打印机 100 台，单价 2300 元，计 230000 元，增值税 39100 元，价税合计 479700 元，扣除预收 68000 元，余款 411700 元已收到。

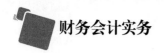

凭 6-1

河南省增值税专用发票

开票日期：2014 年 12 月 3 日   NO209611

购货单位	名称	河南永和公司				纳税人登记号							113366874536936									
	地址、电话	中原市中山路 19 号				开户银行及账号							工行中山分行 03068137718									
商品或劳务名称		计量单位	数量	单价	金额										税率（%）	税额							
					百	十	万	千	百	十	元	角	分		百	十	万	千	百	十	元	角	分
T28 窄行针式打印机材料		台	150	1200		1	8	0	0	0	0	0	0	17			3	0	6	0	0	0
T53 激光打印机材料		台	100	2300		2	3	0	0	0	0	0	0	17			3	9	1	0	0	0
合计						4	1	0	0	0	0	0	0				6	9	7	0	0	0
价税合计（大写）		肆拾柒万玖仟柒佰元整								（小写）¥479700.00												
销货单位	名称	河南惠开有限责任公司				纳税人登记号							230102100120054									
	地址、电话	中原市友谊路 59 号				开户银行及账号							工商银行十二办 211040003-91									

收款人：张扬   复核：李玉琴   开票人：王颖   销货单位（未盖章无效）

第四联 记账联 销货方记账凭证

凭 6-2

中国工商银行进账单

2014 年 12 月 3 日

出票人	全称	河南永和公司									
	账号	03068137718									
	开户行	工行中山分行									
人民币		千	百	十	万	千	百	十	元	角	分
			¥	4	7	9	7	0	0	0	0
收款人 持票人	全称	河南惠开有限责任公司									
	账号	211040003-91									
	开户行	工商银行十二办									

凭 6-3

发货单

2014 年 12 月 3 日

购货单位：河南永和公司　　　　　　　　　　　　　　　　　编号：

编号	名称	规格	单位	数量	单价	金额	备注
	T28 窄行针式打印机		台	150	1200	180000	
	T53 激光打印机		台	100	2300	230000	
合计						410000	

销售部门负责人：　　　　　发货人：　　　　　提货人：　　　　　制单：

（7）12 月 5 日，从河南黄河有限责任公司购入 T28 窄行针式打印机机壳原材料 3300 千克，单价 9.9 元 / 千克，计 32670 元，增值税 5553.90 元；购入 T53 激光打印机机壳原材料 1400 千克，单价 57.30 元 / 千克，计 80220 元，增值税 13637.40 元，代垫运费 200 元，杂费 49 元。材料已验收入库。价税款已转账付讫。

凭 7-1

6100033141　　　　　　　　## 河南省增值税专用发票

开票日期：2014 年 12 月 5 日　　　　　　　　　　　　　　NO0088436

购货单位	名称	河南惠开有限责任公司			纳税人登记号		NO230102100120054									
	地址、电话	中原市友谊路 59 号			开户银行及账号		工商银行十二办 211040003-91									

商品或劳务名称	计量单位	数量	单价	金额 百 十 万 千 百 十 元 角 分	税率（%）	税额 百 十 万 千 百 十 元 角 分
T28 窄行针式打印机机壳原材料	千克	3300	9.90	3 2 6 7 0 0 0	17	5 5 5 3 9 0
T53 激光打印机机壳原材料	千克	1400	57.30	8 0 2 2 0 0 0	17	1 3 6 3 7 4 0
合计				1 1 2 8 9 0 0 0		1 9 1 9 1 3 0

价税合计（大写）	壹拾叁万贰仟零捌拾壹元叁角整	（小写）￥132081.3

销货单位	名称	河南黄河有限责任公司	纳税人登记号	2805032000669842
	地址、电话	中原市湖东路 20 号	开户银行及账号	工商行三支行 254031234-96

收款人：李亮　　　复核：周静　　　开票人：杨勇　　　销货单位（未盖章无效）

第二联 发票联 购货方记账凭证

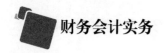

凭 7-2

收料单

供应单位：河南黄河公司　　　　　2014 年 12 月 5 日　　　　　编号：收字 001 号

订货合同编号：　　　　　　　　　　　　　　　　　　　　　　材料类别：原材料

发票号码：2836　　　　　　　　　　　　　　　　　　　　　　收料仓库

材料名称	计量单位	数量		实际成本				计划成本			成本差异
		应收	实收	买价	运杂费	合计	单位成本	单位成本	金额		
T28 机壳原料	千克	3300	3300	32670	164.57	32834.57	9.95	9.50	31350	1484.57	
合计		3300	3300	32670	164.57	32834.57	9.95	9.50	31350	1484.57	

记账：　　　　　　　　仓库保管：　　　　　　　　　　收料人：赵芳

凭 7-3

收料单

供应单位：河南黄河公司　　　　　2014 年 12 月 5 日　　　　　编号：收字 002 号

订货合同编号：　　　　　　　　　　　　　　　　　　　　　　材料类别：原材料

发票号码：2836　　　　　　　　　　　　　　　　　　　　　　收料仓库

材料名称	计量单位	数量		实际成本				计划成本		成本差异
		应收	实收	买价	运杂费	合计	单位成本	单位成本	金额	
T53 机壳原料	千克	1400	1400	80220	67	80287	57.35	57.00	79800	487
合计		1400	1400	80220	67	80287	57.35	57.00	79800	487

记账：　　　　　　　　仓库保管：　　　　　　　　　　收料人：赵芳

凭 7-4

中国工商银行
转账支票存根
支票号码 NO1412368
科　　目
对方科目
签发日期 2014 年 12 月 5 日
收款人：河南黄河有限责任公司
金　　额：¥132081.3
用　　途：货款
备　　注：
单位主管：　会计：　复核：　记账：

凭 7-5

（8）12 月 5 日，从山东韦达有限责任公司购入 T28 窄行针式打印机材料和 T53 激光打印机材料如数验收入库。

凭 8-1

收料单

供应单位：山东韦达有限责任公司　　2014 年 12 月 5 日　　　　　编号：收字 005 号
订货合同编号：　　　　　　　　　　　　　　　　　　　　　　　　材料类别：原材料
发票号码：7206　　　　　　　　　　　　　　　　　　　　　　　　收料仓库

材料名称	计量单位	数量		实际成本				计划成本		成本差异
		应收	实收	买价	运杂费	合计	单位成本	单位成本	金额	
T28 窄行针式打印机材料	套	400	400	259200	280	259480	648.7	650	260000	-520
T53 激光打印机材料	套	400	400	550800	280	551080	1377.7	1370	548000	3080
合计				810000	560	810560			808000	2560

记账：　　　　　　　　　仓库保管：　　　　　　　　　收料人：赵芳

（9）12 月 8 日发料。

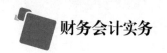

凭 9-1

领料单

材料科目：原材料　　　　　　　　　　　　　　　　凭证编号：212108

领料单位：基本生产车间　　　　　　　　　　　　　发料仓库

材料用途：生产 T53 激光打印机　　　　　　　　　2014 年 12 月 8 日

材料编号	材料名称	材料规格	计量单位	数量		计划成本	
				请领	实发	单位成本	金额
102	T53 激光打印机材料		套	450	450	1370.00	616500.00
104	T53 激光打印机机壳		个	450	450	130.00	58500.00
备注：						合计	675000.00

记账：　　　　领料单位负责人：　　　　领料人：黎明　　　　发料人：赵芳

凭 9-2

领料单

材料科目：原材料　　　　　　　　　　　　　　　　凭证编号：212109

领料单位：基本生产车间　　　　　　　　　　　　　发料仓库

材料用途：生产 T28 窄行针式打印机　　　　　　　2014 年 12 月 8 日

材料编号	材料名称	材料规格	计量单位	数量		计划成本	
				请领	实发	单位成本	金额
101	T28 窄行针式打印机材料		套	350	350	650	227500
103	T28 窄行针式打印机机壳		个	350	350	60	21000
备注：						合计	142000

记账：　　　　领料单位负责人：　　　　领料人：黎明　　　　发料人：赵芳

凭 9-3

领料单

材料科目：原材料　　　　　　　　　　　　　　　　凭证编号：212110

领料单位：基本生产车间　　　　　　　　　　　　　发料仓库

材料用途：产品生产　　　　　　　　　　　　　　　2014 年 12 月 8 日

材料编号	材料名称	材料规格	计量单位	数量		计划成本	
				请领	实发	单位成本	金额
105	机物料		千克	440	440	7.80	3432.00
201	包装物		个	800	800	10.00	8000.00
备注：T28 窄行针式打印机用 140 千克，T53 激光打印机用 300 千克 T28 窄行针式打印机和 T53 激光打印机各用包装物 400 个。						合计	11432.00

记账：　　　　领料单位负责人：　　　　领料人：黎明　　　　发料人：赵芳

凭 9-4

领料单

材料科目：原材料 　　　　　　　　　　　　　　凭证编号：212111

领料单位：机修车间 　　　　　　　　　　　　　发料仓库

材料用途：机修 　　　　　　　　　　　　　　　2014 年 12 月 8 日

材料编号	材料名称	材料规格	计量单位	数量		计划成本	
				请领	实发	单位成本	金额
105	机物料		千克	100	100	7.80	780.00
备注：						合计	780.00

　　记账： 　　　　领料单位负责人： 　　　　领料人：刘强 　　　　发料人：赵芳

凭 9-5

领料单

材料科目：原材料 　　　　　　　　　　　　　　凭证编号：212112

领料单位：销售部门 　　　　　　　　　　　　　发料仓库

材料用途：销售服务 　　　　　　　　　　　　　2014 年 12 月 8 日

材料编号	材料名称	材料规格	计量单位	数量		计划成本	
				请领	实发	单位成本	金额
105	机物料		千克	100	100	7.80	780.00
备注：						合计	780.00

　　记账： 　　　　领料单位负责人： 　　　　领料人：杨阳 　　　　发料人：赵芳

凭 9-6

领料单

材料科目：原材料 　　　　　　　　　　　　　　凭证编号：212113

领料单位：厂部 　　　　　　　　　　　　　　　发料仓库

材料用途：劳动保护 　　　　　　　　　　　　　2014 年 12 月 8 日

材料编号	材料名称	材料规格	计量单位	数量		计划成本	
				请领	实发	单位成本	金额
105	机物料		千克	100	100	7.80	780.00
备注：						合计	780.00

　　记账： 　　　　领料单位负责人： 　　　　领料人：李想 　　　　发料人：赵芳

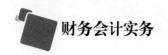

凭9-7

领料单

材料科目：低值易耗品　　　　　　　　　　凭证编号：212114

领料单位：基本生产车间　　　　　　　　　　发料仓库

材料用途：劳动保护　　　　　　　　　　　　2014 年 12 月 8 日

材料编号	材料名称	材料规格	计量单位	数量		计划成本	
				请领	实发	单位成本	金额
301	劳保用品		套	30	30	300.00	9000.00
备注：价值一次摊销						合计	9000.00

记账：　　　　领料单位负责人：　　　　领料人：黎明　　　　发料人：赵芳

（10）12 月 9 日，产品完工入库，T28 窄行针式打印机和 T53 激光打印机各 300台。

凭10-1

产成品入库单

交库单位：　　　　　　　　2014 年 12 月 9 日　　　　　　　仓库：

产品名称	规格	计量单位	交库数量	总成本	单位成本	备注
T28 窄行针式打印机		台	300	360000	1200	
T53 激光打印机		台	300	603000	2010	

车间负责人：　　　　　　仓库管理员：王洪亮　　　　　　制单：

（11）12 月 10 日公司收到银行转来的托收承付结算凭证及发票、代垫运费单据等，列明货款 39000 元，增值税 6630 元，发生运费 2000 元，合计 47630 元。

凭 11-1

托收承付凭证（承付支款通知）　　　　第　　号

委托日期 2014 年 12 月 6 日　　　　托收号码：

<table>
<tr><td rowspan="3">收款人</td><td>全称</td><td colspan="2">中州有限责任公司</td><td rowspan="3">付款人</td><td>全称</td><td colspan="9">河南惠开有限责任公司</td><td rowspan="10">此联是银行通知付款人按期付款的通知</td></tr>
<tr><td>账号或地址</td><td colspan="2">40065765431</td><td>账号</td><td colspan="9">211040003-91</td></tr>
<tr><td>开户银行</td><td colspan="2">工行上海分行</td><td>开户银行</td><td colspan="9">工商银行十二办</td></tr>
<tr><td rowspan="2">委托收款金额</td><td>人民币（大写）</td><td colspan="3">肆万柒仟陆佰叁拾元整</td><td>千</td><td>百</td><td>十</td><td>万</td><td>千</td><td>百</td><td>十</td><td>元</td><td>角</td><td>分</td></tr>
<tr><td></td><td colspan="3"></td><td></td><td></td><td></td><td>4</td><td>7</td><td>6</td><td>3</td><td>0</td><td>0</td><td>0</td></tr>
<tr><td>附寄单证张数</td><td></td><td>商品发运情况</td><td>已发运</td><td>合同名称</td><td colspan="10"></td></tr>
<tr><td>备注</td><td colspan="3">本委托款项随有关单证等件，请予办理托收</td><td colspan="10">科目（贷）
对方科目（借）
汇出行汇出日期　年　月　日</td></tr>
<tr><td></td><td colspan="3">收款人签章</td><td colspan="10">复核　　　记账</td></tr>
</table>

收款人开户行收到日期　　年　　月　　日

凭 11-2

上海市增值税专用发票

开票日期：2014 年 12 月 6 日　　　　　　　　　　　　NO209613

<table>
<tr><td rowspan="2">购货单位</td><td>名称</td><td colspan="5">河南惠开有限责任公司</td><td>纳税人登记号</td><td colspan="10">NO230102100120054</td><td rowspan="16">第四联记账联销货方记账凭证</td></tr>
<tr><td>地址、电话</td><td colspan="5">中原市友谊路 59 号</td><td>开户银行及账号</td><td colspan="10">工商银行十二办 211040003-91</td></tr>
<tr><td rowspan="2">商品或劳务名称</td><td rowspan="2">计量单位</td><td rowspan="2">数量</td><td rowspan="2">单价</td><td colspan="8">金额</td><td rowspan="2">税率（%）</td><td colspan="9">税额</td></tr>
<tr><td>百</td><td>十</td><td>万</td><td>千</td><td>百</td><td>十</td><td>元</td><td>角</td><td>分</td><td>百</td><td>十</td><td>万</td><td>千</td><td>百</td><td>十</td><td>元</td><td>角</td><td>分</td></tr>
<tr><td>缝纫机</td><td>台</td><td>100</td><td>390</td><td></td><td></td><td>3</td><td>9</td><td>0</td><td>0</td><td>0</td><td>0</td><td>17</td><td></td><td></td><td></td><td>6</td><td>6</td><td>3</td><td>0</td><td>0</td><td>0</td></tr>
<tr><td></td><td></td><td></td><td></td><td></td><td></td><td></td><td></td><td></td><td></td><td></td><td></td><td></td><td></td><td></td><td></td><td></td><td></td><td></td><td></td><td></td><td></td></tr>
<tr><td></td><td></td><td></td><td></td><td></td><td></td><td></td><td></td><td></td><td></td><td></td><td></td><td></td><td></td><td></td><td></td><td></td><td></td><td></td><td></td><td></td><td></td></tr>
<tr><td colspan="4">合计</td><td></td><td></td><td>3</td><td>9</td><td>0</td><td>0</td><td>0</td><td>0</td><td></td><td></td><td></td><td></td><td>6</td><td>6</td><td>3</td><td>0</td><td>0</td><td>0</td></tr>
<tr><td>价税合计（大写）</td><td colspan="11">肆万伍仟陆佰叁拾陆元整</td><td colspan="10">（小写）￥45630.00</td></tr>
<tr><td rowspan="2">销货单位</td><td>名称</td><td colspan="5">中州有限责任公司</td><td>纳税人登记号</td><td colspan="10">NO113366874536936</td></tr>
<tr><td>地址、电话</td><td colspan="5">南京路 128 号</td><td>开户银行及账号</td><td colspan="10">工行上海分行</td></tr>
</table>

收款人：张扬　　　　复核：李玉琴　　　　开票人：王颖　　　　销货单位（未盖章无效）

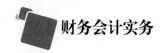

凭 11-3

发货单

2014 年 12 月 6 日

购货单位：河南惠开有限公司　　　　　　　　　　　　　　　　编号：

编号	名称	规格	单位	数量	单价	金额	备注
	缝纫机		台	100	390	39000	
合计					390	39000	

销售部门负责人：　　　　发货人：　　　　提货人：　　　　制单：

凭 11-4

火车货物运费结算单

第 0998 号

发货单位：中州有限责任公司	说明：代河南惠开有限公司垫付	
收货单位：河南惠开有限公司	由收货单位作商品运杂费	
承运单位：中原铁路局	里程：××千米	
货物件数：100 台	运费：2000.00	人民币（大写）：贰仟元整

（12）公司办公室领用电器元件 20 套。

凭 12-1

领料单

材料科目：低值易耗品　　　　　　　　　　凭证编号：212105

领料单位：基本生产车间　　　　　　　　　发料仓库

材料用途：一般生产　　　　　　　　　　　2014 年 12 月 10 日

材料编号	材料名称	材料规格	计量单位	数量		计划成本	
				请领	实发	单位成本	金额
105	工具		套	20	20	150	3000.00
备注：采用五五摊销法，成本差异率 -2%						合计	3000.00

记账：　　　　领料单位负责人：　　　　领料人：杨阳　　　　发料人：赵芳

（13）12 月 11 日，机修车间领用机物料 200 千克，计 1560 元，用于机器设备修理。

凭 13-1

领料单

材料科目：原材料　　　　　　　　　　　　　　　　凭证编号：212108

领料单位：机修车间　　　　　　　　　　　　　　　发料仓库

材料用途：KR-D 设备修理　　　　　　　　　　　　2014 年 12 月 11 日

材料编号	材料名称	材料规格	计量单位	数量		计划成本	
				请领	实发	单位成本	金额
105	机物料		千克	200	200	7.80	1560.00
备注：						合计	1560.00

记账：　　　　　领料单位负责人：　　　　　领料人：刘强　　　　发料人：赵芳

（14）12 月 11 日，向河南永和公司销售 T28 窄行针式打印机 170 台，单价 1200 元，计 204000 元，增值税 34680 元；销售 T53 激光打印机 220 台，单价 2300 元，计 506000 元，增值税 86020 元，价税合计 830700 元，以银行存款代垫运杂费 800 元。购货方开出期限为 80 天的商业承兑汇票抵付各项款项。

凭 14-1

河南省增值税专用发票

开票日期：2014 年 12 月 11 日　　　　　　　　　　　　　　　　　　NO209612

购货单位	名称	河南永和公司		纳税人登记号		NO113366874536936							
	地址、电话	中原市中山路 19 号		开户银行及账号		工行中山分行 03068137718							
商品或劳务名称	计量单位	数量	单价	金额		税率（%）	税额						
				百十万千百十元角分			百十万千百十元角分						
T28 窄行针式打印机	台	170	1200	2 0 4 0 0 0 0 0		17		3 4 6 8 0 0 0					
T53 激光打印机	台	220	2300	5 0 6 0 0 0 0 0		17		8 6 0 2 0 0 0					
合计				7 1 0 0 0 0 0 0			1 2 0 7 0 0 0 0						
价税合计（大写）		捌拾叁万零柒佰元整			（小写）¥830700.00								
销货单位	名称	河南惠开有限责任公司		纳税人登记号		NO230102100120054							
	地址、电话	中原市友谊路 59 号		开户银行及账号		工商银行十二办 211040003-91							

第四联　记账联　销货方记账凭证

收款人：张扬　　　　复核：李玉琴　　　　开票人：王颖　　　销货单位（未盖章无效）

凭 14-2

<table>
<tr><td colspan="2" align="center">**中国工商银行**</td></tr>
<tr><td colspan="2" align="center">**转账支票存根**</td></tr>
<tr><td colspan="2">支票号码 NO1412376</td></tr>
<tr><td colspan="2">科　　目</td></tr>
<tr><td colspan="2">对方科目</td></tr>
<tr><td colspan="2">签发日期 2014 年 12 月 11 日</td></tr>
<tr><td colspan="2">收款人：河南中原运输公司</td></tr>
<tr><td colspan="2">金　　额：￥800.00</td></tr>
<tr><td colspan="2">用　　途：代垫运费</td></tr>
<tr><td colspan="2">备　　注：</td></tr>
<tr><td colspan="2">单位：　主管会计：　复核：　记账：</td></tr>
</table>

凭 14-3

发货单

2014 年 12 月 11 日

购货单位：河南永和公司　　　　　　　　　　　　编号：

编号	名称	规格	单位	数量	单价	金额	备注
	T28 窄行针式打印机		台	170	1200	204000	
	T53 激光打印机		台	220	2300	506000	
合计						710000	

销售部门负责人：　　　　　发货人：　　　　　提货人：　　　　　制单：

凭14-4

商业承兑汇票 2 ××0000

出票日期（大写）贰零壹肆年壹拾贰月壹拾壹日 第3192978号

付款人	全称	河南永和公司		收款人	全称	河南惠开有限责任公司									
	账号	中原市中山路19号			账号	211040003-91									
	开户行	工行中山分行	行号		开户行	工行十二办	行号								

出票金额	人民币：（大写）	捌拾叁万零柒佰元整	千	百	十	万	千	百	十	元	角	分
				¥	8	3	0	7	0	0	0	0

汇票到期日	贰零壹伍年零贰月贰拾玖日	交易合同号码	2002456

本汇票已经承兑，到期无条件支付款
不带息商业汇票
　　　　　承兑人签章

承兑日期贰零壹肆年壹拾贰月零壹日

本汇票请予以承兑于到期日付款

出票人签章

此联签发人存根

（15）12月12日，向上海紫金山有限责任公司销售T28窄行针式打印机200台，单价1200元，计240000元，增值税40800元；销售T53激光打印机300台，单价2300元，计690000元，增值税117300元，价税合计1088100元，以银行存款代垫运杂费3600元。已办妥托收手续。

凭15-1

河南省增值税专用发票

开票日期：2014年12月11日　　　　　　　　　　　NO209612

购货单位	名称	上海紫金山有限责任公司			纳税人登记号				NO113366873084726										
	地址、电话	上海市南京路22号			开户银行及账号				工行上海分行8394818										

商品或劳务名称	计量单位	数量	单价	金额									税率（%）	税额							
				百	十	万	千	百	十	元	角	分		百	十	万	千	百	十	元	角	分
T28窄行针式打印机	台	200	1200		2	4	0	0	0	0	0	0	17			4	0	8	0	0	0	0
T53激光打印机	台	300	2300		6	9	0	0	0	0	0	0	17		1	1	7	3	0	0	0	0
合计					9	3	0	0	0	0	0	0			1	5	8	1	0	0	0	0

价税合计（大写）	壹佰零捌万捌仟壹佰元整	（小写）¥1088100.00

销货单位	名称	河南惠开有限责任公司	纳税人登记号	NO230102100120054
	地址、电话	中原市友谊路59号	开户银行及账号	工商银行十二办211040003-91

收款人：张扬　　　复核：李玉琴　　　开票人：王颖　　　销货单位（未盖章无效）

第四联记账联销货方记账凭证

凭 15-2

中国工商银行

转账支票存根

支票号码 NO1412649

科　　目 _____

对方科目 _____

签发日期 2014 年 12 月 12 日

收款人：河南中原运输公司
金　额：￥3600.00
用　途：代垫运杂费
备　注：

单位主管：　会计：　复核：　记账：

凭 15-3

发货单

2014 年 12 月 12 日

购货单位：上海紫金山有限责任公司　　　　　　　　编号：

编号	名称	规格	单位	数量	单价	金额	备注
	T28 窄行针式打印机		台	200	1200	240000	
	T53 激光打印机		台	300	2300	690000	
合计				500		930000	

销售部门负责人：　　　　发货人：　　　　提货人：　　　　制单：

凭 15-4

托收承付凭证（贷方凭证）　　　第　号

委托日期 2014 年 12 月 12 日　　　托收号码：

收款人	全称	河南惠开有限责任公司	付款人	全称	上海紫金山有限责任公司	
	账号或地址	211040003-91		账号	8394818	
	开户银行	工商银行十二办		开户银行	工行上海分行	

委托收款金额	人民币（大写）	壹佰零捌万捌仟壹佰元整	千	百	十	万	千	百	十	元	角	分
				1	0	8	8	1	0	0	0	0

附寄单证张数		商品发运情况	已发运	合同名称	
备注		本委托款项随有关单证等件，请予办理托收 收款人签章		科目（贷） 对方科目（借） 汇出行汇出日期　年　月　日 复核　　　记账	

收款人开户行收到日期　　　年　月　日

此联是银行给收款人的回单

（16）12 月 12 日，向河南欣荣有限责任公司销售 T11 喷墨打印机 110 台，单价 780 元（此为月初结存数，单位成本 600 元），计 85800 元，增值税 14586 元；价税已收到。

凭 16-1

河南省增值税专用发票

开票日期：2014 年 12 月 11 日　　　　　　　　　　　　　　NO209612

购货单位	名称	河南欣荣有限责任公司			纳税人登记号				NO113366885439526								
	地址、电话	中原市黄河路 96 号			开户银行及账号				工行中原分行 30065765869								

商品或劳务名称	计量单位	数量	单价	金额									税率（%）	税额								
				百	十	万	千	百	十	元	角	分		百	十	万	千	百	十	元	角	分
T11 喷墨打印机	台	110	780		8	5	8	0	0	0	0		17			1	4	5	8	6	0	0
													17									
合计					8	5	8	0	0	0	0					1	4	5	8	6	0	0

价税合计（大写）	壹拾万零叁佰捌拾陆元整		（小写）￥100386.00		
销货单位	名称	河南惠开有限责任公司	纳税人登记号	NO230102100120054	
	地址、电话	中原市友谊路 59 号	开户银行及账号	工商银行十二办 211040003-91	

第四联 记账联 销货方记账凭证

收款人：张扬　　　复核：李玉琴　　　开票人：王颖　　　销货单位（未盖章无效）

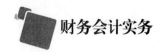

凭 16-2

发货单

2014 年 12 月 12 日

购货单位：河南欣荣有限责任公司　　　　　　　　　　　　　编号：

编号	名称	规格	单位	数量	单价	金额	备注
	T11 喷墨打印机		台	110	780	85800	
合计						85800	

销售部门负责人：　　　　　发货人：　　　　　提货人：　　　　　制单：

凭 16-3

中国工商银行进账单

2014 年 12 月 12 日

出票人	全称	河南欣荣有限责任公司										
	账号	30065765869										
	开户行	工行中原分行										
人民币		千	百	十	万	千	百	十	元	角	分
				￥	1	0	0	3	8	6	0	0
收持款票人人	全称	河南惠开有限责任公司										
	账号	211040003-91										
	开户行	工商银行十二办										

（17）按照协议，接受创新电子公司投资，商品已入库保管。

凭 17-1

收货单

供应单位：创新电子公司　　　2014 年 12 月 12 日　　　　编号：收字 199 号

订货合同编号：　　　　　　　　　　　　　　　　　　　　类别：库存商品

发票号码：　　　　　　　　　　　　　　　　　　　　　　收货仓库

材料名称	计量单位	数量		实际成本				计划成本		成本差异
		应收	实收	买价	运杂费	合计	单位成本	单位成本	金额	
电脑	台	50	50			140000	2800	3000	150000	-10000
打印机	台	30	30			36000	1200	1500	45000	-9000
合计						176000			195000	-19000

记账：　　　　　　　　　仓库保管：　　　　　　　　收料人：赵芳

凭 17-2

中州会计师事务所文件

中原 [2014] 字第 116 号

资产评估报告

河南惠开有限责任公司：

我单位接受贵单位委托，依据《中华人民共和国国有资产评估办法》《中华人民共和国注册会计师法》和《企业会计准则》等的规定，对贵公司接受创新电子公司投资的电脑 50 台，打印机 30 台进行评估。电脑每台 2800 元，打印机每台 1200 元。以上均为含税价。

评估员：李杰 中州会计师事务所

中国注册会计师：张强 2014 年 12 月 12 日

（18）12 月 16 日，产品完工入库，其中 T28 窄行针式打印机 360 台，T53 激光打印机 340 台。

凭 18-1

产成品入库单

交库单位： 2014 年 12 月 16 日 仓库：

产品名称	规格	计量单位	交库数量	总成本	单位成本	备注
T28 窄行针式打印机		台	360	432000	1200	
T53 激光打印机		台	340	714000	2100	

车间负责人： 仓库管理员：王洪亮 制单：

（19）12 月 16 日发料。

凭 19-1

领料单

材料科目：原材料 凭证编号：212115

领料单位：基本生产车间 发料仓库

材料用途：生产 T53 激光打印机 2014 年 12 月 16 日

材料编号	材料名称	材料规格	计量单位	数量		计划成本	
				请领	实发	单位成本	金额
102	T53 激光打印机材料		套	360	360	1370.00	493200.00
104	T53 激光打印机机壳		个	360	360	130.00	46800.00
备注：						合计	540000.00

记账： 领料单位负责人： 领料人：黎明 发料人：赵芳

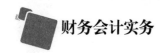

凭 19-2

领料单

材料科目：原材料　　　　　　　　　　　　　　　　凭证编号：212116

领料单位：基本生产车间　　　　　　　　　　　　　发料仓库

材料用途：生产 T28 窄行针式打印机　　　　　　　2014 年 12 月 16 日

材料编号	材料名称	材料规格	计量单位	数量		计划成本	
				请领	实发	单位成本	金额
101	T28 窄行针式打印机材料		套	420	420	650.00	273000.00
103	T28 窄行针式打印机机壳		个	420	420	60.00	12000.00
备注：						合计	285000.00

记账：　　　　领料单位负责人：　　　　领料人：黎明　　　　发料人：赵芳

凭 19-3

领料单

材料科目：原材料　　　　　　　　　　　　　　　　凭证编号：212117

领料单位：基本生产车间　　　　　　　　　　　　　发料仓库

材料用途：产品生产　　　　　　　　　　　　　　　2014 年 12 月 16 日

材料编号	材料名称	材料规格	计量单位	数量		计划成本	
				请领	实发	单位成本	金额
201	包装物		个	780	780	10.00	7800
备注：T28 窄行针式打印机和 T53 激光打印机各用包装物 390 个。						合计	7800.00

记账：　　　　领料单位负责人：　　　　领料人：黎明　　　　发料人：赵芳

凭 19-4

领料单

材料科目：原材料　　　　　　　　　　　　　　　　凭证编号：212118

领料单位：机修车间　　　　　　　　　　　　　　　发料仓库

材料用途：产品生产　　　　　　　　　　　　　　　2014 年 12 月 16 日

材料编号	材料名称	材料规格	计量单位	数量		计划成本	
				请领	实发	单位成本	金额
105	机物料		千克	300	300	7.80	2340.00
备注：T28 窄行针式打印机领用 100 千克，T53 激光打印机领用 100 千克，加工车间领用 100 千克作为一般耗用。						合计	2340.00

记账：　　　　领料单位负责人：　　　　领料人：刘强　　　　发料人：赵芳

（20）12月17日，从河南科技有限责任公司购入T28窄行针式打印机材料800套，单价648元，计518400元，增值税88128元；购入T53激光打印机材料700套，单价1377元，计963900元，增值税163863元，价税合计1734291元。材料如数验收入库。冲销预付款158000元，开出转账支票付清余款。

凭20-1

河南省增值税专用发票

开票日期：2014年12月17日　　　　　　　　　　　　　　　　　NO103814

购货单位	名称	河南惠开有限责任公司			纳税人登记号		NO230102100120054										
	地址、电话	中原市友谊路59号			开户银行及账号		工商银行十二办 211040003-91										
商品或劳务名称	计量单位	数量	单价	金额										税率（%）	税额									
				百	十	万	千	百	十	元	角	分		百	十	万	千	百	十	元	角	分
T28窄行针式打印机材料	套	800	648		5	1	8	4	0	0	0	0	17			8	8	1	2	8	0	0
T53激光打印机材料	套	700	1377		9	6	3	9	0	0	0	0	17		1	6	3	8	6	3	0	0
合计				1	4	8	2	3	0	0	0	0			2	5	1	9	9	1	0	0
价税合计（大写）		壹佰柒拾叁万肆仟贰佰玖拾壹元整　　　（小写）￥1734291.00																					
销货单位	名称	河南科技有限责任公司			纳税人登记号		2805032000210043										
	地址、电话	中原市南阳路31号			开户银行及账号		工行南阳路分理处 254030002-82										

收款人：李莉　　　　复核：张琴　　　　开票人：陈新　　　　销货单位（未盖章无效）

第四联 记账联 销货方记账凭证

凭20-2

中国工商银行
转账支票存根

支票号码 NO1412648

科　　目 _____

对方科目 _____

签发日期 2014年12月17日

收款人：	河南科技有限责任公司
金　额：	￥1576291.00
用　途：	付货款
备　注：	

单位主管：　会计：　复核：　记账：

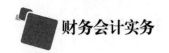

凭 20-3

收料单

供应单位：河南科技有限责任公司　　　　　　　　　　　编号：收字 006 号

订货合同编号：　　　　　　　　　　　　　　　　　　　材料类别：原材料

发票号码：103814　　　　　　2014 年 12 月 17 日　　　　收料仓库：

材料名称	计量单位	数量		实际成本				计划成本		成本差异
		应收	实收	买价	运杂费	合计	单位成本	单位成本	金额	
T28 窄行针式打印机材料	套	800	800	518400		518400	648	650	520000	−1600
T53 激光打印机材料	套	700	700	963900		963900	1377	1370	959000	4900
合计				1482300		1482300			1479000	3300

记账：　　　　　　　　　　仓库保管：　　　　　　　　收料人：赵芳

（21）12 月 18 日，向福建实业有限责任公司销售 T28 窄行针式打印机 350 台，单价 1200 元，计 420000 元，增值税 71400 元；销售 T53 激光打印机 200 台，单价 2300 元，计 460000 元，增值税 78200 元，价税合计 1029600 元，以银行存款代垫运杂费 4800 元。已办妥托收手续。

凭 21-1

河南省增值税专用发票

开票日期：2014 年 12 月 18 日　　　　　　　　　　　　　　　NO209618

购货单位	名称	福建实业有限责任公司								纳税人登记号				NO558888745363216							
	地址、电话	福州市延安路 153 号								开户银行及账号				工行福州分行 472884853							
商品或劳务名称	计量单位	数量		单价		金额								税率（%）	税额							
					百	十	万	千	百	十	元	角	分		百	十	万	千	百	十	元	角	分
T28 窄行针式打印机	台	350	1200			4	2	0	0	0	0	0	0	17				7	1	4	0	0	0	0
T53 激光打印机	台	200	2300			4	6	0	0	0	0	0	0	17				7	8	2	0	0	0	0
合计						8	8	0	0	0	0	0	0			1	4	9	6	0	0	0	0
价税合计（大写）	壹佰零贰万玖仟陆佰元整									（小写）￥1029600.00													
销货单位	名称	河南惠开有限责任公司								纳税人登记号				NO230102100120054							
	地址、电话	中原市友谊路 59 号								开户银行及账号				工商银行十二办 211040003-91							

收款人：张扬　　　复核：李玉琴　　　开票人：王颖　　　销货单位（未盖章无效）

第四联 记账联 销货方记账凭证

凭21-2

中国工商银行
转账支票存根

支票号码 NO1412649

科　　目	

对方科目	

签发日期 2014 年 12 月 18 日

收款人：河南中原运输公司
金　　额：￥4800.00
用　　途：代垫运杂费
备　　注：

单位主管：　会计：　复核：　记账：

凭21-3

发货单

2014 年 12 月 18 日

购货单位：福建实业有限责任公司　　　　　　　　　编号：

编号	名称	规格	单位	数量	单价	金额	备注
	T28 窄行针式打印机		台	350	1200	420000	
	T53 激光打印机		台	200	2300	460000	
合计						880000	

销售部门负责人：　　　　发货人：　　　　提货人：　　　　制单：

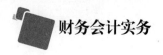

凭21-4

托收承付凭证（贷方凭证）　　　　第　　号

委托日期 2014 年 12 月 18 日　　　　　托收号码：

收款人	全称	河南惠开有限责任公司	付款人	全称	福建实业有限责任公司	此联是银行给收款人的回单
	账号或地址	211040003-91		账号	472884853	
	开户银行	工商银行十二办		开户银行	工行福州分行	

委托收款金额	人民币（大写）	壹佰零叁万肆仟肆佰元整	千	百	十	万	千	百	十	元	角	分
				1	0	3	4	4	0	0	0	0

附寄单证张数		商品发运情况	已发运	合同名称	
备注	本委托款项随有关单证等件，请予办理托收 　　　　　　收款人签章		科目（贷） 对方科目（借） 汇出行汇出日期　年　月　日 复核　　　记账		

收款人开户行收到日期　　　年　　月　　日

（22）发出乙材料一批，委托腾飞加工厂进行加工，改制为满足产品生产需要的原材料。材料成本差异率为1%。

凭22-1

委托加工发料单

材料科目：原材料　　　　　　　　　　　　　凭证编号：20071208

加工单位：腾飞加工厂　　　　　　　　　　　发料仓库

2014 年 12 月 18 日

材料编号	材料名称	材料规格	计量单位	数量		计划成本	
				申领	实发	单位成本	金额
	乙材料		千克	2000	2000	6.50	13000
备注：					合计		13000

记账：　　　　　　发料单位负责人：　　　　　　发料人：赵芳

（23）12 月 22 日发料。

凭 23-1

领料单

材料科目：原材料　　　　　　　　　　　　凭证编号：212119

领料单位：基本生产车间　　　　　　　　　发料仓库

材料用途：生产 T53 激光打印机　　　　　　2014 年 12 月 22 日

材料编号	材料名称	材料规格	计量单位	数量		计划成本	
				请领	实发	单位成本	金额
102	T53 激光打印机材料		套	70	70	1370.00	95900.00
104	T53 激光打印机机壳		个	70	70	130.00	9100.00
备注：						合计	105000.00

记账：　　　　　领料单位负责人：　　　　领料人：黎明　　　　　发料人：赵芳

凭 23-2

领料单

材料科目：原材料　　　　　　　　　　　　凭证编号：212120

领料单位：基本生产车间　　　　　　　　　发料仓库

材料用途：生产 T28 窄行针式打印机　　　　2014 年 12 月 22 日

材料编号	材料名称	材料规格	计量单位	数量		计划成本	
				请领	实发	单位成本	金额
101	T28 窄行针式打印机材料		套	220	220	650.00	143000.00
103	T28 窄行针式打印机机壳		个	220	220	60.00	13200.00
备注：						合计	156200.00

记账：　　　　　领料单位负责人：　　　　领料人：黎明　　　　　发料人：赵芳

凭 23-3

领料单

材料科目：原材料　　　　　　　　　　　　凭证编号：212121

领料单位：基本生产车间　　　　　　　　　发料仓库

材料用途：产品生产　　　　　　　　　　　2014 年 12 月 22 日

材料编号	材料名称	材料规格	计量单位	数量		计划成本	
				请领	实发	单位成本	金额
201	包装物		个	290	290	10.00	2900.00
备注：T28 窄行针式打印机用包装物 200 个，T53 激光打印机用包装物 90 个。						合计	2900.00

记账：　　　　　领料单位负责人：　　　　领料人：黎明　　　　　发料人：赵芳

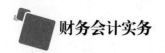

（24）河南惠开有限责任公司支付给腾飞加工厂加工费 800 元，途中运杂费 150 元，并将所收到的加工材料验收入库。

凭 24-1

山东省增值税专用发票

开票日期：2014 年 12 月 22 日 　　　　　　　　　　　　　　　　NO0087288

购货单位	名称	河南惠开有限责任公司			纳税人登记号		NO230102100120054									
	地址、电话	中原市友谊路 59 号			开户银行及账号		工商银行十二办 211040003-91									

商品或劳务名称	计量单位	数量	单价	金额									税率(%)	税额									
				百	十	万	千	百	十	元	角	分		百	十	万	千	百	十	元	角	分
加工费							8	0	0	0	0		17					1	3	6	0	0
合计							8	0	0	0	0							1	3	6	0	0

价税合计（大写）	玖佰叁拾陆元整	（小写）￥936.00

销货单位	名称	腾飞加工厂	纳税人登记号	6222020000089
	地址、电话	济南市白泉路 88 号	开户银行及账号	工行济南分行 74692846

收款人：张里　　　复核：李利　　　开票人：白天　　　销货单位（未盖章无效）

第二联　记账联　销货方记账凭证

凭 24-2

6100033162　　　### 山东省增值税专用发票

开票日期：2014 年 12 月 22 日 　　　　　　　　　　　　　　　　NO0087288

购货单位	名称	河南惠开有限责任公司			纳税人登记号		NO230102100120054									
	地址、电话	济南市白泉路 88 号			开户银行及账号		工行百泉营业所 211040003-91									

商品或劳务名称	计量单位	数量	单价	金额									税率(%)	税额									
				百	十	万	千	百	十	元	角	分		百	十	万	千	百	十	元	角	分
加工费							8	0	0	0	0		17					1	3	6	0	0
合计							8	0	0	0	0							1	3	6	0	0

价税合计（大写）	玖佰叁拾陆元整	（小写）￥936.00

销货单位	名称	腾飞加工厂	纳税人登记号	2805032000210043
	地址、电话	滨江市和平路 13 号	开户银行及账号	工行济南分行 254090202-67

收款人：张里　　　复核：李利　　　开票人：白天　　　销货单位（未盖章无效）

第三联　记账联　销货方记账凭证

凭 24-3

中国工商银行

转账支票存根

支票号码 NO1412693

科　　目 _____

对方科目 _____

签发日期 2014 年 12 月 22 日

收款人：腾飞加工厂	
金　额：￥936.00	
用　途：材料加工费	
备　注：	

单位主管：　会计：　复核：　记账：

凭 24-4

委托加工材料收料单

供应单位：委托加工　　　　　　2014 年 12 月 22 日　　　　　　编号：收字 199 号

订货合同编号：　　　　　　　　　　　　　　　　　　　材料类别：原材料

发票号码：　　　　　　　　　　　　　　　　　　　　　收料仓库：

材料名称	计量单位	数量		实际成本				计划成本		成本差异
		应收	实收	材料费	加工费	合计	单位成本	单位成本	金额	
丙材料	千克	1890	1890	13000	800	13800	7.3	8	15120	1320
合计		1890	1890	13000	800	13800			15120	1320

记账：　　　　　　　　　　仓库保管：　　　　　　　　　收料人：赵芳

凭 24-5

汽车货物运费结算单

第 0988 号

委托单位：河南惠开有限责任公司		说明：
受托单位：腾飞加工厂		
承运单位：滨江市运输公司		里程：×× 千米
货物件数：	运费：150 元	人民币（大写）：壹佰伍拾元整

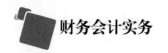

凭24-6

中国工商银行

转账支票存根

支票号码 NO1412694

科　　目

对方科目

签发日期 2014 年 12 月 22 日

| 收款人：腾飞加工厂 |
| 金　额：¥150.00 |
| 用　途：运杂费 |
| 备　注： |

单位主管：　会计：　复核：　记账：

（25）12 月 23 日，向吉林科技有限公司销售 T28 窄行针式打印机 330 台，单价 1200 元，计 396000 元，增值税 67320 元；销售 T53 激光打印机 280 台，单价 2300 元，计 644000 元，增值税 109480 元，价税合计 1216800 元，以银行存款代垫运杂费 6000 元。已办妥托收手续。

凭25-1

河南省增值税专用发票

开票日期：2014 年 12 月 23 日　　　　　　　　　　　　　　NO209622

购货单位	名称	吉林科技有限公司			纳税人登记号								NO5588887709428								
	地址、电话	吉林市经八路 51 号			开户银行及账号								工行吉林分行 95284316								

商品或劳务名称	计量单位	数量	单价	金额									税率(%)	税额								
				百	十	万	千	百	十	元	角	分		百	十	万	千	百	十	元	角	分
T28 窄行针式打印机	台	330	1200		3	9	6	0	0	0	0	0	17			6	7	3	2	0	0	0
T53 激光打印机	台	280	2300		6	4	4	0	0	0	0	0	17		1	0	9	4	8	0	0	0
合计				1	0	4	0	0	0	0	0	0			1	7	6	8	0	0	0	0
价税合计（大写）		壹佰贰拾壹万陆仟捌佰元整						（小写）¥1216800.00														

销货单位	名称	河南惠开有限责任公司	纳税人登记号	NO230102100120054
	地址、电话	中原市友谊路 59 号	开户银行及账号	工商银行十二办 211040003-91

收款人：张扬　　　复核：李玉琴　　　开票人：王颖　　　销货单位（未盖章无效）

第四联记账联销货方记账凭证

凭 25-2

中国工商银行

转账支票存根

支票号码 NO1412654

科　　目

对方科目

签发日期 2014 年 12 月 23 日

收款人：河南中原运输公司

金　　额：￥6000.00

用　　途：代垫运杂费

备　　注：

单位主管：　　会计：　　复核：　　记账：

凭 25-3

发货单

2014 年 12 月 23 日

购货单位：吉林科技有限公司　　　　　　　　　　编号：

编号	名称	规格	单位	数量	单价	金额	备注
	T28 窄行针式打印机		台	330	1200	396000	
	T53 激光打印机		台	280	2300	644000	
合计						1040000	

销售部门负责人：　　　　　发货人：　　　　　提货人：　　　　　制单：

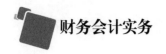
凭 25-4

托收承付凭证（贷方凭证）　　　　　　第　　号

委托日期 2014 年 12 月 23 日　　　　托收号码：

收款人	全称	河南惠开有限责任公司	付款人	全称	吉林科技有限公司
	账号或地址	211040003-91		账号	95284316
	开户银行	工商银行十二办		开户银行	工行吉林分行

委托收款金额	人民币（大写）	壹佰贰拾贰万贰仟捌佰元整	千	百	十	万	千	百	十	元	角	分
				1	2	2	2	8	0	0	0	0

附寄单证张数		商品发运情况	已发运	合同名称	

备注　　本委托款项随有关单证等件，请予办理托收

科目（贷）
对方科目（借）
汇出行汇出日期　　年　月　日
复核　　记账

收款人签章

此联是银行给收款人的回单

收款人开户行收到日期　　年　月　日

（26）12 月 24 日，机物料盘亏 30 千克，计 234 元，经查系定额内合理损耗，经批准转作管理费用。

凭 26-1

材料盘盈盘亏报告表

仓库：　　　　　　　　　2014 年 12 月 24 日

品名	规格	计量单位	单价	数量		金额	原因
				盘盈	盘亏		
机物料		千克	7.80		30	234.00	定额内损耗

处理意见：	同意转作管理费用。 刘华　2014 年 12 月 24 日

主管：刘华　　　　　　会计：辛萍　　　　　　保管：兰珍

（27）12 月 25 日，成品库不慎被意外火种引燃。经过清查，发现库存商品被烧掉 150 件，成本 270000 元，其中，耗用材料 135000 元，材料适用增值税率为 17%。已经上报主管领导，尚待研究审批。

凭 27-1

材料盘盈盘亏报告表

仓库：成品库　　　　　　　　　2014 年 12 月 25 日

品名	规格	计量单位	单价	数量		金额	原因
				盘盈	盘亏		
产成品		件	1800		150	270000	火灾
							待审批
处理意见							

主管：刘华　　　　　　　　会计：辛萍　　　　　　　　保管：王诶

（28）办公室报废文件柜 2 个。

凭 28-1

低值易耗品报废单

2014 年 12 月 30 日　　　　　　　　　签发编号：

主管部门：后勤部				使用单位：公司办公室
名称及型号	单位	数量	计划成本	残料收入
文件柜	台	2	3600	280
使用部门	申请报废原因：损坏而无法使用。		主管部门	同意报废。适用五五摊销法。 张志纲　2014.12.30

凭 28-2

收料单

供应单位：本公司办公室　　　　2014 年 12 月 30 日　　　　编号：收字 219 号

订货合同编号：　　　　　　　　　　　　　　　　材料类别：其他材料

发票号码：　　　　　　　　　　　　　　　　　　收料仓库

材料名称	计量单位	数量		实际成本				计划成本		成本差异
		应收	实收	买价	运杂费	合计	单位成本	单位成本	金额	
残料	千克	50	50			280			280	
合计						280			280	

记账：　　　　　　　　　仓库保管：　　　　　　　　收料人：赵芳

（29）准备车间生产完工材料一批，已经由仓库验收。

凭29-1

材料入库单

交库单位：准备车间　　　　　　2014 年 12 月 30 日　　　　　　　仓库：

产品名称	规格	计量单位	交库数量	总成本	单位成本	备注
甲材料		千克	300000	3000000		
乙材料		千克	360000	2160000		

车间负责人：　　　　　　　仓库管理员：王洪亮　　　　　　　制单：

（30）向灾区红星工厂捐赠甲材料一批，已经由仓库发出。

凭30-1

发货单

2014 年 12 月 30 日

购货单位：　　　　　　　　　　　　　　　　　　　　　编号：

编号	名称	规格	单位	数量	单价	金额	备注
	甲材料		千克	200000	10	2000000	
合计				200000		2000000	

销售部门负责人：　　　　发货人：　　　　提货人：　　　　制单：

凭30-2

资产评估报告

红星工厂：

　　我单位接受贵单位委托，依据《中华人民共和国国有资产评估办法》《中华人民共和国注册会计师法》和《企业会计准则》等的规定，对贵单位接受河南惠开有限责任公司捐赠的甲材料 200000 千克进行评估。其原账面价值 2000000 元，按现行市价确定价值为 2200000 元（含税价）。

　　评估员：王刚汴　　　　　　　　　　　　信城会计师事务所
　　中国注册会计师：赵俊　　　　　　　　　2014 年 12 月 31 日

（31）12 月 31 日，产品完工入库，T28 窄行针式打印机 570 台，T53 激光打印机 480 台。

凭 31-1

产成品入库单

交库单位：　　　　　　　　2014 年 12 月 31 日　　　　　　　仓库：

产品名称	规格	计量单位	交库数量	总成本	单位成本	备注
T28 窄行针式打印机		台	570	684000	1200	
T53 激光打印机		台	480	1152000	2400	

车间负责人：　　　　　　　仓库管理员：王洪亮　　　　　　　制单：

（32）编制发料凭证汇总表及商品销售成本表。

凭 32-1

河南惠开公司发料凭证汇总表

2014 年 12 月 31 日　　　　　　　编号：

材料用途 \ 材料类别		原材料		低值易耗品		包装物		计划成本合计	成本差异合计
		计划成本	差异额	计划成本	差异额	计划成本	差异额		
基本生产车间	T28 窄行针式打印机								
	T53 激光打印机								
	一般耗用								
机修车间									
管理部门									
销售部门									
合计									

凭 32-2

商品销售成本汇总表

2007 年 12 月 31 日

项目	T28 打印机		T53 打印机		T11 打印机		合计
	数量（台）	金额（元）	数量（台）	金额（元）	数量（台）	金额（元）	
月初结存	0	0	0	0	110	66000	
本月入库							
合计							

加权平均单位成本							
本月商品销售成本							
合计							
本月商品销售成本							

（33）12 月 31 日，经检查作为低值易耗品管理的工具 96 把，其可变现净值为 3840 元，按成本与可变现净值孰低法计提存货跌价准备。工具尚未计提跌价准备。

凭 33–1

存货跌价准备计算表

2014 年 12 月 31 日

存货项目	数量	账面成本				可变现净值	计提准备金额
		计划单价	计划成本	差异	实际成本		
工具	96	50	4800	0	4800	3840	
合计			4800	0	4800	3840	

（34）12 月 31 日，经盘点原材料甲材料账存数 60 吨，实存数 62 吨，单价 1350 元；乙材料账存数 70 吨，实存数 69 吨，单价 1000 元，增值税税率 17%。原因待查，已上报主管部门审批。

凭 34–1

材料盘盈盘亏报告表

仓库：   2014 年 12 月 31 日

品名	规格	计量单位	单价	数量		金额	原因
				盘盈	盘亏		
原材料甲		吨	1350	2		2700	待查
原材料乙		吨	1000		1	1000	待查
处理意见							

主管：刘华   会计：辛萍   保管：李萍

（35）12 月 31 日，经领导研究批准：盘盈的甲材料冲减管理费用，盘亏的乙材料由保管员赔偿。12 月 25 日损失的产成品经协商批准，由保险公司赔偿 70%，其余转作营业外支出。

凭 35-1

材料盘盈盘亏报告表

仓库：　　　　　　　　　　　　2014 年 12 月 31 日

品名	规格	计量单位	单价	数量		金额	原因
				盘盈	盘亏		
原材料甲		吨	1350	2		2700	待查
原材料乙		吨	1000		1	1000	待查
处理意见	经研究决定：盘盈的甲材料冲减管理费用，盘亏的乙材料由保管员赔偿。刘华 2014 年 12 月 31 日						

主管：刘华　　　　　　　　会计：辛萍　　　　　　　　保管：李萍

凭 35-2

材料盘盈盘亏报告表

仓库：　　　　　　　　　　　　2014 年 12 月 25 日

品名	规格	计量单位	单价	数量		金额	原因
				盘盈	盘亏		
产成品		件	1800		150	270000	火灾
处理意见	经协商，由保险公司赔偿 70%，其余转作营业外支出。刘华 2014 年 12 月 31 日						

主管：刘华　　　　　　　　会计：辛萍　　　　　　　　保管：王诙

（36）12 月 31 日，经检查，原材料甲的可变现净值低于成本，应计提存货跌价准备 18920 元。

凭 36-1

存货跌价准备计算表

2014 年 12 月 31 日

存货项目	数量	账面成本				可变现净值	计提准备金额
		计划单价	计划成本	差异	实际成本		
原材料甲	62	1350	83700	−1674	82026	63106	18920
合计			83700	−1674	82026	63106	18920

项目4　资产岗位核算

 项目导航

所有企业都必须有一定量的资产，如厂房、机器设备、办公器材等，否则不能进行正常工作与生产。企业的商标品牌专利技术等无形资产，和机器设备等资产一样，是实现可持续发展的重要保证。

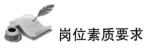 岗位素质要求

【知识学习目标】

了解资产岗位核算任务；

熟悉资产岗位的核算流程，各种固定资产的计价；

掌握固定资产的取得、折旧、修理、减值和清查的核算方法，各种无形资产和其他长期资产的核算方法。

【岗位培养目标】

具备对资产岗位核算的能力。

【职业素质目标】

具备固定资产确认与核算的基本知识与素养；

具有利用会计信息、网络资源等条件顺利经办固定资产取得、建造、折旧、处置及清查的能力。

 导入案例

张小花是财经大学会计专业毕业的学生，在学习"固定资产"知识前，老师问她："房屋、建筑物、汽车等有形资产是不是企业的固定资产呢？如果是企业的固定资产，将怎样为企业带来经济利益的流入，其价值又是怎样进行转移的？在使用过程中还会发生费用吗？"张小花很肯定地回答："房屋、建筑物、汽车等有形资产都是固定资产。"其他问题还没有深入学习，不是很清楚如何作答。

思考：张小花的回答是否正确呢？

任务 1　资产岗位核算任务与业务流程

4.1.1　资产岗位核算任务

①掌握资产岗位的管理制度和核算办法，负责按资产使用责任制，实行分口、分类管理。

②正确划分固定资产和低值易耗品的界限，编制固定资产目录，按照财务制度的有关规定，对固定资产、无形资产进行总分类和明细分类核算；督促有关部门或管理人员对外购、自建、投资转入、租赁、捐赠、报废、调出的资产办理会计手续，如实反映其全部会计核算内容。

③每月编制固定资产折旧费用和修理费用计算表，计算提取固定资产折旧和大修理资金并登记账簿，月末结出固定资产净值余额；做到账表相符、账账相符。

④每月编制无形资产摊销汇总表，正确摊销无形资产并登记账簿。

⑤参与固定资产不定期的清查盘点，对于在财产清查中盘盈、盘亏的固定资产，要分别情况进行不同的处理。

⑥年底定期进行资产的清查盘点，对报废处理和出售不使用的固定资产和无形资产，按"资产管理责任制"规定办理手续；编制会计凭证，并登记相关账户。

⑦对固定资产的使用，做到事先有控制，事后有监督，并定期组织分析固定资产的使用效果，提高固定资产的利用率。

⑧接受和完成主管领导临时安排的其他工作。

4.1.2　资产岗位业务流程

资产岗位的核算业务流程包括两个部分：第一部分是固定资产核算工作流程；第二部分是无形资产核算工作流程。固定资产核算业务流程图、无形资产核算业务流程图见图 4-1、图 4-2 所示。

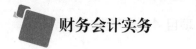

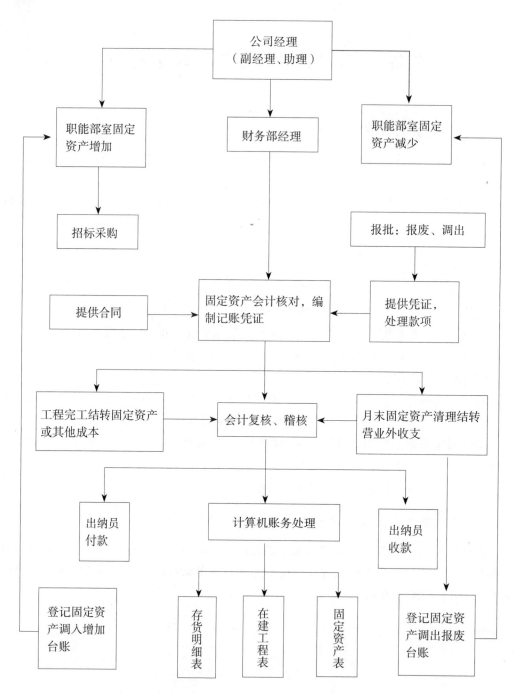

图 4-1　固定资产核算业务流程图

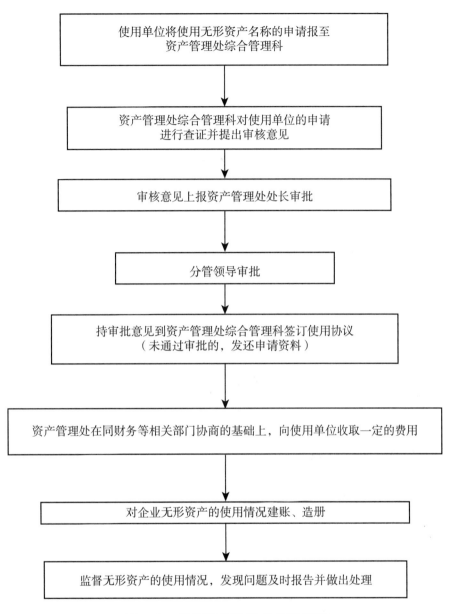

图 4-2　无形资产核算业务流程图

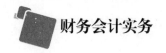

 【任务1训练题】

选择题

1. 资产岗位的核算任务有（　　）。

A. 正确划分固定资产和低值易耗品的界限，如实反映全部会计核算内容

B. 参与固定资产不定期的清查盘点

C. 计算提取固定资产折旧和大修理资金并登记账簿

D. 分析固定资产的使用效果，提高固定资产的利用率

2. 为了核算固定资产，企业一般要设置（　　）账户。

A. 在建工程　　　　B. 工程物资　　　　C. 固定资产　　　　D. 固定资产清理

3. 下列各项中，属于固定资产核算范围的是（　　）。

A. 生产经营用的设备　　　　　　　　B. 职工食堂

C. 建造承包商为保证施工和管理的正常进行而构建的各种临时设施

D. 代管物资

E. 企业购置计算机硬件所附带的、未单独计价的软件

任务2　固定资产的确认与初始计量

4.2.1　固定资产的确认

1. 固定资产的概念

固定资产是为生产产品、提供劳务、出租或经营管理而持有的、使用年限超过一年、单位价值较高的有形资产，包括企业的主要劳动资料和非生产经营用的房屋、设备。其特征主要表现在以下几个方面：

①具有实物形态。固定资产都是有形的、具有实体的资产，如房屋及建筑物、机器设备、运输设备等。

②经营的必要条件。固定资产中生产性固定资产，是生产的重要因素——劳动手段，直接影响生产的发展；固定资产中管理用固定资产，是管理的重要工具，直接影响管理水平和企业发展。企业都非常重视对固定资产的投资、更新和改造。

③长期使用。固定资产使用时间比较长，一般使用在一年以上；在使用过程中，通过维护和修理，能保持其应有功能。

④单项价值较高。单项固定资产的价值比较高，有的企业规定，在一定限额以上才算固定资产，限额以下为低值易耗品。

⑤价值逐渐转移。固定资产在使用过程中的磨损价值，以折旧的形式逐渐转移到产品成本中，通过产品销售得到补偿。

2. 固定资产的确认

某一资产项目，如果要作为固定资产加以确认，除需要符合固定资产的定义以外，还必须同时满足以下条件。

（1）与该资产有关的经济利益很可能流入企业

资产最重要的特征就是预期能给企业带来经济利益。企业在确认固定资产时，需要判断与该项资产有关的经济利益是否很可能流入企业。如果与该项资产有关的经济利益很可能流入企业，并同时满足固定资产确认的其他条件，那么，企业应当将其确认为固定资产；否则，不应将其确认为固定资产。

在实务中，判断与资产有关的经济利益是否很可能流入企业，主要判断与该项资产所有权有关的风险和报酬是否转移到了企业。与资产所有权相关的风险是指由于经营情况变化造成的相关收益的变动，以及由于资产闲置、技术陈旧等原因造成的损失；与资产所有权相关的报酬，是指在固定资产使用寿命内使用该资产而获得的收入，以及处置该资产所实现的利润等。

通常取得资产的所有权是判断与资产所有权相关风险和报酬转移到企业的一个重要的标志。但是所有权是否转移，不是判断与资产所有权相关的风险和报酬转移到企业的唯一标志，在有些情况下，某项资产的所有权虽然不属于企业，但是企业能够控制与该项资产有关的经济利益流入企业，这就意味着与该资产所有权相关的风险和报酬实质上已经转移到了企业，在这种情况下，企业应当将该项资产确认为固定资产。

请注意：融资租入的固定资产，企业虽然不拥有资产所有权，但与该资产所有权相关的风险和报酬实质上已经转移到了企业，因此，符合固定资产确认的第一个条件。

（2）该资产的成本能够可靠地计量

成本能够可靠地计量时资产确认的一项基本条件。固定资产作为企业资产的重要组成部分，要予以确认，其为取得资产而发生的支出也必须能够可靠地计量。如果资产的成本能够可靠地计量，并同时满足其他确认条件，就可以确认为固定资产；否则，企业不应加以确认。

企业在确认固定资产成本时，有时需要根据所获得的最新资料，对固定资产的成本进行合理的估计。例如，企业对于已经达到预定可使用状态但尚未办理竣工决算的固定资产，需要根据工程预算、工程造价或者实际发生的成本等资料，按暂估价值确认固定资产的入账价值，待办理了竣工决算手续后再做调整。

知识窗：固定资产确认的具体应用。

①环保设备和安全设备的使用虽然不能直接为企业带来经济利益，但有助于企业从相关资产获得经济利益，或者将减少企业未来经济利益的流出，对于这些设备，企业应将其确认为固定资产。

②飞机的引擎，如果其与飞机机身具有不同的使用寿命，从而适用不同的折旧率或折旧方法，则企业应将其单独确认为固定资产。

③工业企业持有的工具、模具、管理用具、玻璃器皿等资产，企业应当根据实际

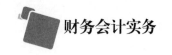
情况进行核算和管理。如果这些资产项目符合固定资产的定义及其确认条件，就应当确认为固定资产；如果这些资产项目不符合固定资产的定义及其确认条件，就不应当确认为规定资产，而应当作为流动资产进行核算和管理。

④备品备件和维修设备通常应当确认为存货，但某些备品备件和维修设备需要与相关固定资产组合发挥效用。例如：民用航空运输企业的高价周转件，就应当确认为固定资产。

3. 固定资产的分类

（1）按经济用途分类

生产经营用固定资产：是指直接服务于企业生产、经营过程的各种固定资产。如生产经营用的房屋、建筑物、机器、设备、器具、工具等。

非生产经营用固定资产：是指不直接服务于企业生产、经营过程的各种固定资产，如职工宿舍、食堂、浴室、理发室等使用的房屋、设备和其他固定资产等。

（2）按使用情况分类

使用中的固定资产：是指正在使用的经营性和非经营性固定资产。

未使用的固定资产：是指已经完工或已经购建的、尚未支付使用的新增固定资产，以及因进行改建、扩建等停止使用的固定资产。如企业购建的尚待安装的固定资产、经营任务变更停止使用的固定资产等。

不需用的固定资产：是指本企业多余或不适用，需要调配、处理的固定资产。

（3）按所有权分类

自有固定资产：是指企业拥有的可供长期使用的固定资产。

租入固定资产：是指企业采用租赁形式取得、使用，并按期支付租金的固定资产，可分为经营性租入固定资产和融资租入固定资产。

（4）按经济用途和使用情况综合分类

生产经营用固定资产：是指直接使用于生产经营过程的固定资产。

非生产经营用固定资产：是指直接使用于非生产经营过程中的固定资产。

租出的固定资产：是指在经营性租赁方式下，租给其他单位并收取租金的固定资产。

无须用的固定资产：是指不适应企业生产经营需要的、等待处理的固定资产。

未使用的固定资产：是指已完工或已购入的尚未使用或尚待安装的新增加的固定资产，因改扩建等原因暂停使用的固定资产，经批准停止使用的固定资产。

土地：是指过去已估价入账的土地。

请注意：因征地而支付的补偿费，应计入与土地有关的房屋、建筑物的价值内，不单独作为土地价值入账；企业取得的土地使用权应作为无形资产，不作为固定资产进行管理。

融资租入的固定资产：是指企业以融资租赁方式租入的固定资产。

请注意：融资租入固定资产，在租赁期内，应视同自有固定资产进行管理。

4.2.2　固定资产的初始计量

1. 固定资产的初始计量基础

固定资产的初始计量是指固定资产初始成本的确定，固定资产应按成本进行初始计量。固定资产成本是指企业购建某项固定资产达到预定可使用状态前所发生的一切合理、必要的支出。这些支出既包括直接发生的价款、相关税费、运杂费、包装费和安装成本等，也包括间接发生的其他一些费用。

2. 固定资产初始成本的构成

（1）外购固定资产

外购固定资产的成本，为实际支付的全部价款，包括购买价款、相关税费、使固定资产达到预定可使用状态前发生的可归属于该项资产的运输费、装卸费、安装费和专业人员服务费等。

请注意："相关税费"不包括生产经营用固定资产的增值税进项税，这部分增值税进项税额可以抵扣。

（2）自行建造的固定资产

自行建造的固定资产的成本，按建造该项固定资产达到预定可使用状态前所发生的必要支出，作为入账价值。符合资本化的借款费用应计入自行建造固定资产的成本。

（3）投资者投入的固定资产

投资者投入的固定资产的成本，应当按照投资合同或协议约定的价值确定，但合同或协议约定价值不公允的除外。

（4）融资租入的固定资产

融资租入固定资产的成本，按租赁开始日租赁资产的公允价值与最低租赁付款额现值两者中较低者，加上在租赁谈判和签订租赁合同过程中发生的，可直接归属于租赁项目的手续费、律师费、差旅费、印花税等初始直接费用，作为租入固定资产的入账价值。

（5）接受捐赠的固定资产

①捐赠方提供了有关凭据的，按凭据上标明的金额加上应当支付的相关税费，作为入账价值。

②捐赠方没有提供有关凭据的，按以下顺序确定其入账价值：同类或类似固定资产存在活跃市场的，按同类或类似固定资产的市场价格估计的金额，加上应当支付的相关税费，作为入账价值；同类或类似固定资产不存在活跃市场的，按接受捐赠的固定资产的预计未来现金流量现值，作为入账价值。

（6）盘盈的固定资产

①同类或类似固定资产存在活跃市场的，按同类或类似固定资产的市场价格，减去按该项资产的新旧程度估计的价值损耗后的余额，作为入账价值。

②同类或类似固定资产不存在活跃市场的，按该项固定资产的预计未来现金流量

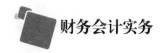

现值，作为入账价值。

（7）经批准无偿调入的固定资产

经批准无偿调入的固定资产，按调出单位的账面价值加上发生的运输费、安装费等相关费用入账。

【任务2训练题】

选择题

1. 外购固定资产的成本，包括（　　）。

A. 运输费　　　　B. 购买货款　　C. 安装费　　　　D. 专业人员的服务费

2. 投资者投入的固定资产，以（　　）作为固定资产的入账价值。

A. 投资各方确认价值（不公允的除外）　　B. 投资单位账面价值

C. 固定资产市场价值　　　　　　　　　　D. 固定资产净值

3. 固定资产按经济用途和使用情况分为（　　）。

A. 非生产经营用固定资产　　　　　　　　B. 生产经营用固定资产

C. 土地　　　　　　　　　　　　　　　　D. 自有固定资产

4. 企业接受投资者投入的固定资产，在合同或协议约定的价值不公允的情况下，应当按照（　　）作为入账价值。

A. 接受投资时该固定资产的公允价值　　　B. 投资合同或协议约定的价值

C. 投资各方确认的价值　　　　　　　　　D. 投资方该固定资产的账面价值

5. 自行建造的固定资产通过（　　）账户核算。

A. 在建工程　　　B. 固定资产　　C. 工程物资　　D. 管理费用

任务3　固定资产增加的核算

4.3.1　外购的固定资产

企业外购的固定资产，应按实际支付的购买价款、相关税费及使固定资产达到预定可使用状态前所发生的可归属于该项固定资产的运输费、装卸费、安装费和专业人员服务费等，作为固定资产的取得成本。增值税一般纳税人外购及其设备等固定资产的进项税额不计入固定资产成本，但可以在销项税额中抵扣。

企业购入的固定资产分为购入不需要安装的固定资产和购入需要安装的固定资产两类。

1. 购入不需要安装的固定资产

购入时，需要按实际支付的价款，包括买价，支付的运输费、保险费、包装费等，借记"固定资产"账户，按支付外购机器设备等固定资产的进项税额，借记"应

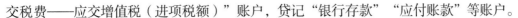

交税费——应交增值税（进项税额）"账户，贷记"银行存款""应付账款"等账户。

【例 4-1】黄河公司为增值税一般纳税人，2014 年 11 月 9 日，购置了一台不需要安装即可使用机器设备，取得的增值税专用发票上注明的设备价款为 30000 元，增值税税额为 5100 元，另支付运输费用 300 元、保险费用 2000 元，款项以银行存款支付。黄河公司的账务处理如下：

借：固定资产　32300
　　应交税费——应交增值税（进项税额）　5100
　　贷：银行存款　37400

2.购入需要安装的固定资产

购入需要安装的固定资产，即购入后经安装调试符合要求才能交付使用的固定资产，其原始价值包括实际支付的价款（包括买价、包装费、运输费等）和安装调试费用等。购入需要安装的固定资产，先通过"在建工程"账户核算，待安装调试完工交付使用后，转入"固定资产"账户核算。

【例 4-2】黄河公司 2014 年 12 月 13 日购入一台需要安装的机器设备，取得的增值税专用发票上注明的设备价款为 150000 元，增值税额为 25500 元，支付的装卸费为 1800 元，款项通过银行支付。购入后进行安装，领用一批原材料，其账面成本为 15200 元，安装完毕后，支付安装工人工资 3600 元。黄河公司应做如下账务处理：

①购入设备时：

借：在建工程　151800
　　应交税费——应交增值税（进项税额）　25500
　　贷：银行存款　177300

②安装过程中领用材料，支付安装工人工资时：

借：在建工程　18800
　　贷：原材料　15200
　　　　应付职工薪酬　3600

③固定资产安装完毕，达到预定可使用状态时：

借：固定资产　170600
　　贷：在建工程　170600

4.3.2　建造的固定资产

企业建造的固定资产的成本，是由建造该项资产达到预定可使用状态前所发生的必要支出构成，包括工程用物资成本、人工成本、缴纳的相关税费、应予资本化的借款费用以及应分摊的间接费用等。企业自行建造固定资产包括自营建造和出包建造两种方式。

1.自营建造

企业以自营方式建造固定资产是指企业自行组织采购工程物资、自行组织工程施

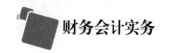

工。企业以自营方式建造固定资产，其成本应当按照直接材料、直接人工、直接机械施工费等计量。

企业为建造固定资产准备的各种物资，应当按照实际支付的买价、不能抵扣的增值税税额、运输费、保险费等相关税费作为实际成本，记入"工程物资"账户，并按照各种专项物资的种类进行明细核算。工程完工后，剩余的工程物资转为本企业存货的，按其实际成本或计划成本进行结转，借记"原材料"或"库存商品"账户，贷记"工程物资"账户。建设期间发生的工程物资盘亏、报废及毁损，减去残料价值以及保险公司、过失人等赔款后的净损失，计入所建工程项目的成本，借记"在建工程"账户，贷记"待处理财产损溢"账户；盘盈的工程物资或处置净收益，冲减所建工程项目的成本，借记"待处理财产损溢"账户，贷记"在建工程"账户。工程完工后发生的盘盈、盘亏、报废、毁损，计入营业外收支。

建造固定资产领用工程物资、原材料或库存商品，应按其实际成本转入所建工程成本，借记"在建工程"账户，贷记"工程物资"账户。自营方式建造固定资产所负担的职工薪酬，辅助生产部门为之提供的水、电、运输等劳务，以及其他必要支出等，也应计入所建工程项目的成本。上述项目涉及增值税的，还应结转相应的增值税额，借记"在建工程"账户，贷记"应付职工薪酬""生产成本——辅助生产成本"等账户。

企业以自营方式建造固定资产，发生的工程成本应通过"在建工程"账户核算，工程完工达到预定可使用状态时，从"在建工程"账户转入"固定资产"账户。

【例4-3】2014年3月，黄河公司准备自行建造一台大型设备，购入为工程准备的一批物资，价款为180000元，支付的增值税进项税额为30600元，款项以银行存款支付。3~9月，工程先后领用工程物资为160000元，剩余工程物资转为该公司的存货，其所含的增值税进项税额可以抵扣；领用生产用原材料一批，实际成本为28000元，未计提存货跌价准备；辅助生产车间为工程提供的有关劳务支出为26000元；支付工程人员薪酬为58000元。9月底，工程达到预定可使用状态并交付使用。黄河公司的账务处理如下：

①购入为工程准备的物资：

借：工程物资　210600

　　贷：银行存款　210600

②工程领用物资时：

借：在建工程　160000

　　贷：工程物资　160000

③工程领用原材料：

借：在建工程　28000

　　贷：原材料　28000

④辅助生产车间为工程提供劳务支出：

借：在建工程　26000

贷：生产成本——辅助生产成本　26000

⑤计提工程人员薪酬：

借：在建工程　58000

　　贷：应付职工薪酬　58000

⑥9月底，工程达到预定可使用状态并交付使用：

借：固定资产　272000

　　贷：在建工程　272000

⑦剩余工程物资转作存货：

借：原材料　20000

　　贷：工程物资　20000

2. 出包建造

出包建造，是指企业通过招标等方式将工程项目发包给建造承包商，由建造承包商组织施工的建筑工程和安装工程。企业以出包方式建造固定资产，其成本由建造该项固定资产达到预定可使用状态的必要支出构成。包括发生的建筑工程支出、安装工程支出以及需分摊计入各固定资产价值的待摊支出。由于建筑工程、安装工程采用出包方式发给建造承包商承建，因此，工程的具体支出，如人工费、材料费、机械使用费等由建造承包商核算；对于发包企业而言，建筑工程支出、安装工程支出是构成在建工程成本的重要内容，结算的工程价款计入在建工程成本。待摊支出是指在建设期间发生的不能直接计入某项固定资产价值、而应由所建造固定资产共同负担的相关费用，包括为建造工程发生的管理费、可行性研究费、临时设施费、公证费、监理费、应负担的税金、符合资本化条件的借款费用、建设期间发生的工程物资盘亏、报废及毁损净损失，以及符合资本化条件的其他费用等。

在出包方式下，"在建工程"账户主要是企业与建造承包商办理工程价款的结算账户，企业支付给建造承包商的工程价款，作为工程成本通过"在建工程"账户核算。企业应按合理估计的工程进度和合同规定向建造承包商结算的进度款，借记"在建工程"账户，贷记"银行存款""预付账款"等账户。工程完工时，按合同规定补付的工程款，借记"在建工程"账户，贷记"银行存款"账户。

在建工程达到预定可使用状态时，按其成本，借记"固定资产"账户，贷记"在建工程"账户。

【例 4-4】黄河公司以出包方式建造一座厂房，预付工程款 1000000 元，工程完工决算，需补付价款 500000 元。账务处理如下：

①预付工程款时：

借：在建工程——厂房　1000000

　　贷：银行存款　1000000

②补付工程价款时：

借：在建工程——厂房　500000

　　贷：银行存款　500000

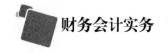

③工程竣工交付使用时：

借：固定资产——厂房　　1500000
　　贷：在建工程　　1500000

4.3.3　投资者投入的固定资产

企业接受外单位以固定资产作为投资。对外单位投入的固定资产，应按投资合同或协议约定的价值作为其成本，借记"固定资产"账户，贷记"实收资本"账户。合同或协议约定价值不公允的，应以公允价值计量，公允价值与合同约定价值之间的差额计入资本公积。

【例4-5】黄河公司2014年3月21日接受长江公司投入的设备一台，长江公司记录该设备的账面原价为90000元，已提折旧10000元；黄河公司接受投资时，双方同意按原设备的净值确认投资额，但经评估该设备的价格为60000元。黄河公司账务处理如下：

借：固定资产　　60000
　　资本公积　　20000
　　贷：实收资本　　80000

4.3.4　融资租入的固定资产

融资租赁，是指实质上转移了与资产所有权有关的全部风险和报酬的租赁。其所有权最终可能转移，也可能不转移。企业与出租人签订的租赁合同应否认定为融资租赁合同，不在于租赁合同的形式，而应视出租人是否将租赁资产的风险和报酬转移给了承租人而定。如果实质上转移了与资产所有权有关的全部风险和报酬，则该项租赁应认定为融资租赁；如果实质上并没有转移与资产所有权有关的全部风险和报酬，则该项租赁应认定为经营租赁。

按照实质重于形式的原则，企业应将融资租入资产作为一项固定资产计价入账，同时确认相应的负债，并计提固定资产的折旧。在租赁期开始日，承租人应当将租赁开始日租赁资产公允价值与最低租赁付款额现值两者中较低者作为租入资产的入账价值；承租人在租赁谈判和签订租赁合同过程中发生的，可归属于租赁项目的手续费、律师费、差旅费、印花税等初始直接费用也计入资产的价值。

融资租入的固定资产，在租赁开始日，按应计入固定资产成本的金额（租赁开始日租赁资产公允价值与最低租赁付款额现值两者中较低者，加上初始直接费用），借记"固定资产——融资租入固定资产"或"在建工程"账户，按最低租赁付款额，贷记"长期应付款"账户，按发生的初始直接费用，贷记"银行存款""库存现金"等账户，按其差额，借记"未确认融资费用"账户。每期支付租金时，借记"长期应付款"账户，贷记"银行存款"账户。未确认的融资费用应当在租赁期内采用实际利率法摊销，借记"财务费用"账户，贷记"未确认融资费用"账户。

【例4-6】黄河公司融资租入光明公司的设备一台（不需要安装），协议标明价

款500000元，运输费用和保险费用为6000元，每月通过银行支付租金5000元。黄河公司的账务处理如下：

①租入设备时：

借：固定资产——融资租入固定资产 506000

　　贷：长期应付款——光明公司 506000

②按月支付租金时：

借：长期应付款——光明公司 5000

　　贷：银行存款 5000

4.3.5 接受捐赠的固定资产

接受捐赠的固定资产，捐赠方提供了有关凭据的，按凭据上标明的金额加上应支付的相关税费，作为固定资产的成本；如果捐赠方未提供有关凭据，则按其市价或同类、类似固定资产的市场价格估计的金额，加上由企业负担的运输费、保险费、安装调试费等作为固定资产成本。接受捐赠时，按确定的实际成本，借记"固定资产"账户，贷记"营业外收入——捐赠利得"账户，按企业因接受捐赠固定资产应支付的相关税费，贷记"银行存款"和"应交税费"等账户。

【例4-7】黄河公司接受明月公司捐赠机器设备一台，其公允价值为36000元。黄河公司的账务处理如下：

借：固定资产 36000

　　贷：营业外收入——捐赠利得 36000

4.3.6 盘盈的固定资产

盘盈的固定资产应作为会计差错更正来处理。

【例4-8】黄河公司在财产清查中，发现多出设备一台，公允价值为100000元。黄河公司所得税税率为25%，提取法定盈余公积的比例为10%。黄河公司的账务处理如下：

借：固定资产 100000

　　贷：以前年度损溢调整 100000

借：以前年度损溢调整 25000

　　贷：应交税费——应交所得税 25000

借：以前年度损溢调整 75000

　　贷：盈余公积——法定盈余公积 10000

　　　　利润分配——未分配利润 65000

 【任务3训练题】

技能训练

1.外购固定资产的核算。兴业公司2014年8月10日购入一台需要安装的新仪

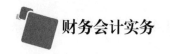

器，买价 100000 元，增值税 17000 元，运杂费 500 元；购入后进行安装，领用材料 20000 元，安装完毕后，需支付安装工人工资 10000 元。上述款项均已用银行存款支付。兴业公司如何进行账务处理？

2. 建造固定资产的核算。

（1）光明公司自行建造车间一幢，购入工程物资 200000 元，增值税额 34000 元，全部用于工程建设。领用本企业生产的水泥一批，实际成本 60000 元，税务部门确定的计税价格为 80000 元。工程人员工资为 30000 元，领用企业购买的原材料 10000 元（不含税），支付其他费用 12000 元。工程完工能够达到预定可使用状态。光明公司如何进行账务处理？

（2）长江公司建造车库一座，出包给市建筑公司。根据承包合同，工程开工时，预付工程价款 15000 元，工程完工后，收到市建筑公司工程计算单据，补付工程款 120000 元，车库已验收交付使用。长江公司如何进行账务处理？

3. 投资者投入的固定资产的核算。A 企业接受 B 企业投资设备一台（不需要安装），按投资合同或协议确定的价值为 500000 元。A 企业如何进行账务处理？

4. 融资租入固定资产的核算。龙祥公司以融资方式租入需要安装的设备一台，该设备的公允价值等于最低租赁付款额的现值，均为 2400000 元，租赁合同规定的最低租赁付款额为 3000000 元。设备租入后需进行安装，从仓库领用材料价款 200000 元，增值税进项税额 34000 元，以银行存款支付安装调试费 90000 元。此外，用银行存款支付此项租赁谈判和签订租赁合同过程中发生的初始直接费用 100000 元。按租赁协议规定，租赁期满，该设备转归企业所有。龙祥公司如何进行账务处理？

5. 接受捐赠的固定资产的核算。A 公司接受某科研单位捐赠的设备一台（不需要安装），其公允价值为 300000 元。A 公司如何进行账务处理？

6. 盘盈的固定资产的核算。辉业公司在财产清查中，发现多出机器设备一台，其公允价值为 40000 元。该公司所得税税率为 25%，提取法定盈余公积金的比例为 10%。辉业公司如何进行账务处理？

任务 4　固定资产折旧和修理的核算

4.4.1　固定资产折旧的核算

1. 固定资产折旧的概念与范围

（1）固定资产折旧的概念

固定资产折旧是指固定资产在使用寿命内，按照确定的方法对应计折旧额进行的系统分摊。其中，使用寿命是指企业使用固定资产的预计期间，或者该固定资产所能生产产品或提供劳务的数量；应计折旧额指应当计提折旧的固定资产原价扣除其预计净残值后的金额。已计提减值准备的固定资产，还应当扣除已计提的固定资产减值准备累计金额。

请注意：企业应当根据固定资产的性质和使用情况，合理确定固定资产的使用寿命和预计净残值，并选择合适的折旧方法，一经确定，不得随意变更。

（2）固定资产折旧的范围

除下列情况外，企业应对所有固定资产计提折旧：

①已提足折旧仍继续使用的固定资产；

②按照规定单独估价作为固定资产入账的土地。

其中，提足折旧是指已经提足该项固定资产的应提折旧额。

请注意：企业应当按月计提固定资产折旧，当月增加的固定资产，当月不计提折旧，从下月起计提折旧；当月减少的固定资产，当月仍计提折旧，从下月起停止计提折旧。固定资产提足折旧后，不管能否继续使用，均不再提取折旧；提前报废的固定资产，也不再补提折旧。

知识窗：影响固定资产折旧的因素

（1）固定资产原价。是指固定资产的成本。已达到预定可使用状态、但尚未办理竣工决算的固定资产，应当按照估计价值确定其成本，并计提折旧；待办理竣工决算手续后，再按实际成本调整原来的暂估价值，但不需要调整原已计提的折旧额。

（2）预计净残值。是指假定固定资产预计使用寿命已满并处于使用寿命终了时，企业从该项资产处置中获得的扣除预计处置费用后的金额。

（3）固定资产减值准备。是指固定资产已计提的固定资产减值准备累计金额。

（4）固定资产的使用寿命。是指企业使用固定资产的预计期间或者该固定资产所能生产产品或提供劳务的数量。企业确定固定资产使用寿命时，应当考虑下列因素：

①该资产的预计生产能力或实物产量。

②该资产的有形损耗，如设备使用中发生磨损、房屋建筑物受到自然侵蚀等。

③该资产的无形损耗，如因新技术的出现而使现有的资产技术水平相对陈旧、市场需求变化使产品过时等。

④法律或类似规定对该项资产使用的限制。

2. 固定资产折旧的计算方法

（1）年限平均法

年限平均法又称直线法，是将固定资产的折旧均衡地分摊到各期的一种方法。采用这种方法计算的每期折旧额均是等额的。计算公式如下：

月折旧额 = 固定资产原值 × 月折旧率

月折旧率 = 年折旧率 ÷ 12

某项固定资产年折旧率 = 该项固定资产年折旧额 ÷ 该项固定资产原值 × 100%

某项固定资产年折旧额 = （固定资产原值 – 预计净残值 + 预计清理费用） ÷ 预计使用年限

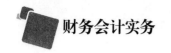

【例4-9】黄河公司拥有一台机器设备，原值8600元，预计使用5年，预计残值800元，预计清理费用200元。则：

年折旧额＝（8600－800＋200）÷5＝1600（元）

月折旧额＝1600÷12＝133.33（元）

（2）工作量法

工作量法是指固定资产的损耗价值，按照固定资产预计完成的总工作量平均计提的方法。工作量法适用于价值大、不经常使用，或生产变化大、磨损不均衡的大型、专用设备。

单位工作量折旧额＝（固定资产原值－预计净残值）÷预计总作业量

各期折旧额＝单位工作量折旧额 × 各期实际工作量

【例4-10】黄河公司的一辆运输卡车，原值为200000元，预计净残值率为5%，预计总行驶里程为1000000千米，当月行驶里程为5000千米，该项固定资产的月折旧额计算如下：

单位里程折旧额＝（200000－200000×5%）÷1000000＝0.19（元/千米）

本月折旧额＝5000×0.19＝950（元）

（3）双倍余额递减法

双倍余额递减法是指固定资产的损耗价值，以年初固定资产账面净值为基数，以直线折旧率的两倍为定率，计算提取的方法。这种方法各年折旧率是固定的，折旧额呈递减趋势。在计提折旧时，要注意各年计提折旧后，固定资产账面净值不能低于预计固定资产残值，即实行双倍余额递减法计提折旧的固定资产，应当在其固定资产折旧年限到期以前两年内，将固定资产净值扣除预计净残值后的余额平均摊销。计算公式如下：

年折旧率＝2÷预计使用年限 ×100%

年折旧额＝期初固定资产账面净值 × 年折旧率

月折旧率＝年折旧率 ÷12

固定资产账面净值＝期初固定资产账面余额－已提累计折旧

请注意：实行双倍余额递减法计提折旧的固定资产，应当在其固定资产折旧年限到期前两年内，将固定资产净值扣除净残值后的余额予以平均摊销。

【例4-11】黄河公司某项设备原价为50000元，预计残值为2000元，预计使用5年，采用双倍余额递减法计提折旧额，计算如下：

年折旧率＝2÷5＝40%

各年折旧额计算如表4-1所示。

表4-1 折旧计算表（双倍余额递减法）

年份	年初账面净值	年折旧率	折旧额	累计折旧额	年末账面净值
1	50000	40%	20000	20000	30000
2	30000	40%	12000	32000	18000
3	18000	40%	7200	39200	10800
4	10800	—	4400	43600	6400
5	6400	—	4400	48000	2000

从第4年起该按年限平均法计提折旧。

第4年、第5年的年折旧额＝（10800–2000）÷2＝4400（元）

（4）年数总和法

年数总和法，又称合计年限法，是将固定资产的原值减去净残值后的净额乘以一个逐年递减的分数计算每年的折旧额，这个分数的分子代表固定资产尚可使用的年数，分母代表使用年数的逐年数字总和。计算公式如下：

年折旧率＝尚可使用年数÷预计使用年限的年数总和

＝（预计使用年限–已使用年限）÷［预计使用年限×（预计使用年限+1）÷2］

年折旧额＝固定资产原值×（1–预计净残值率）×年折旧率

【例4-12】黄河公司某设备原值为50000元，预计使用年限为5年，预计净残值率为4%，采用年数总和法计算的各年折旧额如表4-2所示。

表4-2 折旧计算表（年数总和法）

年份	原值–净残值	年折旧率	年折旧额	累计折旧额
1	48000	5/15	16000	16000
2	48000	4/15	12800	28800
3	48000	3/15	9600	38400
4	48000	2/15	6400	44800
5	48000	1/15	3200	48000

净残值＝50000×4%＝2000（元）

以上四种计提方法，前两种是平均折旧法，后两种方法是加速折旧法。企业应根据自身经营性质和特点，选择固定资产折旧方法。固定资产折旧方法一经确定，企业不得随意变更。如需变更，应将变更的内容及原因在变更当期会计报表附注中说明。

议一议：比较固定资产折旧的4种计算方法，说一说各自的特点。

3. 固定资产折旧的核算

实际工作中，固定资产折旧的计算是按月计提的。企业在计提折旧时，以月初应提折旧的固定资产账面原值为依据。

企业按规定每月要计提固定资产折旧。其计算公式如下：

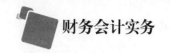

本月应提折旧额＝上月计提折旧额＋上月增加固定资产应计折旧额－上月减少固定资产应计折旧额

【例4-13】黄河公司2014年6月份固定资产计提折旧计算情况如表4-3所示。

表4-3 固定资产折旧计算表

2014年6月30日

使用单位及固定资产类别	上月折旧额	上月增加固定资产应计折旧额	上月减少固定资产应计提折旧额	本月应计提折旧额
生产车间：	83000	7000		90000
房屋	35000			35000
机器设备	48000	7000		55000
行政管理部门：	104000	4000	8000	100000
房屋	72000			72000
运输工具	32000	4000	8000	28000
销售部门：	53000		1000	52000
房屋	30000			30000
办公设备	23000		1000	22000
合计	240000	11000	9000	242000

会计：张科　　　　　　　　复核：刘慧　　　　　　　　制单：于光

黄河公司应做账务处理如下：

借：制造费用　90000
　　管理费用　100000
　　销售费用　52000
　贷：累计折旧　242000

4.4.2 固定资产的后续支出

1. 固定资产后续支出的含义

固定资产的后续支出是指固定资产在使用过程中发生的更新改造支出、修理费用等。固定资产投入使用后，由于组成部分各不相同或者使用条件不同，往往发生固定资产的局部损坏。为了保持固定资产的正常运转和使用，并发挥其效能，必须对其进行必要的维修和维护。

2. 固定资产后续支出确认的原则

固定资产后续支出，如使可能流入企业的经济利益超过了原先的估计，则应将其予以资本化，计入规定资产账面价值，但增计后的金额不应超过该固定资产的可收回金额。在其他情况下，后续支出应在发生时计入当期损益。

①固定资产修理费用，应直接计入当期费用。

②固定资产改良支出，应计入固定资产账面价值，其增计后的金额不应超过该固定资产的可回收金额；增计后的金额超过该固定资产可收回金额的部分，直接计入当期营业外支出。

③如不能区分固定资产修理或改良，或修理与改良结合在一起，则应根据①和②的原则将相关支出费用化或资本化。

④固定资产装修费用，如符合资本化条件，应确认为固定资产，并在两次装修期间与固定资产尚可使用年限两者中较短的期间内采用合理的方法单独计提折旧。下次装修时，原资本化的装修费用余额减去相关折旧后的差额，一次全部计入当期营业外支出。

⑤融资租赁方式租入固定资产发生的固定资产后续，比照上述原则处理。对其符合资本化条件的装修费用，应在两次装修期间、剩余租赁期和固定资产尚可使用年限三者较短的期间内，采用合理的方法单独计提折旧。

⑥经营租赁方式租入固定资产发生的改良支出应予资本化，并在剩余租赁期与租赁资产尚可使用年限两者较短的期间内，采用合理的方法单独计提折旧。

3. 固定资产后续支出的核算

（1）资本化后续支出

即企业发生可予以资本化的后续支出（一般指改良、改扩建）。

【例 4-14】黄河公司为增值税一般纳税人，2014 年 8 月对一台生产设备进行改扩建。该生产设备的原值为 2000 万元，已提折旧 800 万元，已提减值准备 40 万元。改扩建过程中，领用工程物资 300 万元（不含增值税），发生改扩建工程人员职工薪酬 102.6 万元，用银行存款支付其他相关费用 167.4 万元（符合资本化条件）。2014 年 10 月 2 日，该生产设备达到预定可使用状态。黄河公司有关账务处理如下：

①注销原值、计提折旧、减值准备，将固定资产账面价值转入"在建工程"账户时：

借：在建工程　11600000
　　累计折旧　8000000
　　固定资产减值准备　400000
　贷：固定资产　20000000

②改扩建过程中发生相关支出时：

借：在建工程　3000000
　贷：工程物资　3000000

借：在建工程　1026000
　贷：应付职工薪酬　1026000

借：在建工程　1674000
　贷：银行存款　1674000

③改扩建完成，生产设备达到预定可使用状态时：

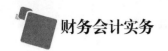
借：固定资产　17300000

　　贷：在建工程　17300000

（2）费用化后续支出

企业发生的与固定资产有关的修理费用以及固定资产更新改造等后续支出，不符合资本化条件的，应当根据不同情况在发生时直接计入当期损益，即计入管理费用或销售费用。

【例4-15】黄河公司对某生产设备进行修理，修理过程中领用原材料一批，价值为150000元，为购买该批原材料支付的增值税进项税额为25500元，应支付维修人员薪酬为45420元。

对机器设备的维护，仅仅是为了维护固定资产的正常使用而发生的，不产生未来的经济利益，因此应在其发生时确认为费用。黄河公司应做账务处理如下：

借：管理费用　195420

　　贷：原材料　150000

　　　　应付职工薪酬　45420

 【任务4训练题】

一、选择题

1. 下列各项中，应计提折旧的固定资产是（　　）。

A. 当月购入的设备　　　　　　B. 当月报废的设备

C. 超龄使用的设备　　　　　　D. 经营租入的设备

2. 某固定资产使用年限为5年，在采用年数总和法计提折旧的情况下，第一年的年折旧率为（　　）。

A. 20%　　　　　B. 33.33%　　　　C. 40%　　　　D. 50%

3. 影响固定资产折旧的基本因素不包括（　　）。

A. 固定资产的原值　　　　　　B. 固定资产的预计净残值

C. 固定资产的使用寿命　　　　D. 固定资产折旧的方法

4. 某项固定资产原值为16500元，预计使用年限为5年，预计净残值为500元，按双倍余额递减法计提折旧，该项固定资产第4年应计提的折旧额为（　　）元。

A. 3960　　　　　B. 2376　　　　C. 1532　　　　D. 1425.6

5. 下列项目中，不应计提折旧的固定资产是（　　）。

A. 因季节性等原因而暂定使用的固定资产

B. 因改扩建等原因而暂定使用的固定资产

C. 企业临时性出租给其他企业使用的固定资产

D. 融资租入的固定资产

二、技能训练

1. 2014年11月1日，金星公司有一台生产用机器设备原值为30000元，预计清理费用为1200元，预计净残值为3000元，使用年限为4年。用平均年限法计算月折旧额。

2. 光明公司拥有一辆卡车，其原值为 120000 元，预计残值为 5000 元，预计清理费用 1000 元，预计总行驶里程为 1000 万千米，当月该量卡车行驶 6000 千米。用工作量法计算月折旧额。

3. 星月公司某项设备原价为 20000 元，预计使用年限为 5 年，预计净残值为 200元。采用双倍余额递减法计算折旧额。

4. 某项固定资产的原值为 48000 元，预计使用年限为 5 年，预计净残值为 3000元。采用年数总和法计算各年折旧额。

5. A 公司对其所属的仓库进行更新改造，该仓库资产原值为 100 万元，累计折旧为 60 万元，共花费改造资金 40 万元。A 公司应如何进行账务处理？

任务 5　固定资产期末计量与处置

4.5.1　固定资产减值的核算

1. 固定资产减值的含义

固定资产减值是当固定资产发生损坏、技术陈旧或其他经济原因，所导致其可收回金额低于其账面价值的情况。

2. 固定资产减值的条件

①固定资产市价大幅度下跌，其跌价幅度大大高于因时间推移或正常使用而预计的下跌，并且预计在近期内不可能恢复。

②企业经营所处的经济、技术或者法律等环境以及资产所处的市场在当期或者将在近期发生重大变化，并对企业产生不利影响。

③市场利率或者其他市场投资报酬率在当期已经提高，从而影响企业计算固定资产预计未来现金流量现值的折现率，导致固定资产可收回金额大幅度降低。

④有证据表明固定资产已经陈旧过时或者其实体已经损坏。

⑤固定资产预计使用方式发生重大不利变化，如企业计划终止使用、提前处置资产等情形，从而对企业产生负面影响。

⑥其他有可能表明资产已发生减值的情况。

请注意：固定资产减值损失一经确定，在以后的会计期间不得转回。

3. 固定资产减值的业务处理

如果固定资产的可收回金额低于其账面价值，企业应当按可收回金额低于账面价值的差额计提减值准备，并设置"固定资产减值准备"科目进行核算。固定资产减值准备应按单项资产计提，计提时，借记"资产减值损失"科目，贷记"固定资产减值准备"科目。

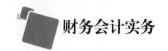

【例4-16】黄河公司有一台机器设备，账面原值为200000元，已提累计折旧120000元，经检查该设备的性能已经陈旧，预计可收回金额仅为30000元，则对可收回金额（30000元）低于其净值的80000元（200000-120000）的50000元提取减值准备如下：

借：资产减值损失　50000
　　贷：固定资产减值准备　50000

4.5.2　固定资产处置的核算

1. 固定资产终止确认的条件

固定资产处置，包括固定资产的出售、转让、报废和毁损、对外投资、非货币性资产交换、债务重组等。

固定资产满足下列条件之一的，应当予以终止确认：

①该固定资产处于处置状态。

②该固定资产预期通过使用或处置不能产生经济利益。

2. 固定资产处置的核算业务

固定资产处置一般通过"固定资产清理"科目进行核算。

（1）固定资产出售、报废和毁损的会计处理

固定资产的出售、报废和毁损，使企业固定资产的数量减少，需要通过"固定资产清理"账户进行核算。固定资产清理后发生的净收益或净损失，要转入"营业外收支"账户。

【例4-17】黄河公司有一台设备，因使用期满经批准报废。该设备原价为106800元，累计已提折旧98000元，已提减值准备2600元。在清理过程中，以银行存款支付清理费用4800元，残料变价收入为5600元。黄河公司的账务处理如下：

①固定资产的出售、报废和毁损转入固定资产清理时：

借：固定资产清理　6200
　　累计折旧　98000
　　固定资产减值准备　2600
　　贷：固定资产　106800

②固定资产清理发生清理费用时：

借：固定资产清理　4800
　　贷：银行存款　4800

③收到残料变价收入时：

借：银行存款　5600
　　贷：固定资产清理　5600

④结转固定资产净损益：

借：营业外支出　5400

贷：固定资产清理　5400

（2）其他方式减少的固定资产

其他方式减少的固定资产，如以固定资产清偿债务、投资转出固定资产、以非货币性资产交换换出固定资产等，分别按照债务重组、非货币性交易等的处理原则核算。

【任务 5 训练题】

技能训练

1. 2014 年 12 月 31 日，新星公司对固定资产进行检查，发现一台机器可回收金额低于其账面价值，其原值 58000 元，已提折旧 28000 元，预计可收回金额 10000 元。以前未对该固定资产计提过减值准备。新星公司如何进行账务处理？

2. 海洋公司有旧厂房一栋，原值 450000 元，已计提折旧 435000 元，因使用期满经批准报废。在清理过程中，以银行存款支付清理费用 12700 元，拆除的残料一部分作价 15000 元，由仓库收作维修材料，另一部分变卖收入 6800 元存入银行。假设不考虑其他有关税费，海洋公司如何进行账务处理？

3. 光明公司 2013 年 11 月因自然灾害毁损厂房一栋，原值为 3000000 元，累计折旧为 2000000 元，清理过程中以银行存款支付清理费用 1000 元，取得残料收入 3000 元存入银行，应收保险公司赔偿 500000 元。光明公司如何进行账务处理？

4. 2014 年 12 月 20 日，齐鲁公司将一台闲置不用的旧设备变卖，该设备账面原值为 86000 元，已提折旧 28000 元，双方协商议定售价 63000 元，设备拆除时，以现金支付拆除费用 500 元，出售设备的价款收存银行。

固定资产处置报告单见图 4-3。

齐鲁公司应如何进行账务处理？

固定资产处置报告单

固定资产编号：1178　　　　　2014 年 12 月 20 日　　　　　固定资产卡片账户：11-5

资产名称	× 型号织布机	原值	86000	购建时间	略
规格型号	略	已提折旧	28000	规定使用年限	5
单价		净值	58000	已使用时间	略
数量	1 台	已提减值	无	预计残值	600
使用部门：纺织车间张雪					
申请出售原因：更换大功率设备，提高产量。					
生产管理部门意见： 同意出售。 负责人（签字）：李亮		财务部门意见： 同意出售。 负责人（签字）：赵希		主管部门审核： 同意出售。 负责人（签字）：朱莉 　　　　2014 年 12 月 20 日	

此单一式 4 份：申报部门 2 份，资产管理部门、财务部门各 1 份。

图 4-3　固定资产处置报告单

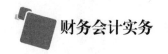

5.2014 年 12 月 31 日，明乐公司的非生产经营用房屋一幢，因年底失修，经批准报废，转入清理。该房屋账面原值 450000 元，已提折旧 380000 元，清理过程中发生清理费用 12000 元，其中清理人员工资 7000 元，用银行存款支付其他拆除费用 5000 元。清理过程中部分残料经验收转入企业材料仓库，估价 30000 元，其余部分变卖，取得变卖收入 50000 元存入银行。报废房屋清理完毕。明乐公司如何进行账务处理？

任务 6　无形资产的确认与核算

4.6.1　无形资产的确认与初始计量

1. 无形资产的概念和特点

（1）无形资产的概念

无形资产是指企业拥有或控制的没有实物形态的可辨认非货币性长期资产。主要包括专利权、非专利技术、商标权、著作权、土地使用权、特许权等。商誉的存在无法与企业自身分离，不具有可辨认性，不属于本项目所指无形资产。

（2）无形资产的特点

①无形性：无形资产是看不见摸不着、不占用或少占用空间，但要依附一定的载体的资产。

请注意：某些无形资产的存在有赖于实物载体。例如，计算机软件需要存储在磁盘中，但这并不改变无形资产本身不具有实物形态的特征，在确定一项包含无形和有形要素的资产是属于固定资产还是无形资产时，需要通过判断来加以确定，通常以哪个要素更重要作为判断的依据。

②资源性：以无形资产形态体现的人才、知识等生产要素，作为经营过程的必备条件，与厂房、机器设备等有形资产相结合，一起使用、作用于自然资源，驱动着经济的发展。

③高效性：无形资产以知识产权为主体内容，而知识产权主要体现为高新技术，高新技术的不断创新，使无形资产带来巨大的效益。

④垄断性：无形资产所有人依法享有所有权，排他专有，不容他人侵犯。

⑤长期性：无形资产所有人在法定的一年或一个经营周期以上的较长期间有效使用。

⑥不确定性：无形资产的价值存在较大的不确定性。

知识窗：无形资产的内容。无形资产通常包括专利权、商标权、土地使用权、非专利技术、著作权、经营特许权等。

（1）专利权：是指国家专利主管机关依法授予发明创造专利申请人对其发明创造在法定期限内所享有的专利权利，包括发明专利权、实用新型专利权和外观设计专

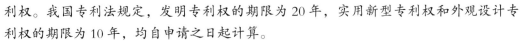

利权。我国专利法规定，发明专利权的期限为 20 年，实用新型专利权和外观设计专利权的期限为 10 年，均自申请之日起计算。

（2）商标权：是指商标注册人在法定期限内对其注册商标所享有的受国家法律保护的各种权利。从内容上看，包括专用权、禁止权、许可权、转让权、续展权和标示权等，其中专有使用权是最重要的权利，其他权利都是由该权利派生出来的。

（3）土地使用权：是指国家准许某企业在一定期间内对国有土地享有开发、利用、经营的权利。根据我国土地管理法的规定，我国土地实行公有制，任何单位和个人不得侵占、买卖或者以其他形式非法转让。企业取得土地使用权的方式大致有行政划拨取得、外购取得以及投资者投资取得几种。

（4）非专利技术：是指不为外界所知、在生产经营活动中已经采用了的、不享有法律保护的、可以带来经济效益的各种技术和诀窍。非专利技术并不是专利法的保护对象。

（5）著作权：是指作者对其创作的文学、科学、艺术作品依法享有的某些特殊权利。著作权包括署名权、发表权、修改权和保护作品完整权，还包括复制权、发行权、出租权、展览权、表演权、放映权、广播权、信息网络传播权、摄制权、改编权、翻译权、汇编权以及应当由著作权人享有的其他权利。

（6）特许经营权：是指企业在某一地区经营或者销售某种特定商品的权利或是一家企业接受另一家企业使用其商标、商号、技术秘密等的权利。通常有两种形式：一种是由政府机构授权，准许企业使用或在一定地区享有经营某种业务的特权，如水、电、邮电通信等专营权、烟草专卖权等；另一种是指企业间依照签订的合同，有限期或无限期使用另一家企业的某些权利，如连锁店分店使用总店的名称等。

2. 无形资产确认的条件

某个项目要确认为无形资产，应符合无形资产的定义，并同时满足下列条件：

（1）与该无形资产有关的经济利益很可能流入企业

作为无形资产确认的项目，必须满足产生的经济利益很可能流入企业这一条件。通常情况下，无形资产产生的未来经济利益可能包括在销售产品、提供劳务的收入中，或者企业使用该项无形资产而减少或节约的成本中，或体现在获得的其他利益中。

（2）该无形资产的成本能够可靠地计量

成本能够可靠地计量是资产确认的一项基本条件。对于无形资产来说，这个条件相对更为重要。例如，企业内部产生的品牌、报刊名等，因其成本无法可靠计量，不能作为无形资产予以确认。

3. 无形资产的初始计量

（1）购入的无形资产

购入的无形资产，按实际支付的价款作为实际成本。实际支付的价款包括购买价款、相关税费以及直接归属于使该项资产达到预定用途所发生的其他支出。其中，直

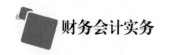

接归属于使该项资产达到预定用途所发生的其他支出，是指使无形资产达到预定用途所发生的专业服务费用、测试无形资产是否能够正常发挥作用的费用等。

【例4-18】2013年9月1日，黄河公司支付价款150000元从甲公司购入一项专利权，此外，另支付相关税费6000元，款项已经通过银行转账支付。黄河公司的账务处理如下：

借：无形资产——专利权　156000
　　贷：银行存款　156000

（2）投资者投入的无形资产

投资者投入的无形资产，按投资各方确认的价值，借记"无形资产"账户，贷记"实收资本或股本"等账户。

【例4-19】黄河公司收到某有限责任公司以专利权一项作为投资，经评估确认价值为13000元。黄河公司的账务处理如下：

借：无形资产——专利权　13000
　　贷：实收资本　13000

（3）接受捐赠的无形资产

接受捐赠的无形资产，捐赠方提供了有关凭据的，按凭据上标明的金额加上应支付的相关税费，借记"无形资产"账户，贷记"待转资产价值""银行存款"和"应交税费"等账户；捐赠方未提供有关凭据的，按其市价或同类、类似无形资产的市价作为实际成本。

（4）自行研究开发的无形资产

研究阶段发生的支出。发生时记入"研发支出——费用化支出"账户，期末转入"管理费用"账户。

开发阶段的支出。不符合资本化条件的，发生时记入"研发支出——费用化支出"账户，期末转入"管理费用"账户；符合资本化条件的，发生时记入"研发支出——资本化支出"账户，达到预定用途时转入"无形资产"，借记"无形资产"账户，贷记"研发支出——资本化支出"账户。

【例4-20】黄河公司自行研究、开发一项技术，截至2013年12月31日，发生研发支出合计2000000元，经测试，该项研发活动完成了研究阶段，从2014年1月1日开始进入开发阶段。2014年发生研发支出300000元，假定该支出符合资本化条件。2014年6月30日，该项研发活动结束，最终开发出一项非专利技术。黄河公司做如下会计处理：

①2013年发生研发支出时：

借：研发支出——费用化支出　2000000
　　贷：银行存款　2000000

②2013年12月31日：

借：管理费用　2000000
　　贷：研发支出——费用化支出　2000000

③ 2014 年发生研发支出时：

借：研发支出——资本化支出　300000

　　贷：银行存款　300000

④ 2014 年 6 月 30 日研发活动结束时：

借：无形资产　300000

　　贷：研发支出——资本化支出　300000

（5）以支付土地出让金方式取得的土地使用权

购入的土地使用权，或以支付土地出让金方式取得的土地使用权，按照实际支付的价款作为实际成本，借记"无形资产"账户，贷记"银行存款"等账户；待该项土地开发时再将其账面价值转入相关在建工程，借记"在建工程"等账户，贷记"无形资产"账户。

【例 4-21】黄河公司从当地政府购入一块土地使用权，以银行存款支付转让价款 210000 元，并开始进行建造办公楼等工程。黄河公司的账务处理如下：

①支付转让价款时：

借：无形资产　210000

　　贷：银行存款　210000

②转入开发时：

借：在建工程　210000

　　贷：无形资产　210000

4. 无形资产的期末计量

企业在资产负债表日应当判断无形资产是否存在可能发生减值的迹象。如果无形资产存在减值迹象的，应当进行减值测试，估计无形资产的可收回金额，可收回金额低于账面价值的金额，计提相应的无形资产减值准备。

企业计提无形资产减值损失时，应按无形资产账面价值超过其可收回金额的部分，借记"资产减值损失——无形资产减值损失"账户，贷记"无形资产减值准备"账户。

4.6.2　无形资产的摊销及处置

1. 无形资产的摊销

无形资产应当自取得当月起按直线法分期平均摊销，计入损益。其摊销年限应按以下原则确定：

①合同规定了受益年限但法律没有规定有效年限的，摊销年限不应超过合同规定的受益年限。

②合同没有规定受益年限但法律规定了有效年限的，摊销年限不应超过法律规定的有效年限。

③合同规定了受益年限，法律也规定了有效年限的，摊销年限不应超过受益年限

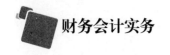

和有效年限二者之中较短者。

如果合同没有规定受益年限，法律也没有规定有效年限的，摊销年限不应超过 10 年。摊销无形资产价值时，借记"管理费用""其他业务支出"账户，贷记"无形资产"或"累计摊销"账户。

【例 4-22】黄河公司购买了一项特许权，成本为 4800000 元，合同规定受益年限为 10 年，公司每月应摊销 40000 元。每月摊销时应做如下会计分录：

借：管理费用 40000
　　贷：累计摊销 40000

2. 无形资产的处置

企业让渡无形资产使用权形成的租金和发生的相关费用，应当分别确认为其他业务收入和其他业务支出。

（1）出租无形资产

出租无形资产，就是将无形资产使用权转让给其他单位（不包括土地使用权），同时收取租金。租金收入计入其他业务收入，发生的与出租无形资产相关的各项费用、支出，应计入其他业务成本。

【例 4-23】黄河公司将一项已经入账的非专利技术出租给甲企业使用，甲企业一次性支付租金为 30000 元。由黄河公司派出技术人员指导并负责人员培训，黄河公司共支出与之相关费用 6000 元。黄河公司的账务处理如下：

①取得收入时：

借：银行存款 30000
　　贷：其他业务收入 30000

②发生支出时：

借：其他业务成本 6000
　　贷：银行存款 6000

（2）出售无形资产

出售无形资产，应当将取得价款扣除该无形资产账目价值以及出售时发生的相关税费后的差额，确认为处置非流动资产利得或损失，计入当期营业外收入或营业外支出。在出售已计提减值准备的无形资产时，应当同时结转与该项资产相对应的减值准备。按实际取得的价款，借记"银行存款"等账户，按无形资产的账面余额，贷记"无形资产"账户，按应支付的相关税费，贷记"银行存款""应交税费"等账户，按其差额，贷记"营业外收入"账户或借记"营业外支出"账户。

请注意：按现行规定，企业转让商标权、著作权和商誉，按 6% 的税率征收增值税；但专利技术和非专利技术所有权的转让机器相关服务在试点期间免征增值税。

【例 4-24】黄河公司将购买的一项专利权出售，取得收入为 500000 元，款项已经存入银行。该专利权的成本为 600000 元，已摊销 220000 元，已计提减值准备 5000元，应交税费为 25000 元。黄河公司账务处理如下：

借：银行存款 500000

累计摊销　220000

无形资产减值准备　5000

　　贷：应交税费　25000

　　　　无形资产　600000

　　　　营业外收入——处置非流动资产利得　100000

（3）报废无形资产

如果无形资产预期不能为企业带来经济利益，则应将其报废并予以转销，其账面价值转作当期损益。转销时，应按已计提的累计摊销，借记"累计摊销"账户，按其账面余额，贷记"无形资产"账户，按其差额，借记"营业外支出——处置非流动资产损失"账户。已经计提减值准备的，还应同时结转已计提的减值准备。

【例4-25】黄河公司拥有的一项专利技术预期不能为企业带来经济利益，将其予以转销，该项专利技术的账目余额为250000元。累计摊销额为150000元，已计提减值准备40000元。假定不考虑其他相关因素，该企业的账务处理如下：

　　借：累计摊销　150000

　　　　无形资产减值准备　40000

　　　　营业外支出——处置非流动资产损失　60000

　　贷：无形资产　250000

议一议：无形资产处置和固定资产处置在核算时有什么区别？无形资产减值准备和固定资产减值准备有什么相同之处？

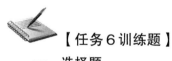

【任务6训练题】

一、选择题

1.下列各项中，企业应作为无形资产入账的是（　　）。

A.广告费

B.无形资产达到预定用途前发生的可辨认的无效和初始运作损失

C.为运行该项无形资产发生的培训支出

D.开发无形资产时耗费的材料、劳务成本、注册费等符合资本化条件的费用

2.下列各项中，可以确认为无形资产的有（　　）。

A.企业自创的商誉　　　　　　　　　B.有偿取得的特许经营权

C.有偿取得的高速公路15年的收费权　D.企业内部产生的品牌、报刊名

3.下列关于土地使用权的说法，正确的有（　　）。

A.企业取得的土地使用权用于出租或增值目的时应将其转为投资性房地产

B.房地产开发企业取得土地用于建造对外出售的房屋建筑物，相关的土地使用权应当计入所建造的房屋建筑物成本

C.房地产开发企业取得土地用于建造对外出售的房屋建筑物，土地使用权与地上建筑物应当分别进行摊销和提取折旧

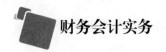

D. 企业外购房屋建筑物时支付的价款，应当在地上建筑物与土地使用权之间进行分配

4. 如果无法区分无形资产研究阶段和开发阶段的支出，账务处理为（　　）。

A. 作为管理费用全部计入当期损益

B. 全部确定为无形资产

C. 按适当比例划分计入当期损益和无形资产的金额

D. 由企业自行决定计入当期损益和无形资产的金额

5. 对使用寿命有限的无形资产，下列说法中不正确的是（　　）。

A. 其应摊销金额应当在使用寿命内系统合理摊销

B. 其摊销期限应当自无形资产可供使用时起至不再作为无形资产确认时止

C. 其摊销期限应当自无形资产可供使用的下个月起至不再作为无形资产确认时止

D. 无形资产的摊销金额为其成本扣除预计残值后的金额；已计提减值准备的无形资产，还应扣除已计提的无形资产减值准备累计金额

二、技能训练

1. 某企业在 2013 年 1 月 1 日开始自行研究开发一项新产品专利技术，该企业认为，研究该新产品具有可靠的技术和财务等资源的支持，并且研发成功后新产品在市场上有广阔的销路，可为企业带来巨大的收益。企业在研究开发过程中发生材料费为 350000 元、人工费为 150000 元，用银行存款支付的其他费用为 200000 元，总计 700000 元，其中，符合资本化条件的支出为 400000 元。2013 年末，该专利技术研发成功，已经达到预定用途。该企业如何进行账务处理？

2. 齐鲁公司拥有一项专利权，价值为 240000 元，有效使用年限为 20 年，年摊销额为 12000 元，月摊销额为 1000 元。齐鲁公司对专利权每月摊销额如何进行账务处理？

3. 明月公司向甲公司出租一项专利技术，每年取得租金收入 6000 元，该专利技术的账面余额为 12000 元，剩余摊销年限为 3 年。明月公司应如何进行账务处理？

4. 金岭公司将其拥有的一项专利权出售给某企业，该项专利权原价 24000 元，已摊销 6000 元，转让时实际取得转让收入 20000 元。金岭公司应如何进行账务处理？

5. 某企业拥有的一项专利技术预期不能为企业带来经济利益，将其予以转销。该专利技术的账面余额为 250000 元，累计摊销为 150000 元，已计提减值准备 40000 元。假定不考虑其他相关因素，该企业应如何进行账务处理？

任务 7　岗位业务实训

实训目的

明确固定资产增加、减少的明细分类核算和折旧计提的核算方法。掌握不同途径

固定资产增加的会计处理；不同方式使固定资产减少的的会计处理；采用不同方法计提固定资产折旧及其相应的账务处理，以及各种无形资产的核算。能够熟练审核原始凭证并根据审核无误的原始凭证填制记账凭证，并能登记资产明细账。

> **实训要求**

1.实训资料为大阳机床有限责任公司建立固定资产、在建工程、无形资产等有关账户的明细账。

2.大阳机床有限责任公司2014年12月份发生的经济业务编制：固定资产增加业务、固定资产折旧业务、固定资产修理业务、固定资产处置业务、无形资产增加业务、无形资产摊销业务、无形资产处置业务的有关原始凭证和记账凭证。

3.记账凭证登记固定资产、在建工程、无形资产等明细账，并结出月末余额。

> **实训资料**

大阳机床有限责任公司为增值税一般纳税人，纳税人登记号：453122890635288；开户银行：嵩山路办事处，账号：325666。本实训选用该企业2014年12月份固定资产、无形资产相关部分经济业务。

大阳机床有限责任公司2014年11月30日固定资产、无形资产明细账期末资料分别见表4-4、表4-5。

表4-4 固定资产明细资料

固定资产名称	产地	数量	原价	累计折旧
钻床	黄石锻压机床厂	1	87000.00	80000.00
刨床	南宁市重型机械厂	1	50000.00	40000.00
刨床	济宁市机械厂	1	100000.00	44500.00
磨床	河北省重型机械厂	2	70000.00	28000.00
起重机	济宁市起重机厂	1	60000.00	35000.00
铣床	红星机械厂	1	90000.00	30000.00
铣床	大庆重型机械厂	1	80000.00	30000.00
行车	红星重型机械厂	1	110000.00	50000.00
行车	石家庄重型机械厂	1	120000.00	60000.00
笔记本电脑	科技电子设备有限公司	1	8000.00	2000.00
普通电脑	科技电子设备有限公司	10	80000.00	7000.00
复印机	科技电子设备有限公司	1	30000.00	8000.00
铸造车间厂房	自建		200000.00	80000.00
金工车间厂房	自建		180000.00	66000.00
包装车间厂房	自建		160000.00	87000.00
车间办公楼	自建		180000.00	66000.00
仓库	自建		110000.00	57000.00
行政办公楼	自建		380000.00	113000.00
营业房	自建		120000.00	20000.00

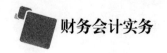

表4-5　无形资产明细资料

无形资产名称	产地	期末余额
非专利技术	B公司	300000.00

请处理大阳机床有限责任公司12月发生的如下经济业务：

（1）购入不需要安装的生产用设备两台。

凭1-1

山东省增值税专用发票

开票日期：2014 年 12 月 1 日　　　　　　　　　　　　　　　　　　NO0087206

<table>
<tr><td rowspan="2">购货
单位</td><td>名称</td><td colspan="2">大阳机床有限责任公司</td><td colspan="3">纳税人登记号</td><td colspan="8">453122890635288</td></tr>
<tr><td>地址、电话</td><td colspan="2">嵩山路 100 号</td><td colspan="3">开户银行及账号</td><td colspan="8">嵩山路办事处 325666</td></tr>
<tr><td rowspan="2" colspan="2">商品或劳务名称</td><td rowspan="2">计量
单位</td><td rowspan="2">数量</td><td rowspan="2">单价</td><td colspan="9">金额</td><td>税率
（%）</td><td colspan="9">税额</td></tr>
<tr><td>千</td><td>百</td><td>十</td><td>万</td><td>千</td><td>百</td><td>十</td><td>元</td><td>角</td><td></td><td>百</td><td>十</td><td>万</td><td>千</td><td>百</td><td>十</td><td>元</td><td>角</td><td>分</td></tr>
<tr><td colspan="2">万能磨床</td><td>台</td><td>2</td><td>28000.00</td><td></td><td>5</td><td>6</td><td>0</td><td>0</td><td>0</td><td>0</td><td>0</td><td></td><td>17</td><td></td><td></td><td>9</td><td>5</td><td>2</td><td>0</td><td>0</td><td>0</td><td></td></tr>
<tr><td colspan="2"></td><td></td><td></td><td></td><td></td><td></td><td></td><td></td><td></td><td></td><td></td><td></td><td></td><td></td><td></td><td></td><td></td><td></td><td></td><td></td><td></td><td></td><td></td></tr>
<tr><td colspan="2"></td><td></td><td></td><td></td><td></td><td></td><td></td><td></td><td></td><td></td><td></td><td></td><td></td><td></td><td></td><td></td><td></td><td></td><td></td><td></td><td></td><td></td><td></td></tr>
<tr><td colspan="2">合计</td><td></td><td></td><td></td><td></td><td>5</td><td>6</td><td>0</td><td>0</td><td>0</td><td>0</td><td>0</td><td></td><td></td><td></td><td>9</td><td>5</td><td>2</td><td>0</td><td>0</td><td>0</td><td></td></tr>
<tr><td colspan="2">价税合计（大写）</td><td colspan="6">陆万伍仟伍佰贰拾元整</td><td colspan="6">（小写）65520.00</td></tr>
<tr><td rowspan="2">销货
单位</td><td>名称</td><td colspan="5">淄博市重型机械厂</td><td colspan="3">纳税人登记号</td><td colspan="6">600762171468975</td></tr>
<tr><td>地址、电话</td><td colspan="5">老城区 66 号</td><td colspan="3">开户银行及账号</td><td colspan="6">老城区办事处 6589423</td></tr>
</table>

收款人：于方　　　　复核：赵林　　　　开票人：李宏　　　　销货单位（未盖章无效）

凭1-2

淄博市工业企业统一发票

名称：大阳机床有限责任公司　　　　　　　　　　　　　　　　2014 年 12 月 1 日

品名	规格	单位	数量	单价	万	千	百	十	元	角	分	备注
运杂费						1	0	0	0	0	0	
												现金 收讫
合计						1	0	0	0	0	0	
合计金额（大写）壹仟元整												

填票人：王力　　　　　　　　　　　　　　　收款人：张继红

凭1-3

中国工商银行电汇凭证（借方凭证）　　2

委托日期 2014 年 12 月 3 日　　　　　　　　　第　号

付款人	全称	大阳机床有限责任公司		收款人	全称	淄博市重型机械厂		
	账号地址	嵩山路 100 号			账号	6589423		
	汇出地点	河南省大阳市	汇出行名称	嵩山路办事处	汇入地址	山东省淄博市	汇入行名称	老城区办事处

汇款金额	人民币（大写）：陆万陆仟伍佰贰拾元整	千	百	十	万	千	百	十	元	角	分
					6	6	5	2	0	0	0

工款用途	购万能磨床	科目（贷） 对方科目（借）
备注	此汇款支付给收款人。 电划汇款人签章	汇出行汇出日期　　年　月　日 复核　　　记账

此联汇出行作借方凭证

（2）购入需要安装的生产用设备一台。

凭2-1

6100033141

山东省增值税专用发票

开票日期：2014 年 12 月 6 日　　　　　　　　　　　　NO0087206

购货单位	名称	大阳机床有限责任公司			纳税人登记号		453122890635288									
	地址、电话	嵩山路 100 号			开户银行及账号		嵩山路办事处 325666									

商品或劳务名称	计量单位	数量	单价	金额										税率（%）	税额								
				千	百	十	万	千	百	十	元	角	分		百	十	万	千	百	十	元	角	分
起重机	台	1	28500.00			2	8	5	0	0	0	0		17				4	8	4	5	0	0
合计						2	8	5	0	0	0	0						4	8	4	5	0	0

价税合计（大写）	叁万叁仟叁佰肆拾伍元整	（小写）33345.00
销货单位	名称	济宁市起重机厂	纳税人登记号	40056217146251
	地址、电话	新湖 35 号	开户银行及账号	新湖区办事处 8362165

收款人：李莉　　　复核：赵强　　　开票人：方华　　　销货单位（未盖章无效）

第二联发票联购货方记账凭证

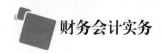

凭2-2

济宁市工业企业统一发票

客户名称：大阳机床有限责任公司　　　　　　　　2014 年 12 月 6 日

品名	规格	单位	数量	单价	金额							备注
					万	千	百	十	元	角	分	
运杂费							5	3	1	0	0	
合计							5	3	1	0	0	
合计金额（大写）零仟伍佰叁拾壹元零角零分												

填票人：王云　　　　　　　　　　　　　　　　收款人：陆石

凭2-3

中国工商银行电汇凭证（借方凭证）　　2

委托日期 2014 年 12 月 7 日　　　　　　　　　　　第　　号

付款人	全称	大阳机床有限责任公司			收款人	全称	济宁市起重机厂			此联汇出行作借方凭证
	账号地址	32566				账号	8362165			
	汇出地点	河南省大阳市	汇出行名称	嵩山路办事处		汇入地址	山东省济宁市	汇入行名称	新湖区办事处	

汇款金额	人民币（大写）：叁万叁千捌佰柒拾陆元整	千	百	十	万	千	百	十	元	角	分
					3	3	8	7	6	0	0

工款用途	购起重机	科目（贷） 对方科目（借）
备注	此汇款支付给收款人。 电划汇款人签章	汇出行汇出日期　年　月　日 复核　　记账

（3）安装设备时，领用原材料一批。

凭 3-1

领料单

领料部门：设备处　　　　　　　2014 年 12 月 8 日　　　　　　　发料仓库：材料库

材料类别	名称及规格	计量单位	数量		单价	金额	用途
			请领	实领			
主要材料		吨	100	100	50	5000	安装设备用
合计						5000	
备注	该批材料购进时支付的增值税进项税额 850 元						

仓库主管：刘元　　　　　发料人：王宏　　　　　领料部门主管：李齐　　　　　领料人：王凯

（4）领设备安装工人工资。

凭 4-1

大阳机床有限责任公司费用报销领款单

2014 年 12 月 9 日

领款事由	领安装人员工资	
领款金额	人民币（大写）肆仟元整	
审核意见	同意付款领导签章：刘强	
领款单位	设备处	领款人：江虎
备注	现金付讫	

（5）收到设备科开出的固定资产竣工验收单，上述起重机安装完毕，交付使用。

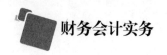

凭 5-1

大阳机床有限责任公司固定资产竣工验收单

2014 年 12 月 10 日   固收字第 5 号

总编号		分类编号		分类编号（测）	
名称	起重机		型号	1090F	
规格					
国别	中国	生产厂家		出厂编号	
出厂日期	2008 年 1 月	单位	台	数量	1	单价	28500
总价	42026	发票号码	87206	经费来源	自筹
销售单位	济宁市起重机厂		使用方向	生产	
附件	一张		新旧程度	新	
备注			使用单位		

财产管理部门负责人：   财产使用单位负责人：   经办人：   保管员：

（6）购买职工健身房两套。

凭 6-1

立新股份公司商品房屋专用发票

98000250

购房人：大阳机床有限责任公司   合同号：2865

购房地址：静安区西陵金路 168 号   2014 年 12 月 12 日

建筑名称	楼号	层次	室号	套数	面积（平方米）	金额（元）	备注
爱信大厦	6	1	D	壹	60.61	200000.00	一次付清
		1	C	壹	60.66	220000.00	一次付清
							两套均为产权房

合计人民币（大写）肆拾贰万元整

单位（盖章）

凭 6-2

（7）接受朝阳公司以固定资产作为投资，转入设备 1 台。

凭 7-1

固定资产转移单

投资单位：朝阳公司

接受单位：大阳机床有限责任公司　2014 年 12 月 13 日　　　　拨单号：0059

调拨原因或依据		投资				调拨方式	有偿	
固定资产名称	规格型号	单位	数量	预计使用年限	已使用年限	原值	已提折旧	净值
铣床		台	1	18		97530	20000	77530
捐赠单位 公章 财务：李梅 经办：张惠		（公章）				接受单位 公章 财务：李林 经办：高军		

会计主管：王华　　　　　　　　稽核：　　　　　　　　制单：

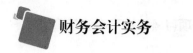

凭 7-2

汴城会计师事务所文件

大阳〔2014〕字第 116 号

资产评估报告

大阳机床有限责任公司：

　　我单位接受贵单位委托，依据《中华人民共和国国有资产评估办法》《中华人民共和国注册会计师法》和《企业会计准则》等的规定，对贵公司接受朝阳公司投资的铣床 1 台进行评估。原始价值 97530 元，已提折旧 20000 元，固定资产按现行市价确定价值为 90000 元。

　　评估员：王刚

　　中国注册会计师：赵俊

汴城会计师事务所

2014 年 12 月 15 日

　　（8）接受外单位捐赠不需要安装设备一台。

凭 8-1

固定资产转移单

捐赠单位：万达公司

接受单位：大阳机床有限责任公司　2014 年 12 月 16 日　　　　　　调拨单号：0056

调拨原因或依据		捐赠				调拨方式	无偿	
固定资产名称	规格型号	单位	数量	预计使用年限	已使用年限	原值	已提折旧	净值
刨床		台	1	18		92680		
捐赠单位		（公章）				接受单位		
公章 财务：李玉 经办：吴惠						公章 财务：李林 经办：高军		

会计主管：王华　　　　　　　　稽核：　　　　　　　　制单：

凭 8-2

汴城会计师事务所文件

大阳〔2014〕字第 117 号

资产评估报告

大阳机床有限责任公司：

　　我单位接受贵单位委托，依据《中华人民共和国国有资产评估办法》《中华人民共和国注册会计师法》和《企业会计准则》等的规定，对贵公司接受万达公司捐赠的刨床 1 台进行评估。原始价值 92680 元，固定资产按现行市价确定价值为 100000 元（含税价）。

　　评估员：王刚
　　中国注册会计师：赵俊

汴城会计师事务所
2014 年 12 月 18 日

　　（9）计算本月的应计折旧额，并进行相应的账务处理。

凭 9-1

固定资产折旧计算表

单位：大阳机床有限责任公司　　　　　　　　　　　　2014 年 12 月 20 日

使用部门		上月计提折旧额	上月增加固定资产应计折旧额	上月减少固定资产应计折旧额	本月应计提折旧额
生产部门	生产用	33500	5000	3000	
	管理用	5000	2000	—	
	合计	38500	7000	3000	
行政管理部门		15000	—	4000	
出租		5000	—	—	
总计		58500	7000	7000	

　　（10）计提固定资产修理费。

凭 10-1

固定资产修理费计提表

单位：大阳机床有限责任公司   2014 年 12 月 20 日

部门	应计入的会计科目	应计提额
铸造车间	制造费用	8000
金加工车间	制造费用	12000
包装车间	制造费用	6000
管理部门	管理费用	4000
合计		30000

会计：李勤   审核：王莹   财务科长：张涛

（11）经批准报废旧钻床一台。

凭 11-1

固定资产清理报废单

2014 年 12 月 21 日   编号：

主管部门：机械公司   使用单位：大阳机床有限责任公司

名称及型号	单位	数量	原始价值	已提折旧	净值	预计使用年限	实际使用年限	支付清理费	收回变价收入
钻床（大型）	台	1	87000	80000	7000	20	18		
建造单位	建造年份		出厂号		申请报废原因：已到使用年限				
黄石锻压机床厂	1980		8466						

（12）支付上述报废固定资产的清理费。

凭 12-1

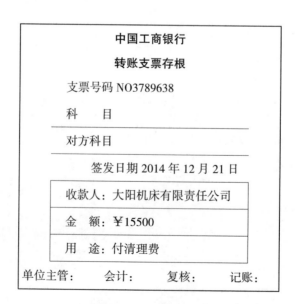

（13）收到上述报废固定资产的残值变价收入并结转清理净损失。

凭 13—1

中国工商银行进账单（回单或收账通知）　　1

2014 年 12 月 22 日　　　　　　　　　第　　号

付款人	全称	机床附件厂	收款人	全称	大阳机床有限责任公司									
	账号	2811602		账号	325666									
	开户银行	长安路办事处		开户银行	嵩山路办事处									
人民币（大写）		伍仟肆佰元整				千	百	十	万	千	百	十	元	角	分
									￥	5	4	0	0	0	0
票据种类			收款人开户行盖章											

（14）财产清查，盘亏笔记本电脑一台。

凭 14—1

大阳机床有限责任公司固定资产盘点盈亏报告单

2014 年 12 月 23 日

品名	规格	单位	数量	溢余			短缺		
				原值	已提折旧	净值	原值	已提折旧	净值
笔记本电脑		台	1				8000	2000	6000
合计							8000	2000	6000

单位（盖章）　　　　　财务科负责人：张涛　　　　　制表：王成

（15）上述盘亏设备经批准予以转销。

凭 15—1

经查实确认盘亏笔记本电脑属于被人盗窃丢失，盘亏电脑现批准予以转账。
总会计师：赵玉林　　　　　财务科长：张涛　　　　　会计：李欢
2014 年 12 月 25 日

（16）财产清查发现账外冲床（J21—60 型）一台。

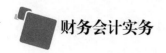

凭 16-1

大阳机床有限责任公司固定资产盘点盈亏报告单

2014 年 12 月 23 日

品名	规格	单位	数量	溢余			短缺		
				原值	已提折旧	净值	原值	已提折旧	净值
冲床	J21—60	台	1	1		20000			
合计									

单位（盖章）　　　　　　　　财务科负责人：张涛　　　　　　　　制表：王成

凭 16-2

菊城会计师事务所文件

大阳〔2014〕字第 216 号

资产评估报告

大阳机床有限责任公司：

我单位接受贵单位委托，依据《中华人民共和国国有资产评估办法》《中华人民共和国注册会计师法》和《企业会计准则》等的规定，对贵公司盘盈的冲床 1 台进行评估。该冲床按现行市价确定价值为 20000 元（含税价）。

评估员：李俊菊

中国注册会计师：王燕

菊城会计师事务所

2014 年 12 月 23 日

（17）上述盘盈设备经批准予以转账。

凭 17-1

经查实确认盘盈冲床系向联营企业租入，该联营企业已破产解散。盘盈设备现批准予以转账。
总会计师：赵玉林　　　　　财务科长：张涛　　　　　会计：李欢
2014 年 12 月 25 日

（18）财产清查时发现盘亏磨床（J12—80 型）一台。

凭 18-1

大阳机床有限责任公司固定资产盘点盈亏报告单

2014 年 12 月 23 日

品名	规格	单位	数量	溢余			短缺		
				原值	已提折旧	净值	原值	已提折旧	净值
磨床	J12—80	台	1				50000	40000	10000
合计							50000	40000	10000

单位（盖章）　　　　　财务科负责人：朱乾　　　　　　制表：王成

（19）上述盘亏设备经批准予以转销。

凭 19-1

> 经查实确认盘亏磨床系向联营企业租出，该联营企业已破产解散。盘亏设备现批准予以转账。
>
> 总会计师：赵玉林　　　　　财务科长：高岩　　　　　　会计：李欢
>
> 2014 年 12 月 25 日

（20）购入一项发明专利权。

凭 20-1

中国工商银行

转账支票存根

支票号码 NO3789646

科　　目 _____

对方科目 _____

签发日期 2014 年 12 月 3 日

| 收款人：某重工学院 |
| 金　额：￥180000.00 |
| 用　途：购发明专利权 |
| 备　注： |

单位主管：　会计：　复核：　记账：

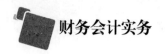

凭 20-2

购买某专利合同

甲方：大阳机床有限责任公司

乙方：某重工学院

甲方向乙方购买某项发明专利，有效期为 10 年，甲方向乙方以存款一次性付清专利费 180000.00 元。

甲方：大阳机床有限责任公司

乙方：某重工学院

2014 年 12 月 3 日

（21）接受 A 公司投入的土地使用权。

凭 21-1

汴城会计师事务所文件

大阳〔2014〕字第 136 号

资产评估报告

大阳机床有限责任公司：

我单位接受贵单位委托，依据《中华人民共和国国有资产评估办法》《中华人民共和国注册会计师法》和《企业会计准则》等的规定，对贵公司接受 A 公司投资的土地使用权进行评估。该土地使用权账面价值 600 万元，按现行市价确定价值为 800 万元。

评估员：王刚

中国注册会计师：赵俊

汴城会计师事务所

2014 年 12 月 5 日

（22）向专利局申请一项实用新型专利，专利局同意注册。

凭 22-1

专利申报表

2014 年 12 月 8 日

申请单位	大阳机床有限责任公司	专利成本		
		应资本化费用	注册登记费	合计
专利项目	实用新型专利	35000.00	3000.00	38000.00
单位意见	同意申报	专利局审批	同意注册	

凭 22-2

收　据

第二联　交款单位　　　　　　　　　　　　　　No .0068795

2014 年 12 月 8 日

今收到大阳机床有限责任公司	
人民币（大写）叁千元整　　　　　¥3000.00	
系付专利注册登记及律师公证费	
备注：现金收讫	

单位盖章：专利局　　　　会计：　　　　出纳：　　　　经手人：

（23）企业自行研究开发的 1 项新产品专利技术，在研究开发过程中发生材料费。

凭 23-1

领料单

No .00125

领料部门：研发部　　　　　　　2014 年 12 月 10 日　　　　　　发料仓库：材料库

材料类别	名称及规格	计量单位	数量		单价	金额	用途
			请领	实领			
主要材料		吨	3000	3000	30	90000	研发用
合计						90000	

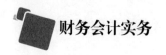

备注：	该批材料购进时支付的增值税进项税额 15300 元

仓库主管：刘元　　　　发料人：王宏　　　　领料部门主管：李俊　　　　领料人：王林

（24）上述新产品专利技术在研究开发过程中发生人工费 30000 元。

凭 24-1

大阳机床有限责任公司费用报销领款单

2014 年 12 月 20 日

领款事由	领研发人员工资	
领款金额	人民币（大写）叁万元整	
审核意见	同意付款领导签章：刘强	
领款单位	研发部	领款人：余波
备注	现金付讫	

（25）上述新产品专利技术在研究开发过程中用银行存款支付的其他费用为 60000 元。

凭 25-1

（26）上述专利技术研发成功，已经达到预定用途，现将以上相关费用予以资本化。

凭26-1

无形资产验收单

2014 年 12 月 21 日

单位	大阳机床有限责任公司	专利成本			
		材料费	人工费	其他费用	合计
专利项目	实用新型专利技术	105300.00	30000.00	60000.00	195300.00
单位意见	同意资本化	专利局审批：同意			

（27）收取专利权租金。

凭27-1

中国工商银行电汇凭证（借方凭证） 2

委托日期 2014 年 12 月 18 日 第 号

付款人	全称	天地机械有限责任公司		收款人	全称	大阳机床有限责任公司								此联汇出行作借方凭证
	账号地址	525896			账号地址	325666								
	汇出地点	河北省石家庄市	汇出行名称	新安路办事处		汇入地址	河南省大阳市	汇入行名称	嵩山路办事处					

汇款金额	人民币（大写）：	伍万元整		千	百	十	万	千	百	十	元	角	分
							5	0	0	0	0	0	0
工款用途	专利权租金		科目（贷） 对方科目（借）										
备注	此汇款支付给收款人。 电划汇款人签章		汇出行汇出日期 年 月 日 复核 记账										

（28）摊销无形资产。

凭28-1

无形资产摊销表

2014 年 12 月

无形资产名称	本月摊销额
专利权	60000
其中：出租专利权	25000
非专利技术	5000
土地使用权	15000
合计	80000

制表：李华 财务科长：张涛

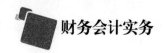

（29）将拥有的一项不能为企业带来经济利益的非专利技术予以报废。

凭29-1

无形资产报废单

2014 年 12 月 25 日 签发编号：

主管部门：机械公司 使用单位：大阳机床有限责任公司

名称及型号	单位	数量	账面余额	累计摊销	减值准备	预计使用年限	实际使用年限	净值
非专利技术	项	1	300000	200000	80000	20	15	20000
				申请报废原因：不能为企业带来经济利益				
				单位领导签章：同意报废				

项目5 职工薪酬岗位核算

 项目导航

职工薪酬岗位是重要的会计岗位，该岗位的会计人员，应该熟练掌握应付职工薪酬的确认、发放，"五险一金"的缴存与支取等核算内容。

 岗位素质要求

【知识学习目标】

了解职工薪酬岗位核算任务；

掌握职工薪酬岗位的核算流程；

掌握职工薪酬的确认、发放的核算，以及"五险一金"的缴存和支取的核算。

【岗位培养目标】

能够正确填制和审核与流动负债有关的原始凭证；

能够运用相关专业知识准确地进行职工薪酬范围的判断；

能熟练地进行职工薪酬确认的账务处理和会计核算；

能熟练地进行职工薪酬发放的账务处理和会计核算；

能准确完成编制记账凭证、登记职工薪酬明细账、总账的工作及账簿间的账账核对。

【职业素质目标】

具备职工薪酬岗位人员的基本知识与素养；

能根据职工薪酬的相关资料，对职工薪酬的相关业务进行判断和核算。

 导入案例

李凡是浙江环球股份有限责任公司的技术部经理，去年一年里，李凡取得的主要报酬有：税后工资100000元；奖金24000元；通信补贴3600元；加班津贴400元；出版著作收入35000元；另外，公司还给李凡配备了一辆汽车免费使用，并租赁了一套房子免费提供给李凡居住。年底时，发给环球公司自产的电暖器一台，价值1000元。

思考：上述案例中，属于环球公司给予李凡的职工薪酬有哪些？

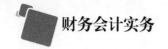

任务 1 职工薪酬岗位核算任务与业务流程

5.1.1 职工薪酬岗位核算任务

职工薪酬是指企业为获得职工提供的服务而给予的各种形式的报酬以及其他相关支出，主要包括构成工资总额组成部分的工资、奖金、津贴和补贴；职工福利费；五险一金（医疗保险费、养老保险费、失业保险费、工伤保险费和生育保险费、住房公积金）；工会经费和职工教育经费等传统意义上的薪酬；增加了如辞退福利、带薪休假等职工薪酬形式，同时明确不包括以股份为基础的薪酬和企业年金。核算任务主要包括：

①薪酬制度的建立和完善。

②薪金计算与管理。

③考勤管理。

④保险与福利。

⑤劳动统计。

⑥完成各项临时性工作。

5.1.2 职工薪酬岗位业务流程

职工薪酬核算岗位业务流程有两种：一种是利用计算机财务软件进行的职工薪酬业务核算流程，如图 5-1 所示；另一种是手工进行的职工薪酬业务核算流程，如图 5-2 所示。

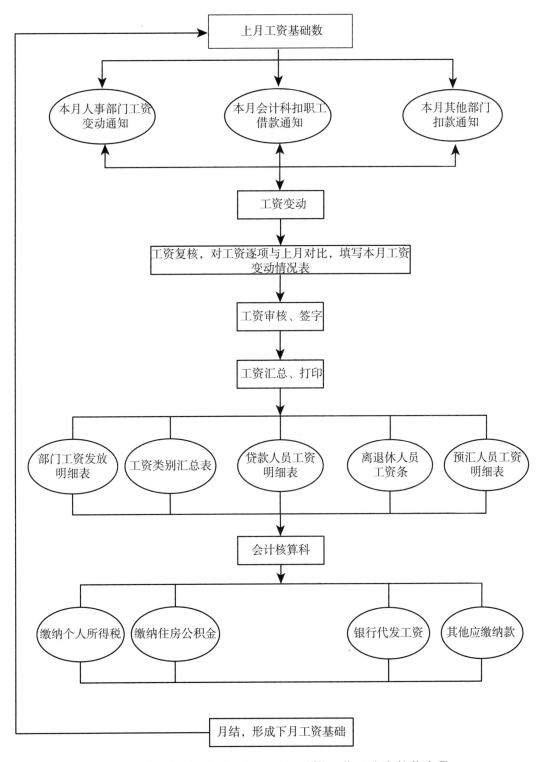

图 5-1　利用计算机财务软件进行的职工薪酬业务核算流程

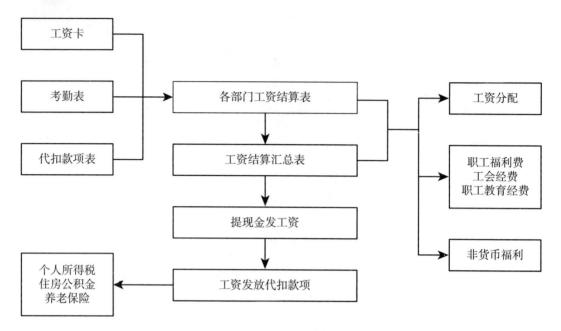

图 5-2 手工进行的职工薪酬业务核算流程

【任务 1 训练题】

不定项选择题

1.下列各项中，应通过"应付职工薪酬"科目核算的有（　　）。

A. 基本工资　　　　　　　　　　B. 经常性奖金

C. 养老保险费　　　　　　　　　D. 非货币性福利

2.下列属于职工薪酬中所说的"职工"的有（　　）。

A. 全职、兼职职工　　　　　　　B. 董事会成员

C. 内部审计委员会成员　　　　　D. 劳务用工合同人员

3.下列项目中，属于职工薪酬的有（　　）。

A. 业务招待费　　　　　　　　　B. 非货币性福利

C. 养老保险费　　　　　　　　　D. 因解除与职工的劳动关系给予的补偿

4.企业缴纳参加职工医疗保险费应通过（　　）账户进行核算。

A. 应交税费　　　　　　　　　　B. 应交职工薪酬

C. 其他应交款　　　　　　　　　D. 其他应付款

任务 2 职工薪酬的计算

5.2.1 职工薪酬构成

职工薪酬是指企业为获得职工提供的服务而给予的各种形式的报酬以及其他相关支出，即企业为获得职工提供的服务而给予或付出的各种代价。职工薪酬是企业为职工在职期间和离职后提供的全部货币性薪酬和非货币性福利以及企业提供给职工配偶、子女或其他被赡养人的福利。"职工"首先指与企业订立劳动合同的所有人员，含全职、兼职和临时职工；其次是虽未与企业订立劳动合、但由企业正式任命的企业治理层和管理层人员，如董事会成员、监事会成员等；最后还包括在企业的计划和控制下，虽未与企业订立劳动合同或未由其正式任命，但为其提供与职工类似服务的人员也纳入职工范畴，如劳务用工合同人员。

职工薪酬的计算具体内容如下：

1. 职工工资、奖金、津贴和补贴

职工工资、奖金、津贴和补贴是指按国家规定构成工资总额的计时工资、计件工资、支付给职工的超额劳动报酬和增收节支的劳动报酬、为了补偿职工特殊或额外的劳动消耗和因其他特殊原因支付给职工的津贴，及为了保证职工工资水平不受物价影响支付给职工的物价补贴等。企业按规定支付给职工的加班加点工资，根据规定企业在职工因病、工伤、产假、计划生育假、婚丧假、事假、探亲假、定期休假、停工学习、执行国家或社会义务等特殊情况下，按照计时工资或计件工资标准的一定比例支付的工资，也属于职工工资范畴，在职工休假时，不应当从工资总额中扣除。

2. 职工福利费

职工福利费是指尚未实行主辅分离、辅业改制的企业，内设医务室、职工浴室、托儿所等集体福利机构人员的工资、医务经费、职工因公负伤赴外地就医路费、职工生活困难补助，及按国家规定开支的其他职工福利支出，如内部医院、食堂等。

3. 社会保险费

社会保险费指企业按国家规定的基准和比例计算，向社会保险经办机构缴纳的医疗保险费（企业 8%、个人 2%）、基本养老保险费（企业 11%、个人 8%）、失业保险费（企业 2%、个人 1%）、工伤保险费和生育保险费（企业 1%），及根据企业年金的有关规定，向有关单位缴纳的补充养老保险费。此外，以商业保险形式提供给职工的各种保险待遇也属于企业提供的职工薪酬。

4. 住房公积金

住房公积金指企业按国家规定的基准和比例计算，向住房公积金管理机构缴存的

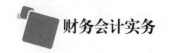

住房公积金，企业、个人各 10%~15%。

5. 工会经费和职工教育经费

工会经费和职工教育经费指企业为了改善职工文化生活、提高职工业务素质，用于开展工会活动和职工教育及职业技能培训，根据国家规定的基准和比例从成本费用中提取的金额，一般工会经费计提比例为 2%，职工教育经费计提比例为 2.5%。

6. 非货币性福利

非货币性福利指企业以自己的产品或外购商品发放给职工作为福利，企业提供给职工无偿使用自己拥有的资产或租赁资产供职工无偿使用和为职工无偿提供服务，或向职工提供企业支付了一定补贴的商品或服务等。

7. 辞退福利

辞退福利也称为因解除与职工的劳动关系给予的补偿，指由于多种原因，企业在职工劳动合同尚未到期之前解除与职工的劳动关系，或为鼓励职工自愿接受裁减而提出补偿建议的计划中给予职工的经济补偿，即国际财务报告准则中所指的辞退福利。

8. 股份支付

股份支付是企业提供给职工以权益形式结算的认股权、以现金形式结算但以权益工具公允价值为基础确定的现金股票增值权等。

5.2.2 职工工资计算

应付职工工资是计算实发工资的基础。企业计算出应付工资以后，再减去各种代扣款项，即为实发工资。应付工资、实发工资的计算公式为：

应付工资 = 计时工资 + 计件工资 + 经常性奖金 + 工资性津贴

实发工资 = 应付工资 – 代扣款项合计

1. 计时工资的计算

计时工资计算的主要依据是基本工资和工作时间。目前我国大多数企业的工资都采用月薪制，因此这里只介绍月应付计时工资的计算。

若每个职工每月都出满勤，只需按其基本工资数，就可直接得出月计时工资额。如果出现缺勤情况，月应付计时工资的计算公式为：

应付计时工资 = 月标准工资 – 缺勤应扣工资

缺勤应扣工资 = 缺勤日数 × 日工资率 × 应扣比例

上述公式中涉及的一个关键指标是日工资率。日工资率是每个职工每天应得的工资额。日工资率的确定方法有两种，一种是每月固定按 30 日计算，不论月大、月小、月平；另一种是每月按平均法定工作日数 21.75 日计算。21.75 日为年日历日数 365 日减去 104 个双休日，再除以 12 个月算出的平均数，即（365–104）÷ 12 ≈ 21.75（天）。

请注意：目前 11 个法定节假日已纳入计薪体系，即职工在 11 个法定节假日可以带薪休假。

（1）每月固定按 30 日计算

每月固定按 30 日计算的日工资率计算公式为：

日工资率 ＝ 月基本工资 ÷30

在采用这种方法计算日工资率时，由于节假日也算工资，因而出勤期间的节假日也按出勤日计算工资，病事假缺勤期间的节假日，也按缺勤日扣工资（事假缺勤期间工资全扣，病假缺勤期间工资按其工龄长短的扣发比例计算）。

【例 5-1】黄河公司工人王悦的月基本工资为 2520 元。10 月份日历天数为 31 天，王悦请病假 1 日，事假 2 日，星期休假 11 日，出勤 17 日。根据王悦的工龄，其病假工资按基本工资的 90% 计发，病、事假期间没有节假日。应付王悦月计时工资的计算步骤为：

日工资率 ＝2520÷30＝84（元）

应扣病假工资 ＝84×1×（100%-90%）＝8.40（元）

应扣事假工资 ＝84×2＝168（元）

月应付计时工资 ＝2520-8.40-168＝2343.60（元）

（2）每月按平均法定的 21.75 日计算

每月按平均法定的 21.75 日计算的日工资率公式为：

日工资率 ＝ 月基本工资 ÷21.75

在采用这种方法计算日工资率时，缺勤期间的节假日不算缺勤，不扣工资，出勤期间的节假日不算出勤，不发工资。

【例 5-2】接【例 5-1】，现改按平均法定工作日数 21.75 日，计算应付王悦月计时工资的步骤为：

日工资率 ＝2520÷21.75＝115.8621（元）

应扣病假工资 ＝115.8621×1×（100%-90%）＝11.59（元）

应扣事假工资 ＝115.8621×2＝231.72（元）

月应付计时工资 ＝2520-11.59-231.72＝2276.69（元）

从【例 5-1】、【例 5-2】计算结果可以看出，采用不同方法计算的日工资率，对最终确定月应付计时工资额会有一定的影响（只有在出满勤时才无差别）。因此，企业自行选定任何一种方法后，应在一年内保持稳定，以免影响会计信息的可比性。

2. 计件工资的计算

计件工资是根据当月产量记录中的产品数量和规定的计件单价计算工资。计件工资计算的主要依据有合格品数量、料废品数量、计件单价。料废品是指由于材料缺陷（料废）而造成的废品。料废品数量应和合格品数量加在一起，按同一计件单价计算计件工资；如果是由于工人加工过失而造成的废品（工废），则工废品数量不计算计件工资，有的还应由工人赔偿相应的损失。计件单价是根据工人生产单位产品所需要的工时定额和该级工人每小时的工资率计算出来的。应付计件工资计算公式为：

应付计件工资 ＝（合格品数量 ＋ 料废品数量）× 计件单价

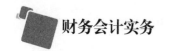

【例5-3】黄河公司工人刘铭本月生产A、B两种产品。A产品完工验收的合格品为16件，料废品为4件，工废品为1件，其计件单价为20元；B产品完工验收的合格品为45件，料废品为5件，工废品1件，其计件单价为30元。刘铭本月应得的计件工资为：

应付计件工资＝（16＋4）×20＋（45＋5）×30＝1900（元）

请注意：以上介绍的是个人计件工资的计算。如果是按生产小组计算集体计件工资，应按上述方法首先计算出小组应得的计件工资总额，然后在小组各成员之间按照一定的分配标准进行分配。

【例5-4】黄河公司工人张明等三人小组本月共同完成某项生产任务，共得计件工资5400元。根据考勤记录，张明的工作时数为200小时，吴宇的工作时数为180小时，葛军的工作时数为160小时。该生产小组按工作时数为标准分配各人应得计件工资计算如下：

小组内部计件工资分配率＝5400÷（200＋180＋160）＝10（元／小时）

张明应得计件工资＝200×10＝2000（元）

吴宇应得计件工资＝180×10＝1800（元）

葛军应得计件工资＝160×10＝1600（元）

5.2.3 代扣款项计算

代扣款项，是指从应付工资中代扣的应由职工个人支付的各种款项，如代扣的个人所得税、社会劳动保险金、住房公积金、互助储金、工会会员会费、职工过失的赔款、职工家属医药费等。每月财会部门还需根据有关单位和部门转来的扣款通知代扣某些款项，如社会保险费的个人自负部分、个人所得税、住房公积金等。社会保险是国家通过立法建立的一种社会保障制度。我国现阶段向所有企业征缴的社会保险有基本养老保险、失业保险、基本医疗保险、工伤保险和生育保险五个险种。基本养老保险、基本医疗保险和失业保险由单位和个人共同缴费；工伤保险、生育保险由单位缴费。社会保险个人缴纳部分应由所在企业从职工本人工资中代扣代缴。

1. 应由职工个人负担的款项

①应由个人负担的保险费和住房公积金。

②应由个人负担的水、电、房租、托儿费等。

③应由个人负担的工会会费（按基本工资的0.5%计缴）。

④个人所得税。

2. 个人所得税的计算

计算个人所得税时，用薪金收入扣3500元及五险一金，然后施行7级超额累进税率。

全月应纳税所得额税率速算扣除数见表5-1。

表 5-1　个人所得税税率及速算扣除数

全月应纳税所得额	税率	速算扣除数（元）
全月应纳税额不超过 1500 元	3%	0
全月应纳税额超过 1500 元～4500 元	10%	105
全月应纳税额超过 4500 元～9000 元	20%	555
全月应纳税额超过 9000 元～35000 元	25%	1005
全月应纳税额超过 35000 元～55000 元	30%	2755
全月应纳税额超过 55000 元～80000 元	35%	5505
全月应纳税额超过 80000 元	45%	13505

个人所得税的应纳税所得额＝应发工资－五险一金－扣税基数 3500

个人所得税＝（总工资－"五险一金"－免征额）×税率－速算扣除数

【例 5-5】黄河公司员工张明总工资为 5105 元，五险一金 105 元。

个人所得税＝（5105－105－3500）×3%－0＝45 元

5.2.4　实发工资计算

实发工资是指应付工资扣除代扣款后的净额。

实发工资＝应发工资－代扣款项

【任务 2 训练题】

选择题

1. 企业福利部门自用应税产品计算出的应交消费税和增值税，应借记（　　）账户。

　　A. 制造费用　　　　　　　　　B. 生产成本

　　C. 应付职工薪酬　　　　　　　D. 营业税金及附加

2. 职工工资的发放形式不是唯一的，下列应列为工资薪酬的项目的有（　　）。

　　A. 以现金发放工资　　　　　　B. 结转代扣代缴的个人所得税

　　C. 职工报支培训费、劳动保护费　　D. 结转代扣、代垫款

　　E. 职工困难补助

3. 某企业本期支付给职工的计时工资为 50000 元，计件工资为 150000 元，综合奖金 70000 元，缴纳住房公积金 20000 元，董事的境外旅游开支 8000 元，退休金 12000 元。该企业本期的工资薪酬总额为（　　）元。

　　A. 310000　　　　B. 298000　　　　C. 200000　　　　D. 290000

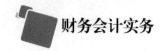

任务3 职工薪酬的确认与计量

5.3.1 职工薪酬确认

1. 职工薪酬构成

①职工工资、奖金、津贴和补贴。

②职工福利费。

③社会保险费。

④住房公积金。

⑤工会经费和职工教育经费。

⑥非货币性福利。

⑦辞退福利。

⑧股份支付。

2. 职工薪酬的确认原则

企业应当在职工为其提供服务的会计期间,将应付的职工薪酬(不包括辞退福利)确认为负债,并根据职工提供服务的受益对象,分别按以下情况处理:

①应由生产产品、提供劳务负担的职工薪酬,计入产品成本或劳务成本。

②应由在建工程、无形资产开发成本负担的职工薪酬,计入建造固定资产或无形资产的开发成本。

③上述两项之外的其他职工薪酬,计入当期损益。

5.3.2 货币性职工薪酬的计量

计量应付职工薪酬时,凡国家规定有计提基础和计提比例的,应当按照国家规定的标准计提。例如,应向社会保险经办机构等缴纳的医疗保险费、养老保险费(包括根据企业年金计划向企业年金基金相关管理人缴纳的补充养老保险费)、失业保险费、工伤保险费、生育保险费等社会保险费,应向住房公积金管理机构缴存的住房公积金,以及工会经费和职工教育经费等,应当在职工为其提供服务的会计期间,根据工资总额的一定比例计算确定。

国家没有规定计提基础和计提比例的,企业应当根据历史经验数据和实际情况,合理预计当期应付职工薪酬。当期实际发生金额大于预计金额的,应当补提应付职工薪酬;当期实际发生金额小于预计金额的,应当冲回多提的应付职工薪酬。

对于在职工提供服务的会计期末以后一年以上到期的应付职工薪酬,企业应当选择恰当的折现率,以应付职工薪酬折现后的金额计入相关资产成本或当期损益;应付职工薪酬金额与其折现后金额相差不大的,也可按照未折现金额计入相关资产成本或当期损益。

5.3.3 非货币性职工薪酬的计量

企业以其自产产品作为非货币性福利发放给职工的，应当根据受益对象，按照该产品的公允价值，计入相关资产成本或当期损益，同时确认应付职工薪酬。

5.3.4 辞退福利的计量

职工薪酬准则规定的辞退福利包括两个方面：

一是劳动合同未到期，不论本人是否愿意，企业决定解除劳动关系给予的补偿。

二是劳动合同未到期，为鼓励职工自愿接受裁减而给予的补偿。

请注意：①职工虽然没有与企业解除劳动合同，但未来不再为企业带来经济利益，企业承诺提供实质上具有辞退福利性质的经济补偿是比照辞退福利发放。②企业实施的职工内部退休计划为比照辞退福利发放。③正常退休福利的发放区别于辞退福利。④无论职工因何种原因离开都要支付的福利属于离职后福利，也区别于辞退福利。

【任务 3 训练题】

不定项选择题

1. 企业从应付职工工资中代扣职工房租，应借记的账户是（　　）。

A. 其他应收款　　　　　　　　B. 银行存款

C. 应付职工薪酬　　　　　　　D. 其他应付款

2. 企业以其自产产品作为非货币性福利发放给职工的，应当据受益原则，按该产品的（　　）计入相关成本或损益。

A. 公允价值　　　　　　　　　B. 重置成本

C. 该种产品平均售价　　　　　D. 实际成本

3. 下列职工薪酬中，不应根据职工提供服务的受益对象计入成本费用的是（　　）。

A. 因解除与职工的劳动关系给予的补偿

B. 构成工资总额的各组成部分

C. 工会经费和职工教育经费

D. 医疗保险费、养老保险费、失业保险费、工伤保险费等社会保险费

任务 4　职工薪酬的核算

企业应当设置"应付职工薪酬"科目，核算企业根据有关规定应付给职工的各种薪酬，即主要用来核算企业根据有关规定应付给职工各种薪酬的提取、结算、使用等情况。该科目属负债类科目，贷方反映应支付员工的各种货币性薪酬和非货币性薪

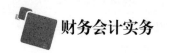

酬，借方反映实际支付员工的各种货币性薪酬和非货币性薪酬。该科目期末在余额贷方，表示尚未支付给员工的各种货币性薪酬和非货币性薪酬。

"应付职工薪酬"科目应当按照"工资""职工福利""社会保险费""住房公积金""工会经费""职工教育经费""非货币性福利"等应付职工薪酬项目设置明细科目，进行明细核算。外商投资企业按规定从净利润中提取的职工奖励及福利基金，也在本科目中核算。

企业应当根据职工提供服务的受益对象，将应确认的职工薪酬全部计入相关资产成本或者当期费用。

5.4.1 货币性职工薪酬的分配与核算

1. 货币性职工薪酬的分配

月度终了，企业应当于职工在职的会计期间，将应付的职工薪酬确认为负债，除因解除与职工的劳动关系给予的补偿外，应当根据职工提供服务的受益对象，进行本月工资的分配，计入有关成本费用。

职工薪酬是按照其发生地点进行归集，按照用途进行分配的。实际工作中是根据"货币性职工薪酬结算汇总表"编制"货币性职工薪酬分配汇总表"，然后根据"货币性职工薪酬分配汇总表"，进行货币性职工薪酬分配的账务处理。

生产产品的工人工资薪酬借记"生产成本"科目，提供劳务的工人工资薪酬借记"劳务成本"科目，车间管理人员的工资薪酬借记"制造费用"科目，进行基本建设工程的人员工资薪酬借记"在建工程"科目，自创无形资产的人员工资薪酬借记"研发支出"科目，行政管理人员工资薪酬借记"管理费用"科目，销售部门人员工资薪酬借记"销售费用"科目等，贷记"应付职工薪酬——工资"科目。

【例 5-6】黄河公司 2014 年 12 月发生工资薪酬情况如下：基本生产车间生产甲产品发生工资薪酬费用为 400000 元，车间管理人员职工薪酬费用为 50000 元，行政管理部门人员职工薪酬费用为 100000 元，为试制专利产品发生职工薪酬费用为 150000 元。黄河公司 12 月的账务处理为：

借：生产成本——基本生产成本——甲产品　400000
　　制造费用　50000
　　管理费用　100000
　　研发支出　150000
　　贷：应付职工薪酬——工资　700000

2. 货币性职工薪酬的核算

货币性职工薪酬是指计量应付职工薪酬时，国家规定了计提基础和计提比例的，应当按照国家规定的标准计提。国家没有规定计提基础和计提比例的，企业应当根据历史经验数据和实际情况，合理预计当期应付职工薪酬。

职工薪酬结算一般包括提取现金、发放薪酬、结转代扣款项等几项内容。

企业应根据考勤记录、工时记录、产量记录、工资标准、工资等级等，编制"工资单"计算各种职工薪酬。根据"职工薪酬结算汇总表"中的实发金额合计数向银行提取现金，借记"库存现金"科目，贷记"银行存款"科目。企业按照有关规定向职工支付工资、奖金、津贴、福利费等，从应付职工薪酬中扣还各种款项（代垫的家属药费、个人所得税等）等，借记"应付职工薪酬"科目，贷记"银行存款""库存现金""其他应收款""应交税费——应交个人所得税"等科目。

【例 5-7】黄河公司根据"职工薪酬结算汇总表"结算本月应付职工工资总额924000 元，企业代垫职工家属医药费 2000 元，代扣个人所得税 80000 元，实发工资842000 元。

①提取现金：

借：库存现金　842000

　　贷：银行存款　842000

②支付工资：

借：应付职工薪酬——工资　842000

　　贷：库存现金　842000

③代扣款项：

借：应付职工薪酬——工资　82000

　　贷：应交税费——应交个人所得税　80000

　　　　其他应收款——代垫医药费　2000

📖知识窗：采用银行代发工资的企业，应根据"工资结算汇总表"，按银行有关规定办理支付工资手续，借记"应付职工薪酬——工资"科目，贷记"银行存款"科目。

5.4.2　非货币性职工薪酬的核算

非货币性职工薪酬是指企业以其自产产品作为非货币性福利发放给职工的，应当根据受益对象，按照该产品的公允价值，计入相关资产成本或当期损益，同时确认应付职工薪酬。

（1）决定发放非货币性福利

借：生产成本——基本生产成本

　　管理费用

　　贷：应付职工薪酬——非货币性福利

（2）实际发放非货币性福利

借：应付职工薪酬——非货币性福利

　　贷：主营业务收入

　　　　应交税费——应交增值税（销项税额）

借：主营业务成本

　　贷：库存商品

【例 5-8】黄河公司是一家电视机生产企业，有职工 200 名，其中一线生产工人

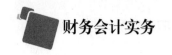

为 180 名，总部管理人员为 20 名。2007 年 10 月，此公司决定以其生产的电视机作为福利发放给职工。该电视机单位成本为 2000 元，单位计税价格（公允价值）为 3000 元，适用的增值税税率为 17%。公司的账务处理如下：

①决定发放非货币性福利：

借：生产成本——基本生产成本　631800

　　管理费用　70200

　　贷：应付职工薪酬—非货币性福利　702000

②实际发放非货币性福利：

借：应付职工薪酬—非货币性福利　702000

　　贷：主营业务收入　600000

　　　　应交税费——应交增值税（销项税额）　102000

借：主营业务成本　400000

　　贷：库存商品　400000

企业将拥有的房屋等资产无偿提供给职工使用的，应当根据受益对象，将该住房每期应计提的折旧计入相关资产成本或当期损益，同时确认应付职工薪酬。

【例 5-9】黄河公司决定为每一位部门经理提供轿车免费使用，同时为每位副总裁租赁一套住房免费使用。黄河公司部门经理共有 10 名，副总裁共有 2 名。假定每辆轿车月折旧额 800 元，每套住房月租金为 3000 元。黄河公司的账务处理如下：

①计提轿车折旧：

借：应付职工薪酬——非货币性福利　8000

　　贷：累计折旧　8000

借：管理费用　8000

　　贷：应付职工薪酬——非货币性福利　8000

②支付住房租金费用：

借：应付职工薪酬——非货币性福利　6000

　　贷：银行存款　6000

借：管理费用　6000

　　贷：应付职工薪酬——非货币性福利　6000

　　议一议：不少单位对发放给职工的非货币性福利不进行会计核算，这种做法会产生哪些影响？

5.4.3　职工福利费的核算

职工福利费是企业准备用于职工医疗卫生、职工困难补助和其他福利方面的资金。按现行政策规定，企业提取的职工福利费，可以按工资总额的一定比例计算提取，根据职工提供服务的受益对象计入相关成本费用，并确认为应付职工的负债。职工福利费按实际发生额列支，与税收规定不一致时，应做纳税调整，年末科目余额清算结零。

企业提取职工福利费时，借记"生产成本""制造费用""销售费用""管理费用"等科目，贷记"应付职工薪酬——职工福利"科目。支付的职工医疗卫生费用、职工困难补助和其他福利费以及应付的医务、福利人员工资等，借记"应付职工薪酬——职工福利"科目，贷记"库存现金""银行存款""应付职工薪酬——工资"等科目。

值得注意的是，按医务、福利人员工资的一定比例提取的职工福利费，不能借记"应付职工薪酬——职工福利"科目，而应借记"管理费用"科目。

【例 5-10】接【例 5-6】，根据本月已分配工资额的 14% 提取职工福利费。黄河公司应做会计分录如下：

借：生产成本　56000
　　制造费用　7000
　　管理费用　14000
　　研发支出　21000
　　贷：应付职工薪酬——职工福利　　　　98000

【例 5-11】黄河公司以现金支付职工刘某生活困难补助 1000 元。黄河公司应做会计分录如下：

借：应付职工薪酬——职工福利　1000
　　贷：库存现金　1000

【例 5-12】黄河公司下设一所职工食堂，每月根据在岗职工数量及岗位分布情况、相关历史经验数据等计算补贴食堂的金额，从而确定黄河公司每期因补贴职工食堂而需要承担的福利费金额。2010 年 10 月，黄河公司经计算支付 24000 元补贴给食堂。黄河公司应做会计分录如下：

借：应付职工薪酬——职工福利　24000
　　贷：库存现金　24000

📖知识窗：职工集体福利设施支出，包括用于购建公共浴池、托儿所等，应作为资本性支出处理，增加非生产经营用固定资产。

5.4.4　社会保险费和住房公积金的核算

企业按照国家有关规定计提社会保险费或住房公积金时，应当按照职工所在岗位进行分配，分别借记"生产成本""制造费用""在建工程""管理费用"等科目，贷记"应付职工薪酬——社会保险费（或住房公积金）"科目；按照国家有关规定缴纳社会保险费或住房公积金时，借记"应付职工薪酬——社会保险费（或住房公积金）"科目，贷记"银行存款"科目。

企业为职工缴纳的"五险一金"，应当按照职工所在岗位进行分配。

借：生产成本——基本生产成本
　　　　　　——辅助生产成本
　　制造费用

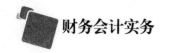

研发支出

管理费用

在建工程

销售费用

    贷：应付职工薪酬——保险费

                ——住房公积金

【例5-13】黄河公司按照工资薪酬10%的比例缴存住房公积金，具体为：基本生产车间生产甲产品发生住房公积金费用为5000元，车间管理人员住房公积金费用2000元，为试制专利产品发生住房公积金费用4000元，行政管理部门人员住房公积金费用3000元。黄河公司费用分配处理为：

    借：生产成本——基本生产成本（甲产品）　5000

        制造费用　2000

        研发支出　4000

        管理费用　3000

      贷：应付职工薪酬——住房公积金　14000

缴存时，代扣应由职工承担的10%，一并处理为：

    借：应付职工薪酬——住房公积金　14000

        应付职工薪酬——工资　14000

      贷：银行存款　28000

【例5-14】根据国家规定的计提标准计算，黄河公司本月应向社会保险机构缴纳职工基本养老保险费共计134000元，其中，应计入基本生产车间生产成本89600元，应计入制造费用19600元，应计入管理费用20160元，应计入销售费用4640元。黄河公司做如下处理：

    借：生产成本——基本生产成本　89600

        制造费用　19600

        管理费用　20160

        销售费用　4640

      贷：应付职工薪酬——社会保险费（基本养老保险）　134000

黄河公司以银行存款缴纳职工基本养老保险费计134000元。

    借：应付职工薪酬——社会保险费　134000

      贷：银行存款　134000

5.4.5　职工教育经费、工会经费的核算

企业按照国家有关规定计提工会经费和职工教育经费时，借记"生产成本""制造费用"等科目，贷记"应付职工薪酬——工会经费（或职工教育经费）"科目。

企业支付工会经费和职工教育经费用于工会活动和职工培训时，借记"应付职工薪酬——工会经费（或职工教育经费）"科目，贷记"银行存款""库存现金"等科目。

1. 工会经费

根据《中华人民共和国工会法》规定，企业每月应按照应付职工货币性薪酬总额的 2% 计提工会经费，按期拨付给企业工会使用。

计提的工会经费 = 应付职工货币性薪酬总额 × 2%

账务处理为：

按照 2% 计提工会经费时：

借：管理费用

　　制造费用等

　　贷：应付职工薪酬——工会经费

向工会组织拨交工会经费时：

借：应付职工薪酬——工会经费

　　贷：银行存款

【例 5-15】接【例 5-6】，黄河公司本月根据工资费用分配汇总表计提工会经费 14000 元。

本月末计提工会经费：

借：生产成本——基本生产成本——甲产品　8000

　　制造费用　1000

　　管理费用　2000

　　研发支出　3000

　　贷：应付职工薪酬——工会经费　14000

下月初向工会拨交工会经费：

借：应付职工薪酬——工会经费　14000

　　贷：银行存款　14000

2. 职工教育经费

为了提高企业单位职工的文化素质和科技水平，在一定程度上保证企业开展职工教育的经济来源，企业可以根据国家有关规定按职工薪酬总额的 2.5% 计提职工教育经费。

计提的职工教育经费 = 应付职工货币性薪酬总额 × 2.5%

《企业所得税法实施条例》对职工教育经费的税前扣除是这样规定的：企业发生的职工教育经费支出，不超过工资薪金总额 2.5% 的部分，准予扣除；超过部分，准予在以后纳税年度结转扣除。

因此，核算职工教育经费时，据实列支按照《企业会计准则——职工薪酬》以及《企业所得税法实施条例》规定，据实列支实际发生的职工教育经费。即：

计提（分配）费用时：

借：管理费用

　　制造费用

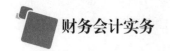

贷：应付职工薪酬——职工教育经费

实际发生费用时：

借：应付职工薪酬——职工教育经费

　　贷：银行存款

　　　　库存现金

【例5-16】接【例5-6】黄河公司本月根据工资费用分配汇总表计提职工教育经费17500元。

借：生产成本——基本生产成本——甲产品　　10000

　　　制造费用　1250

　　　管理费用　2500

　　　研发支出　3750

　　　贷：应付职工薪酬——职工教育经费　　17500

　动脑筋：某公司分配为职工计提的社会保险费13889元，其中A产品生产工人4004元，B产品生产工人3888元，生产车间管理人员2497元，行政管理人员3500元。假如你是这家公司的会计人员，如何编制会计分录？

5.4.6　辞退福利的核算

辞退福利通常采取在解除劳动关系时一次性支付补偿的方式，也有通过提高退休后养老金或其他离职后福利的标准，或者将职工工资支付至辞退后未来某一期间的方式。辞退福利同时满足下列条件的，应当确认因解除与职工的劳动关系给予补偿而产生的预计负债，同时计入当期管理费用。

①企业已经制定正式的解除劳动关系计划或提出自愿裁减建议，并即将实施。

②企业不能单方面撤回解除劳动关系计划或裁减建议。

正式的辞退计划或建议应当经过批准。辞退工作一般应当在一年内实施完毕，但因付款程序等使部分款项推迟至一年后支付的，视为符合应付职工薪酬的确认条件。满足辞退福利确认条件、实质性辞退工作在一年内完成，但付款时间超过一年的辞退福利，企业应当选择恰当的折现率，以折现后的金额计量应付职工薪酬。

企业应当根据《企业会计准则第13号——或有事项》的规定，严格按照辞退计划条款的规定，合理预计并确认辞退福利产生的应付职工薪酬。对于职工没有选择权的辞退计划，应当根据辞退计划条款规定的拟解除劳动关系的职工数量、每一职位的辞退补偿标准等，计提应付职工薪酬。

企业应当预计将会自愿接受裁减建议的职工数量，根据预计的职工数量和每一职位的辞退补偿标准等，按照《企业会计准则第13号——或有事项》的规定，计提应付职工薪酬。

账务处理如下：

借：管理费用

　　贷：应付职工薪酬——辞退福利

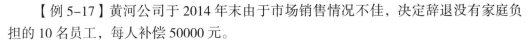

【例 5-17】黄河公司于 2014 年末由于市场销售情况不佳，决定辞退没有家庭负担的 10 名员工，每人补偿 50000 元。

借：管理费用   500000

　　贷：应付职工薪酬——辞退福利   500000

请注意：辞退福利应一律计入管理费用，不按受益原则处理。

5.4.7　个人所得税的计算和代扣

1. 应纳税所得额的确定

一般规定，工资薪金所得，以每月收入额减去 3500 元后的余额，为应纳税所得额。其计算式为：

应纳税所得额＝月工资、薪金收入 −3500 元

对在中国境内无住所而在中国境内取得工资、薪金所得的纳税义务人，可以根据其平均收入水平、生活水平及汇率变化情况确定附加减除费用。其计算式为：

应纳税所得额＝月工资、薪金收入 −3500 元 −3200 元

《税法》规定，对部分人员的工资、薪金所得，允许在扣除 3500 元费用的基础上，再扣除附加减除费用 3200 元，其余额为应纳税所得额。这些人员包括：①在中国境内的外商投资企业和外国企业中工作的外籍人员；②应聘在中国境内的企业、事业单位、社会团体、国家机关中工作的外籍专家；③在中国境内有住所而在中国境外任职或受雇取得工资、薪金所得的个人；④财政部确定的其他人员；⑤华侨和我国香港、澳门及台湾地区的同胞，参照这一规定执行。

根据我国目前个人收入的构成情况，规定对于一些不属于工资、薪金性质的补贴、津贴，或者不属于纳税人本人工资、薪金所得项目的收入，不予征税。这些项目包括：①独生子女补贴；②执行公务员工资制度未纳入基本工资总额的补贴、津贴差额和家属成员的副食品补贴；③托儿补助费；④差旅费津贴、误餐补助。其中，误餐补助是指按照财政部规定，个人因公在城区、郊区工作，不能在工作单位或返回就餐的，根据实际误餐顿数，按规定的标准领取的误餐费。单位以误餐补助名义发给职工的补助、津贴不能包括在内。

2. 个人所得税的代扣

企业作为个人所得税的扣缴义务人，按照规定扣缴职工应纳的个人所得税。扣缴义务人向个人支付应纳税所得（包括现金、实物和有价证券）时，不论纳税人是否属于本单位人员，均应代扣代缴其应缴纳的个人所得税款。

扣缴义务人在代扣税款时，必须向纳税人开具税务机关统一印制的代扣代收税款凭证，并详细注明纳税人姓名、工作单位、家庭住址和居民身份证或护照号码（无上述证件的，可用其他能有效证明身份的证件）等个人情况。对工资、薪金所得和利息、股息、红利所得等，因纳税人数众多、不便一一开具代扣代收税款凭证的，经主管税务机关同意，可不开具代扣代收税款凭证，但应通过一定形式告知纳税人已扣缴

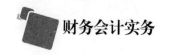

税款。纳税人为持有完税依据而向扣缴义务人索取代扣代收税款凭证的，扣缴义务人不得拒绝。

扣缴义务人应主动向税务机关申领代扣代收税款凭证，据以向纳税人扣税。非正式扣税凭证，纳税人可以拒收。

代扣个人所得税时：

借：应付职工薪酬

　　贷：应交税费——代扣代缴个人所得税

缴纳个人所得税时

借：应交税费——代扣代缴个人所得税

　　贷：库存现金或银行存款

企业为职工代扣代缴个人所得税通常有两种情况：①职工自己承担个人所得税，企业只负责扣缴义务；②企业既承担税款，又负责扣缴义务。

（1）职工自己承担个人所得税，企业只负责扣缴义务

【例5-18】黄河公司的职工张某2014年每月工资为5500元。

①计提工资时：

借：管理费用等科目　5500

　　贷：应付职工薪酬——张某　5500

②发放工资时：

张某应纳个人所得税 =（5500-3500）×10%-105=95（元）

借：应付职工薪酬——张某　5500

　　贷：库存现金　5405

　　　　应交税费——代扣代缴个人所得税　95

③缴纳个人所得税时：

借：应交税费——代扣代缴个人所得税　95

　　贷：库存现金或银行存款　95

（2）企业既承担税款，又负责扣缴义务

【例5-19】黄河公司职工李某2014年每月取得的税后工资薪金为5500元，由任职的黄河公司代付个人所得税税款。其每月应纳税款计算如下：

应纳税所得额 =（不含税所得 – 费用扣除标准 – 速算扣除数）/（1- 税率）

　　　　　　 =（5500-3500-105）/（1-10%）=2368.75（元）

应纳所得税税款 = 应纳税所得额 × 适用税率 – 速算扣除数

　　　　　　　 =2368.75×10%-105=131.88（元）

①计提工资时：

借：管理费用等科目　5631.88

　　贷：应付职工薪酬　5631.88

②发放工资时：

借：应付职工薪酬　5631.88

贷：库存现金或银行存款　5500

　　应交税费——代扣代缴个人所得税　131.88

③缴纳个人所得税时：

借：应交税费——代扣代缴个人所得税　131.88

　　贷：库存现金或银行存款　131.88

【任务4训练题】

一、选择题

1. 实行退休金统筹办法的企业，按期提取的统筹退休金，应计入（　　）账户的借方。

A. 营业外支出　　　　　　　　　　　B. 其他应付款

C. 应付职工薪酬　　　　　　　　　　D. 管理费用

2. 下列各项支出中，应在"应付职工薪酬——应付福利费"中列支的有（　　）。

A. 职工生活困难补助费　　　　　　　B. 医务福利部门人员工资

C. 职工医药费　　　　　　　　　　　D. 医务经费

二、技能训练

1. 长江公司按照职工薪酬10%的比例缴存住房公积金，具体为：基本生产车间生产甲产品发生住房公积金费用5000元，车间管理人员住房公积金费用2000元，为试制专利产品发生住房公积金费用4000元，行政管理部门人员住房公积金费用3000元。如何进行账务处理？

2. 德意公司2014年12月份应发工资190万元，其中，生产工人工资100万元，生产车间管理人员工资20万元，公司管理人员工资36万元，销售人员工资10万元，工程建设人员工资24万元。公司根据有关规定，分别按照职工工资总额的10%、12%、2%和10.5%计提医疗保险费、养老保险费、失业保险费和住房公积金。如何进行账务处理？

3. 青怡公司2014年11月份将自产空调发放给职工作为个人福利，每台空调的成本2000元，售价（不含税）为每台2500元，其中生产部门直接生产人员为80人，生产部门管理人员为20人，公司管理人员为16人，专设销售机构人员为32人。如何进行账务处理？

4. 鸿运公司为总部部门经理级别以上职工每人提供一辆福特汽车免费使用，该公司总部共有部门经理以上职工10名，假定每辆福特汽车每月计提折旧2000元；为总经理租用住房一套，每月租金5000元。如何进行账务处理？

5. A公司管理层2014年11月1日提出职工没有选择权的辞退计划，拟辞退生产工人5人，公司管理人员2人，并于2014年12月31日执行。已经通知本人，并经董事会批准，辞退补偿为生产工人每人20万元，总部管理人员每人50万元。如何进行账务处理？

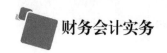

6. 某纳税人2014年9月份工资为4200元，该纳税人不适用附加减除费用的规定，计算其当月应纳个人所得税税额。

任务5 岗位业务实训

实训目的

掌握工资薪酬的构成、内容、使用范围及其明细分类核算，掌握应付职工薪酬的主要业务处理。

实训要求

1. 依据工作通知单、工作班产量记录，按计件编制工资结算表；
2. 按税法要求确定代扣个人所得税；
3. 编制工资分配表，并填制记账凭证；
4. 计算填制教育经费提取计算表并填制记账凭证；
5. 依据有关凭证登记"应付职工薪酬"明细账。

实训资料

资料1：黄河公司为家电生产企业，共有职工310人，其中生产工人200人，车间管理人员15人，行政管理人员20人，销售人员15人，在建工程人员60人。黄河公司适用的增值税税率为17%。2014年12月份发生如下经济业务。

（1）本月应付职工资产总额为380万元，工资费用分配汇总表中列示的产品生产工人工资为200万元，车间管理人员工资为30万元，企业行政管理人员工资为50万元，销售人员工资40万元，在建工程人员工资60万元。

凭1-1

工资结算汇总表

车间 或部门		应付职工薪酬				各种扣款				实发数
		计时工资	奖金	津贴	合计	房租	水电	…	合计	
一车间	生产人员	1500000	250000	250000	2000000					2000000
	管理人员	200000	50000	50000	300000					300000
销售人员		200000	100000	100000	400000					400000
企管人员		450000	20000	30000	500000					500000
工程人员		400000	100000	100000	600000					600000
合计		2750000	520000	530000	3800000					3800000

劳动（人事）部门：　　　　财会部门：　　　　审核人：　　　　制表人：

（2）下设的职工食堂享受企业提供的补贴，本月领用自产产品一批，该产品的账面价值为 8 万元，市场价格为 10 万元（不含增值税），适用的消费税税率为 10%。

凭 2-1

产成品出库单

使用单位：企业职工食堂 　　　2014 年 12 月 16 日 　　　仓库：

产品名称	规格	计量单位	出库数量	总成本	单位成本	备注
甲产品		台	400	80000		

（3）以其自己生产的某种电暖气发放给公司每名职工，每台电暖气的成本为 800 元，市场售价为每台 1000 元。

凭 3-1

产成品出库单

使用单位：办公室 　　　2014 年 12 月 16 日 　　　仓库：

产品名称	规格	计量单位	出库数量	总成本	单位成本	备注
电暖气		台	310	248000	800	

（4）为总部部门经理以上职工提供汽车免费使用，为副总裁以上高级管理人员人每人租赁一套住房。黄河公司现有总部部门经理以上职工共 10 人，假定所提供汽车每月计提折旧 2 万元；现有副总裁以上职工 3 人，所提供住房每月的租金 2 万元。

凭 4-1

内部转账单

转账日期　2014 年 12 月 25 日

摘要	转账项目	结账前余额（元）
结转部门经理专用汽车折旧	部门经理专用汽车折旧费	20000
结转副总裁等管理人员房租	房屋租金	20000
合　　计		40000

（5）用银行存款支付副总裁以上职工住房租金 2 万元。

凭 5-1

<table>
<tr><td colspan="2" align="center">中国工商银行转账支票存根</td></tr>
<tr><td>支票号码</td><td>1013488</td></tr>
<tr><td colspan="2">科　　目</td></tr>
<tr><td colspan="2">对方科目</td></tr>
<tr><td colspan="2">出票日期 2014 年 12 月 26 日</td></tr>
<tr><td colspan="2">收款人：租赁公司</td></tr>
<tr><td colspan="2">金　额：￥20000.00</td></tr>
<tr><td colspan="2">用　途：支付房屋租金</td></tr>
<tr><td>单位主管：</td><td>会计：</td></tr>
</table>

（6）支付本月应付职工工资总额 380 万元，代扣职工房租 10 万元，企业代垫职工家属医药费 2 万元，代扣个人所得税 20 万元，余款用银行存款支付。

凭 6-1

<table>
<tr><td colspan="2" align="center">中国工商银行转账支票存根</td></tr>
<tr><td colspan="2" align="center">支票号码　1013489</td></tr>
<tr><td colspan="2">科　　目</td></tr>
<tr><td colspan="2">对方科目</td></tr>
<tr><td colspan="2">出票日期 2014 年 12 月 26 日</td></tr>
<tr><td colspan="2">收款人：本公司</td></tr>
<tr><td colspan="2">金　额：￥3800000.00</td></tr>
<tr><td colspan="2">用　途：支付工资</td></tr>
<tr><td>单位主管：</td><td>会计：</td></tr>
</table>

凭 6-2

内部转账单

转账日期　2014 年 12 月 25 日

摘要	转账项目	结账前余额（元）
结转公司代扣的房租和代垫医药费	代扣的房租和代垫医药费	120000
结转公司代扣代缴的个人所得税	代扣代缴的个人所得税	200000
合计		320000

（7）上交个人所得税 20 万元。

凭 7-1

中国工商银行转账支票存根

支票号码　1013490

科　　目 _____
对方科目 _____

出票日期 2014 年 2 月 26 日

| 收款人：地税局 |
| 金　额：￥200000.00 |
| 用　途：上交个人所得税 |

单位主管：　　　会计：

凭 7-2

代扣代缴税款报告表

扣缴义务人名称	黄河公司		开户银行	工行西斯办事处	账号	13589620		
代扣代缴税种	个人所得税		税款所属时期	2014 年 12 月 1 日 ~ 2014 年 12 月 31 日				
纳税人名称	应税项目	应税收入	扣除费用	计税依据	税率	应扣税额	已扣税额	期初应解缴税款	累计应解缴税款
生产车间				工薪收入					100000
管理部门				同上					20000
机修车间				同上					20000
销售部门				同上					20000
在建工程				同上					20000
供应部门				同上					20000
合计									200000

| 扣缴义务人声明 | 我单位所申报的各种税（费）款真实、准确，如有虚假内容，愿承担法律责任。办税员：法定代表人（负责人）：扣缴义务人（章）　年 月 日 | 授权人声明 | 现委托为我单位纳税申报代理人。委托合同号码：授权人（法定代表人）：　年 月 日 | 代理人声明 | 本纳税申报是按照国家税法和税务机关规定填报的，我确信其真实、合法。代理人：张红 代理机构（章）2014 年 1 月 10 日 | 税务机关 | 受理人（征收专用章）受理日期：2014 年 12 月 31 日 稽核人员：王山 稽核日期：2014 年 12 月 31 日 |

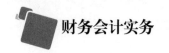

（8）下设的职工食堂维修领用原材料5万元，其购入时支付的增值税0.85万元。

凭8-1

领料单

材料科目：原材料　　　　　　　　　　　　　凭证编号：212102

领料单位：职工食堂　　　　　　　　　　　　发料仓库

材料用途：维修　　　　　　　　　　　　　　2014年12月29日

材料编号	材料名称	材料规格	计量单位	数量		计划成本	
				请领	实发	单位成本	金额
101	A材料		千克	200	200	2500.00	50000
备注						合计	50000

记账：　　　　领料单位负责人：　　　　领料人：黎明　　　　发料人：赵芳

资料2：依据下列资料编制江汉机械股份有限公司工资结算单和有关职工薪酬的业务。

①江汉机械股份有限公司病事假规定。职工请事假按天扣发日工资。职工请病假，工龄8年以下（含8年）扣发日工资50%；工龄9~15年（含15年）扣发日工资25%；工龄15年以上扣发日工资15%（月工资按21天计算）。奖金发放：全月出勤21天以上的（含21天）发全额奖金；出勤21天以下的，每缺勤1天扣发100元。

②职工养老保险金，上缴标准按个人承担基本工资的8%，企业承担个人基本工资的11%执行。住房公积金，个人承担工资总额和副食品补贴之和的10%，单位按个人承担的金额进行补贴。工会经费按照工资总额的2%计提。职工教育经费按照工资总额的1.5%计提。职工福利费按照工资总额的14%计提。

③工资发放费用有关标准。

表1　江汉机械股份有限公司工资发放费用标准

项目	单位	金额/元	项目	单位	金额/元
加班津贴	一班次	20.00	经常性生产奖	人	1000.00
中班津贴	一班次	5.00	副食补贴	人	500.00
夜班津贴	一班次	10.00			
说明					

④江汉机械股份有限公司考勤表。

表2 考勤卡记录

序号	姓名	日期									公休加班	出勤天数	中班	夜班	缺勤情况				
		1	2	3	4	5	…	29	30	31					病假	事假	工伤	产假	探亲
1	李林	/	休	休	中	中	…	中	休	休	2	21	12	5					
2	姬向	/	休	休	中	中	…	中	休	休	1	21	10	5					
3	王民	/	休	休	中	中	…	中	休	休		21	10	5					
4	赵永	/	休	休	中	中	…	中	休	休		19	18	5		2			
5	齐林	/	休	休	中	中	…	中	休	休		16	10	5	5				
6	张萌	/	休	休	中	中	…	中	休	休		21	10	5					
7	吴亮	/	休	休	中	中	…	中	休	休		21	10	5					
8	陈海	/	休	休	中	中	…	中	休	休		18	10	3	3				
9	任平	/	休	休	中	中	…	中	休	休		19	10	5		2			
10	吴青	/	休	休	△	△	…	中	休	休		13	5	5	4	3			
11	季明	/	休	休	中	中	…	中	休	休		21	10	10					
12	王坤	/	休	休	中	中	…	中	休	休		17	9	9	3	1			
13	白生	/	休	休	中	中	…	中	休	休		21	10	10					

审核员：   考勤员：

说明：中班（中）、夜班（夜）、白班（/）、事假（○）、病假（□）

⑤江汉机械股份有限公司工资卡片。

表3 江汉机械股份有限公司工资卡片

建卡日期：1994 年 6 月   编号：00324

姓名	李林	性别	男	民族	汉	出生日期	1974.4.5
参加工作时间	1994.6	进厂时间	1994.6	工种	车工	签合同日期	
所属单位及工资津贴标准							
2007 年		车间	工龄	职务	级别	工资标准	变动记录
月	日						
12	31	机加工	12		7	750	

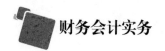

表4 江汉机械股份有限公司工资卡片

建卡日期：1985年4月　　　　　　　　　　　　　　　　　　　编号：00325

姓名	姬向	性别	男	民族	汉	出生日期	1963.7.28
参加工作时间	1985.4	进厂时间	1985.4	工种	车工	签合同日期	

所属单位及工资津贴标准							
2007年		车间	工龄	职务	级别	工资标准	变动记录
月	日						
12	31	机加工	21		7	780	

表5 江汉机械股份有限公司工资卡片

建卡日期：1995年7月　　　　　　　　　　　　　　　　　　　编号：00326

姓名	王民	性别	男	民族	汉	出生日期	1972.4.5
参加工作时间	1995.7	进厂时间	1995.7	工种	车工	签合同日期	

所属单位及工资津贴标准							
2007年		车间	工龄	职务	级别	工资标准	变动记录
月	日						
12	31	机加工	11		6	700	

表6 江汉机械股份有限公司工资卡片

建卡日期：1995年7月　　　　　　　　　　　　　　　　　　　编号：00327

姓名	赵永	性别	男	民族	汉	出生日期	1974.4.30
参加工作时间	1995.7	进厂时间	1995.7	工种	车工	签合同日期	

所属单位及工资津贴标准							
2007年		车间	工龄	职务	级别	工资标准	变动记录
月	日						
12	31	机加工	11		5	640	

表 7　江汉机械股份有限公司工资卡片

建卡日期：1996 年 8 月　　　　　　　　　　　　　　　　　　编号：00328

姓名	齐林	性别	女	民族	汉	出生日期	1977.9.15
参加工作时间	1996.8	进厂时间	1996.8	工种	车工	签合同日期	
所属单位及工资津贴标准							

2007 年		车间	工龄	职务	级别	工资标准	变动记录
月	日						
12	31	机加工	10		4	500	

表 8　江汉机械股份有限公司工资卡片

建卡日期：2002 年 7 月　　　　　　　　　　　　　　　　　　编号：00329

姓名	张萌	性别	女	民族	汉	出生日期	1977.9.15
参加工作时间	2002.7	进厂时间	2002.7	工种	车工	签合同日期	
所属单位及工资津贴标准							

2007 年		车间	工龄	职务	级别	工资标准	变动记录
月	日						
12	31	机加工	4		2	400	

表 9　江汉机械股份有限公司工资卡片

建卡日期：2002 年 7 月　　　　　　　　　　　　　　　　　　编号：00330

姓名	吴亮	性别	男	民族	汉	出生日期	1981.3.21
参加工作时间	2002.7	进厂时间	2002.7	工种	车工	签合同日期	
所属单位及工资津贴标准							

2007 年		车间	工龄	职务	级别	工资标准	变动记录
月	日						
12	31	机加工	4		2	400	

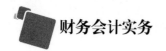

表10 江汉机械股份有限公司工资卡片

建卡日期：2002 年 7 月 编号：00331

姓名	陈海	性别	男	民族	汉	出生日期	1981.3.21
参加工作时间	2002.7	进厂时间	2002.7	工种	车工	签合同日期	

所属单位及工资津贴标准							
2007 年		车间	工龄	职务	级别	工资标准	变动记录
月	日						
12	31	机加工	4		2	400	

表11 江汉机械股份有限公司工资卡片

建卡日期：1997 年 8 月 编号：00332

姓名	任平	性别	男	民族	汉	出生日期	1978.3.21
参加工作时间	1997.8	进厂时间	1997.8	工种	车工	签合同日期	

所属单位及工资津贴标准							
2007 年		车间	工龄	职务	级别	工资标准	变动记录
月	日						
12	31	机加工	9		5	600	

表12 江汉机械股份有限公司工资卡片

建卡日期：1998 年 7 月 编号：00333

姓名	吴青	性别	男	民族	汉	出生日期	1976.10.3
参加工作时间	1998.7	进厂时间	1998.7	工种	车工	签合同日期	

所属单位及工资津贴标准							
2007 年		车间	工龄	职务	级别	工资标准	变动记录
月	日						
12	31	机加工	8		7	750	

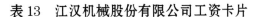

表13 江汉机械股份有限公司工资卡片

建卡日期：1997年7月   编号：00334

姓名	季明	性别	男	民族	汉	出生日期	1978.3.21
参加工作时间	1997.7	进厂时间	1997.7	工种	车工	签合同日期	

所属单位及工资津贴标准							

2007年		车间	工龄	职务	级别	工资标准	变动记录
月	日						
12	31	机加工	9		7	750	

表14 江汉机械股份有限公司工资卡片

建卡日期：2004年7月   编号：00335

姓名	王坤	性别	男	民族	汉	出生日期	1980.7.11
参加工作时间	2004.7	进厂时间	2004.7	工种	车工	签合同日期	

所属单位及工资津贴标准							

2007年		车间	工龄	职务	级别	工资标准	变动记录
月	日						
12	31	机加工	2		2	400	

表15 江汉机械股份有限公司工资卡片

建卡日期：2002年7月   编号：00336

姓名	白生	性别	男	民族	汉	出生日期	1982.11.4
参加工作时间	2002.7	进厂时间	2002.7	工种	车工	签合同日期	

所属单位及工资津贴标准							

2007年		车间	工龄	职务	级别	工资标准	变动记录
月	日						
12	31	机加工	4		2	400	

⑥江汉机械股份有限公司工资结算及扣款资料见下表。

表16 工资结算及扣款资料

部门：江汉机械股份有限公司　　　　2014 年 12 月　　　　　　　　　　单位：元

序号	姓名	月标准工资	副食品津贴	奖金	代扣款项			
					房租	住房公积金	托儿费	各类保险金
1	李林	750			10			
2	姬向	780			10			
3	王民	700			12			
4	赵永	640			10			
5	齐林	500			10			
6	张萌	400						
7	吴亮	400						
8	陈海	400						
9	任平	600						
10	吴青	750						
11	季明	750						
12	王坤	400			8			
13	白生	400			8			
	合计	7470			68			

请按如下要求做账务处理。

（1）根据以上资料编制工资结算表。

凭1-1

工资结算表

部门：汉江机械股份有限公司　　　　2014 年 12 月　　　　　　　　　　单位：元

序号	姓名	月标准工资	应扣工资					副食品津贴	奖金	中班天数	中班津贴	夜班天数	夜班津贴	住房公积金补贴	应付工资	代扣款项				实付工资
			事假天数	病假天数	日工资率	事假工资	病假工资									房租	住房公积金	托儿费	各类保险金	
1	李林																			
2	姬向																			
3	王民																			
4	赵永																			
5	齐林																			
6	张萌																			

续表

7	吴亮															
8	陈海															
9	任平															
10	吴青															
11	季明															
12	王坤															
13	白生															
	合计															

　　劳动（人事）部门：　　　　　财会部门：　　　　　审核人：　　　　　制表人：

　　（2）根据以上资料编制住房公积金和其他经费计算表并进行账务处理。

凭2-1

住房公积金和其他经费计算表

项目	计提标准	计提比例	计提金额
住房公积金			
社会养老保险金			
工会经费			
职工教育经费			
职工福利费			

　　（3）12月15日提取现金备发工资，填写现金支票。

凭3-1

现金支票

中国工商银行 现金支票存根 Ⅶ Ⅱ 科　目＿＿＿＿ 对方科目＿＿＿＿ 出票日期＿＿＿＿ 收款人： 金额： 用途： 单位主管： 会计：	中国工商银行　　现金支票　　Ⅳ　Ⅱ 出票日期（大写）　年　月　日　　付款行名称： 收票人：　　　　　　　　　　出票人账号： 人民币（大写）：　　　千 百 十 万 千 百 十 元 角 分 用途＿＿＿＿　　　科目（借） 上列款项请从我　　对方科目（贷） 账户内支付　　　　付讫日期　年　月　日 出纳　　复核　　记账　　出票人签章

　　（4）12月15日，根据工资结算表发放本月工资。

（5）计算个人所得税。

凭5-1

个人所得税扣缴税款报告表

税款所属时期：2014 年 12 月

地税纳税代码：

税务登记证号：　　　　　　　　　　　　　　金额单位：人民币元（列至角分）

扣缴义务人名称					电话		
姓名	所得项目	收入额	费用额	应纳税所得额	税率	速扣数	扣缴所得税
合计扣缴所得税							
代扣代缴凭证号码：　　　至　　　，共　　　份。							

会计主管（签章）	办税人员（签章）	扣缴义务人（签章）	扣缴义务人声明
			我声明，此扣缴申报表是根据《中华人民共和国个人所得税法》的规定填报的，我确信它是真实的、可靠的、完整的。
以下由税务机关填写			
收到申报表日期		接收人	
完税日期		完税凭证号码	

注：本表一式三份，两份报主管税务机，一份由纳税人留存。

（6）结转替职工代扣代缴的社保费用与所得税。

凭 6-1

内部转账单

转账日期　2008 年 12 月 31 日

摘要	借方转账项目	余额（元）	贷方转账项目	余额（元）
结转代扣住房公积金	应付职工薪酬——工资	2794.00	其他应付款——代扣住房公积金	2794.00
结转代扣社会养老保险	应付职工薪酬——工资	448.00	其他应付款——代扣社会养老保险	448.00
结转代扣个人所得税	应付职工薪酬——工资	68.00	其他应付款——代扣个人所得税	68.00
结转代扣房租	应付职工薪酬——工资	128.27	其他应付款——代扣房租	128.27
合计		3438.47		3438.47

（7）12 月 25 日开出转账支票，上缴职工养老保险金。

凭 7-1

现金支票

中国工商银行 现金支票存根 Ⅶ　Ⅱ 科　目_____ 对方科目_____ 出票日期_____ 收款人：_____ 金额：_____ 用途：_____ 单位主管： 会计：	中国工商银行　现金支票　Ⅳ　Ⅱ 出票日期（大写）　年　月　日　　付款行名称： 收票人：　　　　　　　　　　出票人账号： 人民币（大写）：　　千　百　十　万　千　百　十　元　角　分 用途_____　　　科目（借） 上列款项请从我　　对方科目（贷） 账户内支付　　　　付讫日期　年　月　日 出票人签章　　出纳　　复核　　记账

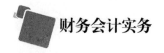

凭 7-2

基本养老保险费申报表

填表日期：　　年　月　日

缴费人全称	开户银行	
社会保险登记号码	银行账号：	
缴费人识别号	费款所属时间：	
单位费率：个人费率：	费款限缴时间：	
项目 单位 代码 申报数 审核	项目 单位 代码 申报 审核	
报告期 初实际 缴费人数　人　01	报告期 应缴金 额　元　07	
报告期 增加缴费 人数　人　02	其中： 单位应缴 金额　元　08	
报告期 减少缴 费人数　人　03	个人应 缴金额　元　09	
报告期 末实际 缴费人数　人　04		
全部职 工工资 总额　人　05		
个人缴 费基数 之和　人　06		
缴费人填写	社会保险经办机构填写	
经办处（签章） 经办人（签章） 缴费人（签章）	审核人 （签章）	复核人（签章） 社会保险经办机构 （签章）
地方税务机关填写	备注	
收到申报表时间		
接收人		

注：本表请于每月 10 日前到税务机关申报，逾期不报按《社会保险费征缴暂行条例》和《×× 省社会保险费征缴暂行办法》的有关规定处理。

（8）12 月 25 日开出转账支票，上缴职工住房公积金。

凭 8-1

现金支票

中国工商银行 现金支票存根 Ⅶ Ⅱ 科 目＿＿＿＿ 对方科目＿＿＿＿ 出票日期＿＿＿＿ 收款人： 金 额： 用 途： 单位主管： 会计：	中国工商银行　现金支票　Ⅳ　Ⅱ 出票日期（大写）　年　月　日　　　付款行名称： 收票人：　　　　　　　　　　　出票人账号： 人民币（大写）：　　千　百　十　万　千　百　十　元　角　分 用途＿＿＿＿　　　科目（借） 上列款项请从我　　对方科目（贷） 账户内支付　　　　付讫日期　年　月　日 出票人签章　　出纳　　复核　　记账

凭 8-2

公积金汇缴书

年　月　日　　　　　附清册　张

单位名称		汇缴：　年　月　份							
公积金账号		补缴：　　　人							
缴款金额（大写）		十	万	千	百	十	元	角	分

上月汇缴		本月增加数		本月减少数		本月汇缴	
人数	金额	人数	金额	人数	金额	人数	金额

付款行	付款账号	支票号码	银行盖章
备注：			

（9）12 月 28 日，提现备发退休人员工资。

凭 9-1

现金支票存根

中国工商银行转账支票存根
Ⅳ Ⅱ 00047786
科目＿＿＿＿＿＿＿＿＿＿＿＿＿
对方科目＿＿＿＿＿＿＿＿＿
出票日期＿＿＿＿＿＿＿＿＿
收款人：汉江机械股份有限公司
金　额：￥4320.00
用　途：退休金
单位主管：　　会计：

（10）12 月 28 日，上交个人所得税。

凭 10-1

现金支票存根

中国工商银行转账支票存根
Ⅳ Ⅱ 00047787
科目＿＿＿＿＿＿＿＿＿＿＿＿＿
对方科目＿＿＿＿＿＿＿＿＿
出票日期＿＿＿＿＿＿＿＿＿
收款人：汉江机械股份有限公司
金　额：￥128.70
用　途：个人所得税
单位主管：　　会计：

（11）2014 年 12 月，江汉机械股份有限公由于业务转型，公司管理层研究决定准备辞退 1 位员工和 1 位管理人员，并且已通知这次辞退的人员。员工补偿 10000 元，管理人员补偿 20000 元。经过做工作，辞退人员已同意公司的安排，并领了补偿费，办理了有关手续。

凭 11-1

现金支票存根

中国工商银行转账支票存根

支票号码　1013491

科目＿＿＿＿＿＿＿＿＿＿＿

对方科目＿＿＿＿＿＿＿＿＿

出票日期　2014 年 12 月 26 日

| 收款人：李林等 2 人 |
| 金　额：￥30000.00 |
| 用　途：辞退补偿费 |

单位主管：　　会计：

凭 11-2

内部转账单

转账日期　2014 年 12 月 26 日

辞退人员名单	工龄	补偿费（元）
部门经理李林	18	20000
员工陈海	6	10000
合计		30000

项目 6　资金岗位核算

 项目导航

　　资金岗位是资金筹集与运营的关键岗位，关系到企业资金来源的核算与资金运营的核算，对企业发展起着至关重要的作用，也显示出企业的资金结构和投资水平。

 岗位素质要求

【知识学习目标】

了解资金岗位的核算任务；

掌握资金岗位的核算流程；

掌握金融资产、长期股权投资、长短期借款、所有者权益业务的计算和核算。

【岗位培养目标】

会进行短期借款、长期借款的核算并熟练编制和其相关的记账凭证；

能进行交易性金融资产、可供出售金融资产、持有至到期投资、长期股权投资等业务的核算，并熟练编制和其相关的记账凭证；

能编制实收资本、资本公积、盈余公积、利润分配等相关业务的核算并熟练编制和其相关的记账凭证；

能根据有关资料登记有关总账、明细账簿。

【职业素质目标】

具备一定的内部协调能力，能与多部门团结合作；

具备良好的口才和思维，能与投资者及债权人有效沟通；

具备一定的分析能力，能根据国家财税法规政策调整和制订财务计划、银行借款计划及投资方向。

 导入案例

　　2013 年 3 月 6 日，甲公司以赚取差价为目的从二级市场购入乙公司发行的股票 100 万股，作为交易性金融资产，取得时公允价值为每股 5.2 元，含已宣告但尚未发放的现金股利 0.2 元，另支付交易费用 5 万元，全部价款以银行存款支付。2013 年 3 月 16 日收到最初支付价款中所含现金股利。2013 年 12 月 31 日，该股票公允价值为

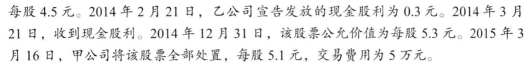

每股 4.5 元。2014 年 2 月 21 日，乙公司宣告发放的现金股利为 0.3 元。2014 年 3 月 21 日，收到现金股利。2014 年 12 月 31 日，该股票公允价值为每股 5.3 元。2015 年 3 月 16 日，甲公司将该股票全部处置，每股 5.1 元，交易费用为 5 万元。

思考：

1. 上述行为是否影响 2015 年 3 月利润表的"投资收益"项目。

2. 上述行为是否影响 2015 年 3 月利润表的"公允价值变动收益"项目。

3. 影响 2015 年 3 月利润表的"营业利润"项目的金额。

任务 1 资金岗位核算任务与流程

随着企业业务规模的扩大和产品多元化趋势的发展，资金筹集已经成为企业发展的经常性事务。企业资金筹集是企业进行资金运营的基础和前提，资金运营则是资金筹集的下一个必经阶段，是对资金的重新配置，直接影响到筹集资金的使用效率，对整个企业的经济效益起着举足轻重的作用。会计工作作为企业管理的一部分，做好借入资金与投入资本、金融资产与长期股权投资方面的会计核算工作成为财务会计核算的重要内容。

6.1.1 资金岗位核算任务

资金岗位的日常工作主要包括借款业务的核算、股权投资的核算、金融资产的核算以及长期股权投资业务的核算四个方面的内容。

1. 借款业务的核算

按照借款时间长短，一般将借款分为短期借款和长期借款。就我国的会计实务而言，短期借款是指企业为维持正常的生产经营所需的资金或为抵偿某项债务而向银行或其他金融机构等外单位借入的、还款期限在一年以下（含一年）的各种借款。

长期借款是指企业向银行或其他金融机构借入的、期限在 1 年或长于 1 年的一个营业周期以上的各种借款。长期借款属于企业的长期负债。

2. 所有者权益的业务核算

所有者权益是指企业资产扣除负债后由所有者享有的剩余权益。包括实收资本（或股本）、资本公积、盈余公积和未分配利润。在股份制企业又称为股东权益。所有者权益是企业投资人对企业净资产的所有权，它受总资产和总负债变动的影响而发生增减变动。

3. 金融资产的业务核算

金融资产包括货币资产（库存现金、银行存款、其他货币资金等）、应收款项（应收账款、应收票据、贷款、垫款、其他应收款、应收利息、应收股利等）、持有至到期投资、可供出售金融资产、以公允价值计量且其变动计入当期损益的金融资产

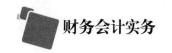

等。本章不包括货币资金核算与应收款项的核算。企业应当在开始确认金融资产时，将其划分为四类：以公允价值计量且其变动计入当期损益的金融资产、持有至到期投资、贷款和应收款项、可供出售金融资产。金融资产的分类一经确定，不得随意改变。

4. 长期股权投资业务的核算

长期股权投资是指通过投资取得被投资单位的股份。企业对其他单位的股权投资，通常视为长期持有，以及通过股权投资达到控制被投资单位，或对被投资单位施加重大影响，或为了与被投资单位建立密切关系，以分散经营风险。

6.1.2 资金岗位业务流程

1. 长期（短期）业务基本流程

若企业从银行取得期限为 5 年的长期借款，其业务流程：

①由会计主管填写借款申请书并分别到公司财务副总经理和总经理处审批。

②审批后交由资金岗位会计起草贷款合同。

③出纳持借款申请书及相关资料到银行办理结算手续。

④会计主管审核借款合同。

⑤资金会计根据借款借据填制记账凭证。

⑥根据审核无误的记账凭证，出纳登记银行存款日记账，资金会计登记长期借款明细账。

2. 股权融资业务基本流程

若企业与其他企业签订投资协议，对本企业增加投资，其业务流程：

①出纳根据收到的转账支票，为投资方开具收据。

②出纳到银行进行背书，填制一式三联的进账单办理相关手续。

③会计主管审核收据等原始凭证。

④资金会计根据审核无误的原始凭证编制记账凭证。

⑤会计主管审核记账凭证后，由出纳登记银行存款日记账，由资金会计登记实收资本明细账。

3. 金融资产投资业务基本流程

业务描述：2014 年 12 月 3 日，根据公司发展需要决定进行交易性金融资产投资。

业务流程：

①会计主管审核证券交易交割单。

②资金会计编制记账凭证并由会计主管审核。

③资金会计登记交易性金融资产明细账。

4. 对外长期股权投资业务基本流程

业务描述：2014 年 12 月 3 日，根据公司发展需要决定对康健公司进行设备投资，双方协商并签订了投资协议。

业务流程：

①会计主管审核长期投资协议及固定资产清理单。

②财产物资会计编制记账凭证并通过会计主管审核。

③资金会计登记长期股权投资明细账，财产物资会计登记固定资产明细账。

5. 计提借款利息业务基本流程

业务描述：公司 2014 年 12 月 31 日，根据财务制度规定，计提本月应负担的借款利息费用。

业务流程：

①资金会计编制长期借款利息计算表。

利息计算公式：

应计提的利息 = 长期借款本金 × 借款年利率 ÷12

②会计主管审核长期借款利息计算表，资金会计编制记账凭证。

③资金会计登记长期借款明细账。

【任务 1 训练题】

一、选择题

1. 关于金融资产的重分类，下列说法中不正确的有（　　）。

A. 以公允价值计量且其变动计入当期损益的金融资产不能重分类为可供出售金融资产

B. 以公允价值计量且其变动计入当期损益的金融资产可以重分类为持有至到期投资

C. 持有至到期投资不能重分类为以公允价值计量且其变动计入当期损益的金融资产

D. 持有至到期投资可以重分类为以公允价值计量且其变动计入当期损益的金融资产

E. 可供出售金融资产可以重分类为交易性金融资产

2. 下列项目中，属于金融资产的有（　　）。

A. 可供出售金融资产　　　　　B. 持有至到期投资　　　　　C. 应收款项

D. 应付款项　　　　　E. 贷款

3. 下列各项中，属于所有者权益的有（　　）。

A. 累计折旧　　　　B. 股本溢价　　　　　　C. 应付股利　　　　D. 法定盈余公积

4. 关于短期借款，下列说法不正确的是（　　）。

A. 短期借款的期限在一年（含一年）以下

B. "短期借款"账户借方登记归还的短期借款

C. 短期借款利息一律计入"财务费用"账户的借方

D. 短期借款可以用于工程建设

二、判断题

1. 长期借款是为了满足生产经营周期资金的不足的临时需要。（　　）

2. 企业的借款通常按照其流动性或偿还时间的长短，划分为短期借款和长期借款。（　　）

3. 期限在一年以上（包括一年）的各种借款为长期借款。（　　）

4. 企业从工业企业借入的期限在一年（含一年）以下各种借款也通过短期借款来核算。（　　）

5. 资金会计编制记账凭证后不再需要会计主管审核。

任务 2　长、短期借款的核算

6.2.1　短期借款的核算

1. 短期借款的确认

短期借款是借款的一种，与之相对的是长期借款。就我国的会计实务而言，短期借款是指企业为维持正常的生产经营所需的资金或为抵偿某项债务而向银行或其他金融机构等外单位借入的、还款期限在一年以下（含一年）的各种借款。

2. 短期借款的的账务处理

短期借款的核算主要包括三个方面的内容：第一，取得借款的核算；第二，借款利息的核算；第三，归还借款的核算。短期借款一般期限不长，通常在取得借款日，按取得的金额入账。短期借款利息支出，是企业理账活动中为筹集资金而发生的耗费，应作为一项财务费用计入当期损益。由于利息支付的方式不同，其会计核算也不完全一样。若短期借款的利息按月计收，或还本付息一次进行，且利息数额不大时，利息费用可直接计入当期损益；若短期借款的利息按季（或半年）计收，或还本付息一次进行，但利息数额较大时，则可采有预提的方式按月预提、确认和费用。

"短期借款"账户只核算借入款项的本金，借入款项的计提利息应计入当期损益，具体应计入"财务费用"会计账户。

"应付利息"账户，用以核算短期借款预先计提的短期借款利息。

（1）取得短期借款的处理

借：银行存款

　　贷：短期借款

（2）短期借款利息的处理

企业借入的短期借款除了按规定用途使用外，还应按期结算或支付付息。由于短期借款期限在一年以内，且数额不大，所以利息一般采用单利计算。计算公式：

借款利息＝借款本金 × 借款期限 × 借款利率

短期借款利息属于筹资费用，应记入"财务费用"科目，并区分不同情况做出账务处理。

如果借款是按月支付利息的，或利息是在借款到期时连同本金一并偿还，数额不大的，可在支付时直接计入当期损益。

借：财务费用

　　贷：银行存款

如果借款利息是按期支付的（按季、按半年），或利息是在借款到期时连同本金一并偿还，且数额较大的，应采取预提办法，按月预提计入财务费用。

①按月预提时：

借：财务费用

　　贷：应付利息

②实际支付时：

借：应付利息

　　贷：银行存款

实际工作中，银行一般于每季末收取短期借款利息，因此，企业的短期借款利息一般采用月末预提的方式进行核算。

（3）归还短期借款的处理

①到期只归还本金时：

借：短期借款

　　贷：银行存款

②到期还本并付最后一次利息时：

借：短期借款

　　　应付利息

　　　财务费用

　　贷：银行存款

【例6-1】2014年1月1日，黄河公司从银行借入一笔临时借款100000元，月利率0.6%，期限为6个月。利息按月预提按季支付，到期支付本金。

①企业取得借款时：

借：银行存款　　100000

　　贷：短期借款　　100000

②1月、2月预提利息时：

应支付的利息＝借款本金 × 借款利率＝100000×0.6%＝600

借：财务费用　　600

　　贷：应付利息　　600

③第一季度末支付利息时：

借：应付利息　　1200

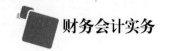
   财务费用　600

  贷：银行存款　1800

④第二季度4、5月计提利息分录同②。

⑤第二季度末支付利息和归还本金时：

借：短期借款　100000

  应付利息　1200

  财务费用　600

  贷：银行存款　101800

 📢请注意：企业从银行或其他金融机构借入款项时，应签订借款合同，注明借款金额、借款利率和还款时间等。

6.2.2　长期借款的核算

1. 长期借款的确认

  长期借款是指企业从银行或其他金融机构借入的期限在1年以上（不含1年）的各种借款。企业应设置"长期借款"科目，核算企业向银行或其他金融机构借入的期限在一年以上（不含一年）的各项核算。本科目期末余额在贷方，反映企业尚未偿还的长期借款。

2. 长期借款的账务处理

  本科目可按贷款单位和贷款种类，分别"本金""利息调整"等进行明细核算。长期借款包括本金和利息的核算。长期借款利息费用的确定采用实际利率法。利息费用和应付利息的差额贷记"长期借款——利息调整"科目。

  长期借款的核算分为取得借款、期末计息和到期偿还三个阶段。

（1）取得借款

借：银行存款

  长期借款——利息调整

  贷：长期借款——本金

 📢请注意：当取得借款与合同约定的数额不一致时，则有"利息调整"，也就意味着实际利率与合同利率不一致，后续期间涉及利息调整的摊销；若取得的借款就是借款合同约定的数额，则没有"利息调整"，也就意味着实际利率和合同利率是相同的。

（2）期末计息

借：财务费用/在建工程等（期初摊余成本 × 实际利率）①

  贷：应付利息（本金 × 合同利率）②

   长期借款——利息调整（倒挤）③＝①－②

 📢请注意：一次还本付息的长期借款，"应付利息"改为"长期借款——应计利息"科目。

（3）偿还本金

借：长期借款——本金①

　　财务费用等④

　贷：银行存款②

　　　长期借款——利息调整③

【例 6-2】黄河公司 2012 年 7 月 1 日向银行借入 100 万元，期限为 3 年、年利率为 10%、分期付息到期还本。该企业用借款建造厂房，厂房于 2015 年 6 月 30 日交付使用。假设实际利率与合同利率相差很小。

① 2012 年 7 月 1 日取得借款时：

借：银行借款　　1000000

　贷：长期借款　　1000000

② 2012 年 12 月 31 日计息：

借：在建工程　　50000

　贷：应付利息　　50000

③ 2013 年 7 月 1 日支付利息：

借：在建工程　　50000

　　应付利息　　50000

　贷：银行存款　　100000

④ 2013 年 12 月 31 日计息：

借：财务费用　　50000

　贷：应付利息　　50000

⑤ 2014 年 7 月 1 日支付利息：

借：财务费用　　50000

　　应付利息　　50000

　贷：银行存款　　100000

⑥ 2014 年 12 月 31 日计息：

借：财务费用　　50000

　贷：应付利息　　50000

⑦ 2015 年 7 月 1 日还本付息：

借：财务费用　　50000

　　应付利息　　50000

　　长期借款　　1000000

　贷：银行存款　　1100000

6.2.3　应付债券的核算

1. 应付债券的确认

应付债券是指企业为筹集（长期）资金而发行的债券。债券是企业为筹集长期使

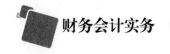

用资金而发行的一种书面凭证。企业通过发行债券取得资金是以将来履行归还购买债券者的本金和利息的义务作为保证的。

2. 应付债券的账务处理

企业应设置"应付债券"科目，并在该科目下设置"面值""利息调整""应计利息"等明细科目。"应付债券"的核算分为债券发行、期末计息和到期偿还三个阶段。

（1）债券发行

借：银行存款

　　贷：应付债券——面值

（2）期末计息

发行长期债券的企业，应按期计提利息。对于按面值发行的债券，在每期采用票面利率计提利息时：

借：管理费用（不符合资本化条件的，且属于筹建期间）

　　在建工程（购建固定资产符合资本化条件的）

　　制造费用（生产产品符合资本化条件的）

　　研发支出（开发无形资产符合资本化条件的）

　　财务费用（不符合资本化条件的）

　　贷：应付利息（分期付息）

　　　　应付债券——应计利息（到期一次还本付息）

（3）到期偿还

借：应付债券——面值

　　应付债券——应计利息（到期一次还本付息）

　　应付利息（分期付息）

　　贷：银行存款

【例6-3】黄河公司发行公司债券为建造专用生产线筹集资金，该企业为一般纳税企业，适用的增值税税率为17%。有关资料如下：

① 2011年12月31日，委托证券公司以8000万元的价格发行3年期分期付息公司债券，该债券面值为8000万元，票面年利率为4.5%，等于实际年利率，每年付息一次，到期后按面值偿还，支付的发行费用与发行期间冻结资金产生的利息收入相等。

②生产线建造工程采用自营方式，于2012年1月1日开始动工，当日购入需要安装的机器设备，取得增值税专用发票，价款7000万元，增值税税额为1190万元，2012年12月31日所建造生产线达到预定可使用状态，并支付安装费用100万元。

③假定各年度利息的实际支付日期均为下年度的1月10日，2015年1月10日支付2014年度利息，一并偿付面值。

根据以上资料做账务处理如下：

① 2011年12月31日发行债券：

借：银行存款　80000000

　　贷：应付债券——面值　80000000

②2012 年 1 月 1 日：

借：在建工程　70000000

　　应交税费——应交增值税（进项税额）　11900000

　　贷：银行存款　81900000

③2012 年 12 月 31 日支付安装费用：

借：在建工程　1000000

　　贷：银行存款　1000000

④编制 2012 年 12 月 31 日确认债券利息的会计分录：

借：在建工程　3600000

　　贷：应付利息　3600000（8000×4.5%）

⑤计算 2012 年 12 月 31 日固定资产的入账价值：

固定资产的入账价值 = 7000 + 100 + 360 = 7460（万元）

⑥2013 年 1 月 10 日支付利息：

借：应付利息　3600000

　　贷：银行存款　3600000

⑦编制 2013 年 12 月 31 日确认债券利息的会计分录：

借：财务费用　3600000

　　贷：应付利息　3600000（8000×4.5%）

⑧编制 2014 年 1 月 10 日付息还本：

借：应付债券——面值　80000000

　　应付利息　3600000

　　贷：银行存款　83600000

企业发行的债券通常按付息期分为到期一次还本付息或一次还本、分期付息两种。在债券发行的价格上有面值发行、溢价发行、折价发行三种。假设其他条件不变，债券的票面利率高于同期银行存款利率时，可按超过债券面值的价格发行，称为溢价发行。溢价是企业以后各期多付利息而事先得到的补偿。如果债券的票面利率低于同期银行存款利率，可按低于债券面值的价格发行，称为折价发行。折价是企业以后各期少付利息而预先给投资者的补偿。如果债券的票面利率与同期银行存款利率相同，可按票面价格发行，称为面值发行。

企业溢价或折价发行债券时，按实际收到的款项，借记"银行存款"科目，按债券票面价值，贷记"应付债券——面值"科目，按实际收到的款项与票面价值之间的差额，贷记或借记"应付债券——利息调整"科目。

折价或溢价发行债券时，债券发行、期末计息和到期偿还三个阶段的账务处理如下：

（1）发行债券

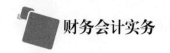

借：银行存款（实际收到的款项）

　　贷：应付债券——面值（债券面值）

　　　　　　　　——利息调整（差额，可能借方）

（2）资产负债表日，利息调整摊销

每期实际利息费用＝期初应付债券摊余成本 × 实际利率

每期票面利息＝应付债券面值 × 债券票面利率

每期利息调整摊销金额＝实际利息费用 – 票面利息

①分期付息、一次还本的债券：

借：在建工程、制造费用、财务费用等（期初应付债券摊余成本 × 实际利率）

　　贷：应付债券——利息调整（差额，可能贷方）

　　　　应付利息（按票面利率计算的利息）

偿付利息时：

借：应付利息

　　贷：银行存款

②一次还本付息的债券：

借：在建工程、制造费用、财务费用等（期初应付债券摊余成本 × 实际利率）

　　　　应付债券——利息调整（差额，可能贷方）

　　贷：应付债券——应计利息（按票面利率计算的利息）

（3）到期偿还

①分期付息、一次还本的债券：

借：应付债券——面值

　　　　应付利息（最后一期的利息）

　　贷：银行存款

②一次还本付息的债券：

借：应付债券——面值

　　　　　　　　——应计利息

　　贷：银行存款

　　【例6-4】2012年1月1日，黄河公司经批准发行3年期面值为5000000元的公司债券。该债券每年年初付息，到期一次还本，票面年利率为3%，发行价格为4861265元，发行债券筹集的资金已收到用于补充流动资金。利息调整采用实际利率法摊销，经计算的实际利率为4%。

　　要求：编制黄河公司发行债券、年末计提利息和到期偿还的有关会计分录。

①发行债券时：

借：银行存款　4861265

　　　应付债券——利息调整　138735

　　贷：应付债券——面值　5000000

②年末计提利息时：

2012 年末应确认的利息费用 = 4861265 × 4% = 194450.6（元）

应摊销的利息调整金额 = 194450.6–5000000 × 3% = 44450.6（元）

借：财务费用　194450.6

　　贷：应付利息　150000

　　　　应付债券——利息调整　44450.6

2013 年末应确认的利息费用 =（4861265 + 44450.6）× 4% = 196228.62（元）

应摊销的利息调整金额 = 196228.62–5000000 × 3% = 46228.62（元）

借：财务费用　196228.62

　　贷：应付利息　150000

　　　　应付债券——利息调整　46228.62

应摊销的利息调整金额 = 138735–44450.6–46228.62 = 48055.78（元）

2014 年末应确认的利息费用 = 5000000 × 3% + 48055.78 = 198055.78（元）

借：财务费用　198055.78

　　贷：应付利息　150000

　　　　应付债券——利息调整　48055.78

③到期偿还：

借：应付债券——面值　5000000

　　应付利息　150000

　　贷：银行存款　5150000

6.2.4　长期应付款的核算

长期应付款，包括应付融资租入固定资产的租赁费、以分期付款方式购入固定资产发生的应付款项等。

1. 应付融资租赁款

应付融资租赁款，是指企业融资租入固定资产而发生的应付款，是在租赁开始日承租人应向出租人支付的最低租赁付款额。

（1）融资租入固定资产

借：在建工程、固定资产【租赁开始日租赁资产公允价值与最低租赁付款额现值两者中较低者，加上初始直接费用】

　　未确认融资费用

　　贷：长期应付款【按最低租赁付款额】

　　　　银行存款【按发生的初始直接费用】

（2）按期支付融资租赁费

借：长期应付款——应付融资租赁款

　　贷：银行存款

📖 知识窗：企业在计算最低租赁付款额的现值时，能够取得出租人租赁内含利率的，应当采用租赁内含利率作为折现率，否则，应当采用租赁合同规定的利率作为

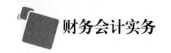

折现率。企业无法取得出租人的租赁内含利率且租赁合同没有规定利率的，应当采用同期银行贷款利率作为折现率。

未确认融资费用应当在租赁期内各个期间进行分摊。企业应当采用实际利率法计算确认当期的融资费用。

2. 具有融资性质的延期付款购买资产

企业购买资产有可能延期支付有关价款。如果延期支付的购买价款超过正常信用条件，实质上具有融资性质的，所购资产的成本应当以延期支付购买价款的现值为基础确定。实际支付的价款与购买价款的现值之间的差额，应当在信用期间内采用实际利率法进行摊销，计入相关资产成本或当期损益。具体来说：

借：固定资产、在建工程（购买价款的现值）

　　未确认融资费用

　贷：长期应付款（应支付的价款总额）

6.2.5 借款费用的核算

1. 借款费用的定义和内容

借款费用，是指企业因借款而发生的利息及其他相关成本，具体包括借款利息、折价或者溢价的摊销、辅助费用以及因外币借款而发生的汇兑差额。

2. 借款费用的确认和计量

（1）应予资本化的资产范围和借款范围

符合资本化条件的资产，是指需要经过相当长时间的购建或者生产活动才能达到预定可使用或者可销售状态的固定资产、投资性房地产和存货等资产。其中"相当长时间"，是指为资产的购建或者生产所必需的时间，通常为一年以上（含一年）。

借款费用应予资本化的借款范围包括专门借款和一般借款。

（2）借款费用开始资本化时点的确定

借款费用同时满足下列条件的，才能开始资本化：

①资产支出已经发生。资产支出包括为购建或者生产符合资本化条件的资产而以支付现金、转移非现金资产或者承担带息债务形式发生的支出。

②借款费用已经发生。

③为使资产达到预定可使用或者可销售状态所必要的购建或者生产活动已经开始。

（3）借款费用资本化金额的确定

①为购建或者生产符合资本化条件的资产而借入专门借款的，应当以专门借款当期实际发生的利息费用，减去将尚未动用的借款资金存入银行取得的利息收入或进行暂时性投资取得的投资收益后的金额确定。

②为购建或者生产符合资本化条件的资产而占用了一般借款的，计算公式：

一般借款利息费用资本化金额 = 累计资产支出超过专门借款部分的资产支出加权

平均数 × 所占用一般借款的资本化率

所占用一般借款的资本化率＝所占用一般借款加权平均利率＝所占用一般借款当期实际发生的利息之和 ÷ 所占用一般借款本金加权平均数

所占用一般借款本金加权平均数＝∑（所占用每笔一般借款本金 × 每笔一般借款在当期所占用的天数 / 当期天数）

借款存在折价或者溢价的，应当按照实际利率法确定每一会计期间应摊销的折价或者溢价金额，调整每期利息金额。在资本化期间，每一会计期间的利息资本化金额不应当超过当期相关借款实际发生的利息金额。

③外币专门借款本金及利息的汇兑差额，应当予以资本化。

（4）借款费用资本化的暂停

符合资本化条件的资产在购建或者生产过程中发生非正常中断、且中断时间连续超过 3 个月的，应当暂停借款费用的资本化。

（5）借款费用资本化的停止

购建或者生产符合资本化条件的资产达到预定可使用或者可销售状态时，借款费用应当停止资本化。具体可从以下几个方面判断：

①符合资本化条件的资产的实体建造（包括安装）或者生产工作已经全部完成或者实质上已经完成。

②所购建或者生产的符合资本化条件的资产与设计要求、合同规定或者生产要求相符或者基本相符，即使有极个别与设计、合同或者生产要求不相符的地方，也不影响其正常使用或者销售。

③继续发生在所购建或生产的符合资本化条件的资产上的支出金额很少或者几乎不再发生。

3. 借款费用的账务处理

①筹建期间不应计入相关资产价值的借款费用，计入管理费用。

②属于经营期间不应计入相关资产价值的借款费用，计入财务费用。

③属于发生的与购建或者生产符合资本化条件的资产有关的借款费用，按规定在购建或者生产的资产达到预定可使用或者可销售状态前应予资本化的计入相关资产的成本，视资产的不同分别计入"在建工程""制造费用""研发支出"等科目。

④购建或生产符合条件的资产达到预定可使用或可销售状态后所发生的借款费用以及按规定不能予以资本化的借款费用计入财务费用。

【任务 2 训练题】

一、选择题

1. 短期借款利息核算不会涉及的账户是（　　）。

A. 预提费用　　　　B. 应付利息　　　　C. 财务费用　　　　D. 银行存款

2. 企业到期偿还长期借款，应该借记（　　）。

　　A. 银行存款　　　　B. 长期借款　　　　C. 短期借款　　　　D. 应付账款

　　3. 固定资产达到预定可使用状态后发生的长期借款利息支出，应计入（　　）账户核算。

　　A. 制造费用　　　　B. 财务费用　　　　C. 在建工程　　　　D. 固定资产

　　4. 长期借款计提利息时，贷方应计入（　　）账户。

　　A. 财务费用　　　　B. 银行存款　　　　C. 其他应付款　　　　D. 应付利息

　　5. 关于短期借款，下列说法不正确的是（　　）。

　　A. 短期借款的期限在一年（含一年）以下

　　B. "短期借款"账户借方登记归还的短期借款

　　C. 短期借款利息一律计入"财务费用"账户的借方

　　D. 短期借款的利息必须预提

　　6. 短期借款账户应该按照（　　）设置明细账。

　　A. 借款种类　　　　B. 债权人　　　　C. 借款的性质　　　　D. 借款的时间

　　7. 短期借款利息数额不大，可以直接支付、不预提，在实际支付时直接记入（　　）账户。

　　A. 财务费用　　　　B. 管理费用　　　　C. 应付利息　　　　D. 销售费用

　　8. 企业计提短期借款利息时，涉及的会计科目有（　　）。

　　A. 短期借款　　　　B. 应付利息　　　　C. 财务费用　　　　D. 制造费用

　　9. 关于短期借款的利息处理方法，下列说法正确的有（　　）。

　　A. 采用预提方法，分期计入财务费用　　　B. 一次记入财务费用

　　C. 一次记入短期借款　　　　　　　　　　D. 采用预提方法分期计入短期借款

　　10. 对购建固定资产而专门借入的款项，所发生的利息可以计入（　　）。

　　A. 固定资产成本　　B. 财务费用　　　　C. 销售费用　　　　D. 制造费用

　　11. 长期借款计息所涉及的账户有（　　）。

　　A. 管理费用　　　　B. 财务费用　　　　C. 在建工程　　　　D. 应付利息

　　12. 某企业于 2007 年 7 月 1 日按面值发行 5 年期、到期一次还本付息的公司债券，该债券面值总额 8000 万元，票面年利率为 4%，自发行日起计息。假定票面利率与实际利率一致，不考虑相关税费，2008 年 12 月 31 日该应付债券的账面余额为（　　）万元。

　　A. 8000　　　　　　B. 8160　　　　　　C. 8320　　　　　　D. 8480

　　13. 企业在生产经营期间按面值发行债券，按期计提利息时，可能涉及的会计科目有（　　）。

　　A. 财务费用　　　　B. 在建工程　　　　C. 应付债券　　　　D. 长期待摊费用

　　二、技能训练

　　1. 某企业为建造一幢厂房，于 2014 年 1 月 1 日借入期限为 2 年的长期专门借款 1500000 元，款项已存入银行。借款利率按市场利率确定为 9%，每年付息一次，期满后一次还清本金。2014 年初，该企业以银行存款支付工程价款共计 900000 元，2015

年初，又以银行存款支付工程费用 600000 元，该厂房于 2015 年 8 月 31 日完工，达到预定可使用状态。假定不考虑闲置专门借款资金存款的利息收入或者投资收益，请做出相关账务处理。

2. 甲企业为建造办公楼发生的专门借款有：① 2011 年 12 月 1 日，借款 1000 万元，年利率 6%，期限 3 年；② 2012 年 7 月 1 日，借款 1000 万元，年利率 9%，期限 2 年。该办公楼于 2012 年初开始建造，当年 1 月 1 日支出 800 万元；7 月 1 日支出 1000 万元。

要求：

（1）计算 2011 年 12 月 31 日的借款利息费用，说明是否应予资本化，并编制相应的会计分录。

（2）计算 2012 年 12 月 31 日的借款利息费用，说明应予资本化的利息费用金额，并编制相应的会计分录。（金额用万元表示）

3. H 公司为建造一项新型设备，经批准于 2011 年 7 月 1 日发行面值 100 万元、票面利率 9%，3 年期，一次还本按年付息的债券一批，实际收款 106 万元。2012 年底设备完工并交付使用。

要求：

（1）计算半年的应付债券利息、分摊的债券溢价（采用直线法）及实际的利息费用。

（2）编制发行债券的会计分录。

（3）编制计提债券利息和分摊债券溢价的会计分录。

（4）编制到期偿付债券本息的会计分录。

（"应付债券"科目要求写出明细科目）

任务 3　所有者权益的核算

6.3.1　所有者权益分类

所有者权益按其构成，分为投入资本、资本公积和留存收益三类。

1. 投入资本

投入资本是指所有者在企业注册资本的范围内实际投入的资本。所谓注册资本，是指企业在设立时向工商行政管理部门登记的资本总额，也就是全部出资者设定的出资额之和。企业对资本的筹集，应该按照法律、法规、合同和章程的规定及时进行。如果是一次筹集的，投入资本应等于注册资本；如果是分期筹集的，在所有者最后一次缴入资本以后，投入资本应等于注册资本。注册资本是企业的法定资本，是企业承担民事责任的财力保证。

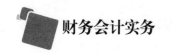

知识窗：在不同类型的企业中，投入资本的表现形式有所不同。在股份有限公司，投入资本表现为实际发行股票的面值，也称为股本；在其他企业，投入资本表现为所有者在注册资本范围内的实际出资额，也称为实收资本。

投入资本按照所有者的性质不同，可以分为国家投入资本、法人投入资本、个人投入资本和外方投入资本。国家投入资本是指有权代表国家投资的政府部门或者机构以国有资产投入企业所形成的资本；法人投入资本是指我国具有法人资格的单位以其依法可以支配的资产投入企业所形成的资本；个人投入资本是指我国公民以其合法财产投入企业所形成的资本；外方投入资本是指外国投资者以及我国香港、澳门和台湾地区的投资者将资产投入企业所形成的资本。

投入资本按照投入资产的形式不同，可以分为货币投资、实物投资和无形资产投资。

2. 资本公积

资本公积是指归所有者所共有的、非收益转化而形成的资本，主要包括资本溢价（股本溢价）和其他资本公积等。

3. 留存收益

留存收益是指归所有者所共有的、由收益转化而形成的所有者权益，主要包括法定盈余公积、任意盈余公积和未分配利润。

所有者权益按经济内容划分，可分为投入资本、资本公积、盈余公积和未分配利润四种。

①投入资本是投资者实际投入企业经济活动的各种财产物资，包括国家投资、法人投资、个人投资和外商投资。

②资本公积的来源包括资本（或股本）溢价以及直接计入所有者权益的利得和损失。资本（或股本）溢价是指企业收到投资者的超过其在企业注册资本或股本中所占份额的投资。直接计入所有者权益的利得和损失是指不应计入当期损益、会导致所有者权益发生增减变动的、与所有者投入资本或者向所有者分配利润无关的利得或者损失。

③盈余公积是指企业从税后净利润中提取的公积金。盈余公积按规定可用于弥补企业亏损，也可按法定程序转增资本金。法定公积金提取率为10%。

④未分配利润是本年度所实现的净利润经过利润分配后所剩余的利润，等待以后分配。如果未分配利润出现负数时，即表示年末未弥补的亏损，应由以后年度的利润或盈余公积来弥补。

6.3.2 实收资本的核算

所有者权益（或净资产）是指企业的资产中扣除企业全部负债后的剩余权益，也可以说"所有者权益是指企业资产扣除负债后由所有者权益享有的剩余权益"。按所有者权益的形成来源，可将其分为实收资本、资本公积和留存收益。

1. 实收资本的确认

（1）实收资本的概念

实收资本是指投资人作为资本投入到企业中的各种资产的价值，所有者向企业投入的资本，在一般情况下无须偿还，并可以长期周转使用。

（2）实收资本的范围

在我国，企业的实收资本应当等于注册资本。投资者投入的资金中只有按投资者占被投资企业实收资本比例计算的部分，才作为实收资本，超过按投资比例计算的部分，作为资本溢价或股票溢价，单独核算。

2. 实收资本的账务处理

企业应设置所有者权益类的"实收资本"账户进行核算。股份有限公司对股东投入资金应设置"股本"账户进行核算。"实收资本"（或"股本"）账户贷方登记企业实际收到投资者投入的资本，以资本公积、盈余公积金转增资本。企业如按法定程序办理减资，则记入本账户借方；本账户贷方余额表示企业实有的资本金数额，本账户应按投资者设置明细账户。有外汇投资的企业还应分别按人民币和各种外币进行明细核算。

投资人可以用现金投资，也可以用现金以外的其他有形资产投资；符合国家规定比例的，可以用无形资产投资。

（1）接受现金资产投资的账务处理

借："库存现金 / 银行存款

　　贷："实收资本"（或股本）

【例 6-5】A 公司、B 公司、C 公司共同投资设立黄河有限责任公司，注册资本为 3000 万元，A 公司、B 公司、C 公司持股比例分别为 60%，25% 和 15%。按照章程规定，A 公司、B 公司、C 公司投入资本分别为 1800 万元、750 万元和 450 万元。黄河公司已如期收到各投资者一次缴足的款项。黄河有限责任公司在进行会计处理时，应编制会计分录如下：

借：银行存款 30000000

　　贷：实收资本——A 公司　18000000（3000 万 ×60%）

　　　　　　　　——B 公司　7500000（3000 万 ×25%）

　　　　　　　　——C 公司　4500000（3000 万 ×15%）

请注意：股份有限公司发行股票时，既可以按面值发行股票，也可以溢价发行（我国目前不允许折价发行）。股份有限公司在核定的股本总额及核定的股份总额的范围内发行股票时，应在实际收到现金资产时进行会计处理。

（2）接受非现金资产投资的账务处理

借："固定资产""无形资产""原材料""库存商品"等科目

　　贷："实收资本"（或股本）科目

请注意：企业接受投资者作价投入的存货、固定资产和无形资产，应按投资

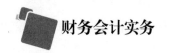

合同或协议约定价值确定资产价值（但投资合同或协议约定价值不公允的除外）和在注册资本中应享有的份额。

【例6-6】黄河有限责任公司于2010年11月18日设立时收到乙公司作为资本投入的不需要安装的生产设备一台，合同约定该生产设备的含税价值为2340万元（与公允价值相符），收到的增值税专用发票上注明价款为2000万元，增值税进项税额为340万元。黄河公司注册资本为23400万元，乙公司持股比例为10%。该进项税额允许抵扣，则黄河公司应做如下账务处理：

借：固定资产　20000000
　　应交税费——应交增值税（进项税额）　3400000
　　贷：实收资本　23400000（234000000×10%）

【例6-7】A公司、B公司、C公司共同投资设立黄河有限责任公司（一般纳税企业，增值税税率为17%），注册资本为1000万元。A公司、B公司、C公司持股比例分别为40%、23.4%和36.6%。按照章程规定，黄河有限责任公司于设立时收到A公司作为资本投入的厂房，合同约定该厂房价值为400万元。收到B公司作为资本投入的原材料，合同约定该材料价值为200万元，增值税进项税额为34万元，B公司已开具了增值税专用发票。收到C公司作为资本投入的无形资产，合同约定价值为366万元。上述合同约定的资产价值与公允价值相符，不考虑其他因素，黄河公司进行会计处理时，应编制会计分录如下：

借：固定资产——厂房　4000000
　　原材料　2000000
　　应交税费——应交增值税（进项税额）　340000
　　无形资产　3660000
　　贷：实收资本——A公司　4000000（1000万×40%）
　　　　　　　——B公司　2340000（1000万×23.4%）
　　　　　　　——C公司　3660000（1000万×36.6%）

（3）实收资本（或股本）的增减变动

①实收资本（或股本）的增加。一般企业增加资本主要有三个途径：接受投资者追加投资、资本公积转增资本和盈余公积转增资本。

请注意：由于资本公积和盈余公积均属于所有者权益，用其转增资本时，如果是独资企业比较简单，直接结转即可。如果是股份公司或有限责任公司，应该按照原投资者出资比例相应增加各投资者的出资额。

【例6-8】2008年2月1日，甲、乙、丙三方共同投资设立黄河有限责任公司，注册资本为4000万元，甲、乙、丙分别出资500万元、2000万元和1500万元。甲公司、乙公司、丙公司持股比例分别为12.5%、50%和37.5%。为扩大经营规模，2014年2月1日，黄河公司经批准将注册资本扩大为5000万元，甲、乙、丙按照原出资比例共追加投资1000万元，并收到银行存款。

①计算因追加投资，黄河公司收到甲、乙、丙追加的银行存款的投资额：

黄河公司收到甲公司投资额 = 1000 × 12.5% = 125（万元）

黄河公司收到乙公司投资额 = 1000 × 50% = 500（万元）

黄河公司收到丙公司投资额 = 1000 × 37.5% = 375（万元）

②编制会计分录：

借：银行存款　10000000

　　贷：实收资本——甲公司　1250000

　　　　　　　　——乙公司　5000000

　　　　　　　　——丙公司　3750000

【例 6-9】假定经批准，黄河公司按原出资比例将资本公积 1000 万元转增资本。黄河公司会计分录如下：

借：资本公积　10000000

　　贷：实收资本——甲公司　1250000

　　　　　　　　——乙公司　5000000

　　　　　　　　——丙公司　3750000

【例 6-10】假定用盈余公积 1000 万元转增资本。黄河公司会计分录如下：

借：盈余公积　10000000

　　贷：实收资本——甲公司　1250000

　　　　　　　　——乙公司　5000000

　　　　　　　　——丙公司　3750000

②实收资本（或股本）的减少。企业减少实收资本应按法定程序报经批准，股份有限公司采用收购本公司股票方式减资的，按股票面值和注销股数计算的股票面值总额冲减股本，按注销库存股的账面余额与所冲减股本的差额冲减股本溢价，股本溢价不足冲减的，再冲减盈余公积和未分配利润。如果购回股票支付的价款低于面值总额的，所注销库存股的账面余额与所冲减股本的差额作为增加股本溢价处理。

【例 6-11】A 公司 2014 年 12 月 31 日股东权益的股本为 20000 万元（面值为 1元），资本公积（股本溢价）为 6000 万元，盈余公积为 5000 万元，未分配利润为 0万元。经董事会批准回购本公司股票并注销。A 公司账务处理如下：

①以每股 3 元的价格回购本公司股票 2000 万股：

借：库存股　60000000（2000 万 × 3）

　　贷：银行存款　60000000

②以每股 2 元的价格回购本公司股票 4000 万股：

借：库存股　80000000（4000 万 × 2）

　　贷：银行存款　80000000

③注销股票：

借：股本　60000000

　　资本公积——股本溢价　60000000

　　盈余公积　20000000

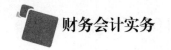

贷：库存股　140000000

【例6-12】黄河公司2013—2014年发生与其股票有关的业务如下：

① 2013年1月4日，经股东大会决议，并报有关部门核准，增发普通股40000万股，每股面值1元，每股发行价格5元，股款已全部收到并存入银行。假定不考虑相关税费。

借：银行存款　2000000000（40000万×5）

　　贷：股本　400000000

　　　　资本公积——股本溢价　1600000000

② 2013年6月20日，经股东大会决议，并报有关部门核准，以资本公积4000万元转增股本。

借：资本公积——股本溢价　40000000

　　贷：股本　40000000

③ 2014年6月20日，经股东大会决议，并报有关部门核准，以银行存款回购本公司股票100万股，每股回购价格为3元。

借：库存股　3000000

　　贷：银行存款　3000000

④ 2014年6月26日，经股东大会决议，并报有关部门核准，将回购的本公司股票100万股注销。

借：股本　1000000

　　资本公积——股本溢价　2000000

　　贷：库存股　3000000

知识窗：企业的所有者和债权人均是企业资金的提供者，因而所有者权益和负债（债权人权益）二者均有对企业资产的要求权，但二者之间又存在着明显的区别。主要的区别有：

（1）性质不同；

（2）权利不同；

（3）偿还期限不同；

（4）风险不同；

（5）计量不同。

所有者权益的特点：

（1）所有者权益产生于权益性投资行为；

（2）所有者权益滞后于债权人权益；

（3）所有者权益没有固定的偿还期限和偿还金额；

（4）所有者权益具有比债权人权益更大的风险。

6.3.3　资本公积的核算

1.资本公积的确认

资本公积是指归所有者所共有的，非收益转化而形成的资本。核算内容主要包括：资本溢价和股本溢价、直接计入所有者权益的利得和损失，以及长期股权投资、股份支付、投资性房地产、可供出售金融资产等所涉及的其他资本公积项目。按我国财政部发布的《会计科目和主要账务处理》的规定，"资本公积"科目应设置"资本（或股本）溢价"和"其他资本公积"两个明细科目。

2.资本公积的账务处理

（1）资本溢价

资本溢价是指投资者交付企业的出资额大于该所有者在企业注册资本中所占有份额的数量。在企业创立时，出资者认交的出资额全部记入"实收资本"科目，但在企业重组或有新的投资者加入时，为了维护原有投资者的权益，新加入的投资者的出资额，并不一定全部作为实收资本处理。投资者投入的资本等于按其投资比例计算的出资额，应计入"实收资本"科目，大于部分应记入"资本公积"科目。

【例6-13】黄河公司是由甲、乙、丙3位投资者各出资100万元而设立的，设立时的实收资本为300万元。经过几年的经营，企业留存收益为150万元，这时又有丁投资者有意参加该企业，并表示愿意出资180万元而仅占该企业资本额的25%。因此，丁投资者加入时的账务处理为：

借：银行存款　1800000
　　贷：实收资本——丁投资者　1000000
　　　　资本公积——资本溢价　800000

（2）股本溢价

股本溢价是指股份有限公司溢价发行股票时实际收到的款项超过股票面值总额的数额。在按股票面值发行股票的情况下，企业发行股票取得的收入，应全部记"股本"科目；在溢价发行股票的情况下，企业发行股票取得的收入，等于股票面值部分记入"股本"科目，超过股票面值的溢价收入记入"资本公积"科目。

【例6-14】黄河公司委托华夏证券公司代理发行普通股500000股，每股面值1元，按每股1.2元的价格发行。手续费按发行收入的1%收取，并从发行收入中扣除。账务处理如下：

借：银行存款　594000
　　贷：股本　500000
　　　　资本公积——股本溢价　94000

6.3.4　留存收益的核算

1.留存收益确认

留存收益是股东权益的一个重要项目，是企业历年剩余的净收益累积而成的资

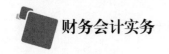

本。因此留存收益也可称为累积收益。

留存收益由盈余公积和未分配利润构成。盈余公积包括法定盈余公积和任意盈余公积。

（1）法定盈余公积

法定盈余公积是指企业按规定从净利润中提出的积累资金。我国《公司法》规定，公司制企业的法定盈余公积按照税后利润的10%提取，法定盈余公积累计额已达注册资本的50%时，可以不再提取。

（2）任意盈余公积

任意盈余公积是公司出于实际需要或采取审慎经营策略，从税后利润中提取的一部分留存利润。由于任意盈余公积是企业自愿拨定的留存收益，其数额也视实际情况而定。

（3）未分配利润

未分配利润是企业留待以后年度进行分配的结存利润，也是企业所有者权益的组成部分。未分配利润有两层含义：一是留待以后年度处理的利润，二是未指定特定用途的利润。

请注意：在会计核算上，未分配利润是通过"利润分配"科目进行核算的，具体来说是通过"利润分配"科目之下"未分配利润"明细科目进行核算的。

2. 留存收益的账务处理

为了核算反映盈余公积形成及使用情况，企业应设置"盈余公积"科目，并按其种类设置明细账，分别进行明细核算。

（1）企业提取盈余公积

借：利润分配——提取法定盈余公积、提取任意盈余公积

　　贷：盈余公积——法定盈余公积、任意盈余公积

（2）企业用提取的盈余公积弥补亏损

借：盈余公积——法定盈余公积或任意盈余公积

　　贷：利润分配——盈余公积补亏

（3）用盈余公积转增资本

借：盈余公积

　　贷：实收资本

（4）年度终了，企业将全部实现的净利润转为"未分配利润"明细科目

借：本年利润

　　贷：利润分配——未分配利润

如为亏损，做相反分录。同时，将利润分配科目下的其他明细科目的余额转入"未分配利润"明细科目。

请注意：在进行未分配利润的会计核算时，应注意以下两个问题：

（1）"未分配利润"明细科目的余额，反映企业累积未分配利润或累积未弥补亏损。

（2）用利润弥补亏损，无论税前还是税后利润补亏都无须专门做会计分录。

【例 6-15】黄河公司本年度的税后利润为 5000000 元，按规定 10% 的比率提取法定盈余公积 500000 元，分录如下：

借：利润分配——提取法定盈余公积　500000

　　贷：盈余公积——法定盈余公积　500000

【例 6-16】黄河公司在支付优先股股利之后，尚有剩余利润 5000000 元，根据股东大会决议，按 3% 的比率提取任意盈余公积 150000 元（5000000×3%）。分录如下：

借：利润分配——提取任意盈余公积　150000

　　贷：盈余公积——任意盈余公积　150000

【例 6-17】按投东大会决议，并办理增资手续，黄河公司将法定公积金 1000000 元、任意公积金 800000 元转增普通股股本。分录如下：

借：盈余公积——法定盈余公积　1000000

　　　　　　——任意盈余公积　800000

　　贷：股本——普通股　1800000

❓动脑筋：资产负债表中的未分配利润项目如何填列？

【任务 3 训练题】

一、判断题

1. 企业接受投资者以非现金资产投资时，应按该资产的账面价值入账。（　　）

2. 法定盈余公积的提取基数不包括企业年初未分配利润。（　　）

3. 企业以盈余公积向投资者分配利润，会引起所有者权益总额的变动。（　　）

4. 用法定盈余公积转增资本或弥补亏损时，均不导致所有者权益总额发生变化。（　　）

5. 用盈余公积转增资本不影响所有者权益总额的变化，但会使企业净资产减少。（　　）

6 企业不能用盈余公积分配现金股利。（　　）

7. 企业的盈余公积包括法定盈余公积和任意盈余公积。（　　）

8. 资本公积经批准后可用于派发现金股利。（　　）

9. 以资本公积转增资本使留存收益减少。（　　）

二、技能训练

1. 甲、乙、丙共同投资设立 A 公司，注册资本为 2000000 元，甲、乙、丙持股比例分别为 60%、25% 和 15%。按照章程规定，甲、乙、丙投入资本分别为 1200000 元、500000 元和 300000 元。A 公司已如期收到各投资者一次缴足的款项存入银行。请做出相关账务处理。

2. 乙公司收到 B 公司作为资本投入的原材料一批，该批材料的合同价值为 100000

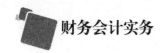

元，增值税进项税额为 17000 元。B 公司已开具增值税专用发票，假设合同价与公允价相符，进项税额允许抵扣，编制乙公司的会计分录。

3. 丙公司收到 A 公司投入的非专利技术一项，合同约定的价值 60000 元，同时收到 B 公司投入的土地使用权一项，合同约定的价值为 80000 元，编制丙公司的会计处理。

4. A、B、C 三人共同投资设立甲公司，A、B、C 三人的出资额分别占公司注册资本的 12.5%、50% 和 37.5%。甲公司因扩大规模的需要，经批准，将资本公积 1000000 元和盈余公积 1000000 元按出资比例分别转入实收资本，请编制甲公司的会计分录。

5. A 公司 2011 年 12 月 31 日的股本为 100000000 股，面值为 1 元，资本公积（股本溢价）30000000 元，盈余公积 40000000 元。经股东大会批准，A 公司以现金股票回购本公司股票 20000000 股并注销。假定 A 公司按每股 2 元回购股票，编制 A 公司的会计处理分录。

如按 3 元购回股票，其他条件不变，编制会计分录。

如按 0.9 元购回股票，其他条件不变，编制会计分录。

6. A、B、C 公司各自出资 100 万设立 ABC 有限责任公司，三年后，D 公司有意加入，合同约定 D 公司出资 180 万，占 ABC 公司股份的 25%，收到款项存入银行，编制会计分录。

7. B 股份有限公司首次公开发行普通股 50000000 股，每股面值 1 元，每股发行价格 4 元。B 公司以银行存款支付发行手续费、咨询费等费用共计 6000000 元。发行收入存入银行，发行费用全部支付，编制 B 公司的会计处理。

8. 某公司 2012 年初未分配利润为 200000 元，当年实现净利润 4000000 元，董事会于 2013 年 3 月 31 日提出上年利润分配方案：按 10% 提取法定盈余公积。请编制相关会计分录。

9. 某股份公司 2012 年成立，当年实现收入合计 500000 元，发生的成本费用为 1000000 元。2013 年实现收入总计 2000000 元，发生的成本费用为 1000000 元，该公司按有关规定，以当年实现的税前利润弥补上年亏损，并按净利润的 10% 提取法定盈余公积金，按 20% 的比例提取任意盈余公积金，按 6% 的比例向投资人分配现金股利，所得税税率为 25%，请根据上述资料编制会计分录：

（1）结转 2012 年净利润。

（2）结转 2013 年收入和费用。

（3）编制 2013 年税前补亏的会计分录。

（4）计算并结转 2013 年所得税。

（5）结转 2013 年净利润。

（6）编制提取法定盈余公积、任意盈余公积和计提应付股利的会计分录。

（7）结转利润分配明细账。

（8）计算确定 2013 年末资产负债表上未分配利润的期末数。

任务4 金融资产的核算

企业应当结合自身业务特点和风险管理要求，将取得的金融资产在初始确认时分为以下几类：

①以公允价值计量且其变动计入当期损益的金融资产。

②持有至到期投资。

③贷款和应收款项。

④可供出售金融资产。

金融资产的分类一旦确定，不得随意改变。

6.4.1 交易性金融资产的核算

1. 交易性金融资产的确认

交易性金融资产，主要是指企业为了近期内出售而持有的金融资产。如企业以赚取差价为目的从二级市场购入的股票、债券、基金等。

企业在初始确认时将某金融资产划分为交易性金融资产后，不得重分类为其他三类金融资产；其他三类金融资产也不能重分类为交易性金融资产。

交易性金融资产的核算需要设置"交易性金融资产"科目，可按照类别和品种，分设"成本""公允价值变动"等进行明细核算。

2. 交易性金融资产的初始计量

交易性金融资产应当按照取得时的公允价值作为初始确认金额，借记"交易性金融资产——成本"科目；相关交易费用在发生时计入当期损益，借记"投资收益"科目；如果实际支付的价款中包含已宣告但尚未发放的现金股利或已到付息期但尚未领取的债券利息，应当单独确认为应收项目，借记"应收利息"或"应收股利"科目，按实际支付的金额，贷记"银行存款"等科目。

收到上述现金股利或者债券利息时，借记"银行存款"科目，贷记"应收股利"或"应收利息"科目。

【例6-18】2014年5月13日，黄河公司支付价款1060000元从二级市场购入乙公司发行的股票100000股，每股价格10.60元（含已宣告但尚未发放的现金股利0.60元），另支付交易费用1000元。黄河公司将持有的乙公司股权划分为交易性金融资产，且持有乙公司股权后对其无重大影响。黄河公司账务处理如下：

初始投资成本 = 1060000−100000×0.60 = 1000000（元）

借：交易性金融资产——成本　1000000

应收股利　60000

投资收益　1000

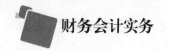

贷：银行存款 1061000

【例 6-19】2014 年 1 月 1 日，黄河公司从二级市场支付价款 1020000 元（含已到付息期但尚未领取的利息 20000 元）购入某公司发行的债券，另发生交易费用 20000 元。该债券面值 1000000 元，剩余期限为 2 年，票面年利率为 4%，每半年付息一次，黄河公司将其划分为交易性金融资产。其账务处理如下：

初始投资成本 = 1020000−20000= 1000000（元）

借：交易性金融资产——成本 1000000

应收利息 20000

投资收益 20000

贷：银行存款 1040000

3. 交易性金融资产持有收益的计量

企业在持有交易性金融资产期间所获得的现金股利或债券利息，应当确认为投资收益。

按投资企业按应享有的份额：

借：应收股利

贷：投资收益

资产负债表日，投资企业按分期付息、一次还本债券投资的票面利率计提利息时：

借：应收利息

贷：投资收益

收到上述现金股利或者债券利息时：

借：银行存款

贷：应收股利（或应收利息）

【例 6-20】黄河实业股份有限公司持有 A 公司股票 50000 股，把其划分为交易性金融资产。2014 年 8 月 25 日，A 公司宣告 2014 年半年度利润分配方案，每股分派现金股利 0.30 元，并于 2014 年 9 月 20 日发放。其账务处理如下：

① 2014 年 8 月 25 日，A 公司宣告分派现金股利：

应收现金股利 = 50000 × 0.30= 15000（元）

借：应收股利 15000

贷：投资收益 15000

② 2014 年 9 月 20 日，收到 A 公司派发的现金股利：

借：银行存款 15000

贷：应收股利 15000

【例 6-21】2014 年 1 月 5 日，黄河公司收到当年 1 月 1 日购入的 Y 公司发行的债券（债券面值 1000000 元，票面年利率为 4%，每半年付息一次）的利息 20000 元。黄河企业将其划分为交易性金融资产。黄河公司对外提供半年报表。

① 1 月 5 日收到债券利息 20000 元：

借：银行存款 20000

贷：应收利息 20000

② 6 月 30 日计提债券利息 20000 元：

借：应收利息 20000

贷：投资收益 20000

4. 交易性金融资产的期末计量

交易性金融资产的期末计量，是指采用一定的价值标准，对交易性金融资产的期末价值进行后续计量，并以此列示于资产负债表中的会计程序。

交易性金融资产的价值按资产负债表日的公允价值反映，公允价值的变动计入当期损益，企业应单独设置"公允价值变动损益"科目进行核算。

资产负债表日，交易性金融资产的公允价值高于其账面余额时，应该按照二者之间的差额，调增交易性金融资产的账面余额，同时确认公允价值上升的收益，借记"交易性金融资产——公允价值变动"科目，贷记"公允价值变动损益"科目；当交易性金融资产的公允价值低于其账面余额时，做相反的会计处理，即借记"公允价值变动损益"科目，贷记"交易性金融资产——公允价值变动"科目。

【例 6-22】黄河公司每年年末对交易性金融资产按公允价值计量。

2012 年 12 月 31 日该公司持有的 S 公司股票 3000 股的账面价值为 30000 元。

2013 年 12 月 31 日该股票当日收盘价为每股 8 元。

2014 年 12 月 31 日该股票当日收盘价为每股 12 元。

账务处理如下：

① 2013 年 12 月 31 日，股票的公允价值变动 = 3000 × 8–30000= –6000（元）

借：公允价值变动损益 6000

贷：交易性金融资产——公允价值变动 6000

② 2014 年 12 月 31 日，股票的公允价值变动 = 8000 × 12–8000 × 8= 12000（元）

借：交易性金融资产——公允价值变动 12000

贷：公允价值变动损益 12000

5. 交易性金融资产的处置

处置交易性金融资产时：

借：银行存款（实际收到的处置价款）

贷：交易性金融资产——成本（按该交易性金融资产的初始成本）

交易性金融资产——公允价值变动（按该项交易性金融资产的公允价值变动）

投资收益（按其差额）

同时，将该项交易性金融资产持有期间已确认的公允价值变动净损益转入"投资收益"科目。

借：公允价值变动损益

贷：投资收益

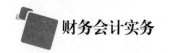

【例6-23】黄河企业持有的交易性金融资产（股票）3月31日账户内反映的数据如下：

借方余额：交易性金融资产——成本　40000元。

贷方余额：交易性金融资产——公允价值变动　10000元。

4月10日，将该交易性金融资产的50%出售，出售收入为30000元。

与这项处置相关的账务处理如下：

借：银行存款　30000

　　贷：交易性金融资产——成本　20000（40000×50%）

　　　　交易性金融资产——公允价值变动　5000（10000×50%）

　　　　投资收益　15000

借：投资收益　5000（10000×50%）

　　贷：公允价值变动损益　5000（10000×50%）

【例6-24】2014年11月1日，黄河公司将甲公司的债券全部售出，实际收到出售价款88600元。债券出售日，甲公司债券已计提利息2400元，债券账面价值85000元，其中，成本为82000元，已确认公允价值变动损益3000元。其相关账务处理如下：

处置损益＝88000-85000-2400=1200（元）

借：银行存款　88600

　　贷：交易性金融资产——成本　82000

　　　　　　　　　　　——公允价值变动　3000

　　　　应收利息　2400

　　　　投资收益　1200

借：公允价值变动损益　3000

　　贷：投资收益　3000

6.4.2　可供出售金融资产的核算

1.可供出售金融资产的确认

可供出售金融资产是指初始确认时即被指定为可供出售的非衍生金融资产，以及没有划分为持有至到期投资、贷款和应收账款、以公允价值计量且其变动计入当期损益的金融资产。

通常情况下，划分为此类的金融资产应当在活跃的市场上有报价，因此，企业从二级市场上购入的有报价的债券投资、股票投资、基金投资等都可划分为可供出售金融资产。

可供出售金融资产可以重分类为持有至到期投资。

企业应当设置"可供出售金融资产"科目，核算持有的可供出售金融资产的公允价值，并按照可供出售金融资产类别和品种，分设"成本""利息调整""应计利息""公允价值变动"等进行明细核算。

2. 可供出售金融资产的初始计量

企业取得可供出售金融资产，应按其公允价值与交易费用之和，借记"可供出售金融资产——成本"科目，按支付的价款中包含的已宣告但尚未发放的现金股利，借记"应收股利"科目，按实际支付的金额，贷记"银行存款"等科目。

企业取得的可供出售金融资产为债券投资的，应按债券的面值，借记"可供出售金融资产——成本"科目，按支付的价款中包含的已到付息期但尚未领取的利息，借记"应收利息"科目，按实际支付的金额，贷记"银行存款"等科目，按差额，借记或者贷记"可供出售金融资产——利息调整"科目。

收到支付的价款中包含的已宣告但尚未发放的现金股利或已到付息期但尚未领取的利息，借记"银行存款"科目，贷记"应收利息"或者"应收股利"科目。

【例 6-25】黄河公司在 2014 年 6 月 10 日以每股 15 元的价格（其中包含已宣告但尚未发放的现金股利 0.2 元）购进某股票 200 万股并确认为可供出售金融资产，另支付相关税费 12 万元，6 月 15 日如数收到宣告发放的现金股利。黄河公司上述业务的会计处理如下：

① 6 月 10 日，购入 200 万股股票：

初始投资成本 =（15-0.2）×200 + 12 = 2972（万元）

应收现金股利 = 200×0.2 = 40（万元）

借：可供出售金融资产——成本　29720000

　　应收股利　400000

　　贷：银行存款　30120000

② 6 月 15 日，收到现金股利：

借：银行存款　400000

　　贷：应收股利　400000

【例 6-26】2014 年 1 月 1 日，黄河公司购入 B 公司当日发行的面值 600000 元、期限 3 年、票面利率 8%、每年 12 月 31 日付息、到期还本的债券作为可供出售金融资产，实际支付的购买价款为 620000 元。

借：可供出售金融资产——成本　600000

　　　　　　　　　　　　——利息调整　20000

　　贷：银行存款　620000

3. 可供出售金融资产持有收益的计量

可供出售金融资产在持有期间取得的现金股利或者债券利息，应当计入投资收益。

可供出售权益工具投资持有期间，被投资单位宣告发放现金股利，按应享有的份额：

借：应收股利

　　贷：投资收益

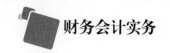

收到可供出售权益工具投资发放的现金股利：

借：银行存款

　　贷：应收股利

分期付息、一次还本债券投资，应于资产负债表日：

借：应收利息（票面利息）

　　可供出售金融资产——应计利息（一次还本付息债务投资）

　　贷：投资收益（实际利息）

　　　　可供出售金融资产——利息调整（差额）

收到分期付息、一次还本可供出售金融资产持有期间支付的利息：

借：银行存款

　　贷：应收利息

4. 可供出售金融资产的期末计量

（1）可供出售金融资产公允价值变动

资产负债表日，可供出售金融资产应当以公允价值计量，且公允价值变动计入资本公积（其他资本公积）。

资产负债表日，可供出售金融资产的公允价值高于其账面余额：

借：可供出售金融资产——公允价值变动

　　贷：资本公积——其他资本公积

公允价值低于其账面余额的金额：

借：资本公积——其他资本公积

　　贷：可供出售金融资产——公允价值变动

【例6-27】黄河公司持有的80000股A公司股票作为可供出售金融资产，2012年12月31日的每股市价为6.20元，2013年12月31日的每股市价为6.60元。2012年12月31日，A公司股票按公允价值调整前的账面余额为594500元。其账务处理如下：

① 2012年12月31日，调整可供出售金融资产账面余额。

公允价值变动 = 80000 × 6.20−594500= −98500（元）

借：资本公积——其他资本公积　98500

　　贷：可供出售金融资产——公允价值变动　98500

调整后黄河公司股票账面余额 = 594500−98500=80000×6.20= 496000（元）

② 2013年12月31日，调整可供出售金融资产账面余额。

公允价值变动 = 80000×6.60−496000= 32000（元）

借：可供出售金融资产——公允价值变动　32000

　　贷：资本公积——其他资本公积　32000

动脑筋：调整后黄河公司股票账面余额是多少？

（2）可供出售金融资产减值

分析判断可供出售金融资产是否发生减值，应当注意该金融资产公允价值是否持

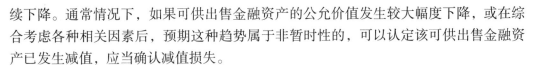

续下降。通常情况下，如果可供出售金融资产的公允价值发生较大幅度下降，或在综合考虑各种相关因素后，预期这种趋势属于非暂时性的，可以认定该可供出售金融资产已发生减值，应当确认减值损失。

借：资产减值损失

　贷：资本公积——其他资本公积（按应从所有者权益中转出原计入资本公积的累计损失金额）

　　　　可供出售金融资产——公允价值变动（差额）

但可供出售金融资产为股票等权益工具投资的（不含在活跃市场上没有报价、公允价值不能可靠计量的权益工具投资）：

借：可供出售金融资产——公允价值变动

　贷：资本公积——其他资本公积

【例 6-28】黄河公司持有的 80000 股 A 公司股票作为可供出售金融资产，但股票的市价持续下跌，至 2012 年 12 月 31 日，每股市价已跌至 3.50 元，甲公司认定该可供出售金融资产发生了减值；2013 年 12 月 31 日，A 公司股票市价回升至每股 5.20 元。2012 年 12 月 31 日，A 公司股票按公允价值调整前的账面余额为 528000 元，其中成本为 594500 元，公允价值变动（贷方余额）为 66500 元。

① 2012 年 12 月 31 日，确认资产减值损失。

计入资本公积的累计损失 = 66500（元）

资产减值损失 = 528000-80000 × 3.50 + 66500= 314500（元）

借：资产减值损失　　314500

　贷：资本公积——其他资本公积　　66500

　　　　可供出售金融资产——公允价值变动　　248000

调整后黄河公司股票账面余额 = 528000-248000= 80000 × 3.50= 280000（元）

② 2013 年 12 月 31 日，恢复可供出售金融资产账面余额。

A 公司股票公允价值回升金额 = 80000 × 5.20-280000= 136000（元）

借：可供出售金融资产——公允价值变动　　136000

　贷：资本公积——其他资本公积　　136000

动脑筋：调整后黄河公司股票账面余额如何计算呢？

5. 可供出售金融资产的处置

处置可供出售金融资产时，应将取得的价款与该金融资产账面余额之间的差额，计入投资收益；同时，将原直接计入所有者权益的公允价值变动累计额对应处置部分的金额转出，计入投资收益。

【例 6-29】2014 年 6 月 1 日，黄河公司将持有的面值 500000 元、期限 5 年、票面利率 8%、每年 12 月 31 日付息、到期还本的 C 公司债券售出，实际收到售价款 530000 元。出售日，C 公司计入所有者权益的公允价值变动额（贷方）为 1200 元；账面余额为 518000 元，其中成本 500000 元，利息调整（借方）为 14000 元，公允价值变动（借方）为 4000 元。其账务处理如下：

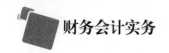

借：银行存款　537000
　　资本公积——其他资本公积　12000
　　贷：可供出售金融资产——成本　500000
　　　　　　　　　　　　——利息调整　14000
　　　　　　　　　　　　——公允价值变动　4000
　　　投资收益　31000

【例6-30】2014年2月20日，黄河公司将持有的50000股A公司股票售出，实际收到价款300000元。出售日，黄河公司计入所有者权益的公允价值变动额（贷方）为100000元；账面余额为450000元，其中成本为480000元，公允价值变动（贷方）为30000元。其账务处理如下：

借：银行存款　300000
　　资本公积——其他资本公积　100000
　　可供出售金融资产——公允价值变动　30000
　　投资收益　50000
　　贷：可供出售金融资产——成本　480000

6.4.3　持有至到期投资的核算

1. 持有至到期投资的确认

持有至到期投资，是指到期日固定、回收金额固定或可确定，且企业有明确意图和能力持有至到期的非衍生金融资产。

📖知识窗：持有至到期投资的特征：

（1）该金融资产到期日固定。

（2）回收金额固定或可确定。

（3）企业有明确意图将该金融资产持有至到期。

（4）企业有能力将该金融资产持有至到期。

2. 持有至到期投资的初始计量

企业应设置"持有至到期投资"科目，用来核算持有至到期投资的摊余成本，并且按照持有至到期投资的类别和品种，分设"成本""利息调整""应计利息"等进行明细核算。

应按该投资的面值，借记"持有至到期投资——成本"科目，按支付的价款中包含已到付息期但尚未领取的利息，借记"应收利息"科目，按实际支付的金额，贷记"银行存款"科目，按其差额，借记或者贷记"持有至到期投资——利息调整"科目。

收到支付的价款中包含的已到付息期但尚未领取的利息，借记"银行存款"科目，贷记"应收利息"科目。

【例6-31】2014年1月1日，黄河公司按面值购入债券50000元，作为持有至到期投资。该债券期限 2 年，票面利率 6%，每年 12 月 31 日付息，到期一次还本。购入债券时支付手续费 200 元。相关的账务处理如下：

借：持有至到期投资——成本　50000
　　　　　　　　　　——利息调整　200
　　贷：银行存款　50200

【例 6-32】黄河公司 2014 年初购买了一项债券，划分为持有至到期投资，公允价值为 102 万元，交易费用为 3 万元，该债券票面价值为 100 万元，票面利率为 6%，每年末付息，到期还本。相关的账务处理如下：

借：持有至到期投资——成本　1000000
　　　　　　　　　　——利息调整　50000
　　贷：银行存款　1050000

【例 6-33】黄河公司于 2014 年 1 月 2 日从证券市场上购入 A 公司于 2012 年 1 月 1 日发行的债券，该债券 3 年期，票面利率 4%，每年 1 月 5 日支付上年度的利息，到期日为 2015 年 1 月 1 日，到期日一次归还本金和最后一次利息。黄河公司购入债券的面值为 1000 万元，实际支付价款 992.77 万元，另支付相关费用 20 万元。黄河公司将其划分为持有至到期投资。相关的账务处理如下：

借：持有至到期投资——成本（面值）　10000000
　　应收利息　400000（10000000 × 4% × 1）
　　贷：银行存款　10127700
　　　　持有至到期投资——利息调整　273300

3. 持有至到期投资利息收入的确认

按照摊余成本和实际利率计算确认利息收入的方法称为实际利率法，即以持有至到期投资期初账面摊余成本乘以实际利率作为当期利息收入，以当期利息收入与当期按票面利率计算确定的应收未收利息的差额作为当期账面成本摊销额的一种方法。

　　知识窗：摊余成本是指该金融资产的初始确认金额经下列调整后的结果：

（1）扣除已偿还的本金；

（2）加上或减去采用实际利率法将该初始确认金额与到期日金额之间的差额进行摊销形成的累计摊销额；

（3）扣除已发生的减值损失。

实际利率是使持有至到期投资未来收回的利息和本金的现值恰等于持有至到期投资取得成本的折现率，往往采用插值法来估算其数值。

（1）分期付息、一次还本债券投资

借：应收利息（票面利息）
　　持有至到期投资——应计利息（一次还本付息债务投资）
　　贷：投资收益（实际利息）
　　　　持有至到期投资——利息调整（差额）

（2）收到分期付息、一次还本持有至到期投资持有期间支付的利息

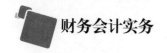

借：银行存款

　贷：应收利息

【例6-34】2009年1月1日，黄河公司支付价款1000元（含交易费用）从活跃市场上购入某公司5年期债券，面值1250元，票面利率4.72%，按年支付利息（即每年59元），本金最后一次支付。合同约定，该债券的发行方在遇到特定情况时可以将债券赎回，且不需要为提前赎回支付额外款项。黄河公司在购买该债券时，预计发行方不会提前赎回。

黄河公司将购入的该公司债券划分为持有至到期投资，且不考虑所得税、减值损失等因素。实际利率 $r=10\%$，由此可编制利息计算表见表6-1。

表6-1　债券利息计算表

金额单位：元

年份	期初摊余成本（a）	实际利息（b）（按10%计算）	现金流入（c）	期末摊余成本（$d=a+b-c$）
2009年	1000	100	59	1041
2010年	1041	104	59	1086
2011年	1086	109	59	1136
2012年	1136	114	59	1190
2013年	1190	119	1309	0

根据上述数据，黄河公司的有关账务处理如下：

① 2009年1月1日，购入债券：

借：持有至到期投资——本金　1250

　贷：银行存款　1000

　　持有至到期投资——利息调整　250

② 2009年12月31日，确认实际利息收入、收到票面利息等：

借：应收利息　59

　　持有至到期投资——利息调整　41

　贷：投资收益　100

借：银行存款　59

　贷：应收利息　59

③ 2010年12月31日，确认实际利息收入、收到票面利息等：

借：应收利息　59

　　持有至到期投资——利息调整　45

　贷：投资收益　104

借：银行存款　59

　贷：应收利息　59

④ 2011年12月31日，确认实际利息收入、收到票面利息等：

借：应收利息　59

　　持有至到期投资——利息调整　50

　　贷：投资收益　109

借：银行存款　59

　　贷：应收利息　59

⑤2012 年 12 月 31 日，确认实际利息、收到票面利息等：

借：应收利息　59

　　持有至到期投资——利息调整　55

　　贷：投资收益　114

借：银行存款　59

　　贷：应收利息　59

⑥2013 年 12 月 31 日，确认实际利息、收到票面利息和本金等：

借：应收利息　59

　　持有至到期投资——利息调整　59

　　贷：投资收益　118

借：银行存款　59

　　贷：应收利息　59

借：银行存款等　1250

　　贷：持有至到期投资——本金　1250

4. 持有至到期投资减值

在资产负债表中，持有至到期投资通常应按账面摊余成本列示其价值，但有客观证据表明其发生了减值的，应当根据其账面摊余成本与预计未来现金流量现值之间的差额计算确认减值损失。

资产负债表日，持有至到期投资发生减值的，按应减记的金额：

借：资产减值损失

　　贷：持有至到期投资减值准备

已计提减值准备的持有至到期投资，若价值以后又得以恢复，应在原已计提的减值准备金额内，按恢复增加的金额：

借：持有至到期投资减值准备

　　贷：资产减值损失

【例 6-35】黄河公司 2012 年 1 月 1 日购入 B 公司当天发行的 2 年期债券作为持有至到期投资，票面价值 200000 元，票面利率 10%、到期一次还本付息，用银行存款实际支付价款 206000 元，未发生交易费用。实际利率为 7.937%。

假定 2012 年 12 月 31 日确有迹象表明，购入 B 公司的该持有至到期投资发生减值 30000 元。

若 2013 年 12 月 31 日确有迹象表明，购入 B 公司的该债券的价值又得以恢复 20000 元。

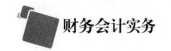

则资产负债表日的相关的账务处理如下：

2012 年 12 月 31 日：

借：资产减值损失　30000

　　贷：持有至到期投资减值准备　30000

2013 年 12 月 31 日：

借：持有至到期投资减值准备　20000

　　贷：资产减值损失　20000

5. 持有至到期投资的重分类

企业因持有意图或能力发生改变，使某项投资不再适合划分为持有至到期投资的，应当将其重分类为可供出售金融资产，并以公允价值进行后续计量。重分类日，该投资的账面价值与公允价值之间的差额计入所有者权益，在该可供出售金融资产发生减值或者终止确认时转出，计入当期损益。

企业将持有至到期投资重分类为可供出售金融资产时：

借：可供出售金融资产（重分类日公允价值）

　　贷：持有至到期投资——成本（账面余额）

　　　　持有至到期投资——应计利息（账面余额）

　　　　持有至到期投资——利息调整（账面余额）

　　　　资本公积——其他资本公积（差额）

已经计提减值准备的，还应同时结转减值准备。

【例 6-36】假定 2014 年 1 月 1 日黄河公司将 2013 年 1 月 1 日购入面值 200000 元、期限为两年、票面利率 10%、到期一次还本付息的 B 公司债券重分类为可供出售金融资产，其公允价值 198000 元，账面摊余成本为 216350 元，其中成本 200000 元，应计利息 20000 元，利息调整（贷方余额）3650 元。黄河公司在重分类日的账务处理如下：

借：可供出售金融资产　198000

　　持有至到期投资——利息调整　3650

　　资本公积——其他资本公积　18350

　　贷：持有至到期投资——成本　200000

　　　　　　　　　　——应计利息 20000

6. 持有至到期投资的处置

处置持有至到期投资时，应将所取得的价款与该投资账面价值之间的差额计入投资收益。

借：银行存款（实际收到的金额）

　　贷：持有至到期投资——成本（账面余额）

　　　　持有至到期投资——应计利息（账面余额）

　　　　持有至到期投资——利息调整（账面余额）

投资收益（差额）

已经计提减值准备的，还应该同时结转减值准备。

【例 6-37】黄河公司于 2014 年 9 月 1 日，将 2013 年 1 月 1 日购入的面值 800000 元、期限 4 年、票面利率 5%、每年 12 月 31 日付息的丙公司债券提前出售，取得转让收入 815600 元。转让日，丙公司债券账面摊余成本为 788783 元，其中成本 800000 元，利息调整（贷方余额）11217 元。其账务处理如下：

处置损益 =（815600-800000+11217）= 26817（元）

借：银行存款　815600

　　持有至到期投资——利息调整　11217

　　贷：持有至到期投资——成本　800000

　　　　投资收益　26817

📖知识窗：对被投资单位不具有控制、共同控制或重大影响，且在活跃市场中没有报价、公允价值不能可靠计量的权益性投资，应作为长期股权投资核算；如果在活跃市场中有报价、公允价值能够可靠计量，则应作为金融资产（交易性或可供出售金融资产）。

它们均属于金融资产。四大金融资产的主要区别在于以下几个方面：

1. 持有的目的不同

这是决定一项金融资产划定类型的基础：

交易性金融资产是为了短期持有，随时准备转让或出售的，其目的就是为了获取短期收益，赚取差价的，所以此类金融资产持有期限是最不确定的。

持有至到期投资：此类金融资产的持有目的并不是为了赚取差价的，而是为了获取稳定的、低风险的、长期性的回报，所以要将金融资产（债券）持有至到期。这类资产的期限是固定的，回报是可以预见的。

可供出售金融资产：此类资产是介于上述二者之间的一种金融资产，持有并不是准备随时出售的，持有时间相对较长（一般是要超过一年的），却又是不准备持有至到期或企业没有能力或意图要持有至到期的，这种资产也是没有固定的期限与可预见的回报的。

长期股权投资是通过投资取得被投资单位的股权且短期内不准备出售，按照股权比例享有被投资单位的权益并承担风险。

确定这些金融资产的分类问题，是管理层的决定范围！

2. 对象不同

交易性金融资产的对象工具可以是股票，也可以是债券。

持有至到期投资的对象工具则必须是债券，不可是股票。

可供出售金融资产的对象工具可以是股票，也可以是债券（与交易性金融资产是一致的）。

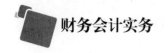

3. 核算的原则不同

交易性金融资产与可供出售金融资产后续计量原则是公允价值属性,交易性金融资产是完全的公允价值来计量的;而可供出售金融资产则是以公允价值与实际利率法摊余成本相结合(债券时);而持有至到期投资的后续计量原则是历史成本属性,用实际利率摊余成本法;长期股权投资则用成本法和权益法核算。

4. 初始确认核算不同

交易性金融资产在取得时所发生的交易费用是记入到当期损益中去了(投资收益),而持有至到期投资与可供出售金融资产交易时发生的交易费用是记入所取得的金融资产的成本中的。

5. 减值的计提与转回的方法与渠道不同

交易性金融资产是不存在计提减值准备的问题的。

长期股权投资、持有至到期投资和可供出售金融资产需要计提减值准备,但是计提减值时的会计处理有一定差别,持有至到期投资和可供出售金融资产所计提的减值准备可以转回,可供出售金融资产的减值准备的转回因其所持有的金融工具的不同,转回的渠道不同。

 【任务4训练题】

一、选择题

1. 关于金融资产的初始计量,下列说法中正确的有(   )。

A. 交易性金融资产应当按照取得时的公允价值作为初始确认金额,相关的交易费用在发生时计入当期损益

B. 持有至到期投资应当按取得时的公允价值和相关交易费用之和作为初始确认金额

C. 可供出售金融资产应当按取得该金融资产的公允价值和相关交易费用之和作为初始确认金额

D. 可供出售金融资产应当按照取得时的公允价值作为初始确认金额,相关的交易费用在发生时计入当期损益

2. 企业发生的下列事项中,影响"投资收益"科目金额的是(   )。

A. 期末交易性金融资产公允价值大于账面余额

B. 购买交易性金融资产发生的交易费用

C. 期末交易性金融资产公允价值小于账面余额

D. 交易性金融资产持有期间收到的包含在买价当中的现金股利

3. 关于可供出售金融资产的计量,下列说法中正确的是(   )。

A. 应当按取得该金融资产的公允价值和相关交易费用之和作为初始确认金额

B. 应当按取得该金融资产的公允价值作为初始确认金额,相关交易费用计入当期损益

C. 持有期间取得的利息或现金股利，应当冲减成本

D. 可供出售金融资产持有期间公允价值变动一定计入资本公积

4. A 公司于 2014 年 10 月 5 日从证券市场上购入 B 公司发行在外的股票 100 万股作为可供出售金融资产，每股支付价款 5 元，另支付相关费用 10 万元，2014 年 12 月 31 日，这部分股票的公允价值为 550 万元，A 公司 2014 年 12 月 31 日应确认的公允价值变动损益为（　　）万元。

A. 0　　　　　　　　B. 收益 50　　　　　　C. 收益 30　　　　　　D. 损失 50

5. 下列说法中不正确的是（　　）。

A. 交易性金融资产主要是指企业为了近期内出售而持有的金融资产

B. 以公允价值计量且其变动计入当期损益的金融资产包括交易性金融资产

C. 取得交易性金融资产发生的相关费用应计入当期损益

D. 以公允价值计量且其变动计入当期损益的金融资产和交易性金融资产是同一概念

6. 根据《企业会计准则第 22 号——金融工具确认和计量》的规定，下列交易性金融资产的后续计量表述正确的是（　　）。

A. 按照公允价值进行后续计量，公允价值变动计入当期投资收益

B. 按照公允价值进行后续计量，公允价值变动计入当期公允价值变动损益

C. 按照公允价值进行后续计量，公允价值变动计入资本公积

D. 按照公允价值进行后续计量，公允价值变动计入营业外收支

7. A 公司 2008 年 1 月 1 日购入面值为 1000 万元，年利率为 4% 的 M 债券；取得时支付价款 1040 万元（含已宣告尚未发放的利息 40 万元），另支付交易费用 5 万元，甲公司将该项金融资产划分为交易性金融资产。2008 年 1 月 5 日，收到购买时价款中所含的利息 40 万元，2008 年 12 月 31 日，M 债券的公允价值为 1060 万元，2009 年 1 月 5 日，收到 A 债券 2008 年度的利息 40 万元；2009 年 4 月 25 日，A 公司出售 M 债券售价为 1100 万元。A 公司从购入到出售该项交易性金融资产的累计损益为（　　）万元。

A. 140　　　　　B. 135　　　　　C. 180　　　　　D. 175

8. 甲公司 2008 年 1 月 1 日购入 A 公司发行的 2 年期公司债券。公允价值为 51886.09 万元，债券面值 50000 万元，每年末付息一次，到期还本，票面利率 6%，实际利率 4%。采用实际利率法摊销，则甲公司 2008 年 12 月 31 日"持有至到期投资——利息调整"科目的余额为（　　）万元。

A. 1886.09　　　B. 961.53　　　C. 924.56　　　D. 2075.44

9. 甲公司于 2008 年 1 月 3 日从证券市场上购入乙公司于 2007 年 1 月 1 日发行的债券，该债券三年期，票面年利率为 5%，每年 1 月 5 日支付上年度的利息，到期日为 2012 年 1 月 1 日，到期日一次归还本金和最后一次利息。甲公司购入债券的面值为 1000 万元，实际支付价款为 1011.67 万元，另支付相关费用 20 万元。甲公司购入后将其划分为持有至到期投资。购入债券的实际利率为 6%。2008 年 12 月 31 日，甲

公司应确认的投资收益为（　　）万元。

    A. 58.90　　　　　　B. 50　　　　　　C. 49.08　　　　　　D. 60.70

10. 甲公司于 2008 年 2 月 10 日，以每股 5 元的价格购入某上市公司股票 200 万股，另支付手续费 5 万元，甲公司将该金融资产划分为交易性金融资产。5 月 25 日，收到该上市公司按每股 0.1 元发放的现金股利。12 月 31 日该股票的市价为每股 8 元。至 2008 年 12 月 31 日因该交易性金融资产已确认的投资收益的金额为（　　）万元。

    A. 15　　　　　　B. 20　　　　　　C. 620　　　　　　D. 615

11. 下列关于持有至到期投资的表述不正确的是（　　）。

A. 持有至到期投资在符合一定条件下可重分类为以公允价值计量且其变动计入当期损益的金融资产

B. 企业应该采用实际利率法，按摊余成本对持有至到期投资进行后续计量

C. 持有至到期投资在初始确认的时候，相关交易费用应计入初始确认金额

D. 处置持有至到期投资时，应将所取得价款与持有至到期投资账面价值之间的差额，计入当期损益

12. 甲公司于 2008 年 1 月 2 日，以 1100 万元的价格购进于 2008 年 1 月 1 日发行的面值为 1000 万元的公司债券，另外支付相关税费 20 万元。该公司债券票面利率为 7%，期限为三年，一次还本付息。企业将其划分为持有至到期投资，则该企业持有至到期投资的初始入账金额为（　　）万元。

    A. 1000　　　　　　B. 1100　　　　　　C. 1120　　　　　　D. 1080

13. 关于可供出售金融资产，下列说法不正确的是（　　）。

A. 资产负债表日，按照公允价值计量，公允价值变动的金额计入当期所有者权益

B. 初始确认应该按照公允价值计量，相关交易费用计入当期损益

C. 取得的可供出售金融资产是股票投资的，按照股票的公允价值和相关交易费用之和记入"成本"明细科目中

D. 取得的可供出售金融资产是债券投资的，按照债券的面值记入"成本"明细科目中，交易费用则在"利息调整"明细科目中反映

14. 企业将持有至到期投资一部分出售，且金额较大，应将该投资的剩余部分重分类为可供出售金融资产，并将剩余部分的账面价值与重分类日公允价值之间的差额，计入（　　）。

    A. 公允价值变动损益　　　　　　　　B. 投资收益

    C. 其他业务收入　　　　　　　　　　D. 资本公积

15. 下列关于持有至到期投资表述不正确的是（　　）。

A. 持有至到期投资，是指到期日固定、回收金额固定或者可确定，且企业有明确意图和能力持有至到期的非衍生金融资产

B. 股权投资也可能被划分为持有至到期投资

C. 持有至到期投资在符合一定条件时可以重分类为可供出售金融资产

D. 持有至到期投资通常具有长期性质，但期限较短（1 年以内）的债券投资，符

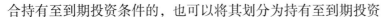

合持有至到期投资条件的，也可以将其划分为持有至到期投资

16. 在处置可供出售金融资产时，应按实际收到的金额，借记"银行存款"等科目，按其账面余额，贷记"可供出售金融资产"科目，按应从原计入所有者权益中转出的公允价值累计变动额，借记或贷记"资本公积——其他资本公积"科目，按其差额，贷记或借记（　　）科目。

A. 其他业务收入　　　　B. 投资收益　　　　C. 营业外支出　　　　D. 营业外收入

二、判断题

1. 购买债券时支付的价款中包含的已到付息期尚未领取的短期债券投资利息计入应收利息科目，实际收到该利息时，借记"银行存款"，贷记"应收利息"，不计入当期损益。（　　）

2. 交易性金融资产期末按公允价值计量，期末不能计提减值准备，可供出售金融资产期末也按公允价值计量，因此期末也不能计提减值准备。（　　）

3. 可供出售金融资产在有些情况下可重分类为持有至到期投资。（　　）

4. 可供出售金融资产和持有至到期投资在符合一定条件时可重分类为交易性金融资产。

5. 短期借款利息在预提或实际支付时均应通过"短期借款"科目核算。（　　）

三、技能训练

1. 甲企业系上市公司，按年对外提供财务报表。

（1）2011 年 3 月 6 日以赚取差价为目的从二级市场购入的一批 X 公司发行的股票 100 万股，作为交易性金融资产，取得时公允价值为每股为 5.2 元，含已宣告但尚未发放的现金股利为 0.2 元，另支付交易费用 5 万元，全部价款以银行存款支付。

（2）3 月 16 日收到最初支付价款中所含现金股利。

（3）2011 年 12 月 31 日，该股票公允价值为每股 4.5 元。

（4）2012 年 2 月 6 日，X 公司宣告发放 2011 年股利，每股 0.3 元。

（5）2012 年 3 月 9 日，收到 X 公司股利。

（6）2012 年 12 月 31 日，该股票公允价值为每股 5.3 元。

（7）2013 年 2 月 11 日，X 公司宣告发放 2012 年股利，每股 0.1 元。

（8）2013 年 3 月 1 日，收到 X 公司股利。

（9）2013 年 3 月 16 日，将该股票全部处置，每股 5.1 元，交易费用为 6 万元。

要求：编制有关交易性金融资产的会计分录并计算 2012、2013 年末该股票投资的账面价值及甲企业该项股票投资的累计损益。

2. 甲企业为工业生产企业，2012 年 1 月 1 日，从二级市场支付价款 2040000 元（含已到付息期但尚未领取的利息 40000 元）购入某公司发行的债券，另发生交易费用 40000 元。该债券面值 2000000 元，剩余期限为 2 年，票面年利率为 4%，每半年付息一次，甲企业将其划分为交易性金融资产。其他资料如下：

（1）2012 年 1 月 5 日，收到该债券 2011 年下半年利息 40000 元。

（2）2012 年 6 月 30 日，该债券的公允价值为 2300000 元（不含利息）。

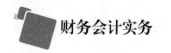

（3）2012年7月5日，收到该债券2012年上半年利息。

（4）2012年12月31日，该债券的公允价值为2200000元（不含利息）。

（5）2013年1月5日，收到该债券2012年下半年利息。

（6）2013年3月31日，甲企业将该债券出售，取得价款2360000元（含1季度利息20000元）。

要求：编制甲企业上述有关业务的会计分录。（假定不考虑其他因素）

3. A公司于2012年1月2日从证券市场上购入B公司于2009年1月1日发行的债券，该债券四年期、票面年利率为4%、每年1月5日支付上年度的利息，到期日为2013年1月1日，到期日一次归还本金和最后一次利息。A公司购入债券的面值为1000万元，实际支付价款为992.77万元，另支付相关费用20万元。A公司购入后将其划分为持有至到期投资。购入债券的实际利率为5%。假定按年计提利息。

要求：编制A公司从2012年1月2日~2013年1月1日上述有关业务的会计分录。

4. A公司于2011年1月1日从证券市场上购入B公司于2012年1月1日发行的债券作为可供出售金融资产，该债券5年期、票面年利率为5%、每年1月5日支付上年度的利息，到期日为2012年1月1日，到期日一次归还本金和最后一次利息。购入债券时的实际利率为4%。A公司购入债券的面值为1000万元，实际支付价款为1076.30万元，另支付相关费用10万元。假定按年计提利息。2011年12月31日，该债券的公允价值为1030万元。2012年12月31日，该债券的预计未来现金流量现值为1020万元。2013年1月20日，A公司将该债券全部出售，收到款项1015.5万元存入银行。

要求：编制A公司从2011年1月1日至2013年1月20日上述有关业务的会计分录。

任务5　长期股权投资的核算

6.5.1　长期股权投资的相关概念

长期股权投资，是指企业准备长期持有的权益性投资，具体包括：①控制（对子公司投资，属于企业合并方式取得）；②共同控制（对合营企业投资）；③重大影响（对联营企业投资）；④企业对被投资单位不具有控制、共同控制或重大影响、在活跃市场上没有报价且公允价值不能可靠计量的权益性投资。

（1）控制

是指有权决定一个企业的财务和经营政策，并能据以从该企业的经营活动中获取利益。企业能够对被投资单位实施控制的，被投资单位为本企业的子公司。通常，当投资企业直接拥有被投资单位50%以上的表决权资本，或虽然直接拥有被投资单位

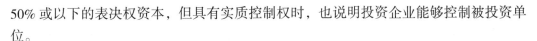

50%或以下的表决权资本，但具有实质控制权时，也说明投资企业能够控制被投资单位。

投资企业对被投资单位是否具有实质控制权，可以通过以下一项或若干项情况判定：

①通过与其他投资者的协议，投资企业拥有被投资单位50%以上表决权资本的控制权。

②根据章程或协议，投资企业有权控制被投资单位的财务和经营政策。

③有权任免被投资单位董事会等类似权力机构的多数成员。这种情况是指虽然投资企业拥有被投资单位50%或以下表决权资本，但根据章程、协议等有权任免董事会的董事，以达到实质上控制的目的。

④在董事会或类似权力机构会议上有半数以上投票权，能够控制被投资单位董事会等类似权力机构的会议，从而能够控制其财务和经营政策，使其达到实质上的控制。

（2）共同控制

是指按合同约定对某项经济活动所共有的控制。共同控制，仅在与该项经济活动相关的重要财务和经营决策需要分享控制权的投资方一致同意时存在。投资企业与其他方对被投资单位实施共同控制的，被投资单位为本企业的合营企业。合营与联营企业等投资方式不同之处在于，合营企业的合营各方均受到合营合同的限制和约束。一般在合营企业设立时，合营各方在投资合同或协议中约定在所设立合营企业的重要财务和生产经营决策制定过程中，必须由合营各方均同意才能通过。共同控制的实质是通过合同约定建立起来的、合营各方对合营企业共有的控制。实务中，在确定是否构成共同控制时，一般可以考虑以下情况作为确定基础：

①任何一个合营方均不能单独控制合营企业的生产经营活动。

②涉及合营企业基本经营活动的决策需要各合营方一致同意。

③各合营方可能通过合同或协议的形式任命其中的一个合营方对合营企业的日常活动进行管理，但其必须在各合营方已经一致同意的财务和经营政策范围内行使管理权。

（3）重大影响

是指对一个企业的财务和经营政策有参与决策的权力，但并不决定这些政策。企业能够对被投资单位施加重大影响的，被投资单位为本企业的联营企业。当投资企业直接拥有或通过子公司间接拥有被投资单位20%以上但低于50%的表决权股份时，一般认为对被投资单位具有重大影响。此外，虽然投资企业拥有被投资单位20%以下的表决权资本，但符合下列情况之一的，也应确认为对被投资单位具有重大影响：

①在被投资单位的董事会或类似的权力机构中派有代表。在这种情况下，由于在被投资单位的董事会或类似的权力机构中派有代表，并享有相应的实质性的参与决策权，投资企业可以通过该代表参与被投资单位政策的制定，从而达到对该被投资单位施加重大影响。

②参与被投资单位的政策制定过程。在这种情况下，由于可以参与被投资单位的政策制定过程，在制定政策过程中可以为其自身利益提出建议和意见，由此可以对该被投资单位施加重大影响。

③与被投资单位之间发生重要交易。有关的交易因对被投资单位的日常经营具有重要性，进而一定程度上可以影响到被投资单位的生产经营决策。

④向被投资单位派出管理人员。在这种情况下，通过投资企业对被投资单位派出管理人员，管理人员有权力并负责被投资单位的财务和经营活动，从而能对被投资单位施加重大影响。

⑤向被投资单位提供关键性技术资料。在这种情况下，因为被投资单位的生产经营活动需要依赖投资企业的技术或技术资料，从而表明投资企业对被投资单位具有重大影响。

（4）无控制、无共同控制且无重大影响

具体表现如下：

①投资企业直接拥有被投资单位20%以下的表决权资本，同时不存在其他实施重大影响的途径。

②投资企业直接拥有被投资单位20%或以上的表决权资本，但实质上对被投资单位不具有控制、共同控制和重大影响。

6.5.2 长期股权投资的初始计量

1. 长期股权投资初始计量原则

长期股权投资应按初始投资成本入账。

2. 企业合并形成的长期股权投资

企业合并，是指将两个或者两个以上单独的企业合并形成一个报告主体的交易或事项。以是否在同一控制下进行企业合并为基础，企业合并可以分为同一控制下的企业合并和非同一控制下的企业合并。

（1）同一控制下的企业合并

参与合并的企业在合并前后均受同一方或相同的多方最终控制且该控制并非暂时性的，为同一控制下的企业合并。其关系如下所示。

取得控制权——合并方

参与合并——被合并方

实际取得控制权的日期——合并日

原则：不以公允价值计量，不确认损益。

同一控制下的企业合并，合并方以支付现金、转让非现金资产或承担债务方式作为合并对价的，应当在合并日按照取得被合并方所有者权益账面价值的份额作为长期股权投资的初始投资成本。长期股权投资初始投资成本与支付的现金、转让的非现金资产以及所承担债务账面价值之间的差额，应当调整资本公积（资本溢价或股本溢

价）；资本公积（资本溢价或股本溢价）不足冲减的，调整留存收益。

　　请注意：这里调整的是资本公积（资本溢价或股本溢价），不能调整资本公积（其他资本公积），原因在于"其他资本公积"的性质，实质上是"直接计入所有者权益的利得和损失"，在满足一定条件时需转入当期损益，不是投资者投入的出资额。因此，这就决定了只能调整或者冲减"资本溢价（或股本溢价）"明细科目。

　　账务处理：

　　借：长期股权投资——成本（合并日按照取得被合并方所有者权益账面价值的份额）

　　　　　应收股利

　　　贷：有关资产（账面价值，不是账面余额）

　　　　　资本公积——资本溢价或股本溢价（差额）

　　合并方以发行权益性证券作为合并对价的，应当在合并日按照取得被合并方所有者权益账面价值的份额作为长期股权投资的初始投资成本。按照发行股份的面值总额作为股本，长期股权投资初始投资成本与所发行股份面值总额之间的差额，应当调整资本公积（资本溢价或股本溢价）；资本公积（资本溢价或股本溢价）不足冲减的，调整留存收益。

　　账务处理：

　　借：长期股权投资——成本（合并日按照取得被合并方所有者权益账面价值的份额）

　　　　　应收股利

　　　贷：股本（发行权益性证券的账面价值）

　　　　　资本公积——资本溢价或股本溢价（差额）

　　（2）非同一控制下的企业合并

　　购买方在购买日应当区别下列情况确定合并成本，并将其作为长期股权投资的初始投资成本：

　　非同一控制下企业合并形成的长期股权投资，应在购买日按企业合并成本，借记"长期股权投资"科目，按支付合并对价的账面价值，贷记或借记有关资产、负债科目，按发生的直接相关费用，贷记"银行存款"等科目。企业合并成本中包含的应自被投资单位收取的已宣告但尚未发放的现金股利或利润，应作为应收股利进行核算。

　　非同一控制下的企业合并，投出资产为非货币性资产时，投出资产公允价值与其账面价值的差额应分别不同资产进行会计处理：

　　①投出资产为固定资产或无形资产，其差额计入营业外收入或营业外支出。

　　②投出资产为存货，按其公允价值确认主营业务收入或其他业务收入，按其成本结转主营业务成本或其他业务成本。

　　③投出资产为可供出售金融资产等投资的，其差额计入投资收益，同时应将可供出售金融资产持有期间公允价值变动确认的资本公积（其他资本公积）转入投资收益。

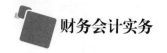

3. 以企业合并以外的方式取得的长期股权投资

除企业合并形成的长期股权投资以外，其他方式取得的长期股权投资，应当按照下列规定确定其初始投资成本：

①以支付现金取得实际购买价款。

②以发行权益性证券取得。

权益性证券的公允价值初始投资成本。

手续费、佣金递减溢价收入，溢价收入不足的，应冲减盈余公积和未分配利润。

③投资者投入。

合同或协议约定的公允价值作为初始投资成本。

④以债务重组、非货币性资产交换等方式取得的长期股权投资，按相关准则规定处理。

4. 投资成本中包含的已宣告尚未发放现金股利或利润的处理

通过"应收股利"科目核算。

6.5.3 长期股权投资的成本法

1. 成本法的定义及其适用范围

成本法，是指投资按成本计价的方法。

下列情况下，企业应运用成本法核算长期股权投资：

①投资企业能够对被投资单位实施控制的长期股权投资。

投资企业对子公司的长期股权投资，应当采用成本法核算，编制合并财务报表时按照权益法进行调整。

②投资企业对被投资单位不具有共同控制或重大影响，并且在活跃市场中没有报价、公允价值不能可靠计量的长期股权投资。

2. 成本法的核算

在成本法下，长期股权投资应当按照初始投资成本计量。追加或收回投资应当调整长期股权投资的成本。被投资单位宣告分派的现金股利或利润，确认为当期投资收益。

（1）取得时

借：长期股权投资

　　　应收股利（包含的已宣告但尚未发放的股利）

　　贷：银行存款（实际支付款项）

（2）持有期间被投资单位宣告发放现金股利或利润

借：应收股利

　　贷：投资收益

（3）处置时

借：银行存款

　　　　长期股权投资减值准备（已计提的减值）

　　贷：长期股权投资（账面余额）

　　　　应收股利（尚未领取的现金股利）

　　　　投资收益（差额，或借记）

【例6-38】黄河公司 2014 年 5 月 15 日以银行存款购买诚远股份有限公司的股票 100000 股作为长期投资，每股买入价为 10 元，每股价格中包含有 0.2 元的已宣告分派的现金股利，另支付相关税费 7000 元，甲公司应编制如下会计分录：

　　计算初始投资成本 = 股票成交金额 + 相关税费 – 已宣告分派的现金股利

　　　　　　　　　　=100000×10+7000–100000×0.2=987000（元）

　　借：长期股权投资　987000

　　　　应收股利　20000

　　贷：银行存款　1007000

假定黄河公司 2014 年 6 月 20 日收到诚远股份有限公司分来的购买该股票时已宣告分派的股利 20000 元，此时应做如下会计处理：

　　借：银行存款　20000

　　贷：应收股利　20000

6.5.4　长期股权投资的权益法

1. 权益法的概念及其适用范围

权益法，是指投资以初始投资成本计量后，在投资持有期间根据投资企业享有被投资单位所有者权益份额的变动对投资的账面价值进行调整的方法。

投资企业对被投资单位具有共同控制或重大影响的长期股权投资，应当采用权益法核算。

2. 权益法核算

初始投资成本大于投资时应享有被投资单位可辨认净资产公允价值份额的，该部分差额系投资企业在购入该项投资过程中通过购买作价体现出的与所取得股权份额相对应的商誉，不需要进行调整，而是构成长期股权投资的成本。

初始投资成本小于投资时应享有被投资单位可辨认净资产公允价值份额的，该部分差额可以看作是被投资单位的股东给予投资企业的让步，或是出于其他方面的考虑，被投资单位的原有股东无偿赠与投资企业的价值，因而应确认为当期收益，同时调整长期股权投资的成本。

（1）取得时

初始投资成本大于投资时应享有被投资单位可辨认公允价值份额时：

　　借：长期股权投资——成本

　　贷：银行存款（实际支付款项）

初始投资成本小于投资时应享有被投资单位可辨认公允价值份额时：

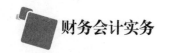
借：长期股权投资——成本（应享有被投资单位可辨认公允价值份额）

　　贷：银行存款（实际支付款项）

　　　　营业外收入（差额）

（2）持有期间

被投资单位实现净利润时：

借：长期股权投资——损益调整

　　贷：投资收益

被投资单位发生净亏损时：

借：投资收益

　　贷：长期股权投资——损益调整（以长期股权投资的账面价值减记至零为限）

被投资单位以后宣告发放现金股利或利润时：

借：应收股利

　　贷：长期股权投资——损益调整／成本

被投资单位所有者权益的其他变动时：

借：长期股权投资——其他权益变动

　　贷：资本公积——其他资本公积

（或做相反的分录）

（3）处置时

借：银行存款

　　长期股权投资减值准备（计提的减值）

　　贷：长期股权投资——成本

　　　　　　　　　——损益调整（或借记）

　　　　　　　　　——其他权益变动（或借记）

　　　应收股利（尚未领取的股利）

　　　投资收益（差额，或借记）

借：资本公积——其他资本公积

　　贷：投资收益

（或做相反分录）

请注意：处置金融资产时（包括处置长期股权投资），收到的处置价款与其账面价值的差额一律记入"投资收益"。同时，处置交易性金融资产时，要将持有期间已确认的累计公允价值变动损益转入"投资收益"。处置可供出售金融资产时，持有期间已确认的累计资本公积也要转入"投资收益"。处置长期股权投资时，如果采用权益法，持有期间已确认的累计资本公积也要转入"投资收益"。

【例6-39】黄河公司2012年1月1日以银行存款购入B公司股票100000股，每股面值10元，市价12元。黄河公司的投资占B公司有表决权资本的40%，其投资成本与应享有B公司可辨认净资产公允价值份额相等。2012年B公司全年实现净利润600000元，2013年2月宣告分派现金股利300000元，2013年B公司全年净亏损

5000000元，2014年全年实现净利润2000000元。

黄河公司会计处理如下：

①投资时：

借：长期股权投资——B公司（投资成本）　1200000

　　贷：银行存款　1200000

②2012年12月31日：

借：长期股权投资——B公司（损益调整）　240000

　　贷：投资收益　240000

③2012年末"长期股权投资——股票投资B公司"账户的账面余额=1200000+240000=1440000（元）

④2013年宣告分派股利时：

借：应收股利——B公司　120000

　　贷：长期股权投资——B公司（损益调整）　120000

宣告分派股利后"长期股权投资——B公司（投资成本）"账户的账面余额=1200000+240000-120000=1320000（元）

⑤2013年12月31日：

借：投资收益　1320000

　　贷：长期股权投资——B公司（损益调整）　1320000

⑥2013年12月31日"长期股权投资——B公司（投资成本）"账户的账面余额为零，未确认亏损=5000000×40%-1320000=680000（元）

⑦2014年公司全年实现净利润2000000元，A公司可恢复"长期股权投资——B公司"账户账面价值=2000000×40%-680000=120000（元）

借：长期股权投资——B公司（损益调整）　120000

　　贷：投资收益　120000

6.5.5　长期股权投资处置的核算

处置长期股权投资，应按实际收到的价款与长期股权投资账面价值的差额确认为当期损益。在采用权益法核算时，因被投资单位除净损益以外所有者权益的其他变动而计入本企业所有者权益的，处置该项投资时应当将原计入所有者权益的部分相应地转入当期损益，即将原计入资本公积项目的金额转入投资收益账户。部分处置某项长期股权投资时，应按该项投资的总平均成本确定其处置部分的成本，并按相应比例结转已计提的减值准备和资本公积准备项目。

【例6-40】黄河公司拥有乙公司有表决权股份的30%，对乙公司有重大影响。2014年12月30日，甲公司出售乙公司的全部股权，所得价款2300万元全部存入银行。截至2014年12月30日，该项长期股权投资的账面价值为2000万元，其中投资成本为1500万元，损益调整为400万元，长期股权投资准备为300万元，长期股权投资减值准备为200万元。假设不考虑相关税费。

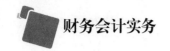
该业务的会计处理如下：

借：银行存款　23000000

　　长期股权投资减值准备　2000000

　　贷：长期股权投资——乙公司（投资成本）　15000000

　　　　长期股权投资——乙公司（损益调整）　4000000

　　　　长期股权投资——乙公司（所有者权益其他变动）　3000000

　　　　投资收益　3000000

同时将原计入资本公积准备项目的金额转入投资收益。其会计处理为：

借：资本公积——其他资本公积　3000000

　　贷：投资收益　3000000

动脑筋：影响 2014 年 12 月利润表的"投资收益"项目是多少？影响 2014 年 12 月利润表"营业利润"项目的金额是多少？

【任务 5 训练题】

一、不定项选择题

1. 下列投资中，应作为长期股权投资核算的是（　　）。

A. 对子公司的投资

B. 对联营企业和合营企业的投资

C. 在活跃市场中没有报价、公允价值无法可靠计量的没有控制、共同控制或重大影响的权益性投资

D. 在活跃市场中有报价、公允价值能够可靠计量的没有控制、共同控制或重大影响的权益性投资

2. 甲公司以定向增发股票的方式购买同一集团内另一企业持有的 A 公司 80% 股权。为取得该股权，甲公司增发 2000 万股普通股，每股面值为 1 元，每股公允价值为 5 元；支付承销商佣金 50 万元。取得该股权时，A 公司净资产账面价值为 9000 万元，公允价值为 12000 万元。假定甲公司和 A 公司采用的会计政策相同，甲公司取得该股权时应确认的资本公积为（　　）。

A. 5150 万元　　　B. 5200 万元　　　C. 7550 万元　　　D. 7600 万元

3. 2012 年 3 月 20 日，甲公司合并乙企业，该项合并属于同一控制下的企业合并。合并中，甲公司发行本公司普通股 1000 万股（每股面值 1 元，市价为 2.1 元），作为对价取得乙企业 60% 股权。合并日，乙企业的净资产账面价值为 3200 万元，公允价值为 3500 万元。假定合并前双方采用的会计政策及会计期间均相同。不考虑其他因素，甲公司对乙企业长期股权投资的初始投资成本为（　　）万元。

A. 1920　　　B. 2100　　　C. 3200　　　D. 3500

4. A 公司于 2012 年 3 月以 4000 万元取得 B 公司 30% 的股权，并对所取得的投资采用权益法核算，于 2012 年确认对 B 公司的投资收益 100 万元。2013 年 4 月，A 公

司又投资 4200 万元取得 B 公司另外 30% 的股权。假定 A 公司在取得对 B 公司的长期股权投资以后，B 公司并未宣告发放现金股利或利润。A 公司按净利润的 10% 提取盈余公积。A 公司未对该项长期股权投资计提任何减值准备。2013 年 4 月，再次投资之后，A 公司对 B 公司长期股权投资的账面价值为（　　）万元。

    A. 8300 　　　　　B. 4200 　　　　　C. 8200 　　　　　D. 4100

5. 在非企业合并情况下，下列各项中，不应作为长期股权投资取得时初始成本入账的有（　　）。

    A. 为发行权益性证券支付的手续费

    B. 投资时支付的不含应收股利的价款

    C. 投资时支付款项中所含的已宣告而尚未领取的现金股利

    D. 投资时支付的税金、手续费

二、技能训练

甲公司 2012 年 3 月 1 日～ 2014 年 1 月 5 日发生下列与长期股权投资有关的经济业务：

（1）甲公司 2012 年 3 月 1 日从证券市场上购入乙公司发行在外 30% 的股份并准备长期持有，从而对乙公司能够施加重大影响，实际支付款项 2000 万元（含已宣告但尚未发放的现金股利 60 万元），另支付相关税费 10 万元。2012 年 3 月 1 日，乙公司可辨认净资产公允价值为 6600 万元。

（2）2012 年 3 月 20 日收到现金股利。

（3）2012 年 12 月 31 日乙公司可供出售金融资产的公允价值变动使乙公司资本公积增加了 200 万元。

（4）2012 年乙公司实现净利润 510 万元，其中 1 月份和 2 月份共实现净利润 100 万元，假定乙公司除一台设备外，其他资产的公允价值与账面价值相等。该设备 2012 年 3 月 1 日的账面价值为 400 万元，公允价值为 520 万元，采用年限平均法计提折旧，预计尚可使用年限为 10 年。

（5）2013 年 3 月 10 日，乙公司宣告分派现金股利 100 万元。

（6）2013 年 3 月 25 日，收到现金股利。

（7）2013 年乙公司实现净利润 612 万元。

（8）2014 年 1 月 5 日，甲公司将持有乙公司 5% 的股份对外转让，收到款项 390 万元存入银行。转让后持有乙公司 25% 的股份，对乙公司仍具有重大影响。

要求：

（1）编制上述有关业务的会计分录。

（2）计算 2014 年 1 月 5 日出售部分股份后长期股权投资的账面价值。

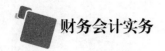

任务6 岗位业务实训

实训目的

通过资本金核算岗位模拟训练，了解资本资金核算岗位的职责，掌握企业资金取得的渠道及相关业务核算；掌握资本资金核算岗位关于投资者投入货币资金、实物资产、无形资产等的实务操作流程；掌握金融资产及股权投资的业务核算。

实训要求

1. 模拟实务操作等同于实际工作，应按照会计核算程序及有关规章制度认真进行。

2. 根据提供的经济业务资料，了解、分析经济业务的具体情况，审核原始凭证、编制记账凭证。

实训资料

F企业概况

企业名称：临汾市亚光铸造有限公司

法定代表人：王东明

注册地址：临汾市解放北路28号

注册资本：2500万元

企业类型：有限责任公司

经营范围及主要产品：锁具、水龙头、保险柜

经营方式：生产销售

企业组织机构：企业下设厂部办公室、供应部、销售部和两个基本生产车间等。

开户行：工商银行解放路支行

账号：685088095188

税务登记证号：220134558831234

纳税人类型：一般纳税人

增值税率：17%

相关人员：

采购员：王俊　检验员：李红旗　记账员：刘爱玲　保管员：李东阳

会计主管：王静　出纳：顾丽丽

F企业期初有关账户余额

1. "实收资本"账户：2800000元

其中：实收资本——通达公司130000元

　　　　　　——海姿公司100000元

——美能公司 50000 元

2. "资本公积" 账户：26600 元

3. "长期借款" 账户：630000 元

其中：长期借款——建设银行 630000 元

请根据 F 企业以下业务做出相关账务处理：

（1）2013 年 12 月 5 日，董事会批准财务部向银行借款 900000 元的筹资方案，当日款项已经存入公司银行账户。

凭 1-1

中国工商银行 借 款 凭 证（收账通知）

日期：2013 年 12 月 5 日

借款人	名　称	临汾市亚光铸造有限公司	借款合同编号						工 130255						
	账　号	685088095188													
	开户银行	工商银行解放路支行	担保合同编号						1300589						
借款期限（还款日）		2016 年 12 月 5 日													
借款申请金额		人民币（大写）：玖拾万元整	万	千	百	十	万	百	十	元	角	分
			¥	9	0	0	0	0	0	0	0	0
借款原因及用途	设备更新	银行核对金额	万	千	百	十	万	百	十	元	角	分
			¥	9	0	0	0	0	0	0	0	0
计划还款日期	√	计划还款金额	分次还款记录	期次	还款日期	还款金额	结欠
2016 年 12 月 5 日							
备注：月利率 6‰，期限 36 个月		上述借款业已同意贷给并转入你单位往来账户借款到期时应按期归还　此致　（银行盖章） 2013 年 12 月 5 日						

（2）2013 年 12 月 5 日，与具有资金实力的海姿实业有限公司签订投资协议，向亚光公司追加投资 500000 元。

凭 2-1

收 款 收 据

年　月　日　　　　　　　　编号：

交款单位或交款人		收款方式	
事由_____ 金额（人民币大写)：_____ 小写：_____			备注：

收款人：　　　　　　收款单位（盖章）：

凭2-2

中国工商银行　转账支票　　晋00162585

出票日期（大写）：贰零壹叁年壹拾贰月零伍日　　付款行：工行银苑分行

收款人：临汾市亚光铸造有限责任公司　　出票人账号：232901040002589

人民币（大写）	伍拾万元整	亿	千	百	十	万	千	百	十	元	角	分
				¥	5	0	0	0	0	0	0	0

用途 追加投资

上列款项请从

我账户内支付

出票人签章

凭2-3

中国工商银行 进 账 单（收账通知）　　3

年　　　月　　　日

收款人	全　称		付款人	全　称											此联是持票人开户行给持票人的收账通知
	账　号			账　号											
	开户银行			开户银行											
人民币（大写）					千	百	十	万	千	百	十	元	角	分	
票据种类															
票据张数			收款人开户行盖章												
单位主管：　　会计：复　核：　　记账：															

（3）12月6日，从临汾市工行取得一年期短期借款，该款项已经转入银行账户。

凭3-1

中国工商银行 借 款 凭 证（收账通知）

日期：2013 年 12 月 6 日

<table>
<tr><td rowspan="4">借
款
人</td><td>名　称</td><td colspan="2">临汾市亚光铸造有限公司</td><td>借款合同编号</td><td colspan="2">工 130255</td></tr>
<tr><td>账　号</td><td colspan="2">685088095188</td><td rowspan="2">担保合同编号</td><td colspan="2" rowspan="2">1300589</td></tr>
<tr><td>开户银行</td><td colspan="2">工商银行解放路支行</td></tr>
<tr><td>借款期限（还款日）</td><td colspan="2">2016 年 12 月 6 日</td><td></td><td></td></tr>
</table>

借款申请金额	人民币（大写）：贰拾万元整	万 千 百 十 万 百 十 元 角 分
		￥ 2 0 0 0 0 0 0

借款原因及用途	生产经营周转用	银行核对金额	万 千 百 十 万 百 十 元 角 分
			￥ 2 0 0 0 0 0 0

计划还款日期	√	计划还款金额	分次还款 记录	期次	还款日期	还款金额	结欠
2016 年 12 月 6 日							

备注：月利率6‰，期限12个月	上述借款业已同意贷给并转入你单位往来账户借款 到期时应按期归还　此致　（银行盖章） 2013 年 12 月 6 日

（4）12 月 7 日，新华公司以新建厂房一栋向亚光公司投资，协商作价 500000 元。

凭4-1

接 受 投 资 收 据

2013 年 12 月 7 日

投资单位	新华公司	投资时间		2013.12.5	
投资项目（名称）	原值	评估价值	投资期限		备注
厂房	750000	500000			
投资金额合计人民币（大写）		伍拾万元整		小写：￥500000.00	

接受单位：临汾市亚光铸造有限公司　　　　负责人：刘虹　　　　制单：俞敏

凭4-2

固定资产验收单

2013 年 12 月 7 日　　　　　　　　　　编号：

名称	规格型号	来源	数量	原价	使用年限	预计残值
厂房		接受投资	1	700000	10 年	20000
运杂费	评估价值	建设单位		交工日期		附件
	￥500000.00			2013.12.7		
验收部门	总务处	验收人员		管理部门		
管理人员			备注			

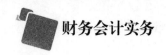

（5）2013 年 12 月 8 日，董事会批准财务部向中国建设银行银行借款 300000 元的筹资方案用于厂房改造，当日款项已经存入公司银行账户。

凭5-1

中国工商银行 借 款 凭 证（收账通知）

日期：2013 年 12 月 8 日

<table>
<tr><td rowspan="4">借款人</td><td>名 称</td><td>临汾市亚光铸造有限公司</td><td>借款合同编号</td><td colspan="2">工 130456</td></tr>
<tr><td>账 号</td><td>685088095188</td><td rowspan="2">担保合同编号</td><td colspan="2" rowspan="2">1305896</td></tr>
<tr><td>开户银行</td><td>工商银行解放路支行</td></tr>
<tr><td>借款期限（还款日）</td><td>2016 年 12 月 8 日</td><td></td><td></td></tr>
</table>

<table>
<tr><td rowspan="2">借款申请金额</td><td rowspan="2">人民币（大写）：叁拾万元整</td><td>万</td><td>千</td><td>百</td><td>十</td><td>万</td><td>百</td><td>十</td><td>元</td><td>角</td><td>分</td></tr>
<tr><td></td><td></td><td></td><td>￥</td><td>3</td><td>0</td><td>0</td><td>0</td><td>0</td><td>0</td></tr>
<tr><td rowspan="2">借款原因及用途</td><td rowspan="2">厂房改造</td><td rowspan="2" colspan="1">银行核对金额</td><td>万</td><td>千</td><td>百</td><td>十</td><td>万</td><td>百</td><td>十</td><td>元</td><td>角</td></tr>
<tr><td></td><td></td><td>￥</td><td>3</td><td>0</td><td>0</td><td>0</td><td>0</td><td>0</td><td>0</td></tr>
</table>

计划还款日期	√	计划还款金额	分次还款记录	期次	还款日期	还款金额	结欠
2016 年 12 月 8 日							

备注：月利率 6‰，期限 12 个月	上述借款业已同意贷给并转入你单位往来账户借款到期时应按期归还 此致 （银行盖章） 2013 年 12 月 8 日

（6）2013 年 12 月 10 日，收到通达公司缴纳剩余资本金 4000000 元，当日款项已经存入公司银行账户。

凭6-1

收 款 收 据

年　月　日　　　　　　　　　　编号：

交款单位或交款人		收款方式	
事由_____			备注：
金额（人民币大写）：_____ 小写：____			

收款人：　　　　　　收款单位（盖章）：

凭6-2

中国工商银行 进 账 单（收账通知） 3

2013 年 12 月 10 日

收款人	全 称	临汾市亚光铸造公司	付款人	全 称	山西通达公司	此联是持票人开户行给持票人的收账通知
	账 号	685088095188		账 号	68468123405	
	开户银行	工商银行解放路支行		开户银行	太原市工行营业部	

人民币（大写）	肆佰万元整	千	百	十	万	千	百	十	元	角	分
			4	0	0	0	0	0	0	0	0

票据种类	转账支票	
票据张数	1 张	
单位主管： 会计： 复 核： 记账：		收款人开户行盖章

（7）2013 年 12 月 10 日，收到宏达公司投入的专有技术。

凭7-1

接 受 投 资 收 据

2013 年 12 月 10 日

投资单位	宏达公司	投资日期	2013 年 12 月 10 日	
投资项目	评估价值	税金	投资期限	备注
铸造冷却技术	2000000		10 年	
投资金额	人民币（大写）贰佰万元整		￥2000000.00	

接受单位：临汾市亚光铸造有限公司　　　　　　　　　　　制单：

（8）2013 年 12 月 16 日，收到宏光机械厂投入的机械设备一台。

凭8-1

接 受 投 资 收 据

2013 年 12 月 16 日

投资单位	宏光机械厂	投资时间	2013.12.16	
投资项目（名称）	原值	评估价值	投资期限	备注
铸造设备	50000	32000		
投资金额合计人民币（大写）	叁万贰仟元整		小写：￥32000.00	

接受单位：临汾市亚光铸造有限公司　　　　　　负责人：　　　　制单：

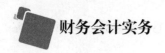

凭 8-2

固定资产验收单

2013 年 12 月 16 日   编号：

名称	规格型号	来源	数量	原价	使用年限	预计残值
铸造设备	45—01	接受投资	1	50000	10 年	4000
运杂费	评估价值	建设单位		交工日期		附件
	￥32000.00			2013.12.16		
验收部门	生产一车间	验收人员	王磊	管理部门		
管理人员			备注			

（9）2013 年 12 月 19 日，收到临汾海姿公司投入的原材料方铁一批，按照市场价格每千克 5 元，对方交来增值税发票一张。

凭 9-1

接 受 投 资 收 据

2013 年 12 月 19 日

投资单位	临汾海姿公司	投资日期	2013 年 12 月 19 日	
投资项目	价值	税金	投资期限	备注
方铁	250 000	42500		
投资金额	人民币（大写）：贰拾玖万贰仟伍佰元整		小写：￥292500.00	

接受单位：临汾市亚光铸造有限公司   制单：

凭 9-2

山西省增值税专用发票   NO130058741

开票日期：2013 年 12 月 19 日

购货单位	名 称：临汾市亚光铸造有限公司 纳税人识别号：220134558831234 地 址、电话：临汾市解放北路 28 号 开户行及账号：工行解放路支行 685088095188				密码区			第一联：记账联 销货方 记账凭证
货物或应税劳务名称	规格型号	单位	数量	单价	金额	税率	税额	
方铁 合 计：	1—01	千克	50000	5.00	250000.00 250000.00	17%	42500.00 42500.00	
价税合计（大写）	⊗ 贰拾玖万贰仟伍佰元整				（小写）		￥292500.00	
销货单位	名 称：临汾海姿有限公司 纳税人识别号：370102800525663 地 址、电话：临汾市迎宾大道 7 号 开户行及账号：建行临汾分行 832901040078963				备注			

收款人：周天   复核：姜萌   开票人：李九龙   销货单位：（章）

凭9-3

收 料 单

材料科目：原材料   编号：102

材料类别：原料及主要材料   收料仓库：3号仓库

供应单位：   年 月 日   发票号码：

材料编号	材料名称	规格	计量单位	数量		实际价格				计划价格	
				应收	实收	单价	发票金额	运费	合计	单价	金额
备注											

采购员：王俊   检验员：李红旗   记账员：刘爱玲   保管员：李东阳

（10）2013年12月19日，收到杜邦公司投入需要安装的旧设备一台，其原值450000元，已提折旧120000元，双方评估确认价值300000元，以存款支付安装费5000元，次日安装完毕，达到预定可使用状态。

凭10-1

接受投资收据

2013年12月19日

投资单位	临汾杜邦公司	投资时间		2013.12.19	
投资项目（名称）	原值	评估价值	投资期限		备注
铸造设备	450000	300000			
投资金额合计人民币（大写）		叁拾万元整		小写：￥300000.00	

接受单位：临汾市亚光铸造有限公司   负责人：   制单：

凭10-2

固定资产验收单

2013年12月19日   编号：

名称	规格型号	来源	数量	原价	使用年限	预计残值
铸造设备	99—01	接受投资	1	450000	10年	1000
运杂费	评估价值	建设单位		交工日期		附件
	￥300000			2013.12.20		
验收部门	生产一车间	验收人员	王磊	管理部门		
管理人员		备注				

凭10-3

付款报告书

部门：　　　　　　　　　　　年　　月　　日　　　　　　　　　　　编号：98

开支内容	金额	结算方式
合计：（大写）		附单据　　张

会计主管：蒋丽丽　　　单位负责人：李宏亮　　　出纳：王利民　　　经办人：李敏

凭10-4

中国工商银行

转账支票存根（晋）

支票号码　　00162503

附加信息

出票日期 2013 年 12 月 19 日

收款人：临汾杜邦公司
金　额：￥5000.00
用　途：设备安装费

单位主管：　　　　　　　　　　会计：

凭10-5

收款收据

2013 年 12 月 19 日　　　　　　　　　　　编号：10

交款单位或交款人	临汾亚光铸造有限公司	收款方式	转账
事由　　　设备安装费			备注：
金额（人民币大写）：　　　伍仟元整　　　小写：￥5000			

收款人：李萌　　　　　　　　　　　　　收款单位（盖章）

（11）2013 年 12 月 20 日，以证券资金账户款项购入股票，公司决定将该股票划分为交易性金融资产。

凭11-1

付款报告书

部门：　　　　　　　　　　　年　　月　　日　　　　　　　　编号：98

开支内容	金额	结算方式
合计：（大写）		附单据张

会计主管：王静　　　单位负责人：李明月　　　出纳：顾丽丽　　　经办人：李敏

凭11-2

山西证券临汾华夏营业部交割单

日期：2013 年 12 月 20 日　　　　　　过户交割单

股东编号		成交证券	H
电脑编号		成交数量	100000
公司名称	临汾亚光铸造有限公司	成交价格	10
申报编号	4582	成家金额	1000000
申报时间	8:32	佣金	1600
上次余额		印花税	1000
本次成交	1000（手）	实收金额	1002600

经办单位：临汾华夏证券公司　　　　　　　客户签章：临汾亚光铸造有限公司

（12）2013 年 12 月 30 日，计算本月短期借款利息。

凭12-1

计算银行借款利息计算表

2013 年 12 月 30 日　　　　　　　　　单位：元

借款种类	金额	利益	本月应提利息	备注

主管：　　　　　记账：　　　　　复核：　　　　　制表：

（13）2013 年 12 月 30 日，计算本月长期借款利息。

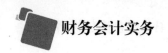

凭 13-1

银行借款利息计算表

2013 年 12 月 30 日　　　　　　单位：元

借款种类	金额	利益	本月应提利息	备注

主管：　　　　　记账：　　　　　复核：　　　　　制表：

（14）2013 年 12 月 30 日，核算交易性金融资产公允价值变动。

凭 14-1

公允价值变动计算表

2013 年 12 月 31 日　　　　　　金额单位：元

资产名称	账面价值	公允价值	公允价值变动
交易性金融资产	1008432.00	1102000.00	93568.00

审核：李成功　　　　　　　　　　　制单：陈中华

（15）2013 年 12 月 31 日，将不需要的汽车一辆用于对外投资。

凭 15-1

接受投资收据

2013 年 12 月 31 日

投资单位	临汾亚光铸造公司	投资时间	2013.12.31	
投资项目（名称）	原值	评估价值	投资期限	备注
铸造设备	450000	300000	10 年	
投资金额合计人民币（大写）	叁拾万元整		小写：￥300000.00	

接受单位：临汾市康乐有限公司　　　　　负责人：　　　　　制单：

凭 15-2

固定资产清理单

2013 年 12 月 30 日

编　号	088-12	数量	1	规定使用年限	15	已提折旧	130000
名　称	自用汽车	启用时间	2002	已使用年限	11	净　值	320000
规　格		停用时间	2012	原值	450000	出售价格	300000
处理意见	使用部门			同意处理　苏晓 2013.12.30			
	固定资产管理部门			同意处理　李玉玲 2013.12.30			
	分管领导			该设备处理意见已达成共识，同意处理。 李明月 2013.12.30			
备注				清理原因：不需用			

凭 15-3

山西省增值税专用发票　　　NO130062140

开票日期：2013 年 12 月 31 日

购货单位	名　　　　称：临汾市康乐有限公司 纳税人识别号：370102800317373 地址、电话：临汾市滨河路 57 号 开户行及账号：建行大桥分行 245901040001214				密码区			
货物或应税劳务名称	规格型号	单位	数量	单价	金额	税率	税额	
小汽车 合　计：								
价税合计（大写）	⊗				（小写）			
销货单位	名　　　　称：临汾市亚光铸造有限公司 纳税人识别号：220134558831234 地址、电话：临汾市解放北路 28 号 开户行及账号：工行解放路支行 685088095188				备注			

收款人：王利民　　　复核：　　　开票人：李云　　　销货单位：（章）

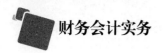

凭 15-4

固定资产清理损益计算表

2013 年 12 月 31 日

清理项目			清理原因	
固定资产清理借方发生额			固定资产清理贷方发生额	
清理支出内容	金额		清理收入内容	金额
固定资产净值			固定资产报废残值	
营业税				
借方合计			贷方合计	
固定资产清理 净收益 金额： 净损失				

复核：　　　　　　　　　　　　　　　　　　　制单：

项目 7　财务成果岗位核算

 项目导航

　　财务成果是指企业在一定时期内从事全部生产、经营活动所取得的利润或发生的亏损。它综合反映企业生产、经营活动情况，是考核企业经营管理水平的一个综合指标。

　　财务成果岗位核算的内容包括：收入、费用、利润及利润分配。

 岗位素质要求

【知识学习目标】

　　了解财务成果岗位核算任务；

　　掌握财务成果岗位的核算流程；

　　掌握营业收入的确认和核算，成本、期间费用的确认和核算，营业外收支核算，所得税的计算与缴纳，以及利润及其分配的核算。

【岗位培养目标】

　　熟悉财务成果岗位核算的程序；

　　掌握主营业务成本、其他业务成本、期间费用等主要业务的核算；

　　掌握销售收入、劳务收入、让渡资产使用权收入等主要业务的处理；

　　能熟练开设和登记收入、费用、利润的明细账和总账；

　　能熟练对该岗位的收入、费用、利润实务进行操作。

【职业素质目标】

　　具备财务成果岗位人员的基本知识与素养；

　　能够准确地确认企业的收入、费用和利润；

　　能够准确地计算和缴纳所得税，并正确地进行利润分配。

 导入案例

　　2014 年 5 月 8 日，某公司与 A 企业签订合同，向 A 企业销售一大型设备，并按照 A 企业的要求进行生产。合同规定，该设备应于合同签订后 8 个月内交货，该公司负责安装调试。合同总价为 2000 万元（不含增值税），开始生产日 A 企业预付货款

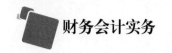

1000 万元，余款在安装调试达到预定可使用状态时付清，合同完成以安装调试达到预定可使用状态为标志。根据以往经验，该类设备安装后，未经调试时达到预定可使用状态的比率为 70%。该公司在完成合同时确认该设备的销售收入及相关成本。2014 年 5 月 20 日，该公司开始组织该设备的生产，并于当日收到 A 企业的预付货款 1000 万元。2014 年 12 月 31 日该设备完工，实际生产成本 1800 万元，该公司于当日开具发货通知单及发票，并将该设备运抵 A 企业。该公司就上述事项在 2014 年确认了销售收入 2000 万元和销售成本 1800 万元。

思考：该公司的这种处理方法你认为是否正确？

任务 1　财务成果岗位核算任务与业务流程

财务成果主要是企业和企业化的事业单位在一定的时期内通过从事经营活动而在财务上所取得的结果，具体表现为盈利或是亏损。财务成果的计算和处理，包括利润的计算、所得税的计交和利润的分配（或亏损的弥补）等，这个环节上的会计核算主要涉及所有者和国家的利益。

7.1.1　财务成果岗位的核算任务

财务成果岗位的核算任务主要有以下几项：

①认真贯彻执行《企业会计制度》、国家各项财经法规和企业各项财务规章制度。

②编制收入、利润计划，会同有关部门拟订企业利润管理与核算的实施办法。

③做好收入制证前各项票据的核对工作，负责销售发票的审核盖章和发货通知单的审核盖章，并建立发货通知单备查簿，发现问题及时处理。

④会同有关部门定期对产成品进行盘点清查、每月末与成品库对账一次。发现问题后查明原因，提出处理意见报企业领导批准，及时进行账务处理，确保账实相符。

⑤按照《会计基础工作规范》要求，负责登记产品销售收入、其他业务收入、主营业务成本、其他业务成本、营业税金及附加等明细账。

⑥按月进行产品销售收入、产品销售成本升降原因分析，及时向企业有关领导提出建议和措施。

⑦办理销售款项结算业务，负责增值税专用发票票据认证工作并按月装订成册备查；负责普通发票的购领和申报核销工作。

⑧核算管理费用、财务费用、销售费用。

⑨领导交办的其他与利润核算有关的管理工作。

7.1.2　财务成果核算业务流程

财务成果核算业务流程包括七个部分。

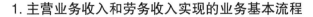

1. 主营业务收入和劳务收入实现的业务基本流程

营业收入是指企业通过主要经营活动所获取的收入，包括销售商品、提供劳务等主营业务获取的收入等，企业应设置"主营业务收入"和"劳务收入"科目，用以核算企业确认的销售商品、提供劳务等主营业务的收入。

2. 其他业务收支实现的业务基本流程

其他业务收入是指企业主营业务收入以外的所有通过销售商品、提供劳务收入及让渡资产使用权等日常活动中所形成的经济利益的流入。如材料物资及包装物销售、无形资产转让、固定资产出租、包装物出租、运输、废旧物资出售收入等。

"其他业务收入"科目核算企业除主营业务收入以外的其他销售或其他业务的收入，如材料销售、无形资产出租、包装物出租等收入。企业其他业务收入的确认原则，比照主营业务收入的规定办理。月度终了，按出售原材料的实际成本，借记"其他业务支出"科目，贷记"原材料""无形资产"等科目。

3. 营业外收支实现的业务流程

营业外收入是指企业发生的与其日常活动无直接关系的各项利得，主要包括非流动资产处置利得、盘盈利得、捐赠利得、确实无法支付而按规定程序经批准后转作营业外收入的应付款项等等。企业接受的捐赠和债务豁免，按照会计准则规定符合确认条件的，通常应当确认为当期损益。

营业外支出是指企业发生的与其日常活动无直接关系的各项损失，主要包括非流动资产处置损失、非货币性资产交换损失、债务重组损失、盘亏损失、公益性捐赠支出、非常损失等。

4. 主营业务成本、营业税金及附加实现的业务流程

主营业务成本是指公司生产和销售与主营业务有关的产品或服务所必须投入的直接成本，主要包括原材料、人工成本（工资）和固定资产折旧等。月末，企业应根据本月销售各种商品、提供的各种劳务等实际成本，计算应结转的主营业务成本，借记本科目，贷记"库存商品""劳务成本"科目。采用计划成本或售价核算库存商品的，平时的营业成本按计划成本或售价结转，月末，还应结转本月销售商品应分摊的产品成本差异或商品进销差价。

企业经营活动发生的营业税、消费税、城市维护建设税、资源税和教育费附加等相关税费，通过"营业税金及附加"科目核算。

5. 期间费用实现的业务流程

根据《企业会计准则》第四十九条的规定，企业行政管理部门为组织和管理生产经营活动而发生的管理费用和财务费用，为销售和提供劳务而发生的进货费用、销售费用，应当作为期间费用，直接计入当期损益。

6. 所得税费用实现的业务流程

企业所得税是指对在中华人民共和国境内，企业和其他取得收入的组织（以下统

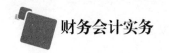

称企业）就其来源于中国境内、境外的所得所征收的税。

应纳税所得额 = 收入总额 - 不征税收入 - 免税收入 - 各项扣除 - 允许弥补的以前年度亏损

应纳税额 = 企业的应纳税所得额 × 适用税率 - 减免和抵免的税额

《企业会计准则第 18 号——所得税准则》借鉴了国际会计准则，并结合我国的实际情况，要求对所得税采用全新的资产负债表债务法进行核算。

7. 利润实现和利润分配业务流程

利润是指企业在一定会计期间的经营成果。利润金额的计量取决于收入和费用、直接计入当期利润的利得和损失金额的计量。

利润总额 = 营业利润 + 营业外收入 - 营业外支出

净利润 = 利润总额 - 所得税费用

【任务 1 训练题】

不定项选择题

1. 下列各项中，属于企业日常活动中取得的收入有（　　）。

A. 销售商品的收入　　　　　　B. 提供劳务的收入

C. 让渡资产使用权的收入　　　D. 销售固定资产所取得的价款

2. 下列各项中，应当计入企业利润总额的有（　　）。

A. 营业利润　　　　　　　　　B. 投资收益

C. 营业外收入　　　　　　　　D. 营业外支出

任务 2　营业收入的确认与核算

营业收入是指企业在生产经营活动中，由于销售商品、提供劳务等所取得的收入。企业的营业收入可以表现为货币资金或债权的增加，还可以表现为负债减少，以及以上几种形式兼而有之。

按照营业收入对企业经营成果的影响程度，可以将营业收入划分为主营业务收入和其他业务收入两部分。主营业务收入是企业从事持续的、主要的经营活动而取得的营业收入，对企业的经济效益起着举足轻重的作用，是企业营业收入管理的重点。其他业务收入是企业在主要经营活动以外从事其他业务活动而取得的营业收入，在企业全部收入中所占比重较小，通常不足以对企业效益状况产生较大影响。正确划分主营业务收入与其他业务收入，可以使企业在财务管理中分清主次，对不同的营业收入采取不同的管理政策，更有效地对主营业务收入进行管理。主营业务收入与其他业务收入的划分，由于企业性质的不同，划分的标准也不同。以工业企业为例，销售产品收入被作为主营业务收入；销售材料、出租固定资产及无形资产、转让无形资产以及外

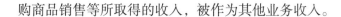

购商品销售等所取得的收入，被作为其他业务收入。

7.2.1　商品销售收入的确认与核算

1.商品销售收入的确认条件

①企业已将商品所有权上的主要风险和报酬转移给买方。

②企业既没有保留通常与所有权相联系的继续管理权，也没有对已售的商品实施控制。

③收入的金额能够可靠计量。

④相关的经济利益很可能流入企业。

⑤相关的已发生或将发生的成本能够可靠地计量。

2.商品销售收入确认条件的具体应用

①销售商品采用托收承付方式的，在办妥托收手续时确认收入。

②销售商品采用预收款方式的，在发出商品时确认收入，预收的货款应确认为负债。

③销售商品需要安装和检验的，在购买方接受商品、安装和检验完毕前，不确认收入，待安装和检验完毕时确认收入。如果安装程序比较简单，可在发出商品时确认收入。

④销售商品采用以旧换新方式的，销售的商品应当按照销售商品收入确认条件确认收入，回收的商品作为购进商品处理。

⑤代销商品采用视同买断方式委托代销的，如果双方协议明确代销商品能否卖出或获利均与委托方无关的话，委托方在交付商品时应当确认收入；如果协议明确将来代销商品未售出可以退回给委托方，或受托方因代销商品出现亏损可以要求委托方赔偿，则委托方收到代销清单时确认销售收入。

⑥销售商品采用支付手续费方式委托代销的，在收到受托方转来的代销清单时确认收入。

3.商品销售收入的计量

商品销售收入的计量，就是确定入账的价值。实现的商品销售收入，应按实际收到或应收的价款入账，具体计量遵循以下原则：

①销售有合同或者协议的，按合同或者协议金额确定入账的价值。

②销售无合同或者协议的，按供需双方协议价格或者都能接受的价格确定入账的价值。

③不考虑预计可能发生的现金折扣、销售折扣及销售折让。现金折扣是一种理财费用，是企业为尽快回收资金，对顾客提前付款的行为给予的一种优惠。现金折扣在实际发生时计入当期财务费用；销售折让是企业因售出商品质量不合格等原因而在售价上给予的减让，销售折让在实际发生时冲减当期销售收入。而商业折扣不构成商品最终成交价格的一部分，因此，销售商品收入的金额应是扣除商业折扣后的净额。

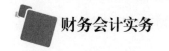

4. 商品销售收入的核算

（1）科目设置

为了核算企业由于主营业务所取得的收入，应设置"主营业务收入"会计科目。当企业销售商品、提供劳务等日常活动取得收入时，贷记该会计科目；当企业发生销货退回、销售折让等冲减收入时，或期末结转入"本年利润"会计科目时，借记该会计科目。"主营业务收入"科目月末一般无余额。该会计科目按主营业务种类设置明细账，进行明细核算。

（2）一般商品销售的账务处理

销售商品收入的会计处理，在符合确认收入的条件时，贷记"主营业务收入"；结转相关的销售成本时，借记"主营业务成本"。

【例7-1】黄河公司销售甲商品4000件给A公司，购销合同规定售价为10元，增值税税率为17%，采用异地托收承付方式结算，商品已发出，款项已办妥托收手续，成本为6.8元。黄河公司做如下会计分录：

借：应收账款——A公司　46800
　　贷：主营业务收入　40000
　　　　应交税费——应交增值税（销项税额）　6800
借：主营业务成本　27200
　　贷：库存商品　27200

（3）销售退回的账务处理

销售退回，是指企业售出的商品由于质量、品种、规格不符合合同要求等原因而发生的退货。商品销售的退回分为未确认收入的商品销售退回和已确认收入的商品销售退回两种情况。未确认收入的商品销售退回，只需将已计入"发出商品"科目的商品成本转回到"库存商品"科目即可；已确认收入的商品销售退回，不论是当期销售还是前期销售的商品，一律冲减当期收入并按当期同类商品成本冲减当期的商品销售成本（如以前销售存在现金折扣的，应在退回月份一并调整）；企业在做销售退回时，按规定允许扣减当期销项税额的，用红字冲减"应交税费——应交增值税"的"销项税额"专栏。

【例7-2】黄河公司于2014年11月份销售丙商品一批给C企业，增值税发票上注明货款20000元，增值税额3400元，收到对方签发转账支票一张，商品已发出。黄河公司做如下会计分录。

①企业在销售实现，确认收入时：

借：银行存款　23400
　　贷：主营业务收入　20000
　　　　应交税费——应交增值税（销项税额）　3400

②如该批丙商品成本为17000元，黄河公司于11月底结转销售成本时做会计分录如下：

借：主营业务成本　17000

贷：库存商品——丙商品　17000

③当年 12 月份，上述丙商品因质量严重不合格被买方 C 企业退回，黄河公司收到退回丙商品，并签发转账支票一张退回货款及税款。黄河公司做如下会计分录：

借：主营业务收入　20000

贷：应交税费——应交增值税（销项税额）　3400

银行存款　23400

借：库存商品——丙商品　17000

贷：主营业务成本　17000

（4）现金折扣的账务处理

企业销售商品涉及现金折扣的，应当按照扣除现金折扣前的金额确定商品销售收入，现金折扣在实际发生时计入当期的财务费用。

现金折扣是指债权人为鼓励债务人在规定期限内尽早付款，而向债务人提供的债务减让。现金折扣通常在赊销业务中发生，故现金折扣在商品销售后发生。企业在确认销售收入时不能同时确定相关的现金折扣，现金折扣是否发生应视买方的付款情况而定。现金折扣是企业为了尽快使资金回笼而发生的理财费用，所以在发生时作为当期损益，记入"财务费用"会计科目。

请注意：现金折扣只针对货款不针对税款。

【例 7-3】2014 年 5 月 10 日，黄河公司销售甲商品 500 件给 A 公司，合同规定销售单价为每件 100 元，货款总计 50000 元，增值税税额为 8500 元，现金折扣条件为"2/10，1/20，n/30"，假定计算折扣时不考虑增值税。黄河公司账务处理如下：

①5 月 10 日在销售实现时，据有关凭证，按总价确认收入：

借：应收账款——A 公司　58500

贷：主营业务收入　50000

应交税费——应交增值税（销项税额）　8500

②如 5 月 15 日买方 A 公司付清货款，则按售价的 2% 享受现金折扣 1000（50000×2%）元，买方实际付款 57500 元，黄河公司做会计分录如下：

借：银行存款　57500

财务费用　1000

贷：应收账款——A 公司　58500

③如 5 月 25 日买方 A 公司付清货款，则按售价的 1% 享受现金折扣 500（50000×1%）元，买方实际付款 58000 元，黄河公司做会计分录如下：

借：银行存款　58000

财务费用　500

贷：应收账款——A 公司　58500

④如买方 A 公司在 6 月 4 日才付款，则应按全额付款不享受现金折扣，黄河公司做会计分录如下：

借：银行存款　58500

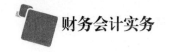

贷：应收账款——A 公司　58500

📖知识窗：现金折扣一般用符号"折扣／付款期限"表示，如"2/10，1/20，n/30"表示 1～10 天内付款给予 2% 的折扣，在 11～20 天内付款给予 1% 的折扣，在 30 天内付款则不给折扣，信用期限为 30 天。

（5）销售折让的账务处理

销售折让是指企业因售出的商品质量不合格等而给予买方的售价减让。销售折让可能发生在销售收入确认之前，也可能发生在销售收入确认之后。发生在销售收入确认之前的折让，其会计处理与商业折扣相同，按折让后的实际售价计算营业收入，不做账务处理。发生在销售收入确认之后的折让，应在实际发生时冲减当期收入。企业已经确认销售商品收入，在发生销售折让时（不属于资产负债表日后事项），按应冲减的商品销售收入金额，借记"主营业务收入"科目，按增值税专用发票上注明的应冲减的增值税销项税额，借记"应交税费——应交增值税（销项税额）"科目，或红字金额冲销"应交税费——应交增值税"的"销项税额"专栏。按实际支付或应冲减的货款，贷记"银行存款""应收账款"等科目。

【例 7-4】黄河公司销售乙商品 1000 件给 B 企业，增值税发票上注明销售单价 60 元，总计 60000 元，增值税税额 10200 元。货到后买方发现商品质量不合格，经协商黄河公司提议在价格上给予 4% 的折让，B 企业同意。黄河公司账务处理如下：

①销售实现时：

借：应收账款——B 企业　70200

　　贷：主营业务收入　60000

　　　　应交税费——应交增值税（销项税额）　10200

②发生销售折让时：

借：主营业务收入　2400

　　应交税费——应交增值税（销项税额）　408

　　贷：应收账款——B 企业　2808

③实际收到款项时：

借：银行存款　67392

　　贷：应收账款——B 企业　67392

🔔请注意："应交税费——应交增值税（销项税）"科目的金额可以在贷方用红字表示。

（6）委托代销商品的账务处理

当前激烈的市场竞争中，许多企业为了扩大产品的销售量，提高企业的销售收入，增加企业利润，采取代销的方式进行商品销售。

委托代销商品亦称"托售商品"，是"受托代销商品"的对称。企业委托其他单位代为销售的商品，应先和受托方签订协议，确定委托代销的商品品种、价格、代销方式、代销手续费标准和结算办法等，明确双方的经济利益和经济责任。由于委托代销商品所有权上的风险和报酬并未转移给受托方，因此，委托方在将商品交付给受托方时不确认收入，但需单独设置"委托代销商品"账户，在商品发出时，将发出商品的实际成本转入本账户的借方。当受托方将商品实际销售后，应向委托方出具代销清单。委托方在收到代销清单时，按协议价格确认收入，同时结转销售成本，贷记本账户。本账户期末余额列示在资产负债表"存货"项目。委托方向受托方支付的代销手续费，作为商品流通费用，计入销售费用。

在这项业务中会涉及增值税和营业税两种税务处理。由于该销售方式比较复杂，财会人员在会计处理上容易混淆。在双方均为增值税一般纳税人的条件下，可以对双方的处理方法做如下分析。

第一，视同买断方式。

视同买断方式，是指由委托、受托双方签订协议，委托方按协议价收取所代销的货款，代销商品实际售价由受托方自定，实际售价与协议价之间的差额归受托方所有。采用这种方式销售商品，由于商品所有权上的风险及报酬并未转移给受托方，所以在交付商品时，委托方不能确认收入，受托方也不能作为商品购进处理。受托方在商品售出后，按实际售价确认收入，并向委托方开具代销清单，委托方收到代销清单时才可确认收入。在这种销售方式下，受托方将代销商品加价出售，与委托方按协议价结算，不再另外收取手续费。

我国《企业会计准则第 14 号——收入》规定，委托方应在发出商品时开具增值税专用发票并确认收入，以专用发票上注明的税额确认销项税额；受托方以委托方所开具的增值税专用发票上注明的税额确认进项税额，但其销项税额应按实际售价与增值税税率的乘积计算得出，并开具相应税额的增值税专用发票。也就是说，如果受托方将代销商品加价出售，仍与委托方按原协议价结算，以商品差价作为经营报酬，则此差价构成了代销商品的手续费，对此差价（不包括增值税）仍应再征收营业税。可见，对这部分差价收入不仅要征收增值税，还要征收营业税。

因此，委托方发出商品委托代销时，借记"发出商品"会计科目，贷记"库存商品"会计科目；收到代销清单确认收入时，借记"应收账款""应收票据""银行存款"等会计科目，贷记"主营业务收入"会计科目和"应交税费——应交增值税（销项税额）"会计科目；结转成本时，借记"主营业务成本"会计科目，贷记"发出商品"会计科目。受托方销售代销商品的账务处理与销售自有商品的账务处理基本相同，只是还需增设"受托代销商品"会计科目和"受托代销商品款"会计科目。

📖知识窗："受托代销商品"是资产类会计科目，核算企业接受其他单位委托代销的商品成本，在收到委托方发来的代销商品时，借记"受托代销商品"科目；代销商品售出结转成本时，贷记"受托代销商品"科目；期末借方余额为尚未售出的代销商品。该会计科目按委托单位设置明细账。

"受托代销商品款"是负债类会计科目，核算企业接受代销商品的价款。收到代销商品时，贷记"受托代销商品款"科目；代销商品销售后，按接收价款转出时，借记"受托代销商品款"科目；期末贷方余额反映企业尚未销售的代销商品的价款。该会计科目按委托单位设置明细账。

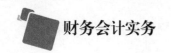

【例7-5】黄河公司委托乙企业销售A商品20件，协议约定价为每件100元，A商品成本为每件50元，增值税税率17%，黄河企业收到乙企业开来的代销清单时开具增值税专用发票，发票上注明售价20000元，增值税额3400元。乙企业实际对外销售时开具的增值税专用发票上注明售价22000元，增值税额为3740元，营业税税率5%。

黄河公司应做如下会计分录：

①将A商品交给乙企业时：

借：委托代销商品——乙企业　10000

　　贷：库存商品——A商品　10000

②收到代销清单时：

借：应收账款——乙企业　23400

　　贷：主营业务收入　20000

　　　　应交税费——应交增值税（销项税额）　3400

借：主营业务成本　10000

　　贷：委托代销商品——乙企业　10000

借：销售费用——代销手续费　2000

　　贷：应收账款——乙企业　2000

③收到乙企业汇来的货款净额时：

借：银行存款　21400

　　贷：应收账款——乙企业　21400

乙企业应做如下会计分录；

①收到黄河公司发来的A商品时：

借：受托代销商品——黄河公司　20000

　　贷：受托代销商品款——黄河公司　20000

②实际销售时：

借：银行存款　23400

　　贷：应付账款——黄河公司　20000

　　　　应交税费——应交增值税（销项税额）　3400

借：应交税费——应交增值税（进项税额）　3400

　　贷：应付账款——黄河公司　3400

借：受托代销商品款——黄河公司　20000

　　贷：受托代销商品——黄河公司　20000

③归还甲企业货款并扣收代销手续费时（假设代销业务为乙企业的主营业务）：

借：应付账款——黄河公司　23400

　　贷：银行存款　21400

　　　　主营业务收入　2000

计算缴纳营业税：

借：营业税金及附加　100
　　贷：应交税费——应交营业税　100

请注意：此处的营业税是按照代销收入计算，所以是 $2000 \times 5\% = 100$（元）。

第二，支付手续费方式。

支付手续费方式是指受托方根据所代销的商品数量或金额向委托方收取手续费的销售方式。其特点是：受托方严格按委托方规定的价格销售，自己无权定价。受托方应按收取的手续费确认收入，委托方在收到受托方开来的代销清单时确认收入。

①委托方账务处理。

代销发出的商品：

借：发出商品——委托代销商品　（成本金额）
　　贷：库存商品

收到受托方的代销清单，按代销清单上注明的已销商品货款的实现情况，按应收的款项：

借：应收账款
　　贷：主营业务收入
　　　　应交税费——应交增值税（销项税额）

同时结转委托商品的成本：

借：主营业务成本
　　贷：发出商品——委托代销商品

应支付的代销手续费：

借：销售费用
　　贷：应收账款

收到代销发出的商品的收入：

借：银行存款
　　贷：应收账款

②受托方账务处理。

收到代销的商品时：

借：受托代销商品　（按购入价格计算的金额）
　　贷：代销商品款

实现销售时：

借：银行存款
　　贷：应付账款（按购入价格计算的金额）
　　　　应交税费——应交增值税（销项税额）

按可抵扣的增值税进项税额：

借：应交税费——应交增值税（进项）
　　贷：应付账款

借：代销商品

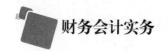

贷：受托代销商品

归还委托单位的货款，按应付的金额：

借：应付账款

 贷：主营业务收入（应收取的手续费）

  银行存款

【例7-6】2014年3月1日黄河公司委托B商场代销服装2000件，按代销合同规定服装售价为100元/件（不含税），代销手续费为售价的10%，3月28日黄河公司收到B商场开来代销清单，标明代销服装1500件，黄河公司开具增值税专用发票。服装制造成本60元/件。

委托方账务处理：

①代销发出商品时：

借：发出商品——委托代销商品 120000

 贷：库存商品 120000

②收到受托方的代销清单，按代销清单上注明的已销商品货款的实现情况，按应收的款项：

借：应收账款 175500

 贷：主营业务收入 150000

  应交税费——应交增值税（销项） 25500

③同时结转委托商品的成本：

借：主营业务成本 90000

 贷：发出商品——委托代销商品 90000

④支付代销手续费时：

借：销售费用 15000

 贷：应收账款 15000

⑤收到代销发出的商品的收入时：

借：银行存款 160500

 贷：应收账款 160500

受托方账务处理：

①收到代销的商品时：

借：受托代销商品 200000

 贷：代销商品款 200000

②实现销售时：

借：银行存款 175500

 贷：应付账款 150000

  应交税费——应交增值税（销项） 25500

③按可抵扣的增值税进项税额：

借：应交税费——应交增值税（进项） 25500

　　贷：应付账款　25500

借：代销商品　150000

　　贷：受托代销商品　150000

④归还委托单位的货款，按应付的金额：

借：应付账款　175500

　　贷：主营业务收入　15000

　　　　银行存款　160500

知识窗：视同买断方式与支付手续费方式的区别见表 7-1。

表 7-1　视同买断方式与支付手续费方式的区别

方式	委托方确认收入的时间	受托方有无定价权	受托方确认收入的时间	受托方的收入方式
非包销形式的视同买	都是在收到代销清单时确认收入	有	在卖出商品时即可确认收入	视为自有商品的销售，以价差方式赚取收益
支付手续费		无	在有权收取手续费时确认收入	以手续费方式认定收入

（7）分期收款销售的账务处理

分期收款销售，是指商品已经交付，但货款分期收回的一种销售方式。即采用递延方式分期收款、具有融资性质的销售商品或提供劳务满足收入确认条件的，按应收合同或协议价款，分期确认收入，分期结转成本。分期收款销售的特点是所销售的商品价值较大、收款期限较长，有的几年，有的长达几十年，收取货款的风险较大，如房产、汽车、重型设备等。采用该方式销售商品时，在合同或协议约定的收款日期分别确认收入，同时按商品全部销售成本与全部销售收入的比例分期计算并结转销售成本。

对于分期收款销售业务，具体会计处理为：发出商品时，借记"发出商品"；贷记"库存商品"。实际分次收取货款时，借记"银行存款"；贷记"主营业务收入""应交税费——应交增值税（销项税额）"。同时结转销售成本，借记"主营业务成本"；贷记"发出商品"。

【例 7-7】2014 年 1 月，黄河公司采用分期收款方式销售 A 商品一件，售价 40 万元，成本 20 万元，增值税税率为 17%，合同约定每半年收款一次，款项分 4 次等额收回，发出商品时先收取第一期货款。黄河公司做如下会计分录：

①发出 A 商品时：

借：发出商品——A 商品　200000

　　贷：库存商品——A 商品　200000

②收到第一期货款时：

借：银行存款　117000

　　贷：主营业务收入　100000

　　　　应交税费——应交增值税（销项税额）　17000

按比例结转商品销售成本 50000（200000÷400000×100000）元时：

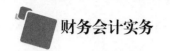

借：主营业务成本　50000

　　贷：发出商品——A 商品　50000

③以后各期到合同约定收款时间时：

借：应收账款（或银行存款）　117000

　　贷：主营业务收入　100000

　　　　应交税费——应交增值税（销项税额）　17000

按比例结转商品销售成本 50000（200000÷400000×100000）元时：

借：主营业务成本　50000

　　贷：发出商品——A 商品　50000

动脑筋：为什么成本要按照比例计算？

议一议：委托代销商品和分期收款销售有什么区别？

7.2.2　劳务收入确认与核算

1. 劳务收入的确认

劳务收入的确认应符合下列条件：

①收入的金额能够可靠地计量。劳务总收入一般根据双方签订的合同或协议注明的交易总金额确定。随着劳务的不断提供，可能会根据实际情况增加或减少交易总金额，企业应及时调整劳务总收入。

②相关的经济利益很可能流入。只有当与交易相关的经济利益能够流入企业时，企业才能确认收入。企业可以从接受劳务方的信誉、以往的经验以及双方就结算方式和期限达成的协议等方面进行判断。

③交易的完工进度能够可靠地确定。交易的完工进度能够可靠地确定是指交易的完工进度能够合理地估计。

④交易中已发生和将发生的劳务总成本能够可靠地计量。劳务总成本包括至资产负债表日止已经发生的成本和完成劳务将要发生的成本。企业应建立完善的内部成本核算制度和有效的内部财务预算及报告制度，准确提供每期发生的成本。并对完成剩余劳务将要发生的成本作出科学、可靠的估计，并随着劳务的不断提供或外部情况的不断变化，随时对估计的成本进行修订。

2. 劳务收入的核算

劳务收入的核算因劳务交易的结果能否可靠估计而分为两种情况进行处理。

（1）劳务交易的结果能够可靠估计

企业在资产负债表日对提供劳务交易的结果能够可靠估计的，应当采用完工百分比法确认劳务收入。完工百分比法是指按照提供劳务交易的完工进度确认收入和费用的方法。在这种方法下，确认的劳务收入金额能够提供各个会计期间关于提供劳务交易及其业绩的有用信息。

①对同一会计年度内开始并完成的劳务收入的核算。按照劳务收入的确认方法，

在同一会计年度内开始并完成的劳务，应在劳务完成时确认收入，确认的金额为合同或协议的总金额。当某项劳务完成时，按确认的收入借记"银行存款""库存现金""应收账款"等科目，贷记"主营业务收入"科目。同时，确认当期的劳务成本，借记"主营业务成本"科目，贷记"应付工资"等科目。

【例 7-8】黄河公司 2014 年 10 月份应收 A 公司的安装劳务收入为 25000 元，其中 20000 元已经收到，存入银行，另 5000 元估计年内能收回。若营业税税率为 5%，当月支付工资 18000 元，则黄河公司应做如下会计分录：

①确认收入时：

借：银行存款　20000

　　　应收账款——A 公司　5000

　　贷：主营业务收入（其他业务收入）　25000

②确认应交纳的营业税时：

借：主营业务税金及附加　1250

　　贷：应交税金——应交营业税　1250

③确认本月主营业务成本时：

借：主营业务成本　18000

　　贷：应付职工薪酬　18000

请注意：营业税要按照主营业务收入的总额计算：$25000 \times 5\% = 1250$ 元。

②对劳务的开始和完成分属不同会计年度的劳务收入的核算。其计算式为：

本期确认的提供劳务收入 = 提供劳务收入总额 × 完工进度 - 以前会计期间累计已确认的提供劳务收入

本期确认的提供劳务成本 = 提供劳务预计成本总额 × 完工进度 - 以前会计期间累计已确认的提供劳务成本

在采用完工百分比法确认提供劳务收入的情况下，企业应按计算确定的提供劳务收入金额，借记"应收账款""银行存款"等科目，贷记"主营业务收入"科目。结转提供劳务成本时，借记"主营业务成本"科目，贷记"劳务成本"科目。

【例 7-9】黄河公司于 2014 年 12 月 1 日接受甲公司的一项设备安装任务，安装期为 3 个月，合同总收入为 800000 元，至年底已预收安装费为 500000 元，实际发生安装费用为 300000 元（假定均为安装人员薪酬），估计还会发生 300000 元。假定黄河公司按实际发生的成本占估计总成本的比例确定劳务的完工进度，不考虑其他因素。

黄河公司应做如下会计分录：

实际发生的成本占估计总成本的比例 $= 300000 \div （300000 + 300000） = 50\%$

2014 年 12 月 31 日确认的提供劳务收入 $= 800000 \times 50\% = 400000$（元）

2014 年 12 月 31 日结转的提供劳务成本 $=（300000 + 300000）\times 50\% = 300000$（元）

①实际发生劳务成本时：

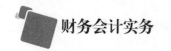

借：劳务成本　300000

　　贷：应付职工薪酬　300000

②预收劳务款时：

借：银行存款　500000

　　贷：预收账款——甲公司　500000

③2014年12月31日确认提供劳务收入并结转劳务成本时：

借：预收账款——甲公司　400000

　　贷：主营业务收入　400000

借：主营业务成本　300000

　　贷：劳务成本　300000

（2）劳务交易的结果不能可靠估计

企业在资产负债表日对提供劳务交易结果不能够可靠估计的，应当分别按下列情况处理：

①已经发生的劳务成本能够得到补偿的，应当按照已经发生的劳务成本金额确认提供劳务收入，并按相同金额结转劳务成本。

②已经发生的劳务成本预计只能部分得到补偿的，应当按照能够得到补偿的劳务成本金额确认提供劳务收入，并按已经发生的劳务成本结转劳务成本。

③已经发生的劳务成本预计全部不能得到补偿的，应当将已经发生的劳务成本计入当期损益，不确认提供劳务收入。

【例7-10】黄河公司于2013年11月1日接受X公司委托，为其培训一批学员，培训期为6个月，当日开学。协议约定，X公司应向黄河公司支付的培训费总额为120000元，分三次等额支付，第一次在开学时预付，第二次在2014年2月1日支付，第三次在培训结束时支付。当日，X公司预付第一次培训费。2013年12月31日，黄河公司得知X公司经营发生困难，后两次培训费能否收回难以确定。因此，黄河公司只将已经发生的培训成本50000元（假定均为培训人员薪酬）中能够得到补偿的部分（即40000元）确认为收入，将发生的50000元成本全部确认为当年费用。黄河公司应做如下会计分录。

①2013年11月1日收到X公司预付的培训费时：

借：银行存款　40000

　　贷：预收账款——X公司　40000

②实际发生培训支出50000元时：

借：劳务成本　50000

　　贷：应付职工薪酬　50000

③2013年12月31日确认劳务收入并结转劳务成本时：

借：预收账款——X公司　40000

　　贷：主营业务收入　40000

借：主营业务成本　50000

贷：劳务成本 50000

议一议：销售收入与劳务收入有何不同？

7.2.3 其他业务收支核算

其他业务收支核算主要包括除出售商品或提供劳务以外的无形资产转让、材料销售、出租业务、包装物出租、修理等业务所取得的收入和发生的相关费用。为了核算企业发生的其他业务收入和支出，企业应设置"其他业务收入"和"其他业务成本"两个会计科目。

（1）"其他业务收入"科目

该科目属于损益类科目，用以核算企业确认的除主营业务活动以外的其他经营活动实现的收入，包括出租固定资产、出租无形资产、出租包装物和商品、销售材料、用材料进行非货币性交换（非货币性资产交换具有商业实质且公允价值能够可靠计量）或债务重组等实现的收入。该科目贷方登记企业发生的其他业务收入，借方登记月末结转到"本年利润"科目中去的其他业务收入，结转后本科目应无余额。该会计科目应按收入类型设置"产品销售收入""作业销售收入""材料销售收入"和"其他销售收入"等科目进行明细核算。

（2）"其他业务成本"科目

该科目属于损益类科目，用以核算企业确认的除主营业务活动以外的其他经营活动所发生的支出，包括销售材料的成本、出租固定资产的折旧额、出租无形资产的摊销额、出租包装物的成本或摊销额等。该科目借方登记企业发生的其他业务支出，贷方登记月末结转到"本年利润"科目中去的其他业务支出，结转后本科目无余额。该会计科目应按支出类型设置"产品销售成本""作业销售成本""材料销售成本"和"其他销售成本"等科目进行明细核算。

【例 7-11】黄河公司转让多余甲材料 1000 千克，单位售价 8 元，总计 8000 元，材料成本为 7000 元，开出增值税专用发票上列明增值税额为 1360 元，材料已发出，收到转账支票一张存入银行，黄河公司应做会计分录如下：

借：银行存款 9360

　　贷：其他业务收入——材料销售收入 8000

　　　　应交税费——应交增值税（销项税额） 1360

月终，结转该批甲材料成本：

借：其他业务成本——材料销售成本 7000

　　贷：原材料——甲材料 7000

如原材料采用计划成本核算，还应分摊材料成本差异。

【例 7-12】黄河公司于 2014 年 5 月出租包装物，取得租金收入 8000 元，包装物成本 5000 元（包装物成本假设在出租时一次性摊销），已存入银行。黄河公司应做会计分录如下。

借：银行存款 8000

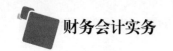

贷：其他业务收入——出租包装物　8000

借：其他业务成本——出租包装物　5000

贷：包装物　5000

【例7-13】黄河公司在上月将一台闲置不用的设备出租，每月30日收取租金，每月租金2000元，该设备每月应计提的折旧费800元。

①30日收取租金收入时：

借：银行存款　2000

贷：其他业务收入　2000

②计提出租固定资产的折旧费：

借：其他业务成本　800

贷：累计折旧　800

③计算该项固定资产出租收入的营业税：

借：其他业务成本　40

贷：应交税费——应交营业税　40

【任务2训练题】

一、不定项选择题

1. 下列各项中，符合收入会计要素定义，可以确认为收入的是（　　）

A. 出售无形资产收取的价款　　B. 出售固定资产收取的价款

C. 出售原材料收到的价款　　D. 出售长期股权投资收取的价款

2. J公司2013年3月1日与客户签订了一项工程劳务合同，合同期一年，合同总收入200000元，预计合同总成本170000元，至2013年12月31日，实际发生成本136000元。J公司按实际发生的成本占预计总成本的百分比确定劳务完成程度。据此计算，J公司2013年度应确认的劳务收入为（　　）元。

A. 200000　　　　B. 170000　　　　C. 160000　　　　D. 136000

3. 某企业采用分期收款方式销售商品，2013年1月份发出商品100件，每件售价100元，成本75元，增值税税率17%，合同约定分7次付款，产品发出时付款40%，以后6个月每月1日各付10%，该企业1月份应结转的主营业务成本为（　　）元。

A. 7500　　　　B. 8775　　　　C. 10000　　　　D. 3000

4. 关于销售商品收入的确认和计量，下列说法中正确的有（　　）。

A. 采用以旧换新方式销售商品的，销售的商品应当按照销售商品收入确认条件确认收入，回收的商品作为购进商品处理

B. 对于订货销售，应在收到款项时确认为收入

C. 对视同买断代销方式，委托方一定在收到代销清单时确认收入

D. 对收取手续费代销方式，委托方于收到代销清单时确认收入

E. 对视同买断代销方式，委托方一定在发出商品时确认收入

二、技能训练

1. A 公司销售一批商品，开出的增值税专用发票上注明售价为 600000 元，增值税税率 17%，消费税税率 10%。商品已经发出，收到对方承兑的商业承兑汇票一张，该批商品的成本为 420000 元。A 公司如何进行账务处理？

2. 2013 年 8 月 10 日，甲公司销售一批商品给乙公司，售价为 500000 元，增值税额为 85000 元，已向银行办理托收手续，款项尚未收到。该批商品的成本为 300000 元。8 月 15 日乙公司通知甲公司商品质量不合格，经双方协商，甲公司同意给予 5% 的折让。在以下情况下，甲公司如何进行账务处理？

（1）8 月 10 日，销售实现时；

（2）结转销售成本；

（3）8 月 15 日，发现销售折让时；

（4）实际收到款项时。

3. 甲公司 2012 年 5 月 20 日销售 A 商品一批，增值税专用发票上注明售价为 150000 元，增值税税额为 25500 元；该批商品成本为 120000 元。A 商品于 2012 年 3 月 20 日发出，当日收到全部货款。甲公司对该项销售确认了销售收入。2012 年 9 月 15 日，该批商品质量出现严重问题，购货方将该批商品全部退回给甲公司。甲公司同意退货，于退货当日支付了退货款，并按规定向购货方开具了增值税专用发票（红字）。甲公司如何进行账务处理？

（1）2012 年 5 月 20 日，销售实现时；

（2）结转销售成本；

（3）2012 年 9 月 15 日，销售退回时；

（4）商品验收入库时。

4. A 公司委托 B 公司销售商品 1000 件，协议价 10 元 / 件，成本为 8 元 / 件；B 公司以 12 元 / 件的价格将该批商品全部售出，取得销售收入 12000 元，增值税额为 2040 元；A 公司收到代销清单后，确认销售收入为 10000 元，增值税税额为 1700 元；A、B 公司均适用增值税税率为 17%。A 公司如何进行账务处理？

（1）将商品交付 B 公司时；

（2）收到代销清单时；

（3）收到 B 公司汇来的货款时。

B 公司如何进行会计处理？

（1）收到代销商品时；

（2）代销商品售出时；

（3）按合同协议价将款项付给 A 公司时。

5. A 公司于 2012 年 12 月 1 日接受一项设备安装任务，安装期为 3 个月，合同总收入为 400000 元，至年底已预收安装费 250000 元，实际发生安装费用为 150000 元（假定均为安装人员薪酬），估计还会发生 150000 元。假定甲公司按实际发生的成本占估计总成本的比例确定劳务的完成进度，不考虑其他因素。A 公司如何进行账务

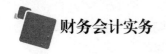

处理?

（1）实际发生劳务成本时；

（2）预收劳务款时；

（3）2012 年 12 月 31 日确认提供劳务收入时；

（4）结转相应的劳务成本。

任务 3 成本、期间费用的确认与核算

7.3.1 主营业务成本的确认与核算

1. 主营业务成本的确认

主营业务成本是指销售产品、商品和提供劳务的营业成本，由生产经营成本形成。在确认主营业务收入的同一会计期间，应按照配比原则同步确认为获得主营业务收入而发生的主营业务成本。

2. 主营业务成本的核算

对于同一会计年度开始并完成的业务，公司应当在结转主营业务收入的同时结转主营业务成本；对于跨年度业务，应当在年末按规定的方法计算确定应结转的主营业务成本。结转主营业务成本时应借记"主营业务成本"等科目，贷记相关科目。期末，应将本科目的余额转入"本年利润"科目，结转后本科目应无余额。

产品成本一般在月末结账，结账时：

借：主营业务成本

    贷：库存商品

冲减销售成本的有两种方法：

一是如果本月有同种或同类产品销售的，销售退回产品，可以直接从本月的销售数量中减去，得出本月销售净数量然后计算应结转的销售成本。

二是单独计算本月退回产品的成本。退回产品成本的确定，可以按照退回月份销售的同种或同类产品的实际销售成本计算，也可以按照销售月份该种产品的销售成本计算确定，然后从本月销售产品的成本中扣除。

【例 7-14】黄河公司 2014 年 4 月份销售甲产品 1000 件，单位售价 200 元，单位销售成本 160 元。该批产品于 2014 年 6 月因质量问题发生退货 100 件，货款已经退回。该企业 2014 年 6 月份销售甲产品 1500 件，每件成本 150 元。

方法一：结转当月销售产品成本

主营业务成本 =150×（1500-100）=210000（元）

借：主营业务成本 210000

    贷：库存商品——甲产品 210000

方法二：结转当月销售产品成本

主营业务成本 =150 × 1500=225000（元）

借：主营业务成本　225000

　　贷：库存商品——甲产品　225000

冲减退回产品的成本

借：库存商品——甲产品　16000

　　贷：主营业务成本　16000

7.3.2　营业税金及附加的确认与核算

营业税金及附加是指企业销售商品、提供劳务等经营活动负担的消费税、营业税、城市维护建设税、资源税和教育费附加等相关税费。营业税金及附加应在销售商品、提供劳务等经营活动发生的当月，在确认相关收入的同时，按照配比原则，根据税法规定加以确认。

为了完整地反映营业税金及附加的核算，需要设置"营业税金及附加"科目。该科目属于损益类科目，用以核算企业日常主要经营活动应负担的税金及附加，包括营业税、消费税、城市维护建设税、资源税、土地增值税和教育费附加等。房产税、车船税、土地使用税、印花税在"管理费用"科目核算，但与投资性房地产相关的房产税、土地使用税在本科目核算。该科目借方登记销售商品等日常主要经营活动应交的各项销售税金及附加，贷方登记月末结转到"本年利润"科目的各项销售税金及附加，月末一般无余额。

【例 7-15】黄河公司 2014 年 5 月份销售小轿车 20 辆，气缸容量为 1500 毫升，出厂价 100000 元 / 辆，价外收取有关费用 5000 元 / 辆，消费税税率为 8%，本月应交增值税为 200000 元。有关的计算公式如下：

应纳消费税税额 =（100000 + 5000）× 8% × 20= 168000（元）

应纳增值税税额 =（100000 + 5000）× 17% × 20= 357000（元）

应纳城建税税额 =（168000 + 200000）× 7%=25760（元）

应纳教育费附加 =（168000 + 200000）× 3%= 11040（元）

黄河公司做会计分录如下：

借：银行存款　2457000

　　贷：主营业务收入　2100000

应交税金——应交增值税（销项税）　357000

借：营业税金及附加　204800

　　贷：应交税费——应交消费税　168000

　　　　　　　　——应交城建税　25760

　　　　　　　　——应交教育费附加　11040

请注意：计算城建税和教育费附加时按照实际缴纳"应交增值税"200000 元计算。

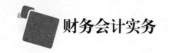

7.3.3 期间费用的确认与核算

1. 期间费用的确认

期间费用是指虽与本期收入的取得密切相关，但与企业产品的生产关系不密切的、不能直接或间接归属于某个特定产品成本对象，因而在发生的当期就全部计入当期损益的各项费用。期间费用在发生的当期就全部计入当期损益，而不计入产品成本，这样有助于简化成本核算工作，提高成本计算的准确性。期间费用是企业当期发生的费用中重要的组成部分。期间费用包括以下几种。

管理费用。管理费用是指企业为组织和管理企业生产经营所发生的各项费用，包括企业在筹建期间内发生的开办费、企业董事会和行政管理部门在企业的经营管理中发生的，或者应当由企业统一负担的公司经费、工会经费、待业保险费、劳动保险费、董事会费、聘请中介机构费、咨询费（含顾问费）、诉讼费、业务招待费、房产税、车船税、土地使用税、印花税、技术转让费、矿产资源补偿费、不能资本化的研究与开发费、排污费。

财务费用。财务费用是指企业为筹集生产经营所需资金等而发生的各项费用，包括企业生产经营期间发生的利息支出（减利息收入）、汇兑净损失（有的企业如商品流通企业、保险企业对汇兑损益进行单独核算，不包括在财务费用内）、金融机构手续费，以及筹资发生的其他财务费用，如债券印刷费、国外借款担保费等。

销售费用。销售费用是指企业销售商品过程中发生的费用，主要包括企业销售商品过程中发生的运输费、装卸费、包装费、保险费、展览费和广告费，为销售本企业商品而专设销售机构（含销售网点、售后服务网点等）的职工工资及福利费、类似工资性质的费用、业务费等经营费用，以及商业企业在购买商品过程中发生的运输费、装卸费、包装费、保险费、合理损耗和入库前的整理挑选费等进货费用。

2. 科目设置

企业应设置"销售费用""管理费用""财务费用"三个科目，核算本期发生的期间费用。

（1）"销售费用"科目

该科目是损益类科目，核算营业费用的发生和结转情况，借方登记营业费用的发生额，贷方登记期末结转到"本年利润"科目中去的营业费用，结转后该科目无余额。该科目按营业费用的费用项目设置明细账，进行明细核算。

（2）"管理费用"科目

该科目是损益类科目，核算管理费用的发生和结转情况，借方登记各项管理费用发生额，贷方登记期末结转到"本年利润"科目中去的管理费用，结转后该科目无余额。该科目按管理费用的费用项目设置明细账，或按费用项目设置专栏进行明细核算。

（3）"财务费用"科目

该科目是损益类科目，核算财务费用的发生和结转情况，借方登记财务费用的发生额，贷方登记期末结转到"本年利润"科目中去的财务费用，结转后该会计科目无余额。该会计科目按财务费用的费用项目设置明细账进行明细核算。

3. 期间费用核算举例

【例 7-16】黄河公司 2010 年 12 月发生有关管理费用业务，企业做如下会计分录。

① 2 日，厂部用现金购办公用品支出 200 元：

借：管理费用——办公费　200

　贷：库存现金　200

② 5 日，以存款支付行政管理部门通信费 800 元：

借：管理费用——通信费　800

　贷：银行存款　800

③ 7 日，以现金支付离退休人员工资 4000 元：

借：管理费用——劳动保险费　4000

　贷：库存现金　4000

④ 8 日，分配本月职工工资，其中管理部门人员工资为 10000 元：

借：管理费用——工资　10000

　贷：应付职工薪酬——工资　10000

⑤ 9 日，计提管理部门人员福利费 1400 元：

借：管理费用——福利费　1400

　贷：应付职工薪酬——职工福利　1400

⑥ 18 日，财务部张某报销差旅费 2000 元，以现金付讫：

借：管理费用——差旅费　2000

　贷：库存现金　2000

⑦ 28 日，以现金购买印花税票 600 元：

借：管理费用——税金　600

　贷：库存现金　600

⑧ 29 日，计提工会经费 200 元：

借：管理费用——工会经费　200

　贷：应付职工薪酬——工会经费　200

⑨ 31 日，将本月发生的管理费用 19200 元转入"本年利润"科目：

借：本年利润　19200

　贷：管理费用　19200

【例 7-17】黄河公司 2014 年 9 月发生有关销售费用的业务，企业做如下会计分录。

① 3 日，签发转账支票一张支付广告费 18000 元：

借：销售费用——广告费　18000

　贷：银行存款　18000

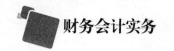

② 8 日，根据工资结算汇总表，本月应付专设销售机构人员工资 10000 元：

借：销售费用——工资　10000

　　贷：应付职工薪酬——工资　10000

③ 9 日，计提专设销售机构人员福利费 1400 元、工会经费 200 元：

借：销售费用——福利费　1400

　　　　　　　——工会经费　200

　　贷：应付职工薪酬——职工福利　1400

　　　　　　　　　　　——工会经费　200

④ 19 日，销售商品一批，以现金支付应由本企业负担的运输费 700 元、保险费 100 元：

借：销售费用——运输费　700

　　　　　　　——保险费　100

　　贷：库存现金　800

⑤ 30 日，计提销售部门的固定资产折旧费 6000 元：

借：销售费用——折旧费　6000

　　贷：累计折旧　6000

⑥ 30 日，将本月发生的销售费用 36400 元转入"本年利润"会计科目：

借：本年利润　36400

　　贷：销售费用　36400

【例 7-18】黄河公司 2014 年 6 月发生有关财务费用的业务，企业做如下会计分录。

① 20 日，支付短期借款利息 5000 元：

借：财务费用——利息　5000

　　贷：银行存款　5000

② 25 日，接到银行通知，第二季度存款利息收入 2000 元：

借：银行存款　2000

　　贷：财务费用　2000

③ 28 日，支付银行承兑汇票手续费 1000 元：

借：财务费用——手续费　1000

　　贷：银行存款　1000

④ 30 日，将本月发生的财务费用 8000 元转入"本年利润"科目：

借：本年利润　8000

　　贷：财务费用　8000

议一议：三种期间费用在核算上的异同之处有哪些？

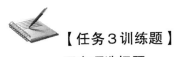

【任务 3 训练题】

一、不定项选择题

1. 下列各项中，不属于企业期间费用的是（　　）。

A. 销售机构的办公费　　　　　B. 聘请中介机构费

C. 生产车间生产工人工资　　　D. 企业发生的现金折扣

2. 下列各项中，应当计入财务费用的有（　　）。

A. 诉讼费　　　　　　　　　　B. 业务招待费

C. 汇兑损失　　　　　　　　　D. 购货单位享受的现金折扣

E. 办公费

3. 下列项目中，应列入财务费用的有（　　）。

A. 银行存款的利息收入　　　　B. 外币汇兑发生的汇兑损失

C. 金融机构的手续费　　　　　D. 购货方享受的现金折扣

二、技能训练

1. A 公司 2011 年 10 月为宣传新产品发生广告费 100000 元，用银行存款支付。A 公司如何进行账务处理？

2. A 公司销售部 2011 年 11 月共发生费用 200000 元，其中销售人员薪酬 100000 元，销售部专用办公设备折旧费 30000 元，租金 70000 元（用支票支付）。A 公司如何进行账务处理？

（1）分配职工薪酬；

（2）计提设备折旧；

（3）支付租金（假设是当月租金）。

3. B 公司 2011 年 12 月筹建期间发生办公费、差旅费等开办费 30000 元，均用银行存款支付。B 公司如何进行账务处理？

4. 某企业于 2011 年 1 月 1 日向银行借入生产经营用短期借款 240000 元，期限 6 个月，年利率 5%，该借款本金到期后一次归还，利息分月预提，按季支付。假定所有利息均不符合利息资本化条件。每月确认利息费用时应如何进行账务处理？

5. A 公司 2011 年 12 月共发生银行结算业务手续费 1500 元，A 公司如何进行账务处理？

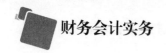

任务 4　营业外收支核算

7.4.1　营业外收入的核算

1. 营业外收入的概念与确认

营业外收入是指企业发生的与其日常生产经营活动无直接关系的应计入当期损益的各项利得，主要包括非流动资产处置利得、盘盈利得、罚没利得、捐赠利得、确实无法支付而应按规定程序经批准后转作营业外收入的应付款项，以及非货币性资产交换利得、债务重组利得、政府补助等。营业外收入并不是企业经营资金耗费所产生的，不需要企业付出代价。它实际上是经济利益的净流入，不可能也不需要与有关的费用进行配比，但对企业利润总额及净利润会产生较大影响。

（1）非流动资产处置利得

包括固定资产处置利得和无形资产出售利得。固定资产处置利得，也就是处理固定资产净收益。指企业出售固定资产所取得价款和报废固定资产的残料价值和变价收入等，扣除固定资产的账面价值、清理费用、处置相关税费后的净收益；无形资产出售利得，指企业出售无形资产所取得价款扣除出售无形资产的账面价值、出售相关税费后的净收益。

（2）非货币性资产交换利得（与关联方交易除外）

指在非货币性资产交换中换出资产为固定资产、无形资产的，换入资产公允价值大于换出资产账面价值的差额，扣除相关费用后计入营业外收入的金额。

（3）出售无形资产收益

指企业出售无形资产时，所得价款扣除其相关税费后的差额，大于该项无形资产的账面余额与所计提的减值准备相抵差额的部分。

（4）债务重组利得

指重组债务的账面价值超过清偿债务的现金、非现金资产的公允价值、所转股份的公允价值，或者重组后债务账面价值间的差额。

（5）企业合并损益

合并对价小于取得可辨认净资产公允价值的差额。

（6）盘盈利得

指企业对于现金等资产清查盘点中盘盈的资产、报经批准后计入营业外收入的金额。其中固定资产盘盈，是指企业在财产清查盘点中发现的账外固定资产的估计原值减去估计折旧后的净值（新准则中计入"以前年度损益调整"账户）。

（7）因债权人原因确实无法支付的应付款项

主要是指因债权人单位变更登记或撤销等而无法支付的应付款项等。

（8）政府补助

指企业从政府无偿取得货币型资产或非货币型资产形成的利得。

（9）教育费附加返还款

指自办职工子弟学校的企业在交纳教育费附加后，教育部门返还给企业的所办学校经费补贴费。

（10）罚款收入

指对方违反国家有关行政管理法规，按照规定支付给本企业的罚款，不包括银行的罚息。

2. 设置会计科目

设置"营业外收入"这个科目来核算企业发生的各项营业外收入，主要包括非流动资产处置利得、非货币性资产交换利得、债务重组利得、政府补助、盘盈利得、捐赠利得等。借方登记期末转入"本年利润"科目中去的营业外收入；贷方登记企业按规定发生的各种营业外收入；本科目期末无余额，可按营业外收入项目进行明细核算。

3. 营业外收入核算举例

【例 7-19】黄河公司按规定转销确实无法支付的应付账款 3000 元。

借：应付账款　3000
　贷：营业外收入　3000

【例 7-20】黄河公司在购销业务中，由于对方违约，收到对方单位支付违约金20000 元。

借：银行存款　20000
　贷：营业外收入　20000

【例 7-21】期末，黄河公司结转营业外收入 46000 元。

借：营业外收入　46000
　贷：本年利润　46000

7.4.2　营业外支出的核算

1. 营业外支出的概念与确认

营业外支出是指企业发生的与其生产经营无直接关系的、应计入当期损益的各项支出。营业外支出包括非流动资产处置损失、盘亏损失、罚款支出、公益性捐赠支出、非常损失以及非货币性资产交换损失、债务重组损失等。

（1）非流动资产处置损失

（2）盘亏损失

例如，企业在进行财产清查盘点时，发现固定资产实存数小于账存数而发生的损失。

（3）罚款支出

是指企业违反经济合同及税收法规等而支付的各种罚款。

（4）公益性捐赠支出

是指企业对外进行公益性捐赠的资产的价值。

（5）非常损失

是指企业由于客观原因而造成的损失，损失数额扣除保险公司赔偿后的差额部分转入营业外支出，如地震、台风等自然灾害造成的损失。

2. 设置会计科目

为了核算企业营业外支出的发生和结转情况，应设置"营业外支出"科目，核算企业发生的各项营业外支出，包括非流动资产处置损失、非货币性资产交换损失、债务重组损失、公益性捐赠支出、非常损失、盘亏损失等。该科目属于损益类科目，用以核算企业发生的与其生产经营无直接关系的各项支出。该科目借方登记企业发生的各项营业外支出，贷方登记期末转入"本年利润"科目的营业外支出，期末结转后该科目无余额。该科目应按支出项目设置明细账，进行明细核算。

3. 营业外支出核算举例

【例7-22】黄河公司在年终进行财产清查时，发现盘亏一架照相机，该照相机原价为2000元，已提折旧1000元，经批准报损。黄河公司应做会计分录如下：

借：待处理财产损溢——待处理固定资产损溢　1000

　　累计折旧　1000

　　贷：固定资产——相机　2000

借：营业外支出——固定资产盘亏损失　1000

　　贷：待处理财产损溢——待处理固定资产损溢　1000

【例7-23】黄河公司2013年遇洪灾，库存某种材料5吨计50000元被废，报经批准做损失处理。黄河公司应做会计分录如下：

借：待处理财产损溢——待处理流动资产损溢　50000

　　贷：原材料　50000

借：营业外支出——非常损失　50000

　　贷：待处理财产损溢——待处理流动资产损溢　50000

【例7-24】黄河公司因延期纳税，以存款支付税收滞纳金3000元。

借：营业外支出——罚款支出　3000

　　贷：银行存款　3000

【例7-25】黄河公司赞助某足球俱乐部30000元，款已支付。

借：营业外支出——赞助支出　30000

　　贷：银行存款　30000

【例7-26】期末，黄河公司结转营业外支出84000元。

借：本年利润　84000

　　贷：营业外支出　84000

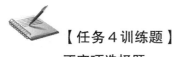

动脑筋：区别盘盈固定资产在新制度中的处理与其他盘盈资产的处理方法上的不同。

【任务4训练题】

一、不定项选择题

1. 下列项目中，应计入营业外支出的有（　　）。

A. 固定资产盘亏损失　　　　　　　B. 罚款支出

C. 公益救济性捐赠支出　　　　　　D. 业务招待费

E. 出售无形资产净损失

2. 下列项目中，应作为营业外收入核算的有（　　）。

A. 出售固定资产净收益　　　　　　B. 出售无形资产净收益

C. 出租无形资产净收益　　　　　　D. 罚款收入

E. 接受现金资产捐赠

3. 在账务处理中，可能与"营业外支出"账户的借方发生对应关系的贷方账户有（　　）。

A. 待处理财产损溢　　　　　　　　B. 固定资产清理

C. 银行存款　　　　　　　　　　　D. 本年利润

二、技能训练

1. 企业将固定资产报废清理的净收益10000元转作营业外收入。A公司如何进行账务处理？

2. A公司原欠D公司货款800元，经确认无法支付。A公司如何进行账务处理？

3. A公司将已经发生的原材料意外灾害净损失250000元转作营业外支出。A公司如何进行账务处理？

4. A公司用银行存款支付税款滞纳金50000元。A公司如何进行账务处理？

5. 齐鲁公司2014年12月发生如下业务：

（1）按规定将固定资产清理收益5000元予以转账；

（2）经批准转销盘盈现金100元；

（3）取得捐赠4000元，存入银行；

（4）按规定，转销无法支付的应付款项2000元。

请做出相应的账务处理。

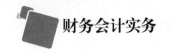

任务 5　所得税的计算与缴纳

7.5.1　企业所得税的计算

企业所得税的计算

企业所得税是指对在中华人民共和国境内的企业和其他取得收入的组织（以下统称企业）就其来源于中国境内、境外的所得所征收的税。

（1）应纳税所得额的计算

应纳税所得额 = 收入总额 − 不征税收入 − 免税收入 − 各项扣除 − 允许弥补的以前年度亏损

有关上式的说明如下：

①企业以货币形式和非货币形式从各种来源取得的收入为收入总额。包括：销售货物收入；提供劳务收入；转让财产收入；股息、红利等权益性投资收益；利息收入；租金收入；特许权使用费收入；接受捐赠收入；其他收入。

②不征税收入包括：财政拨款；依法收取并纳入财政管理的行政事业性收费、政府性基金；国务院规定的其他不征税收入。

③免税收入包括：国债利息收入；符合条件的居民企业之间的股息、红利等权益性投资收益；在中国境内设立机构、场所的非居民企业从居民企业取得与该机构、场所有实际联系的股息、红利等权益性投资收益；符合条件的非营利性组织的收入。

④准予在计算应纳税所得额时扣除的项目包括：企业实际发生的与取得收入有关的、合理的支出（包括成本、费用、税金、损失和其他支出），企业发生的公益性捐赠支出，在年度利润总额 12% 以内的部分。

⑤在计算应纳税所得额时，下列支出不得扣除：向投资者支付的股息、红利等权益性投资收益款项；企业所得税税款；税收滞纳金；罚金、罚款和被没收财物的损失；《企业所得税实施细则》第 9 条规定以外的捐赠支出；赞助支出；未经核定的准备金支出；与取得收入无关的其他支出。

⑥企业纳税年度发生的亏损：企业纳税年度发生的亏损，准予向以后年度结转，用以后年度的所得弥补，但结转年限最长不得超过五年。

注意，在计算应纳税所得额时，企业按照规定计算的固定资产折旧准予扣除，但下列固定资产不得计算折旧扣除：房屋、建筑物以外未投入使用的固定资产；以经营租赁方式租入的固定资产；以融资租赁方式租出的固定资产；已足额提取折旧仍继续使用的固定资产；与经营活动无关的固定资产；单独估价作为固定资产入账的土地；其他不得计算折旧扣除的固定资产。

企业按照规定计算的无形资产摊销费用准予扣除，但下列无形资产不得计算摊销费用扣除：自行开发的支出已在计算应纳税所得额时扣除的无形资产，自创商誉，与经营活动无关的无形资产，其他不得计算摊销费用扣除的无形资产。

企业发生的下列支出作为长期待摊费用，按照规定摊销的，准予扣除：已足额提取折旧的固定资产的改建支出，租入固定资产的改建支出，固定资产的大修理支出，其他应当作为长期待摊费用的支出。

（2）应纳税额的计算

应纳税额 = 企业的应纳税所得额 × 适用税率 – 减免和抵免的税额

有关上式的说明如下：

①适用税率：企业所得税的税率为 25%，符合条件的小型微利企业，减按 20% 的税率征收企业所得税。国家需要重点扶持的高新技术企业，减按 15% 的税率征收企业所得税。

②减免和抵免的税额：企业取得的下列所得已在境外缴纳的所得税税额，可以从其当期应纳税额中抵免，抵免限额为该项所得依照《企业所得税实施细责》规定计算的应纳税额；超过抵免限额的部分，可以在以后五个年度内，用每年度抵免限额抵免当年应抵税额后的余额进行抵补。

知识窗：《企业所得税法》第 28 条第 1 款所称符合条件的小型微利企业，是指从事国家非限制和禁止行业，并符合下列条件的企业：①工业企业，年度应纳税所得额不超过 30 万元，从业人数不超过 100 人，资产总额不超过 3000 万元；②其他企业，年度应纳税所得额不超过 30 万元，从业人数不超过 80 人，资产总额不超过 1000 万元。

7.5.2　企业所得税的核算

《企业会计准则第 18 号——所得税准则》借鉴了国际会计准则，并结合我国的实际情况，要求对所得税采用全新的资产负债表债务法进行核算。

资产负债表债务法是以资产负债表为重心，按企业资产、负债的账面价值与税法规定的计税基础之间的差额，计算暂时性差异，据以确认递延所得税负债或资产，再确认所得税费用的会计核算方法。

1. 计税基础

企业在取得资产、负债时，应当确定其计税基础。资产、负债的账面价值与其计税基础存在差异的，应当确认所产生的递延所得税资产或递延所得税负债。

（1）资产的计税基础

资产的计税基础是指企业在收回资产账面价值过程中，计算应纳税所得额时按照税法规定可以自应税经济利益中抵扣的金额，如果这些经济利益不需要纳税，那么该资产的计税基础即为其账面价值。从理论上说，资产取得时其入账价值与计税基础既可以相同，也可以不同。我国目前存在大量资产取得时其入账价值与计税基础不同的情况，即使资产取得时其入账价值与计税基础相同，但后续计量因会计准则规定与税法规定不同，也可能造成账面价值与计税基础的差异。

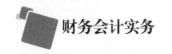

通常情况下，资产在取得时其入账价值与计税基础是相同的，后续计量过程中因企业会计准则规定与税法规定不同，可能产生资产的账面价值与其计税基础的差异。

【例7-27】黄河公司某项机器设备，原价为150万元，预计使用年限为5年，会计处理时按照直线法计提折旧，税收处理允许加速折旧，黄河公司在计税时对该项资产按年数总和法计提折旧，预计净残值为0。计提了2年的折旧后，请分别计算该项资产的账面价值和计税基础。

账面价值 = 150-60= 90（万元）

计税基础 = 150-50-40= 60（万元）

再比如，交易性金融资产的公允价值变动。按照企业会计准则规定，交易性金融资产期末应以公允价值计量，公允价值的变动计入当期损益。但是按照税法规定，交易性金融资产在持有期间公允价值变动不计入应纳税所得额，即其计税基础保持不变，则产生了交易性金融资产的账面价值与计税基础之间的差异。

假定黄河公司持有一项交易性金融资产，成本为1000万元，期末公允价值为1500万元，如计税基础仍维持1000万元不变，该计税基础与其账面价值之间的差额500万元即为应纳税暂时性差异。

（2）负债的计税基础

负债的计税基础，是指负债的账面价值减去未来期间计算应纳税所得额时按照税法规定可予抵扣的金额。一般而言，短期借款、应付票据、应付账款、其他应付款等负债的确认和偿还，不会对当期损益和应纳税所得额产生影响，其计税基础即为账面价值。某些情况下，负债的确认可能会涉及损益，进而影响不同期间的应纳税所得额，使得其计税基础与账面价值之间产生差额，如企业因或有事项确认的预计负债，会计上对于预计负债，按照最佳估计数确认，计入相关资产成本或者当期损益。按照税法规定，与预计负债相关的费用在实际发生时税前扣除，该类负债的计税基础为零，形成会计上的账面价值与计税基础之间的暂时性差异。

【例7-28】黄河公司2014年12月计入成本费用的职工福利费为320万元，至2014年12月31日尚未支付，体现为资产负债表中的应付职工薪酬负债。假定按照适用税法规定，当期计入成本费用的320万元职工福利费中，按照税法规定标准扣除的金额为240万元。

在会计处理上，该项应付职工薪酬的账面价值为320万元。在税务处理上，企业实际发生的职工福利费支出320万元与按照税法规定允许税前扣除的金额240万元之间所产生的80万元差额在发生当期即应进行纳税调整。

（3）暂时性差异

暂时性差异是指资产或负债的账面价值与其计税基础之间的差额。根据暂时性差异对未来期间应税金额影响的不同，分为应纳税暂时性差异和可抵扣暂时性差异。

①应纳税暂时性差异。应纳税暂时性差异是指在确定未来收回资产或清偿负债期间的应纳税所得额时，将导致产生应税金额的暂时性差异。按应纳税暂时性差异确认的就是递延所得税负债。应纳税暂时性差异，可分为以下两类：一是资产的账面价值

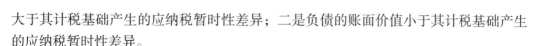

大于其计税基础产生的应纳税暂时性差异；二是负债的账面价值小于其计税基础产生的应纳税暂时性差异。

【例 7-29】2012 年 12 月 25 日，黄河公司购入一台价值 80000 元不需要安装的设备。该设备预计使用期限为 4 年，会计上采用直线法计提折旧，无残值。假定税法规定应采用年数总和法计提折旧，也无残值。黄河公司每年的利润总额均为 100000 元，无其他纳税调整项目，假定所得税税率为 25%，计算其 2014 年的所得税负债。

一般暂时性差异的所得税会计处理，通常情况下，如果存在应纳税暂时性差异或可抵扣暂时性差异，应当按照《准则》的规定确认递延所得税负债或递延所得税资产。

黄河公司 2014 年：

会计上计提折旧 80000÷4=20000（元），设备的账面价值为 80000-20000=60000（元）；税法上计提折旧 80000×4÷（1+2+3+4）=32000（元）。

设备的计税基础为 80000-32000=48000（元），设备的账面价值与计税基础之间的差额：60000-48000=12000（元）为应纳税暂时性差异，应确认递延所得税负债：12000×25%=3000（元）。

对于负债的账面价值小于其计税基础产生的应纳税暂时性差异，一般而言，短期借款、应付票据、应付账款等大部分负债的确认和偿还，不会对当期损益和应纳税所得额产生影响，其计税基础即为账面价值，不存在暂时性差异。但在某些情况下，负债的清偿可能会产生应纳税暂时性差异，如金融负债的新公允价值低于原公允价值的差额部分、企业部分负债债务重组调整时减少的部分账面价值等。

②可抵扣暂时性差异。可抵扣暂时性差异是指在确定未来收回资产或清偿负债期间的应纳税所得额时，将导致产生可抵扣金额的暂时性差异。按可抵扣暂时性差异确认的就是递延所得税资产。可抵扣暂时性差异，可分为以下两类：一是负债的账面价值大于其计税基础产生的可抵扣暂时性差异，二是资产的账面价值小于其计税基础产生的可抵扣暂时性差异。另外，按照税法规定允许抵减以后年度利润的可抵扣亏损，视同可抵扣暂时性差异。

【例 7-30】黄河公司 2014 年初应收账款账户余额为零，该企业本年度赊销一批价值 100 万元产品，企业于每年年末按应收账款余额 10% 的比例计提坏账准备，税法规定坏账准备在计提当期不允许在税前扣除，实际发生时可以在计算应纳税所得额时扣除。

分析过程如下：

2014 年初应收账款账面价值 = 0

2014 年初应收账款计税基础 = 0

2014 年初可抵扣暂时性差异余额 = 0-0 = 0

2014 年末应收账款账面价值 = 100-10 = 90

2014 年末应收账款计税基础 = 100-0 = 100

2014 年末可抵扣暂时性差异余额资产的账面价值小于资产的计税基础 10（100-90）

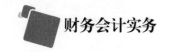

请注意：暂时性差异与递延所得税的对应关系：

资产的账面价值＞计税基础，形成应纳税暂时性差异，确认递延所得税负债；

负债的账面价值＜计税基础，形成应纳税暂时性差异，确认递延所得税负债。

资产的账面价值＜计税基础，形成可抵扣暂时性差异，确认递延所得税资产；

负债的账面价值＞计税基础，形成可抵扣暂时性差异，确认递延所得税资产。

知识窗：资产负债表债务法下所得税的计算程序如下：

（1）确定每项资产或负债的计税基础。

（2）依据该资产或负债的账面价值与其计税基础之间的差额，确定暂时性差异。

（3）暂时性差异乘以适用税率得到递延所得税资产或递延所得税负债的期末余额。

（4）确定本期发生和转回的递延所得税资产或递延所得税负债。二者的计算公式分别为：

递延所得税资产＝发生的可抵扣暂时性差异的所得税影响金额－已转回的可抵扣暂时性差异的所得税影响金额 ± 调整金额

递延所得税负债＝发生的应纳税暂时性差异的所得税影响金额－已转回的应纳税暂时性差异的所得税影响金额 ± 调整金额

（5）确定所得税费用。所得税费用，是指递延所得税负债大于递延所得税资产的金额。理论上讲，递延所得税资产大于递延所得税负债（也即递延所得税负债小于递延所得税资产的金额），可称为递延所得税收益。

当期所得税费用计算式为：

当期所得税费用＝当期应纳所得税税额＋（期末递延所得税负债－期初递延所得税负债）－（期末递延所得税资产－期初递延所得税资产）＝当期应纳所得税税额＋递延所得税净负债－递延所得税净资产

2. 科目设置

（1）"所得税费用"科目

该科目属于损益类科目，核算企业确认的应从当期利润总额中扣除的所得税费用。该科目借方反映企业计入本期损益的所得税费用，贷方反映转入"本年利润"科目的所得税费用。本科目可按"当期所得税费用""递延所得税费用"进行明细核算。

（2）"递延所得税资产"科目

该科目属于资产类科目，核算企业确认的可抵扣暂时性差异产生的递延所得税资产。该科目借方登记递延所得税资产增加额，贷方登记递延所得税资产减少额。该科目借方余额表示将来可以少交的所得税金额。有关计算式为：

递延所得税资产期末余额＝可抵扣暂时性差异期末余额 × 所得税税率

本期递延所得税资产发生额＝递延所得税资产期初余额－递延所得税资产期末余额

本科目应按可抵扣暂时性差异等项目进行明细核算。

（3）"递延所得税负债"科目

该科目属于负债类科目，核算企业确认的应纳税暂时性差异产生的递延所得税负债。该科目贷方登记递延所得税负债增加额，借方登记递延所得税负债减少额。贷方余额表示将来应交所得税金额。

有关计算式为：

递延所得税负债期末余额 = 应纳税暂时性差异期末余额 × 所得税税率

本期所得税负债发生额 = 递延所得税负债期末余额 − 递延所得税负债期初余额

本科目可按应纳税暂时性差异的项目进行明细核算。

3. 主要账务处理举例

（1）所得税费用的主要账务处理

资产负债表日，企业按照税法规定计算确定的当期应交所得税，借记"所得税费用——当期所得税费用"科目，贷记"应交税费——应交所得税"科目。

（2）递延所得税负债的主要账务处理

资产负债表日递延所得税负债的应有余额大于其现有账面余额的，应按其差额确认，借记"所得税费用——递延所得税费用"科目，贷记"递延所得税负债"科目；资产负债表日递延所得税负债的应有余额小于其现有账面余额的，做相反的会计分录。

【例 7-31】黄河公司 2014 年 1 月 1 日向乙公司投资并持有乙公司 30% 的股份，采用权益法核算。黄河公司适用的所得税税率为 25%，乙公司适用的所得税税率为 20%，黄河公司按乙公司 2014 年税后净利润的 30% 计算确认的投资收益为 80 万元，黄河公司除此项目外无其他纳税调整。黄河公司不能够控制暂时性差异转回的时间，该暂时性差异在可预见的未来能够转回。

黄河公司 2014 年应确认的递延所得税负债 = 80 ÷（1−20%）×（25%−20%）= 5（万元）。

借：所得税费用　50000

　　贷：递延所得税负债　50000

（3）递延所得税资产的主要账务处理

资产负债表日递延所得税资产的应有余额大于其现有账面余额的，应按其差额确认，借记"递延所得税资产"科目，贷记"所得税费用——递延所得税费用"等科目；资产负债表日递延所得税资产的应有余额小于其现有账面余额做相反的会计分录。

【例 7-32】黄河公司在 2011 年至 2014 年间每年的应税收益分别为：−200 万元、80 万元、70 万元、80 万元，适用税率为 25%，假设无其他暂时性差异。其中，2011 年产生的 40 万元亏损，经综合判断能在 5 年内转回，确认可抵扣暂时性差异，即确认递延所得税资产。

① 2011 年企业应税收益为亏损 200 万元，产生可抵扣的暂时性差异 40 万元，即确认递延所得税资产 40 万元，会计处理为：

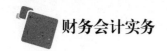

借：递延所得税资产　500000

 贷：所得税费用　500000

②2012年企业应税收益为盈利80万元，转回暂时性差异16万元，会计处理为：

借：所得税费用　200000

 贷：递延所得税资产　200000

③2013年企业应税收益为盈利70万元，转回暂时性差异14万元，会计处理为：

借：所得税费用　175000

 贷：递延所得税资产　175000

④2014年企业应税收益为盈利80万元，可转回暂时性差异10万元，确认本年度应交税费6万元。会计处理为：

借：所得税费用　200000

 贷：递延所得税资产　100000

  应交税费——应交所得税　100000

知识窗：企业合并中取得资产、负债的入账价值与其计税基础不同形成可抵扣暂时性差异的，应于购买日确认递延所得税资产，借记"递延所得税资产"科目，贷记"商誉"等科目。与直接计入所有者权益的交易或事项相关的递延所得税资产，借记"递延所得税资产"科目，贷记"资本公积——其他资本公积"科目。

资产负债表日，预计未来期间很可能无法获得足够的应纳税所得额用以抵扣可抵扣暂时性差异的，按原已确认的递延所得税资产中应减记的金额，借记"所得税费用——递延所得税费用""资本公积——其他资本公积"等科目，贷记"递延所得税资产"科目。

【任务5训练题】

一、不定项选择题

1. 下列各项投资收益中，按税法规定免交所得税，在计算应纳税所得额时应予调整的项目是（　　）。

 A. 股票转让净收益　　　　　　　　B. 公司债券转让净收益

 C. 国债利息收入　　　　　　　　　D. 公司债券利息收入

2. 为核算企业根据所得税准则确认的应纳税暂时性差异产生的金额，应设置（　　）科目。

 A. 递延所得税负债　　　　　　　　B. 递延所得税资产

 C. 所得税费用　　　　　　　　　　D. 应交税费——应交所得税

3. 下列哪些是形成可抵扣暂时性差异的情况（　　）。

 A. 资产的账面价值小于其计税基础　　B. 负债的账面价值大于其计税基础

 C. 资产的账面价值大于其计税基础　　D. 负债的账面价值小于其计税基础

二、技能训练

某企业 2013 年 12 月 1 日购入一台价值 150000 元不需要安装的设备。该设备预计使用期限为 5 年，期末无残值。该企业会计上采用直线法计提折旧，而税法规定采用年数总和法计提折旧，该企业当年实现会计利润 200000 元，无其他纳税调整项目，所得税税率为 25%。请计算该企业 2014 年应缴企业所得税。

任务 6　利润及其分配的核算

7.6.1　投资收益的核算

投资收益是指企业在一定的会计期间对外投资所取得的回报。投资收益包括对外投资所分得的股利和收到的债券利息，以及投资到期收回或在到期前转让债权所得款项高于账面价值的差额等。投资活动也可能遭受损失，如投资到期收回的或到期前转让所得款低于账面价值的差额，即为投资损失。投资收益减去投资损失则为投资净收益。随着企业握有的管理和运用资金权力的日益增大及资本市场的逐步完善，投资活动中获取收益或承担亏损，虽不是企业通过自身的生产或劳务供应活动所得，却是企业利润总额的重要组成部分，其比重发展呈越来越大的趋势。

1. 设置会计科目

核算企业的投资收益，需要设置"投资收益"科目。该科目属于损益类科目，用以核算企业对外投资所取得的收益或发生的损失。借方登记企业发生的各种对外投资的损失和期末转入"本年利润"科目的对外投资的收益，贷方登记企业发生的各种对外投资的收益和期末转入"本年利润"科目的对外投资的损失，期末结转后该会计科目无余额。本科目应按投资收益种类设置明细账，进行明细核算。

2. 投资收益核算举例

长期股权投资采用成本法核算的，企业应按被投资单位宣告发放的现金股利或利润中属于本企业的部分，借记"应收股利"科目，贷记"投资收益"科目。属于被投资单位在取得本企业投资前实现净利润的分配额，应作为投资成本的收回，借记"应收股利"等科目，贷记"长期股权投资"科目。

长期股权投资采用权益法核算的，应根据被投资单位实现的净利润或经调整的净利润计算应享有的份额，借记"长期股权投资——损益调整"科目，贷记"投资收益"科目。被投资单位发生净亏损的，应根据被投资单位发生的净亏损计算应承担的份额，借记"投资收益"科目，贷记"长期股权投资——损益调整"科目。

处置长期股权投资时，应按实际收到的金额，借记"银行存款"等科目；按其账面余额，贷记"长期股权投资"科目；按尚未领取的现金股利或利润，贷记"应收股利"科目；按其差额，贷记或借记"投资收益"科目。已计提减值准备的，还应同时

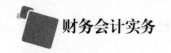

结转减值准备。

处置采用权益法核算的长期股权投资，还应结转原计入资本公积的相关金额，借记或贷记"资本公积——其他资本公积"科目，贷记或借记"投资收益"科目。

企业持有交易性金融资产、持有至到期投资、可供出售金融资产期间取得的投资收益以及处置交易性金融资产、指定为以公允价值计量且其变动计入当期损益的金融资产、持有至到期投资、可供出售金融资产实现的损益，比照"交易性金融资产""持有至到期投资""可供出售金融资产"等科目的相关规定处理。

【例7-33】黄河公司2013年12月5日购入股票200万元，作为交易性金融资产。2014年末，该股票市价为216万元，2014年1月15日全部售出，收到220万元。黄河公司2014年末应做会计分录如下：

借：交易性金融资产——公允价值变动　160000

　　贷：公允价值变动损益　160000

出售这批股票时应做会计分录如下：

借：银行存款　2200000

　　公允价值变动损益　160000

　　贷：交易性金融资产　2160000

　　　投资收益　200000

请注意：出售时，交易性金融资产应该按照市价216万元核算。投资收益为出售收入减购入时的成本，即20（220-200）万元。

【例7-34】黄河公司于2013年1月1日支付800万元，取得乙企业60%的股权。黄河公司投资时乙企业可辨认净资产公允价值为1200万元。黄河公司和乙企业不存在关联关系，为非同一控制下的企业合并。2013年乙企业实现净利润210万元；2014年3月9日乙企业分出现金股利70万元。

黄河公司应做会计分录如下：

①2013年1月1日投资时：

借：长期股权投资——乙企业　8000000

　　贷：银行存款　8000000

②2013年乙企业实现净利润180万元，黄河公司采用成本法核算，不做账务处理。

③2014年3月9日乙企业分出现金股利时：

借：应收股利——乙企业　420000

　　贷：投资收益　420000

借：银行存款　420000

　　贷：应收股利——乙企业　420000

请注意：应收股利＝分出股利 × 持股比例＝700000×60%＝420000（元）。

7.6.2　本年利润的核算

1. 利润概述

利润是指企业在一定会计期间的经营成果。利润金额的计量取决于收入和费用、直接计入当期利润的利得和损失金额的计量。

利润总额 = 营业利润 + 营业外收入 – 营业外支出

净利润 = 利润总额 – 所得税费用

营业利润是企业利润的主要来源。其计算式为：

营业利润 = 主营业务利润 + 其他业务利润 – 资产减值损失 + 公允价值变动收益 + 投资收益

式中各项说明如下：

① 主营业务利润是指企业从事主要的、基本的经营活动所取得的利润。其计算式为：

主营业务利润 = 主营业务收入 – 主营业务成本 – 营业税金及附加 – 管理费用 – 销售费用 – 财务费用

② 其他业务利润是指企业经营主营业务以外的其他经营性业务取得的利润。其他业务收入扣除其他业务成本后的差额，即为其他业务利润。其计算式为：

其他业务利润 = 其他业务收入 – 其他业务成本

资产减值损失是指因资产的可收回金额低于其账面价值而造成的损失。资产减值范围主要是固定资产、无形资产及除特别规定外的其他资产减值的处理。

公允价值变动收益是指由市场价格的变动引起资产的升值部分，如发生减值，则构成公允价值变动收益的减项。

公允价值变动收益和投资收益如果为净损失，构成营业利润的减项。

2. 设置会计科目

为进行利润的核算，企业需要设置"本年利润"科目。该科目属于损益类科目，用来核算企业本年度内实现的净利润或者净亏损。月末企业应将各收入类科目的余额转入该科目的贷方，将各费用类科目的余额转入该科目的借方。转账后，该科目如为贷方余额，表示本年度自年初开始累计实现的利润；如为借方余额，表示本年度自年初开始累计发生的亏损。年度终了，应将"本年利润"科目的余额转入"利润分配"科目。年终结转后，"本年利润"科目无余额。该科目不进行明细账户核算。

3. 本年利润结转的方法

期末企业经过核对账目、财产清查和账项调整等一系列核算前的准备工作后，在试算平衡的基础上，将企业所有损益类会计科目的余额全部转入"本年利润"科目。

各损益类科目余额结转到"本年利润"科目，可在年末一次结转，平时月份只通过编制利润表计算出各会计期间的利润，不进行损益类科目的结转，这种做法称为"表结法"；也可每月都将损益类科目结转到"本年利润"科目，这种做法称为"账

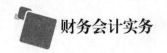

结法"，运用哪种方法可由企业自主决定。

（1）将损益类贷方余额账户转入"本年利润"账户

借：主营业务收入

其他业务收入

投资收益

营业外收入

贷：本年利润

（2）将损益类借方余额账户转入"本年利润"账户

借：本年利润

贷：营业务税金及附加

主营业务成本

销售费用

管理费用

财务费用

其他业务成本

营业外支出

资产减值损失

公允变动损益

（3）将所得税借方余额账户转入"本年利润"账户

借：本年利润

贷：所得税费用

（4）年终将"本年利润"账户结转到利润分配——未分配利润账户

借：本年利润

贷：利润分配——未分配利润

【例 7-35】黄河公司 2014 年末损益类科目数据见表 7-2。

表 7-2 黄河公司 2014 年损益类账户明细

科目名称	本期余额	科目名称	本期余额
主营业务收入	800000	管理费用	14000
主营业务成本	400000	财务费用	2000
营业税金及附加	60000	投资收益	9000（贷）
其他业务收入	50000	营业外收入	6000
其他业务成本	10000	营业外支出	7000
		销售费用	18000

①结转各项费用、损失：

借：本年利润　511000

　　贷：主营业务成本　400000
　　　　营业税金及附加　60000
　　　　其他业务成本　10000
　　　　销售费用　18000
　　　　管理费用　14000
　　　　财务费用　2000
　　　　营业外支出　7000
②结转各项收入、利得：
借：主营业务收入　800000
　　其他业务收入　50000
　　投资收益　9000
　　营业外收入　6000
　　贷：本年利润　865000
通过上述损益的结转，可知本期企业利润总额为354000（865000-511000）元。
③将"所得税费用"科目借方余额转入"本年利润"科目：
借：本年利润　88500
　　贷：所得税费用　88500
④年终将"本年利润"科目贷方余额结转到"利润分配——未分配利润"科目：
借：本年利润　265500
　　贷：利润分配——未分配利润　265500

💡动脑筋：某公司年终结转前主营业务收入539200元，其他业务收入12800元，营业税金及附加4000元，销售费用6000元，管理费用77080元，财务费用3600元，营业外支出10000元，所得税税率25%，无纳税调整项目。假如你是该公司会计人员，你如何进行年终结转损益、结转所得税、结转净利润的账务处理？

7.6.3　利润分配的核算

1.利润分配的顺序

利润分配是指企业按照国家规定的政策和企业章程的规定，对已实现的净利润在企业和投资者之间进行分配。企业当期实现的净利润，加上年初未分配利润（或减去年初未弥补亏损）和其他转入后的余额，为可供分配的利润。可供分配的利润按下列顺序分配：

（1）弥补以前年度的亏损

企业纳税年度发生的亏损，准予向以后年度结转，用以后年度的所得弥补，但结转年限最长不得超过5年。

（2）提取法定盈余公积

法定盈余公积按照本年实现的净利润的一定比例提取，公司制企业根据有关法律规定按净利润的10%提取。其他企业可以根据需要确定提取的比例，但至少应按10%

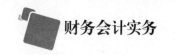

提取。企业提取的法定盈余公积累计额达到注册资本 50% 以上的可以不再提取。

（3）分配给投资者的利润

可供分配的利润减去提取的法定盈余公积以后，为可供投资者分配的利润。可供投资者分配的利润，按下列顺序分配。

①应付优先股股利。是指企业按照利润分配方案分配给优先股股东的现金股利。

②提取任意盈余公积。是指企业按规定提取的任意盈余公积。

③应付普通股股利。是指企业按照利润分配方案分配给普通股股东的现金股利。企业分配给投资者的利润，也在本项目核算。

企业如果发生亏损，可用以后年度实现的利润弥补，也可用以前年度提取的盈余公积弥补。企业以前年度亏损未弥补完，不能提取法定盈余公积和法定公益金，在提取法定盈余公积和法定公益金前，不得向投资者分配利润。

2. 科目设置

（1）"利润分配"科目

为反映企业利润的分配或亏损的弥补情况，应设置"利润分配"科目。该科目为所有者权益类科目，借方记录已分配的利润及年终亏损的转入数，贷方记录已取得的亏损弥补数及年终由"本年利润"科目转入的净利润。该科目余额在借方，表示积欠的未弥补亏损，其余额在贷方表示表示历年积存的未分配利润。在"利润分配"科目下，要设置"提取法定盈余公积""提取任意盈余公积""盈余公积补亏""应付利润""未分配利润"等明细科目，进行明细核算。

（2）"盈余公积"科目

该科目属于所有者权益类会计科目，用来核算企业从净利润中提取的盈余公积。该科目的贷方登记企业从净利润中提取的法定盈余公积和任意盈余公积；借方登记以盈余公积弥补亏损或转增资本的盈余公积数。期末余额在贷方，表示盈余公积的结余数。

（3）"应付利润"科目

该科目属于负债类会计科目，用来核算应付给国家、其他单位、个人等投资者的利润。该科目的贷方登记按照利润分配方案计算的应付利润；借方登记用货币资金或其他资产支付给投资者的利润。期末余额在贷方，表示应付未付的利润。

3. 利润分配的账务处理

（1）税后利润补亏

指以已计算应交所得税后的企业净利润（又称税后利润），弥补企业往年被主管税务机关审核认定不得在税前弥补的亏损额或已超过延续弥补期限的挂账亏损额；企业当年发生亏损，以往年未分配利润或盈余公积弥补，也属于税后补亏的范畴。

企业发生的亏损应由企业自行弥补。企业弥补亏损的渠道有以下三种：①用以后年度税前利润弥补；②用以后年度税后利润弥补；③用盈余公积弥补。

用利润弥补亏损，在会计核算上，无论是以税前利润还是以税后利润弥补亏损，其会计核算方法都相同，都不需要进行专门的账务处理。这是因为，企业在当年发生亏损的情况下，应将本年发生的亏损从"本年利润"科目的贷方，转入"利润分配——未分配利润"科目的借方；在以后年度实现净利润的情况下，应将本年度实现的利润从"本年利润"科目的借方，转入"利润分配——未分配利润"科目的贷方，其贷方发生额（即实现的利润）与借方余额（未弥补亏损额）抵消，自然就弥补了亏损，无须专门另做会计分录。

（2）提取盈余公积

提取盈余公积，引起所有者权益中的有关项目发生此增彼减的变化，涉及"利润分配"和"盈余公积"两个会计科目。提取盈余公积的结果使一项所有者权益减少，应记入"利润分配"科目的借方；使另一项所有者权益增加，应记入"盈余公积"科目的贷方。

（3）向投资者分配利润

向投资者分配利润引起所有者权益和负债两个项目发生增减变化，涉及"利润分配"和"应付利润"两个会计科目。利润分配的结果使所有者权益减少，应记入"利润分配"科目的借方；因款项尚未付出，形成企业的一笔负债，应记入"应付利润"科目的贷方。

（4）年末结转"利润分配"各明细会计科目

年末，应将利润分配的各项内容从"利润分配"各明细会计科目的贷方转入"利润分配——未分配利润"明细会计科目的借方。结转后，除"利润分配——未分配利润"明细科目有余额外，其余明细会计科目均无余额。

结转后，如"利润分配——未分配利润"科目为借方余额，则表现为企业累计未弥补的亏损，如"利润分配——未分配利润"科目为贷方余额，则表现为企业累计未分配的利润。

【例 7-36】黄河公司 2014 年全年实现净利润 1720000 元，其利润分配方案如下：按净利润的 10% 提取法定盈余公积；按可供分配利润的 80% 向投资者分配利润。年初"利润分配——未分配利润"有贷方余额 138000 元。

提取法定盈余公积 = 1720000 × 10%= 172000（元）

借：利润分配——提取法定盈余公积   172000

　　贷：盈余公积   172000

应付利润 =（1720000-172000 + 138000）× 80%= 1686000 × 80%= 1348800（元）

年末未分配利润 = 1686000-134800= 337200（元）

借：利润分配——应付利润   1348800

　　贷：应付利润   1348800

2014 年 12 月 31 日，结转"利润分配"账户：

借：利润分配——未分配利润   1520800

　　贷：利润分配——提取盈余公积   172000

　　　　　——应付利润   1348800

【任务6训练题】

一、不定项选择题

1. 某企业于2008年成立（假定所得税税率为25%），当年发生亏损80万元，2009年至2014年每年实现利润总额为10万元。除弥补亏损外，假定不考虑其他纳税调整事项。则2014年末该企业"利润分配——未分配利润"科目的借方余额为（　　）万元。

A. 20　　　　　　　B. 20.20　　　　　　C. 22.50　　　　　　D. 40

2. 企业用当年实现的利润弥补亏损时，应做的会计处理是（　　）。

A. 借记"本年利润"科目，贷记"利润分配——未分配利润"科目

B. 借记"利润分配——未分配利润"科目，贷记"本年利润"科目

C. 借记"利润分配——未分配利润"科目，贷记"利润分配——未分配利润"科目

D. 无须专门做会计处理

3. 下列经济业务中，能引起企业利润增减的有（　　）。

A. 按规定程序批准后结转的固定资产盘亏

B. 法定财产重估增值

C. 计提长期债券投资的利息

D. 收到供货单位违反合同的违约金

二、技能训练

乙企业是由A、B、C公司共同出资设立的中外合资企业。2013年初经注册会计师验证确认的各出资者出资情况见表7-3：

表7-3　投资明细表

单位：万元

出资者名称	出资比例	货币	固定资产	无形资产
A公司	45%		150	300
B公司	40%	400		
C公司	15%	150		

2013年度，乙企业实现利润100万元（免交所得税），按10%和5%提取法定盈余公积和任意盈余公积，向投资者分配利润60万元。请做出相应的账务处理。

任务 7　岗位业务实训

实训目的

掌握通过企业财务信息资源明确所有者权益和财务成果核算的步骤；熟悉所有者权益和财务成果核算的规章制度；熟练掌握凭证、账薄和工具的使用；熟练操作财务成果完整的核算过程。

实训要求

1. 能够进行所有者权益的管理与核算业务，准确填制记账凭证。

2. 通过业务核算进行一个会计年度收入和支出的结转与核算。

3. 计算所得税和利润总额，并进行相应的会计核算。

4. 计算净利润和结转分配净利润并进行会计核算。

实训资料

宏伟工厂基本资料：宏伟工厂（增值税一般纳税人，开户银行工商银行洪山区支行，账号：008768，会计核算方式采用科目汇总表核算方式。本实训选用该企业 2014 年 12 月份和利润及利润分配相关的部分经济业务，进行利润和利润分配的实训。

有关宏伟工厂 11 月 30 日总账及明细账期末资料。

宏伟工厂 11 月 30 日的科目汇总表见表 7-4。

表 7-4　科目汇总表

科目名称	二级明细账	借方余额	贷方余额	备注
现金		1000		
银行存款		304300.95		
其他货币资金		9500		
短期投资		35947.52		
应收票据		99300		
应收账款		123500		
预付账款			2000	
坏账准备			494	
其他应收款		2413.94		
材料采购		49255		
原材料		423200		
包装物		10000		
低值易耗品		39200		

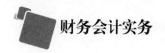 财务会计实务

续表

科目名称	二级明细账	借方余额	贷方余额	备注
委托发出材料				
分期收款发出商品				
材料成本差异		10231.12		
库存商品		449960		
待摊费用		26238		
长期债权投资		20000		
长期股权投资		30000		
固定资产		4522198		
累计折旧			544429	
在建工程		38000		
固定资产清理		800		
无形资产		15427		
长期待摊费用		8500		
待处理财产损溢	待处理固定财产损溢	2300		
生产成本	Ⅰ号产品	1841.99		
	Ⅱ号产品	2899.23		
短期借款			511485.98	
应付票据			1000	
应付账款			19400	
预收账款	红关公司	3000		
	钱江公司		4000	
其他应付款			8000	
应付职工薪酬	应付职工福利费		5998	
应交税费	应交城建税		775.51	
	应交所得税		15026.88	
	应交增值税		11078.76	
	应交教育费附加		332.36	
预提费用	预提借款利息		9500	
	预提保险费		20850	
长期借款			127141	
长期应付款款			105000	
实收资本			4500000	
资本公积			41394	

· 372 ·

续表

科目名称	二级明细账	借方余额	贷方余额	备注
盈余公积			286819.21	
本年利润			356127	
利润分配		202985.95		
	未分配利润		52890	
	提取盈余公积	256127		
合计		6567851.7	6567851.7	

请根据宏伟工厂 12 月发生的如下经济业务做出相关账务处理。

（1）2 日收回向 A 公司托收的货款。

凭 1-1

托收承付凭证（收款通知）　　　　第　　号

委托日期 2014 年 11 月 25 日　　　　托收号码：

<table>
<tr><td rowspan="3">收款人</td><td>全称</td><td>宏伟工厂</td><td rowspan="3">付款人</td><td>全称</td><td colspan="7">A 公司</td><td rowspan="9">此联是银行给收款人的回单</td></tr>
<tr><td>账号或地址</td><td>008768</td><td>账号</td><td colspan="7">356113</td></tr>
<tr><td>开户银行</td><td>工商银行洪山区支行</td><td>开户银行</td><td colspan="5">工商银行江山办事处</td><td>行号</td><td>3213</td></tr>
<tr><td rowspan="2">委托收款金额</td><td rowspan="2" colspan="2">人民币
（大写）肆万肆仟陆佰肆十元整</td><td>千</td><td>百</td><td>十</td><td>万</td><td>千</td><td>百</td><td>十</td><td>元</td><td>角</td><td>分</td></tr>
<tr><td></td><td></td><td></td><td>4</td><td>4</td><td>6</td><td>4</td><td>0</td><td>0</td><td>0</td></tr>
<tr><td>附寄单证张数</td><td>3</td><td>商品发运情况</td><td></td><td colspan="3">合同名称</td><td colspan="5"></td></tr>
<tr><td colspan="2">备注</td><td colspan="3">本委托款项随有关单证等件，请予办理托收

收款人签章</td><td colspan="6">科目（贷）＿＿＿＿＿
对方科目（借）＿＿＿＿
汇出行汇出日期　年　月　日
复核　　　记账</td></tr>
</table>

收款人　　　　　　　开户行收到日期 2014 年 12 月 2 日

（2）职工李江报销子女托幼费。

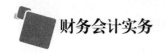

凭 2-1

托儿所通用发票   NO

客户名称：李江   班级：托幼   开票日期：2014 年 10 月

收费项目	江城市收费许可证			金额							备注	第一联男方单位报销联
	NO.047116			十万	万	千	百	十	元	角	分	11 月	
托费								6	0	0	0		
搭伙费								7	5	0	0		
合计						1	3	5	0	0			
人民币合计（大写）	壹佰叁拾伍元零角零分												
收款单位	江城第一托儿所财务专用章	审核		实报金额		结算方式		现金付讫					
				25		报销时间		2014 年 12 月 24 日					

开票人（章）蔡红   收款人（章）王民

凭 2-2

托儿所通用发票   NO

客户名称：李江   班级：托幼   开票日期：2014 年 10 月

收费项目	江城市收费许可证			金额							备注	第一联男方单位报销联
	NO.047116			十万	万	千	百	十	元	角	分	10 月	
托费								6	0	0	0		
搭伙费								8	5	3	0		
合计						1	4	5	3	0			
人民币合计（大写）	壹佰肆拾伍元叁角零分												
收款单位	江城第一托儿所财务专用章	审核		实报金额		结算方式		现金付讫					
				25		报销时间		2014 年 12 月 24 日					

开票人（章）蔡红   收款人（章）王民

（3）5 日向 A 公司销售产品一批，货款收到存入银行。

凭 3-1

中国工商银行进账单（回单或收账通知）

1

2014 年 12 月 5 日第　　　号

<table>
<tr>
<td rowspan="3">付款人</td>
<td>全称</td>
<td colspan="2">A公司</td>
<td rowspan="3">收款人</td>
<td>全称</td>
<td colspan="10">宏伟工厂</td>
</tr>
<tr>
<td>账号</td>
<td colspan="2">356113</td>
<td>账号</td>
<td colspan="10">8768</td>
</tr>
<tr>
<td>开户银行</td>
<td colspan="2">工商银行江山办事处</td>
<td>开户银行</td>
<td colspan="10">工商银行洪山区支行</td>
</tr>
<tr>
<td colspan="2">人民币（大写）</td>
<td colspan="3">伍万叁仟捌佰贰拾元整</td>
<td>千</td><td>百</td><td>十</td><td>万</td><td>千</td><td>百</td><td>十</td><td>元</td><td>角</td><td>分</td>
</tr>
<tr>
<td colspan="5"></td>
<td></td><td></td><td>5</td><td>3</td><td>8</td><td>2</td><td>0</td><td>0</td><td>0</td><td>0</td>
</tr>
<tr>
<td colspan="2">票据种类</td>
<td colspan="3">转账支票</td>
<td colspan="10" rowspan="3"></td>
</tr>
<tr>
<td colspan="2">票据号码</td>
<td colspan="3">1</td>
</tr>
<tr>
<td colspan="5"></td>
</tr>
<tr>
<td colspan="2">单位主管</td>
<td>会计</td>
<td colspan="2">复核</td>
<td colspan="2">记账</td>
<td colspan="8">收款人开户行盖章</td>
</tr>
</table>

凭 3-2

6100033141

增值税专用发票

开票日期：2014 年 12 月 5 日　　　　　　NO0087206

<table>
<tr>
<td rowspan="2">购货单位</td>
<td>名称</td>
<td colspan="3">A公司</td>
<td colspan="2">纳税人登记号</td>
<td colspan="12"></td>
<td rowspan="18">第二联 发票联 购货方记账凭证</td>
</tr>
<tr>
<td>地址、电话</td>
<td colspan="3"></td>
<td colspan="2">开户银行及账号</td>
<td colspan="12">356113</td>
</tr>
<tr>
<td rowspan="2">商品或劳务名称</td>
<td rowspan="2">计量单位</td>
<td rowspan="2">数量</td>
<td rowspan="2">单价</td>
<td colspan="8">金额</td>
<td rowspan="2">税率（%）</td>
<td colspan="8">税额</td>
</tr>
<tr>
<td>千</td><td>百</td><td>十</td><td>万</td><td>千</td><td>百</td><td>十</td><td>元</td><td>角</td><td>分</td>
<td>千</td><td>百</td><td>十</td><td>万</td><td>千</td><td>百</td><td>十</td><td>元</td><td>角</td><td>分</td>
</tr>
<tr>
<td>Ⅰ号产品</td>
<td>件</td>
<td>800</td>
<td>40.50</td>
<td></td><td></td><td>3</td><td>2</td><td>4</td><td>0</td><td>0</td><td>0</td><td>0</td>
<td>17</td>
<td></td><td></td><td></td><td></td><td>5</td><td>5</td><td>0</td><td>8</td><td>0</td><td>0</td>
</tr>
<tr>
<td>Ⅱ号产品</td>
<td>件</td>
<td>200</td>
<td>68.00</td>
<td></td><td></td><td>1</td><td>3</td><td>6</td><td>0</td><td>0</td><td>0</td><td>0</td>
<td>17</td>
<td></td><td></td><td></td><td></td><td>2</td><td>3</td><td>1</td><td>2</td><td>0</td><td>0</td>
</tr>
<tr>
<td></td><td></td><td></td><td></td>
<td colspan="10"></td>
<td colspan="10"></td>
</tr>
<tr>
<td colspan="4">合计</td>
<td></td><td>4</td><td>6</td><td>0</td><td>0</td><td>0</td><td>0</td><td></td><td></td>
<td></td>
<td></td><td></td><td></td><td>7</td><td>8</td><td>2</td><td>0</td><td>0</td><td>0</td><td></td>
</tr>
<tr>
<td colspan="2">价税合计（大写）</td>
<td colspan="12">伍万叁仟捌佰贰拾零元零分￥53820.00</td>
</tr>
<tr>
<td rowspan="2">销货单位</td>
<td>名称</td>
<td colspan="3">宏伟工厂</td>
<td colspan="2">纳税人登记号</td>
<td colspan="6"></td>
</tr>
<tr>
<td>地址、电话</td>
<td colspan="3"></td>
<td colspan="2">开户银行及账号</td>
<td colspan="6">008768</td>
</tr>
</table>

收款人：复核：开票人：销货单位（未盖章无效）

（4）6 日开出转账支票支付本企业律师顾问费。

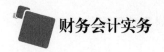

凭4-1

<h2 style="text-align:center">收　据</h2>

第 19 号 　　　　　　　　　　　　　　　　　　　　　　　2014 年 12 月 6 日

今收到	宏伟工厂 2014 年 12 月法律顾问费			
人民币（大写）伍佰元			￥500	
事由法律顾问费		现金		
		支票第　　　　　号		
收款单位	江城市第一律师事务所 收款章	收款人	陈江	

第一联收据

凭4-2

中国工商银行转账支票存根

支票号码 1013491

科目 _____

对方科目 _____

出票日期 2014 年 12 月 6 日

收款人：江城第一律师事务所
金　额：￥500.00
用　途：12 月律师费

单位主管：　　　　　会计：

（5）6 日上交上月有关税款。

凭 5-1

中华人民共和国
税款通用缴款书

隶属关系

经济类型：国有企业　　　　　填发日期：2014 年 12 月 6 日　　　　　收入机关：

缴款单位（人）	代码		预算科目	款	城乡维护建设费										
	全称	宏伟工厂		项	城乡维护建设税										
	开户银行	洪山区支行		级次	市级税票号：003079										
	账号	008768	收款国库												

税款所属时期：2014 年 12 月 04 日　　　　　税款限缴日期：2014 年 12 月 09 日

计征依据		征收率（%）	实缴税额									
项目名称	计征金额		千	百	十	万	千	百	十	元	角	分
城乡维护建设税	1105.24	7%						7	7	5	5	1
教育费附加	243.68							3	3	2	3	6
金额合计（大写）						1	1	0	7	8	7	

缴款单位（人）（盖章）经办人（章）	税务机关（盖章）填票人（章）	上列款项已收妥，并划转收款单位账户　　国库（银行）盖章　　　年月日	备注	

无银行收讫章无效

第六联（收据）国库（经收处）收款盖章后退缴款单位（人）作完税凭证

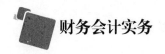

凭 5-2

中华人民共和国
增值税税收缴款书

国

国字第号

收入机关：　　　　　填发日期：2014 年 12 月 6 日　　　　　国字第　　　　号

缴款单位（人）	代码		预算科目	款	增值税
	全称	宏伟工厂		项	国有企业增值税
	开户银行	工行洪山区支行		级次	中央与市共享
	账号	008768	收款国库		洪山国库

| 税款所属日期 2014 年 11 月 01 日 | | | | | 税款限缴日期 2014 年 12 月 09 日 | | | | | | | | | |

品目名称	计税金额	税率或征收率	销项税额	进项税额	已缴税额	实缴税额									
						千	百	十	万	千	百	十	元	角	分
增值税		17%			11078.76				1	1	0	7	8	7	6

| （小写）合计 | 11078.76 |
| 金额合计 | 人民币（大写）壹万壹仟零柒拾捌元柒角陆分 |

| 缴款单位（人）（盖章）经办人（章） | 税务机关（盖章）填票人（章） | 上列款项已收妥，并划转收款单位账户　　　国库（银行）盖章　　年月日 | 备注 |

无银行收讫章无效

第六联（收据）国库（经收处）收款盖章后退缴款单位（人）作完税凭证

逾期不缴按税法规定加收滞纳金　　　　　隶属关系：　　　　经济性质：

5-3

中华人民共和国
所得税税收缴款书

国

收入机关：　　　　　　填发日期：2014 年 12 月 6 日　　　　　国字第　　号

缴款单位（人）	代码		预算科目	款	所得税
	全称	宏伟工厂		项	企业所得税
	开户银行	工行洪山区支行		级次	中央与市共享
	账号	008768	收款国库		洪山国库

税款所属日期 2014 年 11 月 01 日　　　　税款限缴日期 2014 年 12 月 09 日

品目名称	课税数量	计税金额或销售收入	税率或单位税额率	应缴税额	已缴税额	实缴税额									
						千	百	十	万	千	百	十	元	角	分
所得税			25%	11384				1	1	3	8	4	0	0

（小写）合计	11384
金额合计	人民币（大写）壹万壹仟叁佰捌拾肆元

缴款单位（人）（盖章）经办人（章）	税务机关（盖章）填票人（章）	上列款项已收妥，并划转收款单位账户　国库（银行）盖章　年月日	备注	

逾期不缴按税法规定加收滞纳金　　　　隶属关系：　　　　经济性质：国有

第六联（收据）国库（经收处）收款盖章后退缴款单位（人）作完税凭证

无银行收讫章无效

凭 5-4

```
中国工商银行转账支票存根

支票号码 1013475

科目

对方科目

出票日期 2014 年 12 月 6 日

收款人：地税局

金　额：￥12491.87

用　途：支付所得税、城建税等

单位主管：　　　　会计：
```

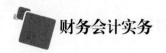

凭 5-5

中国工商银行转账支票存根

支票号码 1013476

科目 _____

对方科目 _____

出票日期 2007 年 12 月 6 日

收款人：国税局	
金　额：￥11078.76	
用　途：支付增值税	

单位主管：　　　　　会计：

（6）7 日出售给 B 公司产品一批，价款收回存入银行。

凭 6-1

中国工商银行进账单（ 回单或 收账通知 **）**　　　**1**

2014 年 12 月 5 日第　　　号

付款人	全称	B 公司	收款人	全称	宏伟工厂									
	账号	323435		账号	8768									
	开户银行	江山办事处		开户银行	洪山区支行									
人民币（大写）	贰拾捌万壹仟壹佰伍拾壹元整				千	百	十	万	千	百	十	元	角	分
							2	8	1	1	5	1	0	0
票据种类	转账支票													
票据号码	1													
单位主管	会计	复核	记账	收款人开户行盖章										

凭6-2

增值税专用发票

发票联

NO

开票日期：2014 年 12 月 7 日

购货单位	名称			B公司		税务登记号											
	地址、电话					开户银行及账号			323435								

商品或劳务名称	规格型号	计量单位	数量	单价	金额								税率（%）	税额						
					十	万	千	百	十	元	角	分		万	千	百	十	元	角	分
一号产品		件	1400	40.50		5	6	7	0	0	0	0	17		9	6	3	9	0	0
二号产品		件	2700	68	1	8	3	6	0	0	0	0	17	3	1	2	1	2	0	0
合计					2	4	0	3	0	0	0	0		4	0	8	5	1	0	0

价税合计（大写）	贰拾捌万壹仟壹佰伍拾壹元零角零分		￥281151.00
备注			

销货单位	名称	宏伟工厂	税务登记号	
	地址、电话		开户银行及账号	008768

购货单位（章）		收款人		复核		开票人	

（第二联 发票联 购货方记账凭证）

（7）9 日开出转账支票支付市美的广告公司广告费。

凭7-1

江城市广告业专用发票 　　　　NO

客户名称：宏伟工厂 　　　　　　　　　　开票日期：2014 年 12 月 9 日

项目	规格	单位	数量	单价	金额								备注
					十	万	千	百	十	元	角	分	
灯箱广告						6	6	1	4	0	0	0	

人民币合计（大写）	陆万陆仟壹佰肆拾元整			
企业名称	江城美的广告公司 广告收费专用章 工商广字 10014	开户银行		结算方式	
		账号		电话	

（③记账联：由开票人记财务账）

地址：　　　　　　开票人：陈成　　　　　　收款人（章）

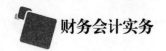

凭 7-2

中国工商银行转账支票存根

支票号码 1013492

科目 _____

对方科目 _____

出票日期 2007 年 12 月 9 日

收款人：江城美的广告公司
金　额：￥6614.00
用　途：付广告费费

单位主管：　　　　　会计：

（8）10 日出售给光华工厂材料一批，并开出转账支票支付代垫运费，货款已向银行办妥托收手续。

凭 8-1

火车货物运费结算单

第 0988 号

发货单位：宏伟工厂	说明：代光华工厂垫付	
收货单位：光华工厂	由收货单位作商品运杂费	
承运单位：四通铁路局	里程：500 千米	
货物件数：4 件	运费：200.00	人民币（大写）：贰佰元整

凭 8-2

增值税专用发票

发票联

NO757605

开票日期：2014 年 12 月 10 日

购货单位	名称	光华工厂				税务登记号								
	地址、电话					开户银行及账号				032178				

货物或应税劳务名称	规格型号	计量单位	数量	单价	金额								税率（%）	税额						
					十万	千	百	十	元	角	分		万	千	百	十	元	角	分
丙材料		千克	200	19.5		3	9	0	0	0	0	17			6	6	3	0	0
合计						3	9	0	0	0	0				6	6	3	0	0

价税合计（大写）	肆仟伍佰陆拾叁元零角零分	￥4563.00
备注		

销货单位	名称	宏伟工厂	税务登记号	
	地址、电话		开户银行及账号	008768

购货单位（章）		收款人		复核		开票人	

第二联 发票联 购货方记账凭证

凭 8-3

托收承付凭证（贷方凭证）

第 12 号

委托日期 2014 年 12 月 14 日　　　　托收号码：

收款人	全称	宏伟工厂	付款人	全称	光华工厂									
	账号	008768		账号	032178									
	开户银行	洪山区支行		开户银行	河丰办事处									

委托收款金	人民币（大写）肆仟柒佰陆拾叁元整	千	百	十	万	千	百	十	元	角	分
						4	7	6	3	0	0

附件	商品发运情况	合同名称号码
附寄单证张数		

| 备注
电划 | 付款人注意：
1. 根据结算办法规定，上列托收款项，如超过承付期限并未拒付时，即视同全部承付，如系全额支付即以此联代支时，再由银行另送延付或部分的支付款通知。
2. 如需提前承传或多承传时，应另写书面通知送银行办理。
3. 如系全部或部分拒付，应在承付期内另填拒付承付理由书送银行办理。 |
|---|---|

单位主管		会计		复核		付款单位开户银行盖章	12 月 14 日

此联是银行给收款人的回单

凭 8-4

中国工商银行转账支票存根

支票号码 1013496

科目 _____

对方科目 _____

出票日期 2014 年 12 月 10 日

收款人：四通铁路局

金　额：￥200.00

用　途：代垫运杂费

单位主管：　　　　　会计：

（9）14 日销售给西南公司产品一批，开出转账支票支付运杂费，款项已向银行办妥托收手续。

凭 9-1

托收承付凭证（贷方凭证）　　　　　第 71 号

委托日期 2014 年 12 月 14 日　　　　　　　托收号码：

收款人	全称	宏伟工厂	付款人	全称	西南公司										
	账号	008768		账号	446978										
	开户银行	洪山区支行		开户银行	河丰办事处	千	百	十	万	千	百	十	元	角	分
委托收款金额	人民币（大写）贰拾壹万贰仟玖佰壹拾捌元壹角整						2	1	2	9	1	8	1	0	
附件		商品发运情况													
附寄单证张数或册数															
备注　　　电划			付款人注意： 1. 根据结算办法规定，上列托收款项，如超过承付期限并未拒付时，即视同全部承付，如系全额支付即以此联代支时，再由银行另送延付或部分的支付款通知。 2. 如需提前承传或多承传时，应另写书面通知送银行办理。 3. 如系全部或部分拒付，应在承付期内另填拒付承付理由书送银行办理。													
单位主管		会计		复核	记账	付款单位开户银行盖章					12 月 22 日					

此联是银行给收款人的回单

凭 9-2

增值税专用发票

发票联

NO757601

开票日期：2014 年 12 月 14 日

购货单位	名称	西南公司					税务登记号						
	地址、电话						开户银行及账号		446978				

货物或应税劳务名称	规格型号	计量单位	数量	单价	金额								税率（%）	税额						
					十万	千	百	十	元	角	分		万	千	百	十	元	角	分
Ⅰ号产品		件	920	40.5		3	7	2	6	0	0	0	17		6	3	3	4	2	0
Ⅱ号产品		件				1	4	2	8	0	0	0			2	4	2	7	6	0	0
合计						1	8	0	0	6	0	0	0		3	0	6	1	2	2	0

价税合计（大写）	贰拾壹万零陆佰柒拾元贰角整	210670.20
备注		

销货单位	名称	宏伟工厂	税务登记号	
	地址、电话		开户银行及账号	008768

购货单位（章）		收款人		复核		开票人	

第二联　发票联　购货方记账凭证

凭 9-3

火车货物运费结算单

2014 年 12 月 14 日　　　　第 0989 号

发货单位：宏伟工厂	说明：代西南公司垫付	
收货单位：西南公司	由收货单位作商品运杂费	
承运单位：武铁分局	里程：350 千米	
货物件数：920 件	运费：2247.90	人民币（大写）：贰仟贰佰肆拾柒元玖角整

凭9-4

中国工商银行转账支票存根

支票号码 1013498

科目 _____

对方科目 _____

出票日期 2014 年 12 月 14 日

收款人：武铁分局

金　额：￥2247.90

用　途：付垫运杂费

单位主管：　　　　　会计：

（10）19 日向洪山区分局第四税务所购买印花税票。

凭10-1

江城市税务局印花税票报销专用凭证

NO703550

购买单位：宏伟工厂　　　　　　　　　　　　　　　　　　2014 年 12 月 19 日

印花税票面值	单位	数量	金额								备注
			十	万	千	百	十	元	角	分	
壹角	枚										
贰元	枚	20					4	0	0	0	
伍元	枚	10					5	0	0	0	
壹拾元	枚	4					4	0	0	0	
伍拾元	枚	5				2	5	0	0	0	
壹佰元	枚	2				2	0	0	0	0	
合计	枚	41				5	8	0	0	0	
合计人民币（大写）	伍佰捌拾元整										

客户收执

经办单位：　江城市税务局洪山区分局
　　　　　　第四税务所印花税收讫章　　　　　　　　　　　　　经办人：江林

凭 10-2

<table>
<tr><td colspan="2" align="center">**中国工商银行转账支票存根**</td></tr>
<tr><td colspan="2" align="center">支票号码 1013506</td></tr>
<tr><td colspan="2">科目</td></tr>
<tr><td colspan="2">对方科目</td></tr>
<tr><td colspan="2">出票日期 2014 年 12 月 18 日</td></tr>
<tr><td colspan="2">收款人：洪山第四税务所</td></tr>
<tr><td colspan="2">金 额：￥580.00</td></tr>
<tr><td colspan="2">用 途：付印花税票</td></tr>
<tr><td>单位主管：</td><td>会计：</td></tr>
</table>

（11）19 日出售给某机电公司材料一批，收到支票当即填进账单入账。

凭 11-1

<h2 align="center">中国工商银行进账单（回单或收账通知） 1</h2>

2006 年 12 月 5 日第 号

<table>
<tr>
<td rowspan="3">付款人</td>
<td>全称</td>
<td>某机电公司</td>
<td rowspan="3">收款人</td>
<td>全称</td>
<td colspan="11">宏伟工厂</td>
</tr>
<tr>
<td>账号</td>
<td>323435</td>
<td>账号</td>
<td colspan="11">008768</td>
</tr>
<tr>
<td>开户银行</td>
<td>新街办事处</td>
<td>开户银行</td>
<td colspan="11">洪山区支行</td>
</tr>
<tr>
<td rowspan="2">人民币
（大写）</td>
<td colspan="2" rowspan="2">肆仟伍佰陆拾叁元整</td>
<td>千</td><td>百</td><td>十</td><td>万</td><td>千</td><td>百</td><td>十</td><td>元</td><td>角</td><td>分</td>
</tr>
<tr>
<td></td><td></td><td></td><td></td><td>4</td><td>5</td><td>6</td><td>3</td><td>0</td><td>0</td>
</tr>
<tr>
<td>票据种类</td>
<td colspan="2">转账支票</td>
<td colspan="11" rowspan="3"></td>
</tr>
<tr>
<td>票据张数</td>
<td colspan="2">1</td>
</tr>
<tr>
<td></td>
<td colspan="2"></td>
</tr>
<tr>
<td>单位主管</td>
<td>会计</td>
<td>复核</td>
<td>记账</td>
<td colspan="11" align="center">收款人开户行盖章</td>
</tr>
</table>

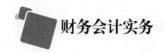

凭11-2

增值税专用发票

发票联

NO757605

开票日期：2014 年 12 月 10 日

购货单位	名称			某机电公司				税务登记号											
	地址、电话							开户银行及账号				032178							

货物或应税劳务名称	规格型号	计量单位	数量	单价	金额							税率（%）	税额						
					十万	千	百	十	元	角	分		万	千	百	十	元	角	分
丙材料		千克	200	19.5		3	9	0	0	0	0	17		6	6	3	0	0
合计						3	9	0	0	0	0			6	6	3	0	0

价税合计（大写）	肆仟伍佰陆拾叁元零角零分 4563.00
备注	

销货单位	名称			宏伟工厂			税务登记号			
	地址、电话						开户银行及账号		008768	

购货单位（章）		收款人		复核		开票人	

第二联 发票联 购货方记账凭证

（12）22 日出售给 C 公司产品一批，开出转账支票代垫运杂费，款项已向银行办妥托收手续。

凭 12-1

托收承付凭证（贷方凭证）

第 12 号

委托日期 2014 年 12 月 22 日　　　　　　　　　　　托收号码：

<table>
<tr><td rowspan="3">收款人</td><td>全称</td><td colspan="2">宏伟工厂</td><td rowspan="3">付款人</td><td>全称</td><td colspan="11">C公司</td></tr>
<tr><td>账号</td><td colspan="2">008678</td><td>账号</td><td colspan="11">352971</td></tr>
<tr><td>开户银行</td><td colspan="2">洪山区支行</td><td>开户银行</td><td colspan="11">山城办事处</td></tr>
<tr><td colspan="2">委托收款金额</td><td colspan="4">人民币（大写）贰万肆仟肆佰壹拾贰元伍角整</td><td>千</td><td>百</td><td>十</td><td>万</td><td>千</td><td>百</td><td>十</td><td>元</td><td>角</td><td>分</td></tr>
<tr><td colspan="2"></td><td colspan="4"></td><td></td><td></td><td>2</td><td>4</td><td>4</td><td>1</td><td>2</td><td>5</td><td>0</td><td></td></tr>
<tr><td colspan="2">附件</td><td colspan="4">商品发运情况</td><td colspan="10">合同名称号码</td></tr>
<tr><td colspan="2">附寄单证张数</td><td colspan="4">3</td><td colspan="10"></td></tr>
<tr><td colspan="6">备注

电划</td><td colspan="10">付款人注意：
1. 根据结算办法规定，上列托收款项，如超过承付期限并未拒付时，即视同全部承付，如系全额支付即以此联代支时，再由银行另送延付或部分的支付款通知。
2. 如需提前承传或多承传时，应另写书面通知送银行办理。
3. 如系全部或部分拒付，应在承付期内另填拒付承付理由书送银行办理。</td></tr>
<tr><td colspan="2">单位主管</td><td>会计</td><td colspan="3">复核</td><td colspan="8">付款单位开户银行盖章</td><td colspan="2">12 月 26 日</td></tr>
</table>

此联是银行给收款人的回单

凭 12-2

增值税专用发票

发票联

NO0757608

开票日期：2014 年 12 月 22 日

<table>
<tr><td rowspan="2">购货单位</td><td>名称</td><td colspan="3">C公司</td><td colspan="2">税务登记号</td><td colspan="9"></td></tr>
<tr><td>地址、电话</td><td colspan="3"></td><td colspan="2">开户银行及账号</td><td colspan="9">446978</td></tr>
<tr><td colspan="2">货物或应税劳务名称</td><td>规格型号</td><td>计量单位</td><td>数量</td><td>单价</td><td colspan="7">金额</td><td>税率（%）</td><td colspan="6">税额</td></tr>
<tr><td colspan="2"></td><td></td><td></td><td></td><td></td><td>十</td><td>万</td><td>千</td><td>百</td><td>十</td><td>元</td><td>角</td><td>分</td><td></td><td>万</td><td>千</td><td>百</td><td>十</td><td>元</td><td>角</td><td>分</td></tr>
<tr><td colspan="2">Ⅰ号产品</td><td></td><td>件</td><td>500</td><td>40.5</td><td></td><td>2</td><td>0</td><td>2</td><td>5</td><td>0</td><td>0</td><td>0</td><td>17</td><td></td><td>3</td><td>4</td><td>4</td><td>2</td><td>5</td><td>0</td></tr>
<tr><td colspan="2"></td><td></td><td></td><td></td><td></td><td></td><td></td><td></td><td></td><td></td><td></td><td></td><td></td><td></td><td></td><td></td><td></td><td></td><td></td><td></td><td></td></tr>
<tr><td colspan="2"></td><td></td><td></td><td></td><td></td><td></td><td></td><td></td><td></td><td></td><td></td><td></td><td></td><td></td><td></td><td></td><td></td><td></td><td></td><td></td><td></td></tr>
<tr><td colspan="2">合计</td><td></td><td></td><td></td><td></td><td></td><td>2</td><td>0</td><td>2</td><td>5</td><td>0</td><td>0</td><td>0</td><td></td><td></td><td>3</td><td>4</td><td>4</td><td>2</td><td>5</td><td>0</td></tr>
<tr><td colspan="2">价税合计（大写）</td><td colspan="7">贰万叁仟陆佰玖拾贰元伍角整</td><td colspan="13">23692.50</td></tr>
<tr><td colspan="2">备注</td><td colspan="20"></td></tr>
<tr><td rowspan="2">销货单位</td><td>名称</td><td colspan="3">宏伟工厂</td><td colspan="2">税务登记号</td><td colspan="14"></td></tr>
<tr><td>地址、电话</td><td colspan="3"></td><td colspan="2">开户银行及账号</td><td colspan="14">008768</td></tr>
<tr><td colspan="2">购货单位（章）</td><td colspan="5">收款人</td><td colspan="6">复核</td><td colspan="9">开票人</td></tr>
</table>

第二联 发票联 购货方记账凭证

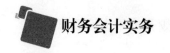

凭 12-3

中国工商银行转账支票存根

支票号码 1013510

科目 _____

对方科目 _____

出票日期 2014 年 12 月 21 日

收款人：武铁分局	
金额：￥720.00	
用途：付代垫运杂费	

单位主管：   会计：

凭 12-4

火车货物运费结算单

2007 年 12 月 22 日   第 0992 号

发货单位：宏伟工厂	说明：代 C 公司垫付		
收货单位：C 公司	由收货单位作商品运杂费		
承运单位：武铁分局	里程：150 千米	车号：5218	吨位：15 吨
货物件数：500 件	运费：720.00	人民币（大写）：柒佰贰拾元整	

（13）22 日销售给 B 公司产品一批，收到银行承兑汇票一张。

凭 13-1

银行承兑汇票

2xx117

出票日期（大写）贰零壹肆年壹拾贰月贰拾贰日   第 138065 号

出票人全称	B 公司	付款人	全称	宏伟工厂
出票人账号	343852		账号	8786
付款行全称	海东市西桥办事处	行号	开户行	洪山区支行　行号

汇票金额	人民币（大写）：壹拾壹万柒仟伍佰肆拾元伍角肆分	千	百	十	万	千	百	十	元	角	分
				1	1	7	5	4	0	5	4

汇票到期日		承兑协议书

本汇票请你行以承兑于到期无条件付款
此致
承兑银行
承兑申请人（盖章）
2014 年 3 月 22 日

本汇票经本行承兑，到期日有本行付交。
承兑银行（盖章）
　　　年　月　日

汇票签发人（盖章）

负责：文兵
经办：刘义

科目（借）
对方科目（贷）
转账

日期：　　年　月　日

复核：　　记账：

此联汇出行作借方凭证

凭 13-2

增值税专用发票

发票联

NO0757609

开票日期：2014 年 12 月 22 日

购货单位	名称	B 公司				税务登记号									
	地址、电话					开户银行及账号					343852				

货物或应税劳务名称	规格型号	计量单位	数量	单价	金额								税率（%）	税额						
					十万	千	百	十	元	角	分		万	千	百	十	元	角	分
Ⅰ号产品		件	1500	40.5	6	0	7	5	0	0	0	17	1	0	3	2	7	5	0
Ⅱ号产品		件	584	68	3	9	7	1	2	0	0			6	7	5	1	0	4
合计					1	0	0	4	6	2	0	0	1	7	0	7	8	5	4
价税合计（大写）	壹拾壹万柒仟零伍佰肆拾元伍角肆分								117540.54										
备注																			
销货单位	名称	宏伟工厂				税务登记号									
	地址、电话					开户银行及账号					008768				
购货单位（章）			收款人		复核			开票人							

此联发票联购货方记账凭证

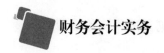

（14）24 日出售闲置机器一台，价款收到存入银行。

凭 14-1

中国工商银行进账单（ 回单或 收账通知 ）　　**1**

2014 年 12 月 24 日第　　　　　号

付款人	全称	长江工厂	收款人	全称	宏伟工厂	此联是收款人开户行交给收款人回单或收账通知
	账号	213412		账号	008768	
	开户银行	车城区支行		开户银行	洪山区支行	

人民币（大写）	叁万捌千元整	千	百	十	万	千	百	十	元	角	分
				3	8	0	0	0	0	0	0

票据种类	转账支票	
票据张数	1	收款人开户银行盖章
单位主管会计复核记账		

凭 14-2

宏伟工厂销售发票

开票日期：2014 年 12 月 24 日

名称	单位	数量	原始价值	已提折旧	预计使用时间	已使用时间	协商作价	备注	③记账联，由开票人记账
机器设备	台	1	50000	15000	10	3	38000	不需用	

调入单位：长江工厂　　　　　　　　　　　　　　调出单位：宏伟工厂

凭 14-3

内部转账单

开票日期：2014 年 12 月 24 日

摘要	金额	备注
结转出售固定资产损益	38000-35000=3000	

（15）31 日对大兴公司的其他应付款经批准转入"营业外收入"。

凭 15-1

内部转账单

开票日期：2014 年 12 月 31 日

户名	摘要	金额	备注
大兴公司	经批准其他应付款转"营业外收入"账户	800	单位解散

（16）31 日按加权平均法计算本月已销产品的生产成本（先填产品销售计算表，然后转账）。

凭 16-1

产品销售汇总票

开票日期：2014 年 12 月 31 日

项目	Ⅰ号产品		Ⅱ号产品		合计
	数量	金额	数量	金额	
月初结存	5000	99000	6560	350960	
本月入库	3500	82425	1500	70170	
加权平均单价					
本月产品销售成本					

注：发出产品加权平均单价，保留四位小数，第五位四舍五入。

（17）计算应缴营业税、增值税、城建税和教育费附加，填制纳税申报表，然后转账（应缴增值税不必转账）。本月增值税进项税额为 56780 元。

凭 17-1

营业税、城建税以及其他附加纳税申报表

经济性质：	国有						
预算级次：			所属时期	2014 年 12 月		金额：	列至角分
纳税人名称：	宏伟工厂	税务微机编号		开户银行	洪山区支行	账号	008768
经营项目	计税税额	税率	应纳税额		已纳（抵扣）税额	本期实际应补（退）税额	
城建税		7%					
教育费附加		3%					
合计							
缴款书字号	开票日期： 年 月 日		入库日期： 年 月 日			开票人：	

申报（户）人 （章） 财务负责人 （签章） 申报日期： 年 月 日

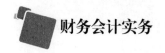

凭 17–2

中华人民共和国
增值税税收缴款书

㊖

收入机关：　　　　　　　　填发日期：2014 年 12 月 31 日　　　　　　　国字第　　　号

无银行收讫章无效

缴款单位（人）	代码		预算科目	款	增值税
	全称	宏伟工厂		项	国有企业增值税
	开户银行	洪山区支行		级次	中央与市共享
	账号	008768	收款国库		洪山国库
税款所属日期 2014 年 11 月 01 日			税款限缴日期 2014 年 12 月 09 日		

品目名称	计税金额	税率或征收率	销项税额	进项税额	已缴税额	实缴税额									
						千	百	十	万	千	百	十	元	角	分
增值税		17%													
（小写）合计															
金额合计	人民币（大写）														

缴款单位（人）（盖章）经办人（章）	税务机关（盖章）填票人（章）	上列款项已收妥，并划转收款单位账户 国库（银行）盖章 年　月　日	备注	

第六联（收据）国库（经收处）收款盖章后退缴款单位（人）作完税凭证

逾期不缴按税法规定加收滞纳金　　　　　隶属关系：　　　　　经济性质：

（18）31 日将本月损益结转到“本年利润”账户。

凭 18–1

内部转账单

转账日期 2014 年 12 月 31 日

摘要	转账项目	结账前余额（元）
结转到本年利润账户	主营业务收入	
结转到本年利润账户	其他业务收入	
结转到本年利润账户	营业外务收入	
结转到本年利润账户	投资收益	
合计		

注：根据账簿资料，将金额填入表内，然后转账。

凭 18-2

内部转账单

转账日期 2014 年 12 月 31 日

摘要	转账项目	结账前余额（元）
结转到本年利润账户	主营业务成本	
结转到本年利润账户	其他业务成本	
结转到本年利润账户	营业外务支出	
结转到本年利润账户	主营业务税金和附加	
结转到本年利润账户	管理费用	
结转到本年利润账户	财务费用	
结转到本年利润账户	销售费用	
合计		

注：根据账簿资料，将金额填入表内，然后转账。

（19）该企业会计利润和应纳税所得额一致，没有调整项目，按照 25% 的所得税税率计算本期应缴的所得税。

凭 19-1

应缴所得税计算表

2014 年 12 月 31 日

项目		金额
本年实现利润		
企业所得税纳税调增项目		
企业所得税纳税调减项目		
应税利润总额		
应缴所得税额（税率 25%）		

（20）按照税后利润的 10% 计提盈余公积，按照 80% 的比例向投资者分配利润。

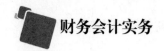

凭 20-1

税后利润分配计算表

2014 年 12 月 31 日

分配项目	分配依据金额	分配率	应分配金额
盈余公积		10%	
应付利润		80%	
合计			

（21）年终结转本年利润额和本年已分配利润额。

项目8 会计主管岗位核算

 项目导航

会计主管是企业财务部门的重要岗位，是单位会计机构的负责人，是各单位会计工作的具体领导者和组织者，决定着企业财务工作的好坏与管理水平。

 岗位素质要求

【知识学习目标】

了解会计主管岗位的职责和核算任务；

掌握会计稽核的内容；

理解编制财务会计报告的目的和意义；

掌握财务会计报告编报的基本要求；

掌握资产负债表、利润表、现金流量表及所有者权益变动表的编制方法。

【岗位培养目标】

能进行会计凭证和账簿的登记、数据的稽核、编制会计报表；

能根据科目余额表及相关的账簿资料编制资产负债表、利润表、现金流量表及所有者权益变动表；

能按照会计基本规范将财务报告装订成册。

【职业素质目标】

能贯彻执行国家财税法规政策，并制定和贯彻公司各项规章制度和有关规定；

能与上下级有效沟通、组织制订本公司的财务计划，根据决策层要求编制银行借款计划，并组织实施；

能按国家规定进行严格审查各类有关财务方面的事项，并督促办理解交手续。

 导入案例

1975年10月，美国最大的商业企业之一 W.T.Grant 公司宣告破产，引起了人们的广泛注意。令人不解的是，W.T.Grant 宣告破产的前一年，其营业净利润接近2000万美元，银行借款余额达6亿美元。而在1973年末，公司股票价格仍按其每股收益20倍的价格出售。

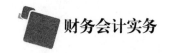

为什么净利润和营运资金都为正数的公司会在一年后宣告破产？为什么投资者会购买一个濒临破产公司的股票而银行也乐于为其发放贷款？问题就出在投资者和债权人未对该公司的现金流动状况作深入的了解和分析。如果分析一下公司的现金流量情况，就可以发现，从 1965 年开始，尽管 W.T.Grant 一直盈利，但其现金的主要来源不再是经营活动，而是银行借款。1970 年起，该公司的经营活动净现金流量就开始出现负数，到 1974 年，经营活动净现金流量更是高达 –11000 万美元。如果事先对公司的现金流量进行了调查，投资者就不会对一个现金严重短缺、毫无偿债能力的公司进行投资。

——摘自 http://www.baidu.com

思考：作为一名投资者，你认为应该关注被投资企业的哪些方面呢？

任务 1　会计主管岗位核算任务与业务流程

会计主管是企业会计机构的负责人，要根据《企业会计准则》，结合本企业的生产经营特点，制定适合本企业的各项财务会计制度，开设与企业经济业务核算相关的会计科目。要通过会计稽核，随时检查各项制度的执行情况，发现违反财经纪律、财务会计制度的情况，要及时制止和纠正，重大问题及时向领导或有关部门报告。要根据审核无误的记账凭证登记各类总账并在期末进行试算平衡。要定期编制财务报告，负责按规定定期或不定期地向企业管理当局、职工代表大会或股东大会报告财务状况和经营成果，以便高层管理人员进行决策。要按照会计制度和上级有关规定，认真审查对外提供的会计报表，保证会计资料的真实可靠，并及时按规定报送给有关部门。

8.1.1　会计主管的核算任务

会计主管岗位的日常工作主要包括凭证稽核、登记总账、编制财务报告三个方面的内容。

1. 凭证稽核

为了保证会计信息的质量，在记账之前应由会计主管对记账凭证进行严格的审核。其审核的主要内容是：

（1）内容是否真实

审核记账凭证是否有原始凭证为依据，所附原始凭证的内容与记账凭证的内容是否一致，记账凭证汇总表的内容与其所依据的记账凭证的内容是否一致等。

（2）项目是否齐全

项目是否齐全。审核记账凭证各项目的填写是否齐全，如日期、凭证编号、摘要、会计科目、金额、所附原始凭证张数及有关人员签章等。

（3）科目是否正确

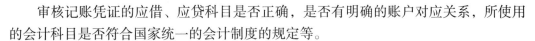

审核记账凭证的应借、应贷科目是否正确，是否有明确的账户对应关系，所使用的会计科目是否符合国家统一的会计制度的规定等。

（4）金额是否正确

审核记账凭证所记录的金额与原始凭证的有关金额是否一致，计算是否正确，记账凭证汇总表的金额与记账凭证的金额合计是否相符等。

（5）书写是否正确

审核记账凭证中的记录是否文字工整、数字清晰，是否按规定进行更正等。

请注意：为了正确登记账簿和监督经济业务，除了编制记账凭证的人员应当认真负责、正确填制、加强自审以外，同时还应建立专人审核制度。

2. 登记总账

总账是按每一个总分类科目开设账页，进行分类登记的账簿，即总分类账。它能总括地反映各会计要素具体内容的增减变动和变动结果，编制会计报表就是以这些分类账所提供的资料为依据的。总分类账一般采用三栏式账页格式，其登记方法很多，可以根据各种记账凭证逐笔登记也可以先把各种记账凭证汇总编制成科目汇总表或汇总记账凭证，再据以登记总分类账。常用的登记方法主要有以下两种：

（1）采用记账凭证核算形式登记总账。

直接根据记账凭证定期（3 天、5 天或 10 天）登记，在这种核算形式下，应当尽可能地根据原始凭证编制原始凭证汇总表，根据原始凭证汇总表和原始凭证填制记账凭证，根据记账凭证登记总账。

（2）采用科目汇总表形式登记总账

可以根据定期汇总编制的科目汇总表登记总账。科目汇总表是根据每月发生的全部记账凭证，按科目作为归类标志进行编制的。其编制方法如下：

①将本月发生的每项经济业务所涉及的会计科目填制在"会计科目"栏。

②根据本月全部记账凭证，按会计科目分别加总借方发生额和贷方发生额，并将其填列在相应会计科目行的"借方金额"和"贷方金额"栏。

③将汇总完毕的所有会计科目的借方发生额和贷方发生额汇总，进行发生额试算平衡。

④科目汇总表编制的时间，应根据经济业务量的多少而定，可选择 5 天、10 天、15 天或 1 个月。

3. 编制财务报告

财务会计报告是指企业对外提供的反映企业某一特定日期财务状况和某一特定期间经营成果、现金流量的书面文件。财务会计报告包括资产负债表、利润表、现金流量表、所有者权益（或股东权益，下同）变动表和附注。

为了给财务会计报告使用者进行决策提供会计信息，总账报表岗位的会计必须及时编制企业的财务会计报告。

知识窗：对会计凭证进行审核，是保证会计信息质量、发挥会计监督的重要

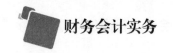

手段。这是一项政策性很强的工作，要做好会计凭证的审核工作，正确发挥会计的监督作用，会计人员应当做到：既要熟悉和掌握国家政策、法令、规章制度和计划、预算的有关规定，又要熟悉和了解本单位的经营情况。只有这样，才能明辨是非，确定哪些经济业务是合理、合法的，哪些经济业务是不合理、不合法的。会计人员应自觉地执行政策，遵守制度，正确处理各种经济关系。

8.1.2 会计主管的业务流程

1. 建立总账业务基本流程

①总账选用订本式账簿，账页格式选用三栏式。

②填写账簿封页。

③填写总账启用表（表8-1）、登记期初余额。

总分类账的登记方法：总分类账可以根据记账凭证逐笔登记，也可以根据经过汇总的科目汇总表或汇总记账凭证等登记。

表8-1　账簿启用及交接表

机构名称	北京南方股份有限公司							印鉴	
账簿名称	总分类账			（第一　册）				南方股份有限公司	
账簿编号	01							北京 ★ 财务专用章	
账簿页数	本账簿共计50 页			本账簿页数检点人盖章					
启用日期	公元2015 年8 月1 日								
经管人员	负责人		主办会计		复核		记账		
	姓名	盖章	姓名	盖章	姓名	盖章	姓名	盖章	
	赵洲	赵洲	林玲	林玲	马明	马明	张翔	张翔	
接交记录	经管人员				接管			交出	
	职别		姓名		年 月 日	盖章	年	月 日	盖章
备注									

2. 复核记账凭证业务基本流程

记账凭证编制完成后，为了保证会计记录的正确性，必须对记账凭证进行复核，复核无误后据以登记账簿。

3. 编制科目汇总表、登记总账业务基本流程

①在科目汇总表账务处理程序下，科目汇总表是登记总账的依据，企业应定期（5

天、10 天、半个月、一个月）编制科目汇总表。

②按照总账科目画出丁字账。

③定期将记账凭证的发生额分别按借贷方向逐笔填到丁字账中。

④汇总每个总账科目丁字账的借方发生额和贷方发生额。

银行存款			
（8）	20000	（5）	350000
（9）	15000	（15）	478000
（10）	51407	（16）	4804
（13）	93	（17）	222000
（18）	263500		
	350000		1059804

应收账款			
（1）	15000	（8）	20000
（2）	13500	（9）	15000
（7）	47000	（10）	51407
（17）	22000		
	47500		86407

⑤将丁字账的汇总金额按方向填入"科目汇总表"相应栏中。科目汇总表的格式如表 8-2 所示。

表 8-2　科目汇总表

科目汇总表

2014 年 12 月 1 日至 10 日　　　　记账凭证：　　　记　字第 1 号至第 20 号止

会计科目	√	借方	贷方	会计科目	√	借方	贷方
		千百十万千百十元角分	千百十万千百十元角分			千百十万千百十元角分	千百十万千百十元角分
库存现金		1 0 0 3 6 9 0 0	1 0 1 5 2 9 0 0	其他应付款		2 0 0 0 0 0	
银行存款		3 5 0 0 0 0 0 0	1 0 5 9 8 0 4 0 0	应交税费			5 3 1 9 0 0
应收账款		9 7 5 0 0 0 0	8 6 4 0 7 0 0	短期借款			2 2 0 0 0 0 0
坏账准备			1 3 0 0 0 0				
其他应收款		1 2 0 0 0 0	1 5 0 0 0 0				
材料采购		5 8 0 0 0 0 0	5 8 0 0 0 0 0				
原材料		5 8 0 0 0 0 0	4 4 2 0 0 0 0				
固定资产		7 5 8 0 0 0 0					
累计折旧			7 6 0 0 0 0				
应付账款		4 3 0 0 0 0 0	7 2 0 0 0 0				
合计		2 5 1 0 6 5 9 0 0	2 2 8 7 3 4 0 0 0	合计		2 0 0 0 0 0	2 2 5 3 1 9 0 0
				借贷方平衡总计		2 5 1 2 6 5 9 0 0	2 5 1 2 6 5 9 0 0

会计主管　会计主管　　　记账　总账会计　　　复核　会计主管　　　编制　总账会计

📖知识窗：科目汇总表有两种不同的主要格式，第一种是每汇总一次就编制一张科目汇总表的格式。第二种是每旬汇总一次，但全月只编制一张科目汇总表的格式。同时，还应注意：①科目汇总表内现金和银行存款的本期借、贷方发生额，也可以根据"现金日记账"和"银行存款日记账"的收、支合计数填列。②所有记账凭证的科目对应关系应该是一借一贷，即收款凭证只填列一个贷方科目；付款凭证只填列一个借方科目；转账凭证也应该是一借一贷，同时复写两联，其中一联作为借方科目的转账凭证，另一联作为贷方科目的转账凭证（或者对于转账业务，采用单式记账凭证格式，即按经济业务所涉及的每一个会计科目分别填列借项凭证和贷项凭证）。

⑥根据科目汇总表登记总账，并在科目汇总表相应位置打"√"。

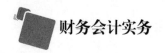

4. 编制资产负债表、利润表及现金流量表业务基本流程

①编制资产负债表。

②编制利润表。

③编制现金流量表。

【任务1训练题】

技能训练

明光公司是一家股份有限公司，2014年度发生以下事项：

（1）2月14日，公司从外地购买了一批货物，收到发票后，经办人员王某发现发票金额与实际支付金额不相符，便将发票退回给出具单位，要求对方重开。

（2）3月22日，公司从事收入、支出、费用账目登记工作的吴某休产假，公司决定由出纳员李某临时顶替其工作，并按规定办理了交接手续。

（3）5月15日，公司财务部门负责人张某根据工作需要，对部分会计工作岗位进行调整，原从事总账登记工作的陈某被调到稽核岗位协助另一位稽核员进行稽核工作，使该岗位一岗两人。

（4）6月8日，市财政部门要求到该公司进行检查，公司领导以"分管财务工作领导及财务部门负责人出差"为由予以拒绝。

（5）9月22日，公司供销科钱某出差归来，报销差旅费1700元，同时将多余现金300元退回给出纳员李某，李某随即退还给钱某2000元借款收据。

问题：你认为该公司的做法有哪些不符合规定？作为会计主管，你认为正确的做法是什么？

任务2 会计稽核业务

稽核是稽查和复核的简称。内部稽核制度是内部控制制度的重要组成部分。会计稽核是会计机构本身对于会计核算工作进行的一种自我检查或审核工作。建立会计机构内部稽核制度，目的在于防止会计核算工作上的差错和有关人员的舞弊。通过稽核，对日常会计核算工作中出现的疏忽、错误等及时加以纠正或者制止，以提高会计核算工作的质量。会计稽核是会计工作的重要内容，也是规范会计行为、提高会计资料质量的重要保证。因此，几经修订的《会计法》，始终强调各单位应该建立、健全内部稽核制度。

8.2.1 会计凭证包含的内容

会计凭证是记录经济业务、明确经济责任，记载经济业务的发生，按一定格式编制的据以登记会计账簿的书面证明。对会计凭证进行正确的审查，可以有力保障财务信息的真实性，监督经济活动，控制经济运行，规范会计人员对各项业务的审核工作，为领导提供准确的经济信息。《会计法》第 14 条规定："会计凭证包括原始凭证和记账凭证。"原始凭证是记录经济业务已经发生、执行或完成，用以明确经济责任，作为记账依据的最初的书面证明，如购买办公用品票、采购材料的发货票、招待往来单位的进餐票等，都是原始凭证。原始凭证是在经济业务发生的过程中直接产生的，是经济业务发生的最初证明，在法律上具有证明效力。记账凭证是会计人员根据审核无误的原始凭证或汇总原始凭证，用来确定经济业务应借、应贷的会计科目和金额而填制的，作为登记账簿依据的会计凭证。

8.2.2　会计凭证中经常出现的错误

1. 原始凭证经常出现的错误

①凭证要素不全，内容记载含糊不清。例如购买办公用品，往往只注明"办公用品"，而不注明到底购买了什么办公用品，其规格、型号、品种、数量如何等。

②主要业务凭证与其他相关的凭证不配套。如购买货物只有购买发票而没买卖合同、验收入库单、银行结算凭证等。

③原始凭证上的时间与业务活动发生的时间及入账时间有差距。

④以非正规的票据凭证代替正规的原始凭证。如以自制凭证代替外来凭证，以非购销凭证代替购销凭证等。

⑤金额只有一个总数，而没有分项目的明细。

⑥原始凭证上有的无经手人，有的无单位主要领导签字审批或无收款单位签章。

⑦在汇总原始凭证金额时，故意多汇或少汇。

议一议：在审核过程中，如果发现差错，应查明原因，按规定办法及时处理和更正。我们在会计职业基础中学过哪些处理方法呢？

2. 记账凭证经常出现的错误

（1）科目性质运用错误

相关科目混淆。如将应收账款与其他应收款、应付账款与其他应付款、待摊与预提等科目混淆，没有正确运用有关会计科目。

对应关系错误。将科目借方与贷方关系列错，出现相反方向记账，对应关系不明等现象。

科目内容错误。如将银行汇票、本票列入银行存款之中，将销售费用科目包括的内容列入制造费用或管理费用之中等，科目包括的业务内容出现差错。

（2）摘要记录失真或不全

有的过于简单；有的干脆空缺不写；有的记录反映的内容和形式不规范，不能最低限度地说明经济业务活动的情况；有的用语不准确，容易造成误解。

（3）记账凭证与所附原始凭证单据数量和金额不符

如原始凭证的张数和内容与记账凭证不符，或者各张原始凭证所记金额的合计数

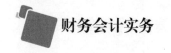

与记账凭证记录金额不符。

📖 知识窗：

（1）所附原始凭证张数的计算，一般以所附原始凭证的自然张数为准。

（2）一张原始凭证如涉及几张记账凭证，可以把原始凭证附在一张主要的记账凭证后面，并在其他记账凭证上注明附有该原始凭证的编号或附上该原始凭证的复印件。

（3）一张原始凭证所列的支出需要由几个单位共同负担时，应当由保存该原始凭证的单位开具原始凭证分割单给其他应负担的单位。原始凭证分割单必须具备原始凭证的基本内容。

8.2.3　会计凭证审核的重点内容

根据《中华人民共和国会计法》第15条的规定："会计账簿登记，必须以经过审核的会计凭证为依据，并符合有关法律、行政法规和国家统一的会计制度的规定。"要求各单位编制的会计凭证必须经过审核，确认其符合国家法律法规和国家统一的会计制度后，才能登记账簿，以确保会计数据的真实、准确、合法，保证会计核算质量。

1. 原始凭证审核的重点内容

原始凭证的审核，要遵循先个体后群体的原则，即先逐张逐张仔细审核，然后再合计总数。发现问题，记录下来，及时告知该会计事项的经办人予以纠正。

（1）原始凭证的合理合法性

审核所发生的经济业务是否符合国家有关规定的要求，有无违反财经法律法规制度的现象。如在审核原始凭证中发现有多计或少计收入、费用，擅自扩大开支范围、提高开支标准和铺张浪费，虚报冒领等违反财经制度的情况；发现有外来原始凭证，支付建筑安装费却用销售货物发票，购进商品不用服务业发票等现象，这不仅不能作为合法的原始凭证，而且要按规定进行处理。

（2）原始凭证的真实性

审核原始凭证中所列的经济业务内容和数字是否真实可靠，有关经济往来单位是否存在，有无弄虚作假情况。如发现模棱不清，可找经手人或相关人询问调查。

（3）原始凭证的完整性

审核原始凭证所要求填列的项目必须逐项填列齐全，不得遗漏和省略；单位自制的原始凭证必须由单位的经办人、领导人签名盖章；从外部取得的原始凭证，必须盖有填制单位的公章。如购买实物的原始凭证，必须有验收证明；销售货物发生退还货款时，必须以退货发票、退货验收证明和对方的收款收据作为原始凭证；经上级有关部门批准的经济业务事项，必须将批准文件作为原始凭证的附件。如果业务内容与附件不符，则不能作为内容完整的原始凭证。

（4）原始凭证的准确性

准确是填写的凭证内容要符合客观实际，审核原始凭证业务内容摘要与数量、金额是否相对应；业务所涉及的数量与单价的乘积与金额是否相符；有无刮、擦、挖、补、涂改、伪造等现象。

请注意：审核中若发现不符合实际情况、手续不完备或数字计算不正确的原始凭证，应退回有关经办部门或人员，要求他们办理补办手续。

2.记账凭证审核的重点内容

记账凭证的审核是原始凭证审核的继续，是建立在原始凭证审核的基础之上，应与原始凭证审核合理搭配起来，才能把握有关问题的发生、发展的来龙去脉。根据原始凭证中的错弊追踪到记账凭证，视其有无假账真做，真账假做。审核时如发现记账凭证填制有误，应当按照规定的方法及时加以更正。只有经过审核无误后的记账凭证才能作为登记账簿的依据。

（1）记账凭证的科目

应借应贷会计科目能否反映原始凭证所载的经济业务，其对应关系是否明确，指向是否清楚，一级科目二级科目层次是否分明，涉及金额是否无误。

（2）记账凭证的金额

会计分录中的借贷方金额与原始凭证是否相符，特别是对附有多张原始凭证的，应对其进行加总验证，核对合计数是否相符。

（3）记账凭证的内容

与所附的原始凭证的时间、业务发生地点、业务发生人、领导审批时间、货币资金的实际收支日期进行核对，比较分析其数量、金额、摘要等是否一致，有无证证不符的现象，找出可疑凭证破绽。

对会计凭证进行审核，是保证会计信息质量、发挥会计监督作用的重要手段。这是一项政策性很强的工作，会计人员应自觉地执行政策，遵守制度，正确处理各种经济关系。

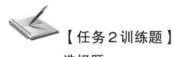

【任务 2 训练题】

一、选择题

1.下列不属于原始凭证基本内容的是（　　）。

A.填制日期　　　　　　　　　　B.经济业务内容

C.应借应贷科目　　　　　　　　D.有关人员签章

2.记账凭证的填制是由（　　）完成的。

A.出纳人员　　　　　　　　　　B.会计人员

C.经办人员　　　　　　　　　　D.主管人员

3.记账凭证是根据（　　）填制的。

A.经济业务　　　　　　　　　　B.原始凭证

C.账簿记录　　　　　　　　　　D.审核无误的原始凭证

4.会计人员对于不真实、不合法的原始凭证，应当（　　）。

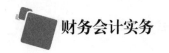

A. 给予受理，但应向单位领导口头报告

B. 给予受理，但应向单位领导书面报告

C. 不予以受理   D. 视具体情况而定

5. 原始凭证的金额出现错误，正确的更正方法是（   ）。

A. 由出具单位更正，并在更正处盖章

B. 出取得单位更正，并在更正处盖章

C. 由出具单位重开

D. 由出具单位另开证明，作为原始凭证的附件

6. 按照记账凭证的审核要求，下列内容中不属于记账凭证审核内容的是（   ）。

A. 凭证使用是否正确

B. 凭证所列事项是否符合有关的计划和预算

C. 凭证的金额与所附原始凭证的金额是否一致

D. 凭证项目是否填写齐全

二、技能训练

某企业 2 月份发生如下事项：

1. 12 日，企业会计科和档案科对单位会计档案进行了清理，编造会计档案销毁清册，将保管期已满的会计档案按规定程序全部销毁，其中包括一些保管期满但尚未结算债权债务的原始凭证。

2. 23 日，会计科在例行审核有关单据时，发现一张购买计算机的发票其金额栏的数字有更改迹象，经查阅相关买卖合同、单据，确认更改后的金额数字是正确的。于是，会计科要求该发票的出具单位在发票金额栏更改之处加盖出具单位印章。之后，该企业予以受理并据此登记入账。

要求：请从会计主管的角度，根据会计法律制度的有关规定，回答下列问题：

（1）企业财务人员在销毁会计档案中是否有违反会计法律制度规定之处？说明理由。

（2）企业财务人员对购买的计算机发票的处理是否符合法律规定？说明理由。

任务 3   会计报表的编制

财务会计报告是指企业对外提供的反映企业某一特定日期财务状况和某一特定期间经营成果、现金流量的书面文件。财务会计报告包括包括资产负债、利润表、现金流量表、所有者权益（或股东权益，下同）变动表和附注。

8.3.1 资产负债表

1. 资产负债表的内容和格式

（1）资产负债表的含义

资产负债表是总括反映企业在某一特定日期财务状况的静态会计报表。

（2）资产负债表的结构

国际上流行的资产负债表格式主要有账户式和报告式两种。我国《会计准则》规定，企业的资产负债表一般采用账户式，如表 8-3。账户式资产负债表分为左右两方，左方列示资产各项目，右方列示负债和所有者权益。

表 8-3 资产负债表

资产负债表会企 01 表

编制单位：　　　　　　　　　　年　　月　　日　　　　　　　　　　单位：元

资产	期末余额	年初余额	负债和所有者权益	期末余额	年初余额
流动资产：			流动负债：		
货币资金			短期借款		
交易性金融资产			交易性金融负债		
应收票据			应付票据		
应收账款			应付账款		
预付款项			预收款项		
应收利息			应付职工薪酬		
应收股利			应交税费		
其他应收款			应付利息		
存货			应付股利		
一年内到期的非流动资产			其他应付款		
其他流动资产			一年内到期的非流动负债		
流动资产合计			其他流动负债		
非流动资产：			流动负债合计		
可供出售金融资产			非流动负债：		
持有至到期投资			长期借款		
长期应收款			应付债券		
长期股权投资			长期应付款		
投资性房地产			专项应付款		
固定资产			预计负债		
在建工程			递延所得税负债		
工程物资			其他非流动负债		
固定资产清理			非流动负债合计		

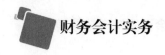

续表

资产	期末余额	年初余额	负债和所有者权益	期末余额	年初余额
生产性生物资产			负债合计		
油气资产			所有者权益（或股东权益）：		
无形资产			实收资本（或股本）		
开发支出			资本公积		
商誉			减：库存股		
长期待摊费用			盈余公积		
递延所得税资产			未分配利润		
其他非流动资产			所有者权益合计		
非流动资产合计					
资产总计			负债和所有者权益总计		

单位负责人：　　　　　　　　财务负责人：　　　　　　　　　　制表：

请注意：企业应当在财务报表的显著位置至少披露：编报企业的名称、资产负债表日或财务报表涵盖的会计期间、人民币金额单位以及财务报表是合并财务报表的，应当予以标明。

2. 资产负债表的编制方法

资产负债表的各项目均需填列"年初数"和"期末数"两栏，其中："年初数"栏内各项数字，应根据上年末资产负债表的"期末数"栏内所列数字填列。"期末数"则可分月末、季末或年末的数字，其资料来源于总账余额、明细账余额、资产负债表的许多项目，部分数字需要依据总账和明细账两者的余额计算填列，用于反映资产账户与有关备抵账户抵销过程或反映其净额、反映或有负债的情况和备查簿记录。

资产负债表"期末数"各项目的内容和填列方法如下：

（1）"货币资金"项目

反映企业库存现金、银行基本存款户存款、银行一般存款户存款、外埠存款、银行汇票存款等的合计数。本项目应根据"现金""银行存款""其他货币资金"账户的期末余额合计数填列。

（2）"交易性金融资产"项目

反映企业为交易目的而持有的债券投资、股票投资、基金投资等交易性金融资产的公允价值。本项目应根据"交易性金融资产"账户的期末余额填列。

（3）"应收票据"项目

反映企业收到的未到期收款而且也未向银行贴现的商业承兑汇票和银行承兑汇票等应收票据余额，减去已计提的坏账准备后的净额。本项目应根据"应收票据"账户的期末余额减去"坏账准备"账户中有关应收票据计提的坏账准备余额后的金额填列。

（4）"应收账款"项目

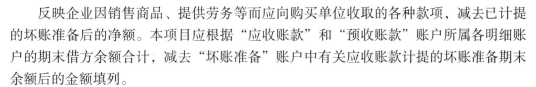

反映企业因销售商品、提供劳务等而应向购买单位收取的各种款项，减去已计提的坏账准备后的净额。本项目应根据"应收账款"和"预收账款"账户所属各明细账户的期末借方余额合计，减去"坏账准备"账户中有关应收账款计提的坏账准备期末余额后的金额填列。

（5）"预付账款"项目

反映企业预收的款项，减去已计提的坏账准备后的净额。本项目根据"预付账款"和"应付账款"账户所属各明细账户的期末借方余额合计，减去"坏账准备"账户中有关预付账款计提的坏账准备期末余额后的金额填列。

（6）"应收利息"项目

反映企业因持有交易性金融资产、持有至到期投资和可供出售金融资产等应收取的利息。本项目应根据"应收利息"账户的期末余额填列。

（7）"应收股利"项目

反映企业应收取的现金股利和应收取其他单位分配的利润。本项目根据"应收股利"账户期末余额填列。

（8）"其他应收款"项目

反映企业对其他单位和个人的应收和暂付的款项，减去已计提的坏账准备后的净额。本项目应根据"其他应收款"账户的期末余额，减去"坏账准备"账户中有关其他应收款计提的坏账准备期末余额后的金额填列。

（9）"存货"项目

反映企业期末在库、在途和在加工中的各项存货的可变现净值，包括各种原材料、商品、在产品、半成品、发出商品、包装物、低值易耗品和委托代销商品等。本项目应根据"在途物资（材料采购）""原材料""库存商品""周转材料""委托加工物资""生产成本"和"劳务成本"等账户的期末余额合计，减去"存货跌价准备"账户期末余额后的金额填列。材料采用计划成本核算以及库存商品采用计划成本或售价核算的企业，应按加或减材料成本差异、减商品进销差价后的金额填列。

（10）"一年内到期的非流动资产"项目

反映企业非流动资产项目中在一年内到期的金额，包括一年内到期的持有至到期投资、长期待摊费用和一年内可收回的长期应收款。本项目应根据上述账户分析计算后填列。

（11）"其他流动资产"项目

反映企业除以上流动资产项目外的其他流动资产，本项目应根据有关账户的期末余额填列。

（12）"可供出售金融资产"项目

反映企业持有的可供出售金融资产的公允价值。本项目根据"可供出售金融资产"账户期末余额填列。

（13）"持有至到期投资"项目

反映企业持有至到期投资的摊余价值。本项目根据"持有至到期投资"账户期

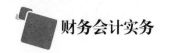

末余额减去一年内到期的投资部分和"持有至到期投资减值准备"账户期末余额后填列。

（14）"长期应收款"项目

反映企业长期应收款净额。本项目根据"长期应收款"期末余额减去一年内到期的部分、"未确认融资收益"账户期末余额、"坏账准备"账户中按长期应收款计提的坏账损失后的金额填列。

（15）"长期股权投资"项目

反映企业不准备在1年内（含1年）变现的各种股权性质投资的账面余额，减去减值准备后的净额。本项目应根据"长期股权投资"账户的期末余额减去"长期股权投资减值准备"账户期末余额后填列。

（16）"固定资产"项目

反映企业固定资产的净值。本项目根据"固定资产"账户期末余额，减去"累计折旧"和"固定资产减值准备"账户期末余额后填列。

（17）"在建工程"项目

反映企业尚未达到预定可使用状态的在建工程价值。本项目根据"在建工程"账户期末余额，减去"在建工程减值准备"账户期末余额后填列。

（18）"工程物资"项目

反映企业为在建工程准备的各种物资的价值。本项目根据"工程物资"账户期末余额，减去"工程物资减值准备"账户期末余额后填列。

（19）"固定资产清理"项目

反映企业因出售、毁损、报废等原因转入清理但尚未清理完毕的固定资产的账面价值，以及固定资产清理过程中所发生的清理费用和变价收入等各项金额的差额。本项目应根据"固定资产清理"账户的期末借方余额填列；如"固定资产清理"账户期末为贷方余额，以"–"号填列。

（20）"无形资产"项目

反映企业持有的各项无形资产的净值。本项目应根据"无形资产"账户期末余额，减去"累计摊销"和"无形资产减值准备"账户的期末余额填列。

（21）"开发支出"项目

反映企业开发无形资产过程中发生的、尚未形成无形资产成本的支出。本项目根据"开发支出"账户的期末余额填列。

（22）"长期待摊费用"项目

反映企业尚未摊销的摊销期限在1年以上（不含1年）的各项费用。本项目应根据"长期待摊费用"账户的期末余额减去将于1年内（含1年）摊销的数额后的金额填列。

（23）"商誉"项目

反映企业商誉的价值。本项目根据"商誉"账户期末余额填列。

（24）"递延所得税资产"项目

反映企业因可抵扣暂时性差异形成的递延所得税资产。本项目根据"递延所得税资产"账户期末余额填列。

（25）"其非流动资产"项目

反映企业除以上资产以外的其他长期资产。本项目应根据有关账户的期末余额填列。

（26）"短期借款"项目

反映企业借入尚未归还的 1 年期以下（含 1 年）的借款。本项目应根据"短期借款"账户的期末余额填列。

（27）"交易性金融负债"项目

反映企业发行短期债券等所形成的交易性金融负债公允价值。本项目根据"交易性金融负债"账户期末余额填列。

（28）"应付票据"项目

反映企业为了抵付货款等而开出并承兑的、尚未到期付款的应付票据，包括银行承兑汇票和商业承兑汇票。本项目应根据"应付票据"账户的期末余额填列。

（29）"应付账款"项目

反映企业购买原材料、商品和接受劳务供应等而应付给供应单位的款项。本项目应根据"应付账款"和"预付账款"账户所属各明细账户的期末贷方余额合计填列。

（30）"预收账款"项目

反映企业按合同规定预收的款项。本项目根据"预收账款"和"应收账款"账户所属各明细账户的期末贷方余额合计填列。

（31）"应付职工薪酬"项目

反映企业应付未付的工资和社会保险费等职工薪酬。本项目应根据"应付职工薪酬"账户的期末贷方余额填列，如"应付职工薪酬"账户期末为借方余额，以"-"号填列。

（32）"应交税费"项目

反映企业期末未交、多交或未抵扣的各种税金。本项目应根据"应交税费"账户的期末贷方余额填列；如"应交税费"账户期末为借方余额，以"-"号填列。

（33）"应付利息"项目

反映企业应付未付的各种利息。本项目应根据"应付利息"账户期末余额填列。

（34）"应付股利"项目

反映企业尚未支付的现金股利或利润。本项目应根据"应付股利"账户的期末余额填列。

（35）"其他应付款"项目

反映企业所有应付和暂收其他单位和个人的款项。本项目应根据"其他应付款"账户的期末余额填列。

（36）"一年内到期的非流动负债"项目

反映企业各种非流动负债在一年之内到期的金额，包括一年内到期的长期借款、

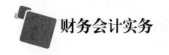

长期应付款和应付债券。本项目应根据上述账户分析计算后填列。

（37）"其他流动负债"项目

反映企业除以上流动负债以外的其他流动负债。本项目应根据有关账户的期末余额填列。

（38）"长期借款"项目

反映企业借入尚未归还的1年期以上（不含1年）的各期借款。本项目应根据"长期借款"账户的期末余额减去一年内到期部分的金额填列。

（39）"应付债券"项目

反映企业尚未偿还的长期债券摊余价值。本项目根据"应付债券"账户期末余额减去一年内到期部分的金额填列。

（40）"长期应付款"项目

反映企业除长期借款、应付债券以外的各种长期应付款。本项目应根据"长期应付款"账户的期末余额，减去"未确认融资费用"账户期末余额和一年内到期部分的长期应付款后填列。

（41）"预计负债"项目

反映企业计提的各种预计负债。本项目根据"预计负债"账户期末余额填列。

（42）"递延所得税负债"项目

反映企业根据应纳税暂时性差异确认的递延所得税负债。本项目根据"递延所得税负债"账户期末余额填列。

（43）"其他长期负债"项目

反映企业除以上长期负债项目以外的其他长期负债。本项目应根据有关账户的期末余额填列。

（44）"股本"项目

反映企业各投资者实际投入的资本总额。本项目应根据"股本（实收资本）"账户的期末余额填列。

（45）"资本公积"项目

反映企业资本公积的期末余额。本项目应根据"资本公积"账户的期末余额填列，其中"库存股"按"库存股"账户余额填列。

（46）"盈余公积"项目

反映企业盈余公积的期末余额。本项目应根据"盈余公积"账户的期末余额填列。

（47）"未分配利润"项目

反映企业尚未分配的利润。本项目应根据"本年利润"账户和"利润分配"账户的期末余额计算填列，如为未弥补的亏损，在本项目内以"-"号填列。

🏃 动脑筋：为什么未弥补的亏损以"-"号填列？

【例8-1】黄河公司2014年11月30日有关总账和明细账户余额如表8-4所示。

表 8-4　总账及明细账户余额

资产账户	借或贷	余额	负债和所有者权益账户	借或贷	余额
库存现金	借	800	短期借款	贷	18900
银行存款	借	106000	应付账款	贷	6500
应收账款	借	45000	——丙企业	贷	10500
——甲公司	借	54000	——丁企业	借	4000
——乙公司	贷	9000	预收账款	贷	5500
坏账准备	贷	1000	——C 公司	贷	5500
预付账款	借	7500	长期借款	贷	50000
——A 公司	借	10000	应付债券	贷	50000
——B 公司	贷	2500	其中：一年到期的应付债券	贷	20000
原材料	借	11600	实收资本	贷	200000
生产成本	借	7600	资本公积	贷	6000
库存商品	借	25000	盈余公积	贷	14500
固定资产	借	187000	利润分配	贷	18600
累计折旧	贷	7000	——未分配利润	贷	18600
固定资产清理	贷	2500	本年利润	贷	10000
合计		380000	合计		380000

则黄河公司 2014 年 11 月末资产负债表的下列报表项目金额为：

（1）货币资金（　　）元　　　　（2）应收账款（　　）元

（3）预付账款（　　）元　　　　（4）存货（　　）元

（5）流动资产合计（　　）元　　（6）固定资产（　　）元

（7）非流动资产合计（　　）元　（8）资产合计（　　）元

（9）应付账款（　　）元　　　　（10）预收账款（　　）元

（11）流动负债合计（　　）元　　（12）应付债券（　　）元

（13）负债合计（　　）元　　　　（14）未分配利润（　　）元

（15）所有者权益合计（　　）元

（1）货币资金 = 800 + 106000= 106800（元）

（2）应收账款 = 54000−1000= 53000（元）

（3）预付账款 = 10000 + 4000= 14000（元）

（4）存货 = 11600 + 7600 + 25000= 44200（元）

（5）流动资产合计 = 106800 + 53000 + 14000 + 44200= 218000（元）

（6）固定资产 = 187000−7000= 180000（元）

（7）非流动资产合计 = 180000−2500= 177500（元）

（8）资产合计 = 218000 + 177500= 395500（元）

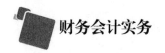

（9）应付账款 = 2500 + 10500 = 13000（元）

（10）预收账款 = 9000 + 5500 = 14500（元）

（11）流动负债合计 = 18900 + 13000 + 14500 + 20000 = 66400（元）

（12）应付债券 = 50000 − 20000 = 30000（元）

（13）负债合计 = 66400 + 30000 + 50000 = 146400（元）

（14）未分配利润 = 18600 + 10000 = 28600（元）

（15）所有者权益合计 = 200000 + 6000 + 14500 + 28600 = 249100（元）

8.3.2 利润表

1. 利润表的概念

利润表又称损益表或收益表，是反映企业在一定期间的经营成果的会计报表。利润表反映的经营成果是企业一定期间的收入与费用相配比而形成的净收益。

编制利润表的目的，在于向与企业经济活动有关的报表使用者提供反映企业经营成果和获利能力的信息，以便报表的使用者作出正确的决策。

2. 利润表的格式和内容

利润表的格式主要有多步式利润表和单步式利润表两种，我国企业的利润表一般采用多步式，见表8-5。

表 8-5　利润表

利润表会企 02 表

年　　　　月

编制单位：黄河公司　　　　　　　　　　　　　　　　　　　　　　单位：元

项目	本年金额	上年金额
一、营业收入		
减：营业成本		
营业税金及附加		
销售费用		
管理费用		
财务费用（收益以"−"号填列）		
资产减值损失		
加：公允价值变动净收益（净损失以"−"号填列）		
投资净收益（净损失以"−"号填列）		
二、营业利润（亏损以"−"号填列）		
加：营业外收入		
减：营业外支出		
其中：非流动资产处置净损失（净收益以"−"号填列）		
三、利润总额（亏损总额以"−"号填列）		

项目	本年金额	上年金额
减：所得税		
四、净利润（净亏损以"－"号填列）		
五、每股收益：		
（一）基本每股收益		
（二）稀释每股收益		

3. 利润表的编制方法

（1）"营业收入"项目

根据"主营业务收入"和"其他业务收入"科目的发生额填列。

（2）"营业成本"项目

根据"主营业务成本"和"其他业务支出"发生额分析填列。

（3）"营业税金及附加"项目

根据"营业税金及附加"发生额分析填列。

（4）"销售费用"项目

根据"销售费用"发生额分析填列。

（5）"管理费用""财务费用"项目

分别根据"管理费用""财务费用"发生额分析填列。

（6）"投资收益"项目

反映企业以各种方式对外投资所取得的扣除投资损失后的净损益，其中包括分得的投资利润、债券投资的利息收入以及认购股票取得的股利和收回投资时发生的收益等。

（7）"资产减值损失"项目

根据"资产减值损失"科目发生额分析填列。

（8）"公允价值变动收益"项目

本项目应根据"公允价值变动收益"科目发生额分析填列，如为净损失，本项目用"－"号填列。

（9）"营业利润"项目

反映企业实现的营业利润。如为亏损，以"－"号填列。

（10）"营业外收入"和"营业外支出"项目

分别根据"营业外收入"和"营业外支出"发生额分析填列。

（11）"利润总额"项目

反映企业实现的利润。如为亏损，以"－"号填列。

（12）"所得税"项目

根据"所得税费用"余额分析填列。

（13）"净利润"项目

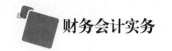

反映企业缴纳所得税后的利润。如为亏损，以"–"号填列。

（14）月份报表"本年累计数"栏各项目

填列自年初起至本月末止的累计实际发生数。根据上月利润表的"本年累计数"栏的数字，加上本月利润表的"本月数"栏的数字，可以得出各项目的本月的"本年累计数"，然后填入相应的项目内。

（15）年度利润表有关栏目

编制年度利润表时应将"本月数"栏改为"上年数"栏，填列上年累计实际发生数，与"本年累计数"栏各项目进行比较。如果上年度利润表与本年度利润表的项目名称和内容不相一致，应对上年度报表项目的名称和数字按本年度的规定进行调整，填入"上年数"栏内。

知识窗：12月份利润表的"本年累计数"，就是本年度利润表的"本年累计数"，可以直接转抄。由于年终结账时，全年的收入和支出已全部转入"本年利润"，并且通过收支对比结出本年净利润的数额。因此，应将年报中"净利润"数字与"本年利润"结转到"利润分配——未分配利润"的数字相核对，检查报表编制和账簿记录的是否正确。

【例8-2】根据黄河公司（增值税一般纳税人）2013年发生的下列业务资料编制利润表。

企业2013年损益类科目本年累计发生额资料见表8-6。

表8-6　损益类科目本年累计发生额

单位：元

科目名称	借方发生额	贷方发生额
主营业务收入		1100000
主营业务成本	840000	
营业税金及附加	1740	
其他业务收入		52000
其他业务成本	40000	
销售费用	60000	
管理费用	104000	
财务费用	36000	
投资收益		80800
营业外收入		6000
营业外支出	24000	
所得税费用	39920	

表 8-7　利润表

利润表会企 02 表

年　　　月

编制单位：黄河公司　　　　　　　　　　　　　　　　　　　　　　　单位：元

项目	本期金额	上期金额
一、营业收入	1152000	略
减：营业成本	880000	
营业税金及附加	1740	
销售费用	60000	
管理费用	104000	
财务费用	36000	
资产减值损失		
加：公允价值变动收益（损失以"–"号填列）		
投资收益（损失以"–"号填列）	80800	
二、营业利润（亏损以"–"号填列）	151060	
加：营业外收入	6000	
减：营业外支出	24000	
其中：非流动资产处置损失		
三、利润总额（亏损总额以"–"号填列）	133060	
减：所得税费用	39920	
四、净利润（净亏损以"–"号填列）	93140	
五、每股收益		
（一）基本每股收益		
（二）稀释每股收益		

8.3.3　现金流量表

1. 现金流量的含义

现金流量是某一段时期内企业现金流入和流出的数量。如企业销售商品、提供劳务、出售固定资产、向银行借款等取得现金，形成企业的现金流入；购买原材料、接受劳务、购建固定资产、对外投资、偿还债务等而支付现金等，形成企业的现金流出。现金流量信息能够表明企业经营状况是否良好，资金是否紧缺，企业偿付能力大小，从而为投资者、债权人、企业管理者提供非常有用的信息。

2. 现金流量表的含义

现金流量表是以现金为基础编制的反映企业财务状况变动的报表，它反映公司或企业在一定会计期间内有关现金和现金等价物的流入和流出的信息，表明企业获得现金和现金等价物（除特别说明外以后所称的现金均包括现金等价物）的能力。

3.编制现金流量表目的

编制现金流量表目的是为会计报表使用者提供企业一定会计期间内现金和现金等价物流入和流出的信息，以便于报表使用者了解和评价企业获取现金和现金等价物的能力，并据以预测企业未来现金流量。

4.现金流量表的作用

①现金流量有可以提供企业的现金流量信息，从而对企业整体财务状况作出客观评价。

②现金流量表是在以营运资金为基础编制的财务状况变动表基础上发展起来的，它提供了新的信息。

③通过现金流量，不但可以了解企业当前的财务状况，还可以预测企业未来的发展情况。

5.现金流量表的编制基础

现金流量表是以现金为基础编制的，这里的现金是指企业库存现金、可以随时用于支付的存款，以及现金等价物。具体包括：

①库存现金。

②银行存款。

③其他货币资金。是指企业存在金融企业有特定用途的资金。

④现金等价物。是指企业持有的期限短、流动性高、易于转换为已知金额的现金、价值变动风险很小的短期投资。现金等价物通常指购买在 3 个月或更短时间内即到期或即可转换为现金的投资。

📖知识窗：现金流量表以收付实现制为基础，真实地反映企业当期实际收入的现金、实际支出的现金、现金流入和流出相抵后的净额，从而分析利润表中本期净利润与现金流量之间的差异，正确地评价企业的经营成果。

6.现金流量分类

按照企业经营业务发生的性质对现金流量进行划分：

①经营活动产生的现金流量。

②投资活动产生的现金流量。

③筹资活动产生的现金流量。

7.现金流量表的内容和结构

（1）现金流量表正表

现金流量表正表是现金流量表的主体，企业一定会计期间现金流量的信息主要由正表提供。正表采用报告式结构，如表8-8所示。按照现金流量的性质，依次分类反映经营活动产生的现金流量、投资活动产生的现金流量和筹资活动产生的现金流量，最后汇总反映企业现金及现金等价物净增加额。在有外币现金流量及境外子公司的现金流量折算为人民币的企业，正表中还应单设"汇率变动对现金的影响"项目，以反映企业外币现金流量及境外子公司的现金流量折算为人民币时，所采用的现金流量发生日的汇率或平均汇率折算的人民币金额与"现金及现金等价物增加额"中外币现金净增加额按期末汇率折算的人民币金额之间的差额。

表 8-8　现金流量表

现金流量表会企 03 表

编制单位：　　　　　　　　　　　年　　　月　　　　　　　　　　　单位：元

项目	本期金额	上期金额
一、经营活动产生的现金流量：		
销售商品、提供劳务收到的现金		
收到的税费返还		
收到的其他与经营活动有关的现金		
现金流入小计		
购买商品、接受劳务支付的现金		
支付给职工以及为职工支付的现金		
支付的各项税费		
支付的其他与经营活动有关的现金		
现金流出小计		
经营活动产生的现金流量净额		
二、投资活动产生的现金流量：		
收回投资所收到的现金		
取得投资收益所收到的现金		
处置固定资产、无形资产和其他长期资产所收回的现金净额		
收到的其他与投资活动有关的现金		
现金流入小计		
购建固定资产、无形资产和其他长期资产所支付的现金		
投资所支付的现金		
支付的其他与投资活动有关的现金		
现金流出小计		
投资活动产生的现金流量净额		
三、筹资活动产生的现金流量：		
吸收投资所收到的现金		
借款所收到的现金		
收到的其他与筹资活动有关的现金		
现金流出小计		
偿还债务所支付的现金		

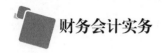

项目	本期金额	上期金额
分配股利、利润或偿付利息所支付的现金		
支付的其他与筹资活动有关的现金		
现金流出小计		
筹资活动产生的现金流量净额		
四、汇率变动对现金的影响		
五、现金及现金等价物净增加额		
加：期初现金及现金等价物余额		
六、期末现金及现金等价物余额		

（2）现金流量表补充资料

包括三部分：

①将净利润调节为经营活动的现金流量（即按间接法编制的经营活动现金流量）。

②不涉及现金收支的投资和筹资活动。

③现金及现金等价物净增加额。

8. 现金流量表的编制

（1）现金流量表的编制程序

在具体编制现金流量表时，企业可根据业务量的大小及复杂程度，采用工作底稿法、T型账户法，或直接根据有关科目的记录分析填列。

①工作底稿法。工作底稿法是以工作底稿为手段，以利润表和资产负债表为基础，结合有关科目的记录，对现金流量表的每一项目进行分析并编制调整分录，从而编制出现金流量表的一种方法。

采用工作底稿法编制现金流量表的具体步骤是：

第一步，将资产负债表的期初数和期末数过入工作底稿的期初数和期末数栏。

第二步，对当期业务进行分析并编制调整分录。调整分录大体有这样几类：第一类涉及利润表中的收入、成本和费用项目以及资产负债表中的资产、负债及所有者权益项目，通过调整，将权责发生制下的收入、费用转换为现金基础；第二类涉及资产负债表和现金流量表中的投资、筹资项目，反映投资和筹资活动的现金流量；第三类涉及利润表和现金流量表中的投资和筹资项目，目的是将利润表中有关投资和筹资方面的收入和费用列入现金流量表投资、筹资现金流量中去。此外，还有一些调整分录并不涉及现金收支，只是为了核对资产负债表项目的期末数变动。

第三步，将调整分录过入工作底稿中的相应部分。

第四步，核对调整分录，借贷合计应当相等，资产负债表项目期初数加减调整分录中的借贷金额以后，应当等于期末数。

第五步，根据工作底稿中的现金流量表项目部分编制正式的现金流量表。

②T型账户法。T型账户法是以利润表和资产负债表为基础，结合有关科目的记

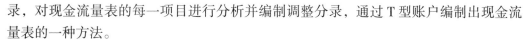

录，对现金流量表的每一项目进行分析并编制调整分录，通过 T 型账户编制出现金流量表的一种方法。

采用 T 型账户法编制现金流量表的具体步骤是：

第一步，为所有的非现金项目（包括资产负债表项目和利润表项目）分别开设 T 型账户，并将各自的期末期初变动数过入各该账户。

第二步，开设一个大的"现金及现金等价物" T 型账户。每边分为经营活动、投资活动和筹资活动三个部分，左边记现金流入，右边记现金流出。与其他账户一样，过入期初期末变动数。

第三步，以利润表项目为基础，结合资产负债表分析每一个非现金项目的增减变动，并据此编制调整分录。

第四步，将调整分录过入各 T 型账户，并进行核对，该账户借贷相抵后的余额与原先过入的期末期初变动数应当一致。

第五步，根据"现金及现金等价物" T 型账户编制正式的现金流量表。

（2）现金流量表各项目的内容和填列方法

第一部分：经营活动产生的现金流量各项目的内容和填列方法：

①销售商品、提供劳务收到的现金项目。反映企业本期销售商品、提供劳务收到的现金，以及前期销售商品、提供劳务本期收到的现金（包括销售收入和应向购买者收取的增值税销项税额）和本期预收的款项，减去本期销售本期退回商品和前期销售本期退回商品支付的现金。企业销售材料和代购代销业务收到的现金，也在本项目反映。计算公式为：

销售商品、提供劳务收到的现金 = 利润表中主营业务收入 ×（1+17%）+ 利润表中其他业务收入 +（应收票据期初余额 – 应收票据期末余额）+（应收账款期初余额 – 应收账款期末余额）+（预收账款期末余额 – 预收账款期初余额）– 计提的应收账款坏账准备期末余额

②收到的税费返还项目。包括收到返还的增值税、消费税、营业税、关税、所得税、教育费附加等。计算公式为：

收到的税费返还 =（应收补贴款期初余额 – 应收补贴款期末余额）+ 补贴收入 + 所得税本期贷方发生额累计数

③收到的其他与经营活动有关的现金项目。包括罚款、流动资产损失中由个人赔偿的现金、经营租赁的租金等。计算公式为：

收到的其他与经营活动有关的现金 = 营业外收入相关明细本期贷方发生额 + 其他业务收入相关明细本期贷方发生额 + 其他应收款相关明细本期贷方发生额 + 其他应付款相关明细本期贷方发生额 + 银行存款利息收入

④购买商品、接受劳务支付的现金项目。反映企业本期购买商品、接受劳务实际支付的现金（包括增值税进项税额），以及本期支付前期购买商品、接受劳务的未付款项和本期预付款项，减去本期发生的购货退回收到的现金。企业购买材料和代购代销业务支付的现金，也在本项目反映。计算公式为：

购买商品、接受劳务支付的现金＝当期购买商品、接受劳务支付的现金＋当期支付前期的应付账款＋当期支付前期的应付票据＋当期预付的账款－当期因购货退回收到的现金

或＝购买商品、接受劳务产生的销售成本和进项税＋应付账款本期减少额（期初－期末）＋应付票据本期减少额（期初－期末）＋预付款项本期增加额（期末－期初）＋存货本期增加额（期末－期初）±特殊调整业务

或＝［利润表中主营业务成本＋（存货期末余额－存货期初余额）］×（1＋17%）＋其他业务支出（剔除税金）＋（应付票据期初余额－应付票据期末余额）＋（应付账款期初余额－应付账款期末余额）＋（预付账款期末余额－预付账款期初余额）

⑤支付给职工以及为职工支付的现金项目。反映企业本期实际支付给职工的工资、奖金、各种津贴和补贴等职工薪酬（包括代扣代缴的职工个人所得税）。计算公式为：

支付给职工以及为职工支付的现金＝"应付职工薪酬"科目本期借方发生额累计数＋管理费用中"养老保险金""待业保险金""住房公积金""医疗保险金"＋成本及制造费用明细表中的"劳动保护费"

　　动脑筋：现金流量表中"支付给职工及为职工支付的现金"与资产负债表中"应付工资"期末数－期初数＋"应付福利费"期末数－期初数（现在统一在"应付职工薪酬"中核算）＋本期为职工支付的工资和福利总额有什么关系？

⑥支付的各项税费项目。反映企业本期发生并支付、以前各期发生本期支付以及预缴的各项税费，包括所得税、增值税、营业税、消费税、印花税、房产税、土地增值税、车船使用税、教育费附加、矿产资源补偿费等，但不包括计入固定资产价值，实际支付的耕地占用税，也不包括本期退回的增值税、所得税。本期退回的增值税，所得税在"收到的税费返还"项目反映，即实际缴纳的各种税金和附加税，不包括进项税。计算公式为：

支付的各项税费＝"应交税费"各明细账户本期借方发生额累计数＋"其他应交款"各明细账户借方数＋"管理费用"中"税费"本期借方发生额累计数＋"其他业务成本"中有关税金项目

⑦支付其他与经营活动有关的现金项目。反映企业经营租赁支付的租金、支付的差旅费、业务招待费、保险费、罚款支出等其他与经营活动有关的现金流出，金额较大的应当单独列示。计算公式为：

支付的其他与经营活动有关的现金＝营业外支出（剔除固定资产处置损失）＋管理费用（剔除工资、福利费、劳动保险金、待业保险金、住房公积金、养老保险、医疗保险、折旧、坏账准备或坏账损失、列入的各项税金等）＋销售费用、成本及制造费用（剔除工资、福利费、劳动保险金、待业保险金、住房公积金、养老保险、医疗保险等）＋其他应收款本期借方发生额＋其他应付款本期借方发生额＋银行手续费

第二部分：投资活动产生的现金流量各项目的内容和填列方法：

①收回投资所收到的现金 =（短期投资期初数 – 短期投资期末数）+（长期股权投资期初数 – 长期股权投资期末数）+（长期债权投资期初数 – 长期债权投资期末数）

该公式中，如期初数小于期末数，则在投资所支付的现金项目中核算。

②取得投资收益所收到的现金 = 利润表投资收益 –（应收利息期末数 – 应收利息期初数）–（应收股利期末数 – 应收股利期初数）

③处置固定资产、无形资产和其他长期资产所收回的现金净额 = "固定资产清理"的贷方余额 +（无形资产期末数 – 无形资产期初数）+（其他长期资产期末数 – 其他长期资产期初数）

❓动脑筋：现金流量表中"处置或购置固定资产、无形资产及其他资产收到或支付的现金"与资产负债表中"在建工程" + "固定资产" + "无形资产"等其他科目变动额有什么关系？

④收到的其他与投资活动有关的现金，如收回融资租赁设备本金等。

⑤购建固定资产、无形资产和其他长期资产所支付的现金 =（在建工程期末数 – 在建工程期初数）（剔除利息）+（固定资产期末数 – 固定资产期初数）+（无形资产期末数 – 无形资产期初数）+（其他长期资产期末数 – 其他长期资产期初数）

该公式中，如期末数小于期初数，则在处置固定资产、无形资产和其他长期资产所收回的现金净额项目中核算。

⑥投资所支付的现金 =（短期投资期末数 – 短期投资期初数）+（长期股权投资期末数 – 长期股权投资期初数）（剔除投资收益或损失）+（长期债权投资期末数 – 长期债权投资期初数）（剔除投资收益或损失）

该公式中，如期末数小于期初数，则在收回投资所收到的现金项目中核算。

⑦支付的其他与投资活动有关的现金，如投资未按期到位罚款。

第三部分：筹资活动产生的现金流量各项目的内容和填列方法：

①吸收投资所收到的现金 =（实收资本或股本期末数 – 实收资本或股本期初数）+（应付债券期末数 – 应付债券期初数）

②借款收到的现金 =（短期借款期末数 – 短期借款期初数）+（长期借款期末数 – 长期借款期初数）

③收到的其他与筹资活动有关的现金，如投资人未按期缴纳股权的罚款现金收入等。

④偿还债务所支付的现金 =（短期借款期初数 – 短期借款期末数）+（长期借款期初数 – 长期借款期末数）（剔除利息）+（应付债券期初数 – 应付债券期末数）（剔除利息）

⑤分配股利、利润或偿付利息所支付的现金 = 应付股利借方发生额 + 利息支出 + 长期借款利息 + 在建工程利息 + 应付债券利息 – 预提费用中"计提利息"贷方余额 – 票据贴现利息支出

⑥支付的其他与筹资活动有关的现金，如发生筹资费所支付的现金、融资租赁

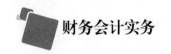

所支付的现金、减少注册资本所支付的现金（收购本公司股票，退还联营单位的联营投资等）、企业以分期付款方式购建固定资产，除首期付款支付的现金以外的其他各期所支付的现金等。

📖知识窗：现金流量表中的"现金及现金等价物净额"＝资产负债表中"货币资金"期末余额－期初余额。

【例8-3】根据黄河公司（增值税一般纳税人）2014年12月发生的下列账簿相关明细资料编制现金流量表。

1. 与销售商品、提供劳务有关的资料：本期主营业务收入为1250000元，本期销售产品以现金收取销项税额212500元；应收账款期初余额为300000元，期末余额600000元；应收票据期初余额为246000元，期末余额为46000元。

2. 与购买商品、接受劳务有关的资料：本期主营业务成本为750000元，本期以现金支付能抵扣的增值税100000元；应付账款期初余额为953800元，期末余额为900000元；应付票据期初余额为200000元，期末余额为300000元；存货期初余额为2580000元，期末余额为2574700元。

3. 增值税与所得税资料：本期上缴增值税200000元；本期发生所得税99000元，已缴纳。期初未缴所得税50000元，期末未缴所得税20000元。

4. 其他税费资料：本期实际支付的消费税25000元，支付城市维护建设税1750元，支付教育费附加700元。

5. 职工薪酬资料：本期实际以现金支付工人的工资（不含在建工程人员工资）300000元，支付养老保险金50000元。

6. 现金支付有关管理费用30000元。

7. 投资活动有关资料：转让权益性投资本金150000元，实收现金180000元；转让债券投资收回现金55000元，其中本金50000元。

8. 投资收益资料：从被投资企业分得现金股利8000元。

9. 处置固定资产资料：出售不需用旧设备一台，收到现金10000元，支付拆卸费3000元。

10. 购置固定资产资料：购一台设备价款200000元，增值税34000元，已经用银行存款支付，另支付安装费6000元。

11. 资金筹集资料：委托证券公司代为发行面值为3000000元长期债券，证券公司收取1%的手续费，并代为支付印刷费20000元。余款已存入银行。在发行前，本企业支付咨询费等3000元。

12. 银行借款资料：银行存款偿还长期借款本金100000元，利息30000元，其中前两年已计提利息总额为20000元。

13. 支付上年和本年融资租赁费40000元。

解析：

1. 销售商品、提供劳务收到的现金＝当期主营业务收入

＋当期现金收取的销项税额

+应收账款的减少（应收账款期初余额 – 应收账款期末余额）

+应收票据的减少（应收票据期初余额 – 应收票据期末余额）

+预收账款的增加（预收账款期末余额 – 预收账款期初余额）

+本期收回前期核销的坏账损失

– 当期因销售退回的现金

– 债务人以非现金资产抵偿债务而减少的应收账款和票据

– 核销坏账损失而减少的应收账款等

= 1250000 + 212500 + （300000–600000）+ （246000–46000）= 1362500（元）

2. 购买商品、接受劳务支付的现金 = 当期主营业务成本

+当期以现金支付的增值税进项税额

+当期存货的增加（期末存货 – 期初存货）

+应付账款的减少（期初应收账款 – 期末应收账款）

+应付票据的减少（期初应付票据 – 期末应付票据）

– 预付账款的减少（期初预付账款 – 期末预付账款）

– 本期发生的购货退回收到的现金

= 750000 + 100000 + （2574700–2580000）+ （953800–900000）+ （200000–300000）= 840500（元）

3. 支付给职工以及为职工支付的现金 = 300000 元（支付养老保险金 50000 元不列入本项目，而应在"支付的其他与经营活有关的现金"项目中反映）

4. 支付的各项税费 = 200000 + 99000 + （50000–20000）+ 25000 + 1750 + 700 = 356450（元）

5. 支付的其他与经营活动有关的现金 = 50000 + 30000 = 80000（元）

6. 收回投资所收到的现金 = 180000 + 50000 = 230000（元）

7. 取得投资收益所收到的现金 = （55000–50000）+ 8000 = 13000（元）

8. 处置固定资产、无形资产和其他长期资产所收回的现金净额 = 10000–3000 = 7000（元）

9. 购建固定资产、无形资产和其他长期资产所支付的现金 = 200000 + 34000 + 6000 = 240000（元）

10. 吸收投资所收到的现金 = 3000000（1–1%）–20000 = 2950000（元）

11. 偿还债务所支付的现金 = 100000（元）

12. 分配股利、利润或偿付利息所支付的现金 = 30000（元）

13. 支付的其他与筹资活动有关的现金 = 40000 + 3000 = 43000（元）

编制黄河公司现金流量表见表 8–9。

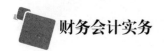

表 8-9 现金流量表

现金流量表会企 03 表

编制单位：黄河公司　　　　2014 年 12 月 31 日　　　　　　　单位：元

项目	本期金额	上期金额
一、经营活动产生的现金流量：		
销售商品、提供劳务收到的现金	1362500	
收到的税费返还		
收到的其他与经营活动有关的现金		
经营活动现金流入小计	1362500	
购买商品、接受劳务支付的现金	840500	
支付给职工以及为职工支付的现金	300000	
支付的各项税费	356450	
支付的其他与经营活动有关的现金	80000	
经营活动现金流出小计	1576950	
经营活动产生的现金流量净额	−214450	
二、投资活动产生的现金流量		
收回投资收到的现金	230000	
取得投资收益收到的现金	13000	
处置固定资产、无形资产和其他长期资产收回的现金净额	7000	
处置子公司及其他营业单位收到的现金净额		
收到其他与投资活动有关的现金		
投资活动现金流入小计	250000	略
购建固定资产、无形资产和其他长期资产支付的现金	240000	
投资所支付的现金		
取得子公司及其他营业单位支付的现金净额		
支付其他与投资活动有关的现金		
投资活动现金流出小计	240000	
投资活动产生的现金流量净额	10000	
三、筹资活动产生的现金流量：		
吸收投资收到的现金	2950000	
借款收到的现金		
收到其他与筹资活动有关的现金		
筹资活动现金流入小计	2950000	
偿还债务支付的现金	100000	
分配股利、利润或偿付利息支付的现金	30000	
支付其他与筹资活动有关的现金	43000	
筹资活动现金流出小计	173000	
筹资活动产生现金流量净额	2777000	

项目	本期金额	上期金额
四、汇率变动对现金及现金等价物的影响		略
五、现金及现金等价物净增加额		
加：起初现金及现金等价物余额		
六、期末现金及现金等价物余额	2572550	

8.3.4　所有者权益变动表

1. 所有者权益变动表项目的填列方法

所有者权益变动表各项目均需填列"本年金额"和"上年金额"两栏。

所有者权益变动表"上年金额"栏内各项数字，应根据上年度所有者权益变动表"本年金额"内所列数字填列。上年度所有者权益变动表规定的各个项目的名称和内容同本年度不一致的，应对上年度所有者权益变动表各项目的名称和数字按照本年度的规定进行调整，填入所有者权益变动表的"上年金额"栏内。

所有者权益变动表"本年金额"栏内各项数字一般应根据"实收资本（或股本）""资本公积""盈余公积""利润分配""库存股""以前年度损益调整"科目的发生额分析填列。

2. 所有者权益变动表各项目的列报说明

（1）"上年年末余额"项目

反映企业上年资产负债表中实收资本（或股本）、资本公积、盈余公积、未分配利润的年末余额。

（2）"会计政策变更"和"前期差错更正"项目

分别反映企业采用追溯调整法处理的会计政策变更的累积影响金额和采用追溯重述法处理的会计差错更正的累积影响金额。为了体现会计政策变更和前期差错更正的影响，企业应当在上期期末所有者权益余额的基础上进行调整得出本期期初所有者权益，根据"盈余公积""利润分配""以前年度损益调整"等科目的发生额分析填列。

（3）"本年增减变动额"项目

分别反映如下内容：

①"净利润"项目，反映企业当年实现的净利润（或净亏损）金额，并对应列在"未分配利润"栏。

②"其他综合收益"项目，反映企业当年根据企业会计准则规定未在损益中确认的各项利得和损失扣除所得税影响后的净额，并对应列在"资本公积"栏。

③"净利润"和"其他综合收益"小计项目，反映企业当年实现的净利润（或净亏损）金额和当年直接计入其他综合收益金额的合计额。

（4）"所有者投入和减少资本"项目

反映企业当年所有者投入的资本和减少的资本。其中：

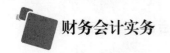

①"所有者投入资本"项目，反映企业接受投资者投入形成的实收资本（或股本）和资本溢价或股本溢价，并对应列在"实收资本"和"资本公积"栏。

②"股份支付计入所有者权益的金额"项目，反映企业处于等待期中的权益结算的股份支付当年计入资本公积的金额，并对应列在"资本公积"栏。

（5）"利润分配"下各项目

反映当年对所有者（或股东）分配的利润（或股利）金额和按照规定提取的盈余公积金额，并对应列在"未分配利润"和"盈余公积"栏。其中：

①"提取盈余公积"项目，反映企业按照规定提取的盈余公积。

②"对所有者（或股东）的分配"项目，反映对所有者（或股东）分配的利润（或股利）金额。

（6）"所有者权益内部结转"各项目

反映不影响当年所有者权益总额的所有者权益各组成部分之间当年的增减变动，包括资本公积转增资本（或股本）、盈余公积转增资本（或股本）、盈余公积弥补亏损等项金额。为了全面反映所有者权益各组成部分的增减变动情况，所有者权益内部结转也是所有者权益变动表的重要组成部分，主要指不影响所有者权益总额、所有者权益的各组成部分当期的增减变动。其中：

①"资本公积转增资本（或股本）"项目，反映企业以资本公积转增资本或股本的金额。

②"盈余公积转增资本（或股本）"项目，反映企业以盈余公积转增资本或股本的金额。

③"盈余公积弥补亏损"项目，反映企业以盈余公积弥补亏损的金额。

8.3.5 财务报表附注

财务报表附注是对资产负债表、利润表、现金流量表和所有者权益变动表等报表中列示项目的文字描述或明细资料，以及对未能在这些报表中列示项目的说明等。可以使报表使用者全面了解企业的财务状况、经营成果和现金流量。它是对财务报表的补充说明，是财务会计报告体系的重要组成部分。随着经济环境的复杂化以及人们对相关信息要求的提高，附注在整个报告体系中的地位日益突出。但在我国，对报表附注的重视性却不令人满意，其编制和使用状况也存在着局限性。

附注应当按照如下顺序披露有关内容：

1. 企业的基本情况

①企业注册地、组织形式和总部地址。

②企业的业务性质和主要经营活动，如企业所处的行业、所提供的主要产品或服务、客户的性质、销售策略、监管环境的性质等。

③母公司以及集团最终母公司的名称。

④财务报告的批准报出者和财务报告批准报出日。

2. 财务报表的编制基础

企业应当以持续经营为基础编制会计报表。在编制会计报表时，企业应当对持续经营的能力进行估计。如果已决定进行清算或停止营业，或者已确定在下一个会计期间将被迫进行清算或停止营业，则不应再以持续经营为基础编制会计报表。如果某些不确定的因素导致对企业能否持续经营产生重大怀疑时，则应当在会计报表附注中披露这些不确定因素。如果会计报表不是以持续经营为基础编制的，则企业在会计报表附注中对此应当首先予以披露，并进一步披露会计报表的编制基础，以及企业未能以持续经营为基础编制会计报表的原因。

3. 遵循企业会计准则的声明

企业应当声明编制的财务报表符合企业会计准则的要求，真实、完整地反映了企业的财务状况、经营成果和现金流量等有关信息，以此明确企业编制财务报表所依据的制度基础。

如果企业编制的财务报表只是部分地遵循了企业会计准则，附注中不得做出这种表述。

4. 重要会计政策和会计估计

根据财务报表列报准则的规定，企业应当披露采用的重要会计政策和会计估计，不重要的会计政策和会计估计可以不披露。

（1）重要会计政策的说明

由于企业经济业务的复杂性和多样化，某些经济业务可以有多种会计处理方法，也即存在不止一种可供选择的会计政策。例如，存货的计价可以有先进先出法、加权平均法、个别计价法等；固定资产的折旧，可以有平均年限法、工作量法、双倍余额递减法、年数总额法等。企业在发生某项经济业务时，必须从允许的会计处理方法中选择适合本企业特点的会计政策，企业选择不同的会计处理方法，可能极大地影响企业的财务状况和经营成果，进而编制出不同的财务报表。为了有助于报表使用者理解，有必要对这些会计政策加以披露。

需要特别指出的是，说明会计政策时还需要披露下列两项内容：

①财务报表项目的计量基础。会计计量属性包括历史成本、重置成本、可变现净值、现值和公允价值，这直接显著影响报表使用者的分析，这项披露要求便于使用者了解企业财务报表中的项目是按何种计量基础予以计量的，如存货是按成本还是可变现净值计量等。

②会计政策的确定依据，主要是指企业在运用会计政策过程中所作的对报表中确认的项目金额最具影响的判断。例如，企业如何判断持有的金融资产是持有至到期的投资而不是交易性投资；又比如，对于拥有的持股不足 50% 的关联企业，企业为何判断企业拥有控制权因此将其纳入合并范围；再比如，企业如何判断与租赁资产相关的所有风险和报酬已转移给企业，从而符合融资租赁的标准；以及投资性房地产的判断标准是什么；等等，这些判断对在报表中确认的项目金额具有重要影响。因此，这项

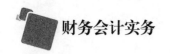

披露要求有助于使用者理解企业选择和运用会计政策的背景，增加财务报表的可理解性。

（2）重要会计估计的说明

财务报表列报准则强调了对会计估计不确定因素的披露要求，企业应当披露会计估计中所采用的关键假设和不确定因素的确定依据，这些关键假设和不确定因素在下一会计期间内很可能导致对资产、负债账面价值进行重大调整。

在确定报表中确认的资产和负债的账面金额过程中，企业有时需要对不确定的未来事项在资产负债表日对这些资产和负债的影响加以估计。例如，固定资产可收回金额的计算需要根据其公允价值减去处置费用后的净额与预计未来现金流量的现值两者之间的较高者确定，在计算资产预计未来现金流量的现值时需要对未来现金流量进行预测，并选择适当的折现率，应当在附注中披露未来现金流量预测所采用的假设及其依据、所选择的折现率为什么是合理的，等等。又如，为正在进行中的诉讼提取准备时最佳估计数的确定依据等。这些假设的变动对这些资产和负债项目金额的确定影响很大，有可能会在下一个会计年度内做出重大调整。因此，强调这一披露要求，有助于提高财务报表的可理解性。

（3）会计政策和会计估计变更以及差错更正的说明

企业应当按照《企业会计准则第28号——会计政策、会计估计变更和差错更正》及其应用指南的规定，披露会计政策和会计估计变更以及差错更正的有关情况。

（4）报表重要项目的说明

企业应当以文字和数字描述相结合、尽可能以列表形式披露报表重要项目的构成或当期增减变动情况，并且报表重要项目的明细金额合计，应当与报表项目金额相衔接。在披露顺序上，一般应当按照资产负债表、利润表、现金流量表、所有者权益变动表的顺序及其项目列示的顺序。

（5）其他需要说明的重要事项

这主要包括或有和承诺事项、资产负债表日后非调整事项、关联方关系及其交易等，具体的披露要求须遵循相关准则的规定，分别参见相关章节的内容。

【任务3训练题】

一、单选题

1. 某企业2014年7月1日因出售商品应收A企业商业汇票金额为100万元，2014年8月1日因提供劳务应收B企业商业汇票200万元，至12月31日将所持A企业金额为100万元的未到期商业汇票向银行贴现（不附追索权），实际收到金额为80万元。则该企业2014年12月31日资产负债表中的"应收票据"项目金额为（　　）万元。

A.200 　　　　B.300 　　　　C.400 　　　　D.220

2. 下列各科目的期末余额，不应在资产负债表"存货"项目列示的是（　　）。

A. 库存商品　　B. 生产成本　　C. 工程物资　　D. 委托加工物资

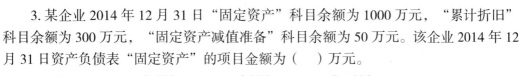

3. 某企业 2014 年 12 月 31 日 "固定资产" 科目余额为 1000 万元，"累计折旧" 科目余额为 300 万元，"固定资产减值准备" 科目余额为 50 万元。该企业 2014 年 12 月 31 日资产负债表 "固定资产" 的项目金额为（　　）万元。

A.650　　　　　B.700　　　　　C.950　　　　　D.1000

4. 下列报表中，反映企业静态财务状况的是（　　）。

A. 资产负债表　　B. 利润表　　C. 现金流量表　D. 所有者权益变动表

5. 资产负债表的作用是（　　）。

A. 反映企业某一时期的经营成果　B. 反映企业某一时期的财务状况

C. 反映企业某一特定日期的经营成果

D. 反映企业某一特定日期的财务状况

6. "预收账款" 科目所属明细科目期末有借方余额，应在资产负债表（　　）项目内填列。

A. 预付账款　　　B. 应付账款　　C. 应收账款　　D. 预收账款

7. 某企业 "应付账款" 科目期末余额 500 万元，其中明细科目借方余额 100 万元，贷方余额 600 万元。"预付账款" 科目期末余额 60 万元，其中明细科目借方余额 100 万元，贷方余额 40 万元。则该企业资产负债表 "预付账款" 项目应填列的金额为（　　）万元。

A.60　　　　　B.200　　　　　C.560　　　　　D.640

8. 某企业 "应付账款" 科目期末余额 500 万元，其中明细科目借方余额 100 万元，贷方余额 600 万元。"预付账款" 科目期末余额 60 万元，其中明细科目借方余额 100 万元，贷方余额 40 万元。则该企业资产负债表 "应付账款" 项目应填列的金额为（　　）万元。

A.60　　　　　B.200　　　　　C.560　　　　　D.640

9. 某企业 "应收账款" 科目期末余额 60 万元，其中明细科目借方余额 100 万元，贷方余额 40 万元。"预收账款" 科目期末余额 500 万元，其中明细科目借方余额 100 万元，贷方余额 600 万元，坏账准备贷方余额为 20 万元，则该企业资产负债表 "应收账款" 项目应填列的金额为（　　）万元。

A.40　　　　　B.180　　　　　C.200　　　　　D.540

10. 资产负债表中可以根据有关明细账的期末余额计算填列的项目是（　　）。

A. 应收账款　　　B. 短期投资　　C. 应付账款　　D. 存货

二、多选题

1. 下列各项中，应在资产负债表 "应收账款" 项目列示的有（　　）。

A. "预付账款" 科目所属明细科目的借方余额

B. "应收账款" 科目所属明细科目的借方余额

C. "应收账款" 科目所属明细科目的贷方余额

D. "预收账款" 科目所属明细科目的借方余额

2. 资产负债表下列各项目中，应根据有关科目余额减去备抵科目余额后的净额填列的有（　　）。

　　A. 存货　　　　　　B. 无形资产　　　　C. 应收账款　　　　D. 长期股权投资

　　3. 利润表的特点是（　　）。

　　A. 根据损益账户的本期发生额编制　　　B. 根据相关账户的期末余额编制

　　C. 属于静态报表　　　　　　　　　　　D. 属于动态报表

　　4. 下列关于"资产负债表"的表述，其正确的有（　　）。

　　A. 它是反映一定时期内财务成果的报表

　　B. 它是一张静态报表

　　C. 它是根据"资产 = 负债 所有者权益"等式编制的

　　D. 流动资产排在左方，非流动资产排在右方

　　5. 下列各项中，应作为现金流量表中经营活动产生的现金流量的有（　　）。

　　A. 销售商品收到的现金　　　　　　　　B. 取得短期借款收到的现金

　　C. 采购原材料支付的增值税　　　　　　D. 取得长期股权投资支付的手续费

　　6. 下列各项现金流出，属于企业现金流量表中筹资活动产生的现金流量的有
（　　）。

　　A. 偿还应付账款　　　　　　　　　　　B. 偿还短期借款

　　C. 发放现金股利　　　　　　　　　　　D. 支付借款利息

　　7. 下列项目中不属于投资活动产生的现金流量的有（　　）。

　　A. 购买固定资产所支付的现金　　　　　B. 购买现金等价物所支付的现金

　　C. 购买长期股权投资所支付的现金　　　D. 购买商品所支付的现金

　　8. 资产负债表中，根据有关总账期末余额计算填列的项目是（　　）。

　　A. 短期借款　　　B. 应收账款　　　C. 货币资金　　　D. 存货

　　9. 利润表中"营业税金及附加"项目包括的税金有（　　）。

　　A. 增值税　　　　B. 营业税　　　　C. 消费税　　　　D. 资源税

　　10. 利润表中，与计算"营业利润"无关的项目是（　　）。

　　A. 所得税费用　　　B. 投资收益　　　C. 营业外收入　　　D. 营业外支出

三、判断题

　　1. 资产负债表资产方各个项目的排列顺序是由资产的重要性决定的。（　　）

　　2. 我国的资产负债表采用账户式结构，左方为资产项目，一般按要求清偿时间的先后顺序排列，右方为负债和所有者权益项目，大体按照流动性大小排列。（　　）

　　3. "应收账款"所属明细科目期末有贷方余额，应在资产负债表的"预收账款"项目内填列。（　　）

　　4. 利润表中"本期数"栏的数字，应根据各损益类账户本期发生额填列。（　　）

　　5. 利润总额是指收入加上投资收益、营业外收入，减去营业外支出后的总金额。
（　　）

四、技能训练

　　1. 某企业 2014 年 12 月 31 日结账后有关科目余额见表 8—10。

表 8-10 科目余额表

单位：万元

总账科目	明细科目	借方余额		贷方余额	
		总账科目	明细科目	总账科目	明细科目
应收账款		800			
	——A 公司		1000		
	——B 公司				200
预收账款				5000	
	——C 公司				7000
	——D 公司		2000		
坏账准备				100	

假设此处坏账准备均属于为应收账款计提。

2. 某企业 2014 年 12 月 31 日结账后有关科目余额见表 8-11。

表 8-11 科目余额表

单位：万元

总账科目	明细科目	借方余额		贷方余额	
		总账科目	明细科目	总账科目	明细科目
应付账款				6000	
	——A 公司				8000
	——B 公司		2000		
预付账款		3000			
	——C 公司		4000		
	——D 公司				1000
坏账准备				1000	

假设此处坏账准备均属于为预付账款计提。根据上述资料，计算资产负债表：

（1）应收账款；

（2）预付款项；

（3）应付账款；

（4）预收款项项目的金额。

3. 某企业 2014 年 12 月 31 日长期借款情况见表 8-12。

表 8-12 长期借款情况表

借款起始日期	借款期限（年）	金额（万元）
2014 年 1 月 1 日	3	100
2012 年 1 月 1 日	5	200
2011 年 6 月 1 日	4	150

要求：计算该企业 2014 年 12 月 31 日资产负债表中"长期借款"项目金额。

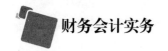

4. 甲公司 2014 年 12 月 31 日有关科目余额见表 8-13。

表 8-13　科目余额表

单位：万元

科目	借方科目余额	贷方科目余额
长期股权投资	100	
长期股权投资减值准备		6
投资性房地产	2000	
投资性房地产累计折旧		450
投资性房地产减值准备		150
固定资产	1000	
累计折旧		90
固定资产减值准备		200
在建工程	120	
在建工程减值准备		20
无形资产	488	
累计摊销		48.8
无形资产减值准备		93

要求：计算该企业 2010 年 12 月 31 日资产负债表中"长期股权投资""投资性房地产""固定资产""在建工程"和"无形资产"应填列的金额。

5. 黄河公司 2014 年有关资料如下：

（1）1 月 1 日部分总账及其所属明细账余额如表 8-14 所示。

表 8-14　明细账余额表

单位：万元

总账	明细账	借或贷	余额
应收账款	——A 公司	借	600
坏账准备		贷	30
长期股权投资	——B 公司	借	2500
固定资产	——厂房	借	3000
累计折旧		贷	900
固定资产减值准备		贷	200
应付账款	——C 公司	借	150
	——D 公司	贷	1050
长期借款	——甲银行	贷	300

注：①该公司未单独设置"预付账款"会计科目。

②表中长期借款为 2013 年 10 月 1 日从银行借入，借款期限 2 年，年利率 5%，每年付息

一次。

（2）2014年黄河公司发生如下业务

①3月10日，收回上年已作为坏账转销的应收A公司账款70万元并存入银行。

②4月15日，收到C公司发来的材料一批并验收入库，增值税专用发票注明货款100万元，增值税17万元，其款项上年已预付。

③4月20日，对厂房进行更新改造，发生后续支出总计500万元，所替换的旧设施账面价值为300万元（该设施原价500万元，已提折旧167万元，已提减值准备33万元）。该厂房于12月30日达到预定可使用状态，其后续支出符合资本化条件。

④1至4月该厂房已计提折旧100万元。

⑤6月30日从乙银行借款200万元，期限3年，年利率6%，每半年付息一次。

⑥10月份以票据结算的经济业务有（不考虑增值税）：持银行汇票购进材料500万元；持银行本票购进库存商品300万元；签发6个月的商业汇票购进物资800万元。

⑦12月31日，经计算本月应付职工工资200万元，应计提社会保险费50万元。同日，以银行存款预付下月住房租金2万元，该住房供公司高级管理人员免费居住。

⑧12月31日，经减值测试，应收A公司账款预计未来现金流量现值为400万元。

⑨黄河公司对B公司的长期股权投资采用权益法核算，其投资占B公司的表决权的30%。2014年B公司实现净利润9000万元。长期股权投资在资产负债表日不存在减值迹象。

要求：

计算黄河公司2014年12月31日资产负债表下列项目的年末余额。

（1）应收账款；

（2）预付款项；

（3）长期股权投资；

（4）固定资产；

（5）应付票据；

（6）应付账款；

（7）应付职工薪酬；

（8）长期借款。

（答案中的金额单位用万元表示）

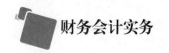

任务 4   岗位业务实训

实训目的

准确识别与现金、银行存款收支业务有关的原始凭证，能够准确填制记账凭证；掌握现金与银行存款的序时与总分类核算，能够根据经审核无误的会计凭证逐日逐笔的登记"现金日记账"与"银行存款日记账"，做到日清日结或日清月结。

实训要求

1. 办理库存现金收付和结算业务，准确填制记账凭证。

2. 模拟银行办理存、付款业务填制记账凭证。

3. 登记"库存现金日记账"与"银行存款日记账"。

4. 保管库存现金和各种有价证券，保管有关印章、空白收据和空白支票。

5. 掌握备用金的借支与报销。

实训资料

资料1：2013年12月31日黄河公司各资产、负债及所有者权益类账户的"总分类账户余额表"见表8-15，明细分类账户余额表见表8-16，根据所给各账户余额编制黄河公司2013年12月份的资产负债表（表8-17）。

8-15   总分类账户余额表

2013 年 12 月 31 日

资产类账户	余额	负债及所有者权益类账户	余额
库存现金	9620	短期借款	1878590
银行存款	172033	应付票据	620480
其他货币资金	281062	应付账款	850000
交易性金融资产	500000	预收账款	678816
应收票据	260740	其他应付款	27860
应收账款	2864270	应付职工薪酬	68692
坏账准备	-14321	应付股利	70050
预付账款	394276	应付利息	98600
其他应收款	32864	应交税费	434242.68
材料采购	141000	应付债券	156770
库存商品	2836350	长期借款	182000
发出商品	368000	实收资本	8000000
周转材料	140000	资本公积	374000
委托加工物资	280000	盈余公积	708373.55
持有至到期投资	4872	未利润分配	287391.77

续表

资产类账户	余额	负债及所有者权益类账户	余额
长期股权投资	400000		
固定资产减值准备	400000		
固定资产	6200000		
累计折旧	1812300		
在建工程	627400		
无形资产	350000		
累计摊销	86000		

表 8-16　明细账户余额表

2013 年 12 月 31 日

账户		借方	贷方
应收账款	A 企业	3324270	
	B 企业		460000
应付账款	C 企业	95000	
	D 企业		945000
预付账款	E 企业		90000
	F 企业	484276	

表 8-17　资产负债表

编制单位：　　　　　　　　　　年　　月　　日　　　　　　　　单位：元

资产	期末余额	年初余额	负债及所有者权益	期末余额	年初余额
流动资产：		（略）	流动负债：		（略）
货币资金			短期借款		
交易性金融资产			交易性金融负债		
应收票据			应付票据		
应收账款			应付账款		
预付账款			预收账款		
应收利息			应付职工薪酬		
应收股利			应交税费		
其他应收款			应付利息		
存货			应付股利		
一年内到期的非流动资产			其他应付款		
其他流动资产			一年内到期的非流动负债		
流动资产合计			其他流动负债		
非流动资产：			流动负债合计		
可供出售金融资产			非流动负债：		

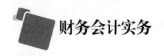

资产	期末余额	年初余额	负债及所有者权益	期末余额	年初余额
持有至到期投资			长期借款		
长期应收款			应付债券		
长期股权投资			长期应付款		
投资性房地产			专项应付款		
固定资产			预计负债		
在建工程			递延所得税负债		
工程物资			其他非流动负债		
固定资产清理			非流动负债合计		
生产性生物资产			负债合计		
油气资产			所有者权益：		
无形资产			实收资本（股本）		
开发资产			资本公积		
商誉			减：库存股		
长期待摊费用			盈余公积		
递延所得税资产			未分配利润		
其他非流动资产			所有者权益合计		
非流动资产合计					
资产总计			负债和所有者权益总计		

资料2：黄河公司2013年各损益类账户的发生额见表8-18，根据损益类账户发生额编制黄河公司2013年度利润表（表8-19）。

表8-18 损益类账户发生额

会计科目	1~11月份累计发生额	12月份发生额
主营业务收入	3280000	438600
主营业务成本	2190000	311000
销售费用	31050	2230
营业税金及附加	28950	1492.80
其他业务收入	95600	97400
其他业务成本	65908	74059.80
管理费用	43710	24719.80
财务费用	11260	−731.66
投资收益	85300	1500
营业外收入		38300
营业外支出	3200	9000
所得税费用	358651.26	50829.66

表8-19 利润表

编制单位：黄河公司　　　　　　　　年　　　月　　　　　　　单位：元

项目	本期金额	上期金额
一、营业收入		
减：营业成本		
营业税金及附加		
销售费用		
管理费用		
财务费用		
资产减值损失		
加：公允价值变动收益（损失以"–"号填列）		略
投资收益（损失以"–"号填列）		
二、营业利润（亏损以"–"号填列）		
加：营业外收入		
减：营业外支出		
其中：非流动资产处置损失		
三、利润总额（亏损总额以"–"号填列）		
减：所得税费用		
四、净利润（净亏损以"–"号填列）		略
五、每股收益		
（一）基本每股收益		
（二）稀释每股收益		

资料3：黄河公司2013年发生下列经济业务，请据此编制现金流量表（表8-20）。

（1）本期主营业务收入为1250万元，应收账款年初数120万元，年末数200万元，预收账款年初数100万元，年末数150万元。

（2）本期主营业务成本为700万元，应付账款年初数120万元，年末数170万元，预付账款年初数50万元，年末数160万元，存货年初数180万元，年末数80万元。

（3）本期发放职工工资100万元，其中经营管理人员工资70万元，奖金15万元，在建工程人员的工资12万元，奖金3万元。

（4）公司的所得税费用按应付税款法处理，本期所得税费用为160万元，未交所得税的年初数为120万元，年末数为100万元。

（5）为建造固定资产，本期用银行购入工程物资100万元，支付增值税17万元。

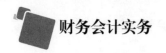

表 8-20　现金流量表

编制单位：　　　　　　　　　　　　　　　　年　　　月　　　　　　　　　　　　　　单位：元

项目	本期金额	上期金额
一、经营活动产生的现金流量：		
销售商品、提供劳务收到的现金		
收到的税费返还		
收到的其他与经营活动有关的现金		
现金流入小计		
购买商品、接受劳务支付的现金		
支付给职工以及为职工支付的现金		
支付的各项税费		
支付的其他与经营活动有关的现金		
现金流出小计		
经营活动产生的现金流量净额		
二、投资活动产生的现金流量：		
收回投资所收到的现金		
取得投资收益所收到的现金		
处置固定资产、无形资产和其他长期资产所收回的现金净额		
收到的其他与投资活动有关的现金		
现金流入小计		
购建固定资产、无形资产和其他长期资产所支付的现金		
投资所支付的现金		
支付的其他与投资活动有关的现金		
现金流出小计		
投资活动产生的现金流量净额		
三、筹资活动产生的现金流量：		
吸收投资所收到的现金		
借款所收到的现金		
收到的其他与筹资活动有关的现金		
现金流出小计		
偿还债务所支付的现金		
分配股利、利润或偿付利息所支付的现金		
支付的其他与筹资活动有关的现金		
现金流出小计		
筹资活动产生的现金流量净额		
四、汇率变动对现金的影响		
五、现金及现金等价物净增加额		
加：期初现金及现金等价物余额		
六、期末现金及现金等价物余额		